NARCISO MARTÍNEZ MORÁN

(coordinador)

MANUAL DE FILOSOFÍA DEL DERECHO

(Adaptado a las directrices del EEES y al sistema
educativo de la UNED)

MANUAL DE FILOSOFÍA DEL DERECHO

Cualquier sugerencia o error observado rogamos nos sea comunicado mediante email a comtip@universitas.es

© Narciso Martínez Morán

© EDITORIAL UNIVERSITAS, S.A.
 C/ Núñez de Balboa, 118- 28006 MADRID
 Tel. 91 563 36 52
 HTTP://www.universitas.es
 E-mail: universitas@universitas.es

 ISBN: 978-84-7991-419-6
 Depósito Legal: M-36532 - 2013
 1.ª Edición: Enero 2014

Imprime:
 Solana e hijos, A.G., S. A. U. San Alfonso, 26 - La Fortuna (Leganés) - Madrid
 Impreso en España / *Printed in Spain*

NARCISO MARTÍNEZ MORÁN

(Catedrático de Filosofía del Derecho en la UNED)

MANUAL DE FILOSOFÍA DEL DERECHO

(Adaptado a las directrices del EEES y al sistema
educativo de la UNED)

AUTORES:

José Delgado Pinto
Benito de Castro Cid
Narciso Martínez Morán
Ana María Marcos del Cano
Rafael Junquera de Estéfani
Íñigo de Miguel Beriain

EDITORIAL UNIVERSITAS, S.A.

ÍNDICE

Índice

PRIMERA PARTE
Texto básico con las explicaciones fundamentales

UNIDAD DIDÁCTICA I
DERECHO, SOCIEDAD Y ESTADO

UNIDAD DIDÁCTICA II
LOS ELEMENTOS FUNDAMENTALES DE LA DISCUSIÓN AXIOLÓGICA CONTEMPORÁNEA

UNIDAD DIDÁCTICA III
CUESTIONES POLÉMICAS ACTUALES EN FILOSOFÍA JURÍDICA Y POLÍTICA

SEGUNDA PARTE
Notas con aclaraciones complementarias

TERCERA PARTE
Orientaciones para la realización de la prueba práctica del examen

PRESENTACIÓN

Presentación

Esta no es ciertamente la obra que sus autores hubiéramos preferido escribir como libro de texto para la asignatura «Filosofía del Derecho» del último plan de estudios de la Facultad de Derecho de la UNED. Pensamos que, probablemente, otro guión de base habría contribuido de forma más eficaz a la formación que la reflexión iusfilosófica debe proporcionar a nuestros futuros juristas. Pero también en esta ocasión, como en tantas otras, lo mejor podría haber llegado a ser enemigo de lo simplemente bueno. Y, aquí y ahora, lo bueno es que nuestros alumnos dispongan de un cuerpo de explicaciones que les ayuden a conseguir un conocimiento fundamentado de los principales problemas que agobian en la actualidad a la filosofía jurídica y política.

El presente libro, al igual que su antecesor *18 lecciones de filosofía del Derecho* (2008) y tal como se anuncia en el título, ha sido escrito pensando especialmente en los alumnos de la asignatura «Filosofía del Derecho» de la Universidad Nacional de Educación a Distancia. Y es precisamente este destino funcional el que explica y justifica (en la medida en que esto último es posible) la concreción de los contenidos y la parcial dispersión de su estructuración interna. Se ha preferido, en efecto, organizar las explicaciones según un orden que, pese a no ser el más adecuado desde el punto de vista lógico-sistemático, ofrece a los alumnos la ventaja de ajustarse de forma estricta a esa referencia obligada que es el guión establecido por el programa 'oficial' de la asignatura.

Hay que tener en cuenta, en todo caso, que el debate sobre la función social que corresponde desempeñar a los juristas y sobre la orientación que debe darse a los planes de estudio de la graduación en Derecho ha sido siempre amplio y complejo. Y también lo ha sido obviamente el que afecta al papel que en esos planes corresponde a la enseñanza de la filosofía del Derecho. Pero no procede entrar ahora en esos debates; bastará que recordemos la advertencia de que tal enseñanza quedará inevitablemente condicionada por las convicciones que los docentes tengan sobre la función social de los juristas y sobre el papel que debe desempeñar la «Filosofía del Derecho» en los correspondientes planes de estudio.

De modo que, si se entiende, como es nuestro caso, que el graduado en Derecho ha de ser un ciudadano capacitado para actuar como promotor del orden social justo, más que como mero servidor incondicional del orden legal establecido, se procurará asimismo que la enseñanza de la filosofía jurídica asegure el logro de estos tres objetivos fundamentales: a) conocimiento básico de las principales doctrinas actuales acerca de la Justicia; b) desarrollo de la perspicacia necesaria para descubrir los problemas de justicia implicados en las diversas manifestaciones de la organización social; c) maduración en la capacidad de someter a crítica los sistemas jurídicos vigentes (tanto desde la óptica de los valores jurídicos como desde el punto de vista de las exigencias derivadas de la promoción del bien social). Y, por otra parte, se procurará también que esa actitud crítica que está siempre llamada a desarrollar en los estudiantes de Derecho la enseñanza de las asignaturas iusfilosóficas se inicie ya en el momento mismo de tomar contacto con el programa de la asignatura, de suerte que todos los alumnos tengan clara conciencia de que, tanto el programa como el manual que lo desarrolla, serían muy otros si hubieran cursado sus estudios en otra época, si vivieran actualmente en otro contexto cultural e, incluso, si estudiaran hoy mismo en otra universidad española.

A este respecto, no debe olvidarse que aun lo que es aceptado generalmente en cada época o lugar como una verdad inconcusa acerca de lo que es la Filosofía del Derecho (o de lo que como tal debe enseñarse en los estudios de graduación) no es más que un simple punto de vista sometido al vaivén cíclico de las modas, vaivén que, tal como señalara ya muy sagazmente en los albores del siglo XVIII el paradigma de los «corsi e ricorsi» de G. B. Vico, suele repetirse de forma recurrente a lo largo de la historia. De ahí que los estudiantes deban vacunarse contra cualquier infección de dogmatismo primario que intente 'colocarles' como verdad apodíctica lo que no es más que opinión estrictamente personal, opinión que si, como tal, es siempre discutible, puede llegar a serlo mucho más en algunas ocasiones por su evidente carencia de racionalidad y coherencia sistemática.

Este podría ser en alguna medida el caso del programa que ha actuado como referencia obligada para la conformación del índice de este manual, condicionando, en consecuencia, no sólo la estructura general del mismo, sino también el desarrollo concreto que han dado a cada lección sus autores. Y, así, a pesar de que éstos no comparten más que tangencialmente con los diseñadores del programa las actitudes epistemológicas de fondo, la concepción de la «Filosofía del Derecho» o la manera de ver la función que corresponde a su enseñanza en la formación de los juristas, se han esforzado en ajustar sus explicaciones al guión previamente establecido, pues es lo que la salvaguardia de los legítimos intereses de los estudiantes exige.

Junto a este obstáculo inicial, los autores de este *Manual de Filosofía del Derecho* han encontrado también una considerable dificultad técnica: la que acompaña a cualquier intento de 'traducir' a un lenguaje generalmente asequible problemas teóricos cuyas profundas implicaciones filosóficas los hacen casi siempre complejos y oscuros, incluso para los iniciados. De ahí que la mayoría de sus autores hayan adoptado casi siempre la estrategia de estructurar sus explicaciones en dos niveles complementarios de desarrollo: el del texto principal y el de las notas a pie de página. El primero intenta transmitir los mensajes básicos, en un tono sencillo y desprovisto de referencias a los casi siempre enconados debates doctrinales o a los aspectos más profundos, pero también más intrincados, desde el punto de vista teórico. El segundo, además de incorporar aclaraciones de ampliación, abre con frecuencia la puerta al contacto con publicaciones o planteamientos doctrinales en los que se desarrollan puntos de vista opuestos a los explicitados en el texto principal. Es, pues, un contrapunto provocador de inquietud, curiosidad e interés para quienes estudian «Filosofía del Derecho» con la ilusión de ahondar en los grandes problemas teóricos de la asignatura.

Todas estas preocupaciones nos han llevado a incorporar a nuestro manual una novedosa estructuración interna que habíamos ensayado ya anteriormente en la segunda edición del libro *Diecisiete lecciones de Teoría del Derecho*. Con ella esperamos haber logrado la plena visibilidad de algo que nos parece pedagógicamente importante: la distinción entre lo que es transmisión de los conocimientos básicos de la asignatura, lo que es ampliación y profundización complementaria de esos conocimientos y lo que es adiestramiento en las competencias para emitir dictámenes acertados sobre el valor que ha de atribuirse a los diferentes elementos implicados en las situaciones sociales conflictivas. Hemos dividido, pues, el contenido del manual en tres bloques gráficamente diferenciados: presentación concentrada y sucinta de las explicaciones fundamentales del temario («Primera Parte»), ampliación y profundización de estas explicaciones mediante nuevos datos, comentarios o contrastes críticos («Segunda Parte») y recopilación de ejemplos o modelos que contribuirán a reforzar la preparación para la aplicación profesional de los conocimientos («Tercera Parte»).

En lo que respecta a la *presentación segregada de lo que podríamos calificar como «contenido mínimo»* de las explicaciones correspondientes al programa 'oficial' de la asignatura, hemos de aclarar que persigue la finalidad prioritaria de aligerar la lectura-estudio del libro por parte de los alumnos. Es posible que termine teniendo también un cierto efecto inducido de autosegregación del esfuerzo de los estudiantes (en función de las posibilidades de dedicación, la búsqueda de una formación más sólida, la aspiración a la excelencia, el interés por la materia, la curiosidad ante los intrincados problemas que, con frecuencia, solamente aparecen sugeridos, en ese «contenido mínimo», etc.). Pero ese efecto no es ni inevitable ni deseable. En realidad, quienes tengan voluntad de acceder a unos análisis más densos y a un nivel superior de cualificación encontrarán también fácilmente en el libro la posibilidad de satisfacer sus aspiraciones; les bastará con acudir a ese recurso complementario de formación que les puede proporcionar el estudio-lectura de los abundantes datos, referencias bibliográficas, comentarios o contrastes críticos que recogen las *notas* de la «Segunda Parte ».

A su vez, la *recopilación de modelos para la prueba práctica* que acoge la «Tercera Parte» constituye una innovación que consideramos de gran interés para los estudiantes y en la que hemos puesto una buena dosis de ilusión. En efecto, su incorporación al manual resulta imprescindible si se quiere dar respuesta a una de las exigencias básicas del nuevo proyecto de formación universitaria propiciado por el sistema educativo del EEES: la densificación del proceso formativo de los estudiantes mediante el fortalecimiento de las destrezas, las habilidades y las actitudes sin las que la mera adquisición de conocimientos teóricos sería incapaz de lograr un desarrollo equilibrado de su personalidad profesional.

Confiamos, por tanto, en que este manual de «Filosofía del Derecho» ayudará a los estudiantes a demostrar ante sus profesores que, no sólo poseen los conocimientos teóricos exigibles, sino que tienen también suficiente madurez de juicio para proponer soluciones públicamente defendibles a los problemas prácticos de la vida jurídica y de la organización social. Si eso ocurre, habremos logrado ver realizada nuestra principal aspiración como autores.

NARCISO MARTÍNEZ MORÁN, coordinador
Madrid, noviembre de 2013

INTRODUCCIÓN DIDÁCTICA GENERAL
ORIENTACIONES PARA EL ESTUDIO
DE LA ASIGNATURA

Objetivo de esta Sección

Es bastante habitual que muchos estudiantes de Derecho se vean sorprendidos por la presencia de la «Filosofía del Derecho» en el último curso del Grado. Y es también habitual que algunos lleguen a pensar que esa presencia rompe innecesariamente la sólida línea de formación técnico-positiva que vienen desarrollando desde el primer curso de la carrera. Este hecho parece exigir algún tipo de discurso que ponga en evidencia las abundantes razones de peso que avalan la permanencia de la asignatura en la planificación de los estudios jurídicos. Pero no es ese el objetivo inmediato de estas líneas.

Lo que pretende prioritariamente esta sección es poner a disposición de los alumnos un conjunto de sugerencias y recursos que les ayude a superar las posibles dificultades de aprendizaje ocasionadas por la peculiaridad científico-metodológica de la asignatura. Por eso y para eso se incluyen a continuación algunas matizaciones sobre la elección de actitud, sobre la mejor forma de enfocar el estudio, sobre las estrategias más eficaces para llevarlo a cabo o sobre la importancia que tiene el adiestramiento en la solución de los problemas prácticos.

Introducción didáctica general

(Benito de Castro Cid)

A l igual que los otros estudiantes de los diferentes grados, quienes se han matriculado en Derecho persiguen ante todo el doble objetivo vocacional de ampliar conocimientos y de aprobar las asignaturas que le exige la habilitación para el correspondiente ejercicio profesional. El primero es el objetivo más importante en el plano de la plena realización personal; el segundo es el más urgente en la línea de la valoración vital. Este segundo es en consecuencia el que más perturba el sueño de la mayoría de los estudiantes. Y ha sido asimismo una de las preocupaciones prioritarias de los autores de este manual. De ahí que, al proyectarlo, hayamos pensado que es máximamente importante que los alumnos de «Filosofía del Derecho» dispongan desde el primer momento de las principales claves que les ayudarán a rentabilizar su esfuerzo y a superar esta asignatura con facilidad. ¿Cuáles son esas claves?

1. Para superar la desorientación inicial...

Hay un dato que parece colocar a la mayoría de los alumnos de esta asignatura en una clara situación de desventaja, ya que se encuentran metidos casi por sorpresa en un campo de explicaciones extraño en gran medida a las preocupaciones y los conocimientos que habían constituido el centro de atención de sus estudios precedentes. Y es inevitable que este hecho añada una nueva dificultad a las que acechan ya de manera general a esta asignatura por su inevitable condicionamiento filosófico.

Así pues, los alumnos que inician el estudio de la «Filosofía del Derecho» deberán tomar conciencia de que la función prioritaria de la misma se cifra en contribuir a que quienes son ya expertos conocedores de las leyes lleguen a ser también al mismo tiempo juristas de profundidad, con una visión omnicomprensiva que integre las perspectivas prácticas de las ciencias jurídicas y el problematismo teórico de las doctrinas sobre los problemas del Derecho justo. Es decir, deberán tener claro que la finalidad prioritaria de esta disciplina y su aportación fundamental a la formación de los juristas radica en ayudarles a captar el sentido profundo del fenómeno jurídico y la función que las leyes cumplen dentro de la organización de la vida humana en sociedad. No pueden pedirle más. Pero tampoco deben exigirle menos.

2. Para entender su peculiar 'utilidad' académica...

No es raro encontrar todavía estudiantes que siguen opinando que la presencia en los estudios jurídicos de una asignatura centrada en la crítica racional del Derecho carece de justificación, ya que, según ellos piensan, la formación de los juristas ha de comenzar y concluir en la letra de las leyes vigentes (es decir, de lo que se llama habitualmente «Derecho positivo»). Pero se ha demostrado que esta opinión, que fue generalmente aceptada en épocas pasadas, tuvo considerables repercusiones negativas en la vida pública europea durante las dos últimas centurias, ya que propició la graduación de profesionales que carecían a menudo de la necesaria flexibilidad mental para valorar en forma adecuada las consecuencias del carácter profundamente social (y, por tanto, fluido y cambiante) de esas leyes.

Por eso, en la actualidad, la mayoría de los juristas ha llegado ya a reconocer la necesidad imperiosa de superar la anterior aceptación complaciente de su papel de servidores sumisos de la letra de la ley, como si fueran ciudadanos ciegos o sordos ante el dinamismo de la realidad social y juristas absolutamente mudos ante la revisión de esa letra.

En esa medida, a diferencia de lo que pensaban algunos no hace muchos años, hoy se ha terminado por reconocer de forma general que las disciplinas llamadas «básicas» cumplen una función insustituible: colaborar en la ampliación del horizonte cultural de los estudiantes de Derecho, haciéndoles ver que el fenómeno jurídico no es una realidad autónoma, segregada de las otras realidades sociales, sino que tiene profundas implicaciones con varios de los sectores básicos de la experiencia humana. En consecuencia, se ha llegado a reconocer también que el estudio de la «Filosofía del Derecho» enlaza directamente con lo que es centro máximo de interés y tarea suprema de la enseñanza universitaria: la conquista de la capacidad de tener una visión responsable de los diferentes problemas que plantean casi siempre los proyectos de organización justa de la vida social.

Al culminar el estudio de esta asignatura, los alumnos matriculados en ella podrán aspirar, por tanto, a disponer ya de un conjunto de conocimientos teóricos que les permitirán ponderar el valor y sentido de las diversas ramas de la ciencia jurídica que han ocupado su atención preferente en los cursos anteriores. Pero, probablemente, la mayor y mejor utilidad de ese estudio se cifra en la capacidad que tiene para despertar una cierta actitud favorable a los planteamientos sistemáticos rigurosos y al compromiso personal con la permanente reflexión crítica sobre los principales problemas jurídicos, de modo que ni siquiera queden fuera de esa reflexión los 'dogmas' científicos que han podido parecer evidentes en un determinado momento previo. Este es el aprendizaje profundo que pretende transmitir, por encima de todo, la *Filosofía del Derecho*.

No puede perderse de vista, sin embargo, que el estudio de esta asignatura no será suficiente para forjarse esa actitud ni para formarse una idea acabada de la posición que ocupa el Derecho dentro del proyecto vital de los hombres o para despejar las múltiples incógnitas que oculta la capacidad explicativa de las diversas ciencias jurídicas particulares. Esa es una meta que sólo puede ser lograda tras un largo y lento proceso de profundización en el análisis del fenómeno jurídico desde las perspectivas técnica y científica; es un fruto que sólo madurará en plenitud cuando se integra ese análisis en una visión global crítica. Por eso, puede ocurrir que los alumnos de esta asignatura se vean acometidos episódicamente por el desaliento, al comprobar que el campo de lo que ignoran es todavía mucho más extenso que el ocupado por los conocimientos adquiridos. Pero ese desaliento será pasajero...

3. Para saber cuáles son los objetivos hacia los que se orienta...

Sería difícil vislumbrar la utilidad académica de la «Filosofía del Derecho» si no se tuviera un conocimiento aproximado de los objetivos que se persiguen con su enseñanza. Por eso es importante que los estudiantes tengan a la vista esos objetivos cuando inician su estudio, ya que así sabrán seleccionar mejor el grado de atención que han de dedicar a los diferentes mensajes que intenta transmitir este libro.

En ese sentido, conviene que no pierdan de vista que el objetivo central se resume en la confirmación de la hipótesis de que el Derecho es un instrumento complejo del que se han servido tradicionalmente los hombres para configurar la organización de la vida social de conformidad con los principios y directrices que vienen impuestos en cada caso por los respectivos sistemas de valores. Y deben tener también en cuenta que la consecución de ese objetivo central no se logrará en forma plena si no va acompañado del análisis de otros varios objetivos sectoriales que son el complemento natural y la necesaria vía de acceso hacia él. Por eso éstos son los que, en último término, han determinado el enfoque de base del manual y el diseño final de su estructuración interna en amplios bloques problemáticos (las «unidades didácticas») y en análisis temáticos de ámbito restringido (las «lecciones»).

En consecuencia, no será bueno que se pase por alto el dato de que el libro pretende colocar a los alumnos ante estos tres grandes ámbitos de reflexión: [1] los debates epistemológicos y metodológicos en que siguen enzarzadas todavía las concepciones de la ciencia jurídica, [2] la multiplicidad de direcciones en que ha avanzado la discusión axiológica contemporánea, [3] las principales cuestiones polémicas a que ha de enfrentarse en la actualidad la filosofía jurídica y política. Tres buenas razones sin duda para adentrarse con ilusión y entusiasmo en el estudio de la *Filosofía del Derecho*.

4. Para descubrir cuál es la secuencia lógica de la explicación...

Si se quiere sintonizar con la línea de preocupaciones que ha guiado el trabajo de los autores de este «manual», ha de tenerse en cuenta que la estructuración y desarrollo de las explicaciones contenidas en él se han ajustado en la medida de lo posible al gran objetivo general y a los objetivos particulares que los diseñadores del programa (matriz obligada de este libro) asignaron en su día a la asignatura.

Consecuentemente, el primer bloque temático (*Unidad Didáctica I, Lecciones 1-5*) busca el efecto de introducir a los estudiantes en la compleja y difícil problemática que plantea la delimitación epistemológica y metodológica de la ciencia jurídica, centrándose particularmente en las vicisitudes de la crisis y superación de las conceptuaciones positivistas.

A continuación, dentro de una sección muy densa y bastante poliédrica (*Unidad Didáctica II, Lecciones 6-14*), son analizados inicialmente varios temas de interés para la teoría del Estado y del ordenamiento jurídico, pasando a continuación al examen de las más representativas «teorías contemporáneas de la justicia».

Finalmente (*Unidad Didáctica III, Lecciones 15-18*), se realiza un repaso aparentemente aleatorio de algunas «cuestiones polémicas» de la actual filosofía jurídica y política, cuyo análisis, esclarecimiento y explicación viene concitando el interés de los estudiosos desde hace algún tiempo.

Teniendo en cuenta estas aclaraciones, resultará más fácil descubrir la función pedagógica que ha de atribuirse a cada unidad didáctica y a las distintas lecciones en que se ha organizado la explicación.

5. Para encontrar la actitud más adecuada a su estudio...

Dado que cada materia requiere una forma peculiar y diferenciada de estudio que se adapte a su propia metodología, es evidente que el éxito o el fracaso del arduo esfuerzo que realizan los estudiantes en la preparación del examen de las diferentes asignaturas depende en gran medida del acierto que tengan en la elección de la actitud que adoptan al estudiar. Quien pretenda dominar la asignatura de *Filosofía del Derecho* deberá preocuparse, por tanto, en primer lugar, de saber cuál es la «actitud» que mejor sintoniza con su estudio.

Pues bien, a este efecto, la experiencia acumulada durante una larga actividad docente lleva a la conclusión de que el mejor camino para el aprovechamiento del esfuerzo que cada uno dedique al estudio de esta asignatura es el que avanza desde la «comprensión» hacia el «aprendizaje», y no a la inversa. Es decir, el que comienza en un intento serio de *comprender* o *entender* los problemas (actividad propia de la inteligencia) para afrontar finalmente el reto de *aprender* y recordar lo que ya ha sido entendido (actividad más propia de la memoria).

Es cierto que la peculiar y compleja función formativa que corresponde desempeñar a la *Filosofía del Derecho* dentro del plan de estudios del grado de Derecho implica que los estudiantes tengan que esforzarse en dominar una gran multiplicidad de problemas generales y de cuestiones particulares. Ese esfuerzo requerirá inexcusablemente el concurso de la memoria, pero esta disciplina no se enfrenta en ningún momento a cuestiones o puntos que hayan de ser «aprendidos de memoria». En consecuencia, ésta será incapaz de resolver por sí sola las dificultades que plantea el estudio de la signatura.

De ahí que la preocupación primordial de los estudiantes tenga que ser la de «entender» cuál es el sentido y cuáles son las implicaciones de los problemas y de las soluciones o puntos de vista que se analizan en cada momento. Si consigue esto, «aprender» y recordar las diferentes cuestiones le resultará mucho más fácil, de suerte que llegará a ser relativamente sencillo para él dar una adecuada explicación de las mismas en el momento del examen. Mas, si prescinde del esfuerzo de *entender* y se empeña en *aprender* de memoria las explicaciones de este libro (o de cualquier otro manual equivalente), estará reservando un billete de ida hacia el desconocimiento de las cuestiones analizadas (que es lo más grave) y hacia una calificación negativa del examen (que es probablemente lo más doloroso). Tendrá que desterrar, por tanto, la costumbre de estudiar de una forma lineal y acumulativa (puramente memorística); y deberá volcarse, por el contrario, en la captación del sentido lógico-sistemático de las distintas cuestiones y apartados.

6. Para elegir las estrategias de estudio más eficaces...

Aunque, por razones obvias, la elección definitiva de estas estrategias es algo estrictamente personal e intransferible, puede resultar útil disponer de alguna información fiable sobre las que tienen ya algún tipo de ventaja contrastada en el ámbito de la *Filosofía del Derecho*. Y, en este sentido, según entendemos, una de las primeras estrategias que han de adoptarse en el estudio de esta asignatura es sin duda la *familiarización urgente con el lenguaje y la 'idiosincracia'* (o tipo de planteamientos) que le son propios.

Como cualquier persona razonable que se dispone a visitar un país ignoto, el estudiante que entra en el territorio de la problemática iusfilosófica tendrá que comenzar por conocer el peculiar 'idioma' y la 'cultura' de esta disciplina. En esa medida, tendrá que realizar un notable esfuerzo para adaptarse al lenguaje abstracto. Pero recibirá en compensación la apertura de sus actuales conocimientos a una creciente capacidad de entender y explicar adecuadamente todos aquellos problemas en que priman las férreas conexiones lógicas abstractas frente a la contrastabilidad personal y directa.

En segundo lugar, será necesario auxiliarse con la estrategia de la *mentalización contra el complejo de impotencia* que pueden despertar en el ánimo de algunos estudiantes los dos agentes de riesgo que, al parecer, son más frecuentes: de un lado, la peculiaridad cuasifilosófica de los análisis que afronta y, de otro, las posibles experiencias negativas de las primeras jornadas de estudio. Por eso es importante saber que el secreto del éxito está en buena medida en la capacidad para superar a tiempo cualquier incipiente complejo de incapacidad, sobre todo si se recurre además a las otras estrategias que se indican a continuación. Los estudiantes tienen que tener clara desde el principio la idea de que, aunque en ocasiones alguno necesite realizar un pequeño esfuerzo suplementario, todos tienen capacidad sobrada para superar con suficiente brillantez los diferentes exámenes y pruebas de *Filosofía del Derecho*.

Asimismo, nunca estará de más el recurso a la estrategia del *paso seguro*, ya que la impaciencia es un mal compañero de viaje para el estudio de esta asignatura. La simple lectura rápida, precipitada y reiterativa de los temas en que se explica su contenido es muy poco provechosa. Lo correcto es no avanzar en la lectura hasta que se haya entendido perfectamente el problema, cuestión, punto o párrafo que se está estudiando en cada momento, puesto que existe siempre una cierta conexión o secuencia lógica entre ellos que no suele hacerse visible en la primera aproximación.

Así que, cuando encuentre dificultades que no pueda superar por sí mismo en el acto, el estudiante deberá recurrir a todos los medios disponibles para salir del atasco (relectura, consulta de otros manuales, comentario con los compañeros de estudio, ayuda del profesor tutor, etc.). Pero no le será útil obviar la dificultad saltando a otras cuestiones o temas posteriores, porque hará un salto en el vacío y, habitualmente, no habiendo entendido las cuestiones o temas anteriores, tampoco entenderá los siguientes.

En efecto, las diferentes Unidades Didácticas y las respectivas lecciones que cada una de esas unidades incluye presentan un orden interno en el que las distintas cuestiones o bloques temáticos están mutuamente unidos por un nexo más o menos visible de derivación lógica. En consecuencia, si el orden de estudio sigue la prelación y el ritmo exigidos por esa secuencia lógica que une todas las lecciones, el avance será sin duda mucho más seguro.

También puede tener efectos provechosos la costumbre de *estudiar con la ayuda del programa* oficial de la asignatura, de tal modo que ese programa pueda servir de guía en su momento para identificar con precisión el problema o cuestión del mismo a que se refiere cada una de las preguntas formuladas en el examen. Aunque la preocupación primordial de los alumnos de *Filosofía del Derecho* debe centrarse en **entender** o comprender el sentido y las conexiones lógicas de las diferentes cuestiones que se analizan, su proceso de aprendizaje incluye también la exigencia de **aprender** y recordar, por lo que los estudiantes han de recurrir siempre a la memoria en alguna medida. Y aquí es donde entra en juego el «estudiar con la ayuda del programa», puesto que el auxilio de un guión en el que se recoge el detalle pormenorizado de la secuencia en que van incardinándose dentro del conjunto de la explicación los diferentes problemas, cuestiones o puntos puede resultar decisivo en ocasiones para recordar los aspectos fundamentales de la respuesta que ha de darse a las preguntas planteadas en el examen. Consecuentemente, si, como parece razonable, el programa oficial de la asignatura es considerado material auxiliar básico para el examen, su utilización en la fase de estudio puede contribuir a menudo a evitar confusiones o desorientaciones peligrosas en un momento en que la preocupación y los nervios suelen jugarle con frecuencia muy malas pasadas a la memoria.

Otra baza importante que tienen los alumnos para asegurarse el éxito en los estudios es la estrategia de la *autoevaluación* (cualquiera que sea el camino para llevarla a cabo), no sólo porque les ayuda a contrastar cuál es la situación de sus conocimientos en cada momento, indicándoles en cuáles de ellos necesitan concentrar su trabajo, sino también porque puede servirles de estímulo cuando comprueban que están siguiendo una línea de progreso constante y adecuado. Por eso, el recurso a algún tipo de autoevaluación resulta del todo imprescindible, ya sea que se utilice el modelo incluido en este libro al final de cada lección, ya sea mediante la simulación de un examen aleatorio que el propio alumno corrige por comparación con el respectivo manual, ya sea mediante la concurrencia de pruebas formuladas y corregidas por el profesor tutor, ya sea finalmente mediante la iniciativa de explicar alguna cuestión del programa a personas que carecen de conocimientos sobre la materia. En cualquiera de los supuestos, el ensayo de responder a las cuestiones planteadas contribuirá a la clarificación de los conceptos clave, a la fijación de los conocimientos adquiridos y al descubrimiento de dimensiones o aspectos que parecían perfectamente conocidos y entendidos, siendo así que permanecen todavía en un grado notable de incomprensión.

Estas son, si no las únicas, sí las principales estrategias que pueden ayudar a los estudiantes de *Filosofía del Derecho* a tener éxito en el lance del examen. ¿Bastará la aplicación de cualquiera de ellas para lograr el éxito final con poco esfuerzo? La respuesta ha de ser sin duda negativa. Pero esta respuesta deberá incluir también en todo caso la importante precisión de que el uso combinado de varias de esas técnicas contribuirá casi siempre a la obtención de un rendimiento brillante. De ahí el gran interés y utilidad de las consideraciones expuestas en esta «introducción» (especialmente de las recogidas en los apartados 5 y 6).

7. Para aprovechar la función orientadora de los modelos de prueba práctica...

La importancia porcentual atribuida dentro de los sistemas educativos del Espacio Europeo de Enseñanza Superior (EEES) a la evaluación continuada y a la llamada «prueba práctica» en el cómputo de la evaluación final de los alumnos obliga a cambiar el chip de prioridades de estudiantes y profesores. Ya no será posible reconducir las estrategias de estudio y examen a la realización de una prueba global única. Tampoco será posible minusvalorar en forma tan exacerbada como se ha hecho a menudo hasta ahora la importancia de la preparación práctica en grandes parcelas del campo de las ciencias sociales. Docentes y discentes tienen ya la necesidad de enfrentarse a una situación en que el dominio de las estrategias de aprendizaje, el desarrollo de las habilidades y destrezas, la adquisición de competencias y la maduración en actitudes son tan importantes o más que la ampliación y acumulación de los conocimientos teóricos transmitidos tradicionalmente.

En este nuevo marco de referencia es donde se inscribe y donde cobra importancia el adiestramiento en la solución de problemas prácticos. Y ahí es donde adquiere su pequeña cuota de dramatismo académico la estructuración de los exámenes en dos partes diferenciadas: una 'teórica' y otra 'práctica'. Hasta ahora el esfuerzo de profesores y estudiantes de «Filosofía del Derecho» venía centrándose en la tarea de ensanchar y profundizar los conocimientos informativos. Y, en esa medida, la atención prestada al asesoramiento pedagógico se circunscribía a los hábitos y técnicas de estudio-memorización. Pero es ya el momento de ocuparnos también de ensayar vías para la mejora del nivel de preparación de nuestros estudiantes en la capacidad de aportar soluciones a los problemas jurídicos prácticos que plantea el diario discurrir de la vida social. ¿Cómo?

Probablemente, dirigiendo su atención hacia las distintas tareas que, en una hipotética prueba práctica cualquiera, podrían actuar como objeto de contraste de la preparación de los alumnos en el elástico ámbito de las destrezas, habilidades y actitudes. Parece, por tanto, razonable aconsejarles que no pierdan la oportunidad de utilizar los variados modelos que ofrece la «Tercera Parte» como bancos de prueba en los que ejercitar esa ponderación y buen sentido jurídico que requiere casi siempre la solución de las situaciones prácticas conflictivas. El entrenamiento supondrá sin lugar a duda una gran ayuda para superar con holgura, en su caso, la parte práctica del examen final, ya que contribuirá a reforzar su capacidad de percepción de los aspectos relevantes de cualquier problema, afinando al mismo tiempo la intuición conducente al hallazgo de las soluciones más fiables.

PRIMERA PARTE
TEXTO BÁSICO CON LAS EXPLICACIONES FUNDAMENTALES

Objetivo de esta Sección

En esta «Primera Parte» del manual se incluyen solamente las explicaciones que, en opinión del autor de la correspondiente lección, son mínimamente suficientes para que los estudiantes accedan al conocimiento básico de cada una de las dieciocho lecciones del programa 'oficial' de la asignatura. Es, en consecuencia, un texto minimalista cuyo estudio está llamado a ser complementado a través de la lectura de la información y aclaraciones contenidas en las otras dos partes del libro, sin perjuicio de que, como se ha dicho, sea en sí mismo autosuficiente para proporcionar la formación elemental que parece razonable exigir hoy a los alumnos de «Filosofía del Derecho».

Con esta estrategia simplificadora se persigue sobre todo el objetivo de que los estudiantes puedan autorregular la intensidad de su trabajo de estudio, ya sea limitándolo, si así lo prefieren, a lo que podríamos calificar como 'contenido mínimo' de la asignatura o ya sea alargándolo hasta los aspectos que parecen corresponder más bien a la búsqueda de una formación más inquieta y profunda.

UNIDAD DIDÁCTICA I
DERECHO, SOCIEDAD Y ESTADO

Objetivo general de esta Unidad Didáctica

A pesar de su título, esta Unidad Didáctica no es una «fundamentación de la ontología jurídica» en sentido propio, sino sólo un ligero apunte introductorio de teoría de la ciencia jurídica. En efecto, no trata problemas teóricos que estén en la base de una genuina teoría del ser del Derecho («ontología jurídica» en sentido propio), sino que intenta explicar algunas cuestiones que afectan directa o indirectamente a una de las diversas manifestaciones del conocimiento científico del Derecho: la llamada «ciencia jurídica». Y eso lo hace, a su vez, bien desde la óptica de sus presupuestos generales, bien desde el ángulo de una de las recientes fases de su desarrollo histórico.

En consecuencia, la explicación que contiene esta Unidad Didáctica cumple las siguientes funciones particulares: abordar la explicación de dos de los posibles niveles o planos del saber (*Lección 1*), entrar en el examen del debatido carácter científico de la «ciencia jurídica» y de sus posibles modelos (*Lección 2*), analizar la configuración dada a esta 'ciencia' por la corriente positivista (*Lección 3*), precisar la forma en que la crisis del positivismo jurídico ha afectado a esa configuración (*Lección 4*) y desvelar la transformación que el retorno a la racionalidad práctica ha inducido en la ciencia jurídica de la actualidad (*Lección 5*).

La Unidad Didáctica I intenta, pues, ofrecer una visión concentrada de los problemas que han afectado a la «ciencia jurídica» moderna y contemporánea. Y lo hace a través del examen selectivo de varios aspectos y manifestaciones que pueden ser considerados testigos cualificados del carácter dinámico y polémico de su configuración histórica.

INTRODUCCIÓN. LOS DOS PLANOS DEL SABER: EL PLANO ONTOLÓGICO Y EL PLANO EPISTEMOLÓGICO[1]
(Benito de Castro Cid)

Objetivo general

Esta lección se propone aclarar a los estudiantes el significado de varias nociones que han llegado a ser 'clásicas' en las elucubraciones de los estudiosos de la gnoseología y/o epistemología general y que pueden ser valoradas desde algún punto de vista como requisito previo al adecuado desarrollo de una teoría de la ciencia jurídica. Por eso aborda en primer lugar el análisis de la posibilidad y límites del conocimiento, ofrece después una somera referencia a sus diferentes tipos o manifestaciones y se centra finalmente en el obligado examen de los planos 'ontológico' y 'epistemológico'.

Esquema de desarrollo

El avance hacia el objetivo propuesto se realizará a través de los siguientes pasos:
1. Caracterización del «saber» y delimitación de su posibilidad y alcance.
2. Referencia general a los distintos tipos (formas, niveles o planos) en que puede ser ordenado y clasificado.
3. Caracterización de los llamados «plano ontológico» y «plano epistemológico» del saber.

---

1. PROBLEMAS DE DELIMITACIÓN CONCEPTUAL DE «EL SABER»

El término «saber» en el sentido que le asigna el epígrafe general que identifica esta lección suele ser utilizado solamente de forma habitual por quienes se dedican al estudio de los problemas relacionados con la posibilidad y manifestaciones del conocimiento (es decir, por el gremio de los expertos identificados en la actualidad como epistemólogos). En consecuencia, este término puede plantear dificultades de comprensión a quien no esté situado en esa onda de preocupaciones. Parece aconsejable, por tanto, iniciar la explicación por el intento de delimitar el significado que se asigna en la misma a la voz «saber».

---

[1] Las explicaciones correspondientes a los números de llamada que aparecen encerrados dentro de un recuadro están recogidas en la Segunda Parte del libro (páginas 279-284).

1.1. Puntualizaciones semánticas

Por inercia, tendemos a identificar el «saber» con el modo de conocer propio del *sabio* (esto es, de quien, además de tener noticia de la existencia y del modo de ser de las cosas, posee la experiencia, madurez y ponderación suficientes para emitir sobre ellas juicios libres de cualquier tipo de precipitación o apasionamiento). Sería, pues, una forma de conocer sólida, contrastada y profunda que, siguiendo el diagnóstico platónico, tiene fiabilidad plena (a diferencia del simple conocimiento que sólo permite *opinar*).

Este significado, a todas luces privilegiado o aristocrático, no puede agotar, sin embargo, la capacidad designativa que la palabra «saber» tiene en esta lección. Entre otras importantes razones, porque restringiría en exceso, no sólo los sentidos que el término tiene en el lenguaje corriente, sino también los que le son asignados en los escritos de los filósofos, ámbitos ambos en los que es utilizado con frecuencia como equivalente al simple «conocer» ordinario. Así que resulta obligado entender que, al plantearse aquí el problema del «saber», lo que se está haciendo realmente es enfrentarse a la pregunta por el «conocer» (sin perjuicio de que no deba perderse de vista en ningún momento el hecho de que, en la lengua castellana, «saber» y «conocer» no son en absoluto términos totalmente intercambiables) [1].

Por otra parte, para concretar definitivamente el sentido contextual que corresponde al término «saber» en esta primera lección, hay que tener en cuenta el detalle de la forma sustantivada («el saber») en que la voz aparece recogida dentro del epígrafe general y de su bifronte capacidad designativa: la de saber-actividad y la de saber-resultado. Un detalle que puede ser importante, ya que, si no se tuviera claro el sentido en que es empleada la expresión en cada caso, se correría el riesgo de perderse en la niebla de la ambigüedad [2].

En consecuencia, será necesario no perder de vista en ningún momento la advertencia de que la explicación contenida en este primer tema del programa va a tener que desarrollarse sobre el filo del doble significado posible de la expresión «el saber»: el que alude a su dimensión de actividad cognoscente y el que identifica su dimensión de producto acabado, es decir, de conjunto sistematizado de conocimientos [3]. Pero ambos significados asumen el dato radical de que *el saber* humano se asienta sobre la toma de contacto cognoscitivo con las diferentes realidades presentes en el horizonte de nuestra existencia, toma de contacto que: * es tendencialmente objetivable, universalizable y crítica; * puede ser sistematizada y transmitida a otros sujetos y * puede ser incorporada a una tradición, constituyéndose, en consecuencia, a través de procesos históricos de desarrollo evolutivo, como ya señalara en su día X. ZUBIRI.

1.2. Posibilidad y contenido

En principio y con independencia del nombre con que se la designe [4], entre las cuestiones básicas de las que parece que ha de ocuparse inexcusablemente en alguna forma cualquier *teoría* comprensiva *del saber* figuran las siguientes:

a) si es posible conocer;

b) qué es (o en qué consiste) el conocimiento;

c) cómo se produce el conocimiento;

d) si hay o no varias maneras distintas de conocer (y, por tanto, distintos tipos de conocimiento);

e) si hay o no alguna realidad extramental cognoscible;

f) si esa realidad es única o si hay varias entitativamente diferenciadas;

g) [supuesto que haya varias] si el pleno conocimiento de esas realidades puede lograrse o no mediante una única actividad cognoscitiva;

h) [supuesto que requiera varias] ¿por qué y cómo llegan a ser diferentes esas actividades?

No sería razonable, sin embargo, abordar ahora la explicación de todas estas cuestiones o problemas, ya que esa tarea desborda las necesidades pedagógicas del momento. La explicación se detendrá, por tanto, solamente en las preguntas cuya respuesta parece tener una importancia clave para hacerse cargo de la problemática central de esta lección: * ¿es posible «saber»?, * ¿qué es propiamente «saber»?, * ¿hay o no varios tipos distintos de «saber»? y * ¿cuáles son los elementos que diferencian a esos distintos tipos? (El examen de las dos primeras se hará a continuación dentro de este epígrafe, pero el análisis de las otras dos se llevará a sendos epígrafes posteriores).

a) Sobre la posibilidad del saber

Cuando se intenta desenmarañar la compleja problemática a que ha de enfrentarse inevitablemente la teorización de «el saber», la primera pregunta que reclama respuesta es sin duda la relativa a su propia *posibilidad*. ¿Es realmente posible que los hombres lleguen a desarrollar un 'saber' fiable sobre el mundo? Pero esta pregunta bordea los límites mismos de la racionalidad filosófica,

No parece, por eso, que sea especialmente útil ensayar en este momento algún tipo de argumentación a favor de la tesis de que los hombres (y, en su caso, todos los demás seres vivos) tenemos la capacidad de «saber». En efecto, a pesar de que los escépticos radicales hayan puesto en duda (con manifiesta autocontradicción) la posibilidad misma del conocimiento, la existencia de éste tiene visos de ser una constatación originaria que no parece razonable someter a discusión; menos aun, por tanto, su simple posibilidad. Es un dato inmediato de experiencia que los humanos, no sólo contamos con la capacidad de conocernos a nosotros mismos y a los otros seres mundanales que nos rodean, sino que de hecho tenemos múltiples contactos cognoscitivos con las más diversas realidades de nuestro mundo: desde los fenómenos físicos o psíquicos hasta los valores éticos ideales o los entes de razón [5]. Esto parece indiscutible.

Sí parece necesario, por contra, aclarar en qué consiste ese nuestro «saber» o «conocer».

b) Sobre el contenido del saber

El «saber» es, como se ha advertido ya, una actividad (y también el resultado de esa actividad): la actividad mediante la que el sujeto cognoscente accede a la captación o descubrimiento del modo de ser y 'actuar' de las realidades que se constituyen en objeto cognoscible [6]. Pero, ¿qué tipo de actividad? ¿Acaso una mera actividad neurofisiológica como la que realizamos cuando abrimos la ventana o descolgamos el teléfono? Parece que no, pese a que algunas doctrinas [por ejemplo, el sensismo/empirismo] hayan pretendido reducir el conocimiento a simples procesos neurofisiológicos.

En realidad y sin perjuicio de reconocer que la actividad de «saber» no podría llevarse a efecto sin el concurso de los sentidos y de los correspondientes procesos de naturaleza neurofisiológica, se hace inevitable rechazar su identificación con tales procesos. Su peculiaridad, el elemento diferencial que la define, radica en ser una **actividad que se produce en la relación de interacción de los objetos de conocimiento con los sujetos cognoscentes [7], mediante la que éstos logran la aprehensión inmaterial (o 'espiritual') de los primeros**. En consecuencia, cuando esa aprehensión es fiel, puede afirmarse el carácter verdadero del conocimiento y, cuando la aprehensión es fallida, deberá afirmarse que el conocimiento no es verdadero (o, en términos equivalentes, que es falso) [8]. El elemento *verdad* constituye, pues, el núcleo esencial y el objetivo fundamental de todo conocimiento

Hay, por supuesto, otros puntos de vista que entienden y explican de manera diferente lo que es propiamente el conocimiento. Este dato no puede ser olvidado. Pero no puede minusvalorarse tampoco el hecho de que la explicación que damos ahora tiene detrás una contrastada doctrina gnoseológica, doctrina que, siguiendo la tradición aristotélica, desarrolló ya la Escolástica y que ha contado con una aceptación posterior muy prolongada en el tiempo [9].

Según esta explicación, el conocimiento verdadero radica en la correspondencia entre las imágenes mentales y el ser de las realidades conocidas [10], es decir, en la adecuación entre el entendimiento y el objeto del conocimiento. Al entender, pues, la actividad cognoscitiva como un proceso de interiorización de los objetos cognoscibles, ha de aceptarse también que la correspondencia entre la representación mental que el sujeto hace del objeto conocido y el perfil existencial que ese objeto tiene fuera de la mente del sujeto es el contraste último de la veracidad del conocimiento [11]. (Por supuesto, tomando siempre al sujeto y al objeto como realidades gnoseológicas, al margen de que esas realidades puedan o no ser identificadas con alguna otra realidad meta-gnoseológica, sea física o metafísica) [12].

2. LOS DISTINTOS 'PLANOS' DEL SABER

Como quedó indicado en el epígrafe precedente, una de las preguntas básicas que ha de responder cualquier teoría del conocimiento es la de si existen o no varias formas distintas de «saber» o conocer (y, por tanto, distintos tipos de conocimiento) [13]. Esta es precisamente la cuestión importante que corresponde explicar a continuación dentro de este apartado que ha sido presentado bajo el identificador «planos del saber».

Pues bien, para aclarar esa cuestión, parece que el dato de partida (probablemente 'primero' desde el punto de vista gnoseológico) es la existencia de una multiplicidad interminable de realidades concretas que pueden constituirse en objeto del saber humano, sin perjuicio de que, a efectos de conocimiento, esa dispersa diversidad pueda ser reducida a un número de tipos o clases de ser que sea manejable [14]. Asimismo, es imprescindible tener presente que cada una de estas clases de realidad exige ser explicada dentro del peculiar enfoque epistémico y metodológico que mejor se ajuste a las posibilidades o exigencias cognoscitivas de su propio modo-de-ser. De ahí que deba reconocerse también la necesidad de distinguir varias formas de conocimiento.

Esta conclusión genérica no suele ser discutida. Sin embargo, las discrepancias (o incluso enconados debates) comienzan a reproducirse con inusitada intensidad en el momento de establecer qué formas deberán ser reconocidas como relevantes. En este punto resulta imposible, por tanto, hacer afirmaciones que estén a cubierto de toda crítica. No obstante y con esta salvedad, parece obligado que se tenga una somera noticia de algunos tipos o clases de «saber» que, por uno u otro motivo, llegaron a ser considerados prioritarios en alguna etapa de la historia del pensamiento por quienes abordaron la tarea de dividir/clasificar, si no ya el mundo del saber general sí al menos el campo de la filosofía o la ciencia [15].

Por otra parte, la pregunta por los distintos 'planos' (o, más bien, tipos) del «saber» puede ser contestada hoy mediante la mención de una serie de contraposiciones que han llegado a ser habituales. Por ejemplo,
* entre saber o conocimiento «teórico» y saber o conocimiento «práctico»;
* entre saber o conocimiento «analítico» (a priori) y saber o conocimiento «sintético» (a posteriori);
* entre saber o conocimiento «directo» (llamado también 'inmediato', 'por contacto' o 'por presencia directa') y saber o conocimiento «indirecto» (llamado también 'mediato' o 'por descripción') [16];
* entre saber o conocimiento «racional» y saber o conocimiento «sensorial» (o empírico) [17].

Del mismo modo, pueden ser identificadas algunas otras clases de «saber» que, al nacer de la hibridación de otros tipos puros, especialmente de los señalados en las dos contraposiciones precedentes, parecen ser bastante menos definidos [18].

En todo caso, si se desea mantener la reflexión dentro del estricto marco acotado de los *planos* propiamente dichos del «saber», debería volverse una vez más a la tradicional distinción de tres grandes niveles en la construcción piramidal del conocimiento: el *saber común* (o vulgar) [19], que se basa en la experiencia pre-científica y es escasamente metódico, el *saber científico* [20], que está apuntalado por el empleo de métodos rigurosos de análisis y por la posibilidad de dar validez general a sus conclusiones, y el *saber filosófico* [21], que se caracteriza por no apoyarse en presupuestos dogmáticamente aceptados y por orientarse a la búsqueda de las explicaciones últimas de la realidad. (Con la lógica precisión de que, a su vez, cada uno de estos tres niveles está integrado por varias manifestaciones que podrían ser entendidas también en ocasiones como grados o niveles).

Y hay que mencionar obviamente también (por exigencias del programa base) la distinción entre el «plano ontológico» y el «plano epistemológico» del saber, sin perjuicio de que tal vez tengamos que llegar en el siguiente epígrafe a la conclusión de que esa distinción (aun en el supuesto de que pueda ser mantenida), no es gnoseológica o epistémicamente relevante.

3. Caracterización de los llamados «plano ontológico» y «plano epistemológico» del saber

No está del todo claro que, para entender la estructura interna del «saber», sea funcionalmente positiva la distinción o contraposición entre un plano ontológico y un plano epistemológico [22]. Debe dedicarse, no obstante, un apartado a la explicación del alcance de esa distinción, ya que ésta ha sido constituida en objetivo central de la *Lección 1*, según las previsiones del programa oficial de la asignatura. Sin perjuicio, por supuesto, de que continuemos en la duda de si es conveniente presentar a los llamados «plano ontológico» y «plano epistemológico» como niveles propiamente dichos del saber, o si, más bien y en todo caso, sería preferible hablar de ellos como dos perspectivas o líneas de desarrollo de ese saber: la epistemológica y la ontológica (además, por descontado, de otras varias, como la lógica, la ética, la retórica, la lingüística, la teológica, etc.).

Ciertamente, hay saberes que se ocupan ante todo de explicar lo que son (y cómo son) las realidades o entes extra-mentales. Y hay también saberes que tratan de forma prioritaria de explicar lo que es (y cómo es) el saber, en sí mismo y en sus diferentes ramificaciones. Los primeros, por cuanto investigan el «ser», pueden ser designados sin duda adecuadamente como *saberes ontológicos*; los segundos, por cuanto tratan de explicar el «conocer», merecen el nombre de *saberes epistemológicos* (o *gnoseológicos*) [23]. De modo que éstos se definirían por ser saberes del [o sobre el] saber, mientras que aquéllos se distinguirían por ser y actuar como saberes del [o sobre el] ser.

En consecuencia, la distinción entre el saber [o saberes] ontológico y el saber [o saberes] epistemológico no parece radicar tanto en el plano o ámbito (*que es, seguramente, siempre epistemológico*) en el que quedan inscritos, cuanto en el modo-de-ser (ontológico o epistemológico) de la realidad que tienen como objeto de explicación. Lo que sí parece claro, en todo caso, es que existe una relación bastante estrecha entre los mal llamados «plano ontológico» y «plano epistemológico», aunque ha de reconocerse que se han registrado serias discrepancias sobre la profundidad de esa relación. Así, mientras que unos autores no han dudado en afirmar que la teoría del conocimiento es la disciplina filosófica más importante, otros (como N. HARTMANN) opinan que hay una estrecha dependencia mutua entre ontología (metafísica) y gnoseología, de modo que los problemas de teoría del conocimiento aparecen siempre vinculados a problemas y contextos ontológicos.

Parece, pues, claro que hablar de los planos «ontológico» y «epistemológico» del saber, sólo se justifica si se hace con el propósito de llamar la atención sobre el hecho de que el conocimiento humano se vuelca habitualmente, por una parte, en la búsqueda del ser de las realidades y, por otra, en la reflexión sobre la posibilidad y condiciones de existencia del propio conocimiento [24]. En esa medida y en el sentido apuntado, puede hablarse del «plano ontológico» y del «plano epistemológico» del «saber», aunque sería preferible sustituir estas ambiguas expresiones por otras menos equívocas, como 'conocimiento [o saber] del ser' y 'conocimiento [o saber] del conocer' [25].

Y esto que ocurre en el ámbito general del «saber» sucede también en el ámbito del conocimiento jurídico. Por eso, en lo que a éste se refiere, sería probablemente más útil centrar la atención en la existencia de tres tipos fundamentales de conocimiento, que sí podrían ser considerados también como planos o niveles del mismo: el práctico (de operadores jurídicos y legisladores), el científico (incluido el 'dogmático', pero mucho más amplio que éste) y el filosófico.

Resumen

La explicación de esta lección se concentra en torno a estas tres tareas:
1. Establecer la delimitación conceptual de «el saber». Esto se hace en dos pasos: el análisis semántico y el examen de su posibilidad y contenido. El primer paso intenta precisar la noción contextual del 'saber' a través del contraste con el uso que se hace habitualmente del término y con las coincidencias o divergencias que mantiene respecto del término 'conocer'. El segundo paso da por demostrada la posibilidad del conocimiento y se centra en la tarea de aclarar que el saber o conocer consiste prioritariamente en la aprehensión psíquica que lleva a cabo el sujeto cognoscente sobre las realidades que conoce.

2. Contrastar las posibilidades que ofrece «el saber» para su estructuración interna en diferentes tipos, niveles o planos. A este respecto, ha de reconocerse que esas posibilidades son extremadamente amplias. Pero hay ciertamente algunas tipologías que responden de manera más ajustada a las necesidades de aclaración de la problemática propia de este punto. Así, en concreto, la que distingue entre el «saber común» (o vulgar), el «saber científico» y el «saber filosófico».

3. Matizar la justificación y el sentido funcional de la distinción entre el «plano ontológico» y el «plano epistemológico» del saber. Aunque la justificación de la distinción es más que dudosa, ésta puede ser finalmente aceptada, con la condición de que sea entendida en el sentido de contraponer los saberes que se ocupan prioritariamente de la explicación del ser de la realidad (los que actúan en el llamado «plano ontológico») a los saberes que tratan ante todo de desentrañar en qué consiste y cómo se realiza el conocimiento (los que actúan en el llamado «plano epistemológico»).

Lecturas útiles

Si desea ampliar, profundizar o contrastar las explicaciones de esta lección, puede encontrar ayuda en:

G. BUENO, *Teoría del cierre categorial. Volumen I. Introducción general. Siete enfoques en el estudio de la ciencia* (Pentalfa Ediciones, Oviedo, 1992, especialmente las páginas 189-213)

M. BUNGE, *Epistemología*, Editorial Ariel, Barcelona, 1985

L. E. PALACIOS RODRÍGUEZ, *Filosofía del saber*, Gredos, Madrid, 1962

J. MARITAIN, *Los grados del saber. Distinguir para unir*[1932], (edición del Club de Lectores, Buenos Aires, [1983], especialmente las páginas 69-87)

S. RÁBADE ROMEO, *Verdad, conocimiento y ser*, Editorial Gredos, Madrid, 1965

X. ZUBIRI, *Naturaleza, Historia, Dios*, 5ª ed., Editora Nacional, Madrid, 1963 (especialmente las páginas 33-59)

Ejercicio de autoevaluación

1. La distinción del 'saber común', el 'saber científico' y el 'saber filosófico' como tres grados o niveles del conocimiento es característica de: a/ el racionalismo moderno; b/ el positivismo lógico; c/ la doctrina tradicional de inspiración aristotélica; d/ el pragmatismo.

2. La interacción «objeto»-»sujeto» **sí** / **no** *(tachar la opción errónea)* es imprescindible para que exista el conocimiento.

3. Explica por qué no puede considerarse plenamente correcta la caracterización de las perspectivas ontológica y epistemológica del conocimiento como dos planos del saber.

4. La actividad cognoscitiva puede ser definida como... *(completar la respuesta)*.

5. ¿Qué realidad designa el término «saber» que figura en el enunciado de la Lección 1?

6. La doctrina predominante reconoce que: a/ hay una sola forma de conocimiento propiamente dicho; b/ las realidades concretas que pueden constituirse en objeto de conocimiento son múltiples; c/ no es posible distinguir varias formas de conocimiento; d/ sólo es fiable el conocimiento emocional.

7. ¿Qué es lo que caracteriza al saber científico?

8. El saber que se ocupa de descubrir y explicar el ser de los entes es designado con el nombre de... *(completar la respuesta)*.

9. Los términos «saber» y «conocer» **sí** / **no** *(tachar la opción errónea)* tienen un significado totalmente idéntico en todos los contextos.

10. La posibilidad humana de «conocer» es: a/ un dato inmediato de experiencia; b/ una hipótesis no demostrable; c/ una simple cuestión de creencia; d/ una tesis defendida sólo por los escépticos.

LA CIENCIA Y LA CIENCIA JURÍDICA. LOS MODELOS DE CIENCIA JURÍDICA[1]
(Benito de Castro Cid)

Objetivo general

Esta lección intenta dejar probadas estas dos conclusiones complementarias: que las tradicionales objeciones al carácter genuinamente científico de la llamada 'ciencia jurídica' carecen de fuerza probatoria suficiente y que, por el contrario, hay razones muy sólidas que respaldan la exigencia de que esta 'ciencia' sea considerada como *ciencia* en sentido propio y pleno.

Esquema de desarrollo

Las explicaciones contenidas en esta lección se organizan en torno a tres objetivos:
1. Delimitación del concepto de ciencia a través de sus diversas configuraciones históricas.
2. Análisis de las principales implicaciones que tiene el debate doctrinal sobre el grado de cientificidad de la tradicionalmente llamada «ciencia jurídica».
3. Determinación de los principales prototipos o modelos adoptados por el desarrollo de la «ciencia jurídica» a lo largo de su historia.

---

1. ¿QUÉ HEMOS DE ENTENDER POR «CIENCIA»?

Si estableciéramos lo que es la ciencia atendiendo solamente a la raíz etimológica del término, llegaríamos a la conclusión de que el núcleo de su concepto coincide básicamente con el del saber, ya que su precedente inmediato, el latino scientia, *es la sustantivación de la forma verbal* scire *[= saber]. Ahora bien, una definición de este tipo no sería del todo precisa, ya que (tal como viene afirmando la opinión común desde hace varios siglos) el círculo de «el saber» tiene un radio mucho más amplio que el que corresponde al círculo de «la ciencia»* 1.

Es, pues, necesario traspasar la frontera del significado etimológico y buscar algún otro camino que pueda conducirnos hasta una caracterización cuya capacidad explicativa desvele con mayor hondura y precisión la realidad designada por la palabra

---

[1] Las explicaciones correspondientes a los números de llamada que aparecen encerrados dentro de un recuadro están recogidas en la Segunda Parte del libro (páginas 284-289).

«ciencia». Por ejemplo, la senda que discurre por el análisis de las diferentes con-cepciones del conocimiento científico que han ido sucediéndose a lo largo de la his-toria [2]. Este camino será ineludible si se acepta, como parece obligado, la tesis de que el proceso de delimitación conceptual de la ciencia seguirá sometido al cam-biante dinamismo que lo ha impulsado hasta ahora.

1.1. El concepto de ciencia en perspectiva histórica

Al iniciar el análisis del concepto desde la perspectiva histórica de su formación, no podrá prescindirse de esta palmaria constatación: la evolución de la conceptua-ción de la ciencia ha sido tan sumamente prolongada y compleja que el simple inten-to de ofrecer un recordatorio puntual de sus conceptos históricos resultaría irrealiza-ble (al menos en el espacio que puede dedicársele a este punto en el contexto gene-ral de la explicación). Por eso, será inevitable reducir el análisis a un breve resumen selectivo, cuya función esencial radicará en proporcionar una visión panorámica glo-bal.

Pues bien, siguiendo esa estrategia, entiendo que debería tomarse como modelo de referencia del proceso histórico de configuración de la ciencia una clasificación que distinguiera cinco grandes orientaciones o tipos básicos [3]: [1] la que la ha entendido como *ontología*, [2] la que la ha configurado como *fenomenología*, [3] la que la ha definido como *crítica racional*, [4] la que la ha caracterizado como *prag-mática* y [5] la que la ha identificado como *lingüística*.

a) Ciencia como ontología. Según este modelo, el conocimiento seguro y, por tanto, fiable (es decir, la ciencia, en la terminología actual) es el que logra captar y poseer el auténtico y verdadero ser de las realidades. Y ese es precisamente el cono-cimiento ontológico o metafísico, tipo de conocimiento que hunde sus raíces en la *episteme* que Sócrates, Platón y Aristóteles perfilaron inicialmente por oposición a la inestable *doxa* [4]. Por eso, tal conocimiento no puede venir dado sólo por la expe-riencia de los sentidos, sino que es proporcionado sobre todo por esa especie de experiencia mental que tiene lugar en el entendimiento (*nous*), poniendo en claro lo que las realidades son verdaderamente y lo que no son (a pesar de que parezcan serlo) [5].

b) Ciencia como fenomenología. Este modelo (coincidente con el concepto moderno de ciencia) se caracteriza por identificar el conocimiento científico con el descubrimiento, a través de la observación empírica y la experimentación, de los ele-mentos y propiedades que poseen las realidades físicas. Se define asimismo por la pretensión de llegar a la plena explicación de los fenómenos y a la predicción del curso que va a seguir el proceso de su interacción causal [6]. Puede definirse, por tanto, como conocimiento verdadero de los mecanismos de causalidad que impulsan la actividad de las realidades naturales.

c) Ciencia como crítica racional. Para el modelo *criticista*, lo que hay más allá de la experiencia (el *noúmeno*) es absolutamente incognoscible. Pero, a pesar de que la fuente del conocimiento está en la percepción sensorial, el conocimiento científico sólo puede lograrse cuando el entendimiento ordena y organiza mediante sus formas 'a priori' la información proveniente de los sentidos, ya que los puros datos sensoriales no tienen en sí mismos significación científica alguna [7]. En consecuencia, según este modelo epistemológico, consagrado por KANT, la racionalidad de todas las ciencias tiene una única fuente.

d) Ciencia como pragmática. Según la concepción pragmática de la ciencia, una proposición científica deberá ser considerada verdadera sólo si tiene capacidad para solucionar el problema teórico o práctico que el científico pretende resolver. La ciencia ha de ser definida, pues, como el conocimiento hipotético que, a través del contraste de los factores que condicionan el alcance de los problemas prácticos, avanza hacia la eficaz solución de los mismos. Así pues, el punto de partida del conocimiento científico no es la certeza, sino los problemas; la certeza es una meta que el científico trata de lograr [8]. Y la validez de las teorías ha de ser juzgada, en consecuencia, por sus resultados, medidos en términos de eficacia explicativa.

e) Ciencia como lingüística. Conforme a la filosofía analítica que dominó el horizonte epistemológico del siglo XX hasta finales de los sesenta, el conocimiento científico tiene siempre carácter descriptivo y su ocupación prioritaria se cifra en el análisis lógico del lenguaje (tanto 'teórico' como 'observacional') en que son formuladas las proposiciones pretendidamente científicas. La ciencia es, pues, en cuanto análisis proposicional, el conocimiento verdadero del significado y de la corrección o incorrección lógica del decir [9].

1.2. El paradigma actual de «ciencia»

Resulta patente, tal como se ha indicado ya al comienzo de la explicación, que los cinco modelos que acabamos de reseñar podrían ser sustituidos por otros o designados con otros nombres diferentes. Ahora bien, cualesquiera que sean los modelos que cada uno llegue a considerar como especialmente representativos, hay algo que parece inevitable reconocer: el hecho de que el concepto de ciencia ha sido siempre constitutivamente evolutivo. En consecuencia, ha de reconocerse también que cualquier conceptuación que se haga tendrá sólo el valor que le sea atribuido en el tiempo y en el espacio cultural en que es formulada [10].

Pero ha de reconocerse asimismo que en ese permanente proceso de transformación del concepto de ciencia hay un cambio que, de momento, parece haber sido definitivo: el salto desde el enfoque racionalista tradicional hasta el enfoque sensistaempirista que fraguó definitivamente en el siglo XVIII [11]. Desde ese momento, la epistemología dominante ha venido entendiendo casi siempre que la «ciencia» es un tipo muy específico de conocimiento que (a partir de la simple observación o de la experimentación de los datos objetivos naturales y mediante la inferencia o la deducción) es capaz de descubrir y formular las leyes generales por las que se rige la producción de los fenómenos naturales, hasta el punto de poder predecir el 'comportamiento' futuro de éstos.

Por eso se ha llegado a entender también a menudo que los dominios de la ciencia propiamente dicha quedan circunscritos dentro del campo de las llamadas «ciencias naturales» o «físicas» y que las llamadas 'ciencias sociales' [designadas asimismo con los nombres de «ciencias culturales», «ciencias morales», «ciencias del espíritu» o «ciencias hermenéuticas»], o bien no son en ningún caso verdaderas ciencias, o bien lo son solamente en la medida en que han sido elaboradas siguiendo los parámetros de las naturales [12]. Y eso es lo que sigue opinándose todavía de alguna forma en varios círculos del 'mundo' científico actual [13], pese a las brillantes construcciones teóricas desarrolladas desde comienzos del XX por varios filósofos y epistemólogos con el propósito de demostrar la radical insuficiencia de tan estrecho paradigma [14].

Sin embargo, sigue dándose también por bueno el viejo principio de que entre el conocimiento propiamente científico y el meramente empírico existe una profunda diferencia cualitativa que hace que el primero sea mucho más fiable que el segundo e, incluso, que éste no sea nunca fiable, como destacara ya PLATÓN [15].

2. EL DEBATE SOBRE EL CARÁCTER CIENTÍFICO DE LA 'CIENCIA' JURÍDICA [16]

Al iniciar el análisis de este debate, podemos invocar varias constataciones de interés. Por un lado, la de que, tanto los ciudadanos no-expertos como los expertos, recurren pacíficamente al nombre de «ciencia jurídica» para designar el conjunto de investigaciones y escritos que realizan quienes se ocupan de explicar el contenido y alcance de las normas que constituyen los diferentes bloques legislativos de los Derechos estatales. Por otro, la de que es habitual designar con el nombre de Facultades de **Ciencias Jurídicas** *a las instituciones académicas en que se enseña la doctrina de los constitucionalistas, administrativistas, civilistas, mercantilistas, penalistas, etc., sobre los respectivos sectores normativos de un determinado ordenamiento jurídico. Y, por otro, la de que ha habido también casi siempre pensadores empeñados en afirmar (y en intentar demostrar) que, hablando con propiedad, esas construcciones doctrinales no tienen carácter* científico.

¿Cómo se explica esta disparidad de diagnósticos? Sin duda, por la diferente forma de entender y definir lo que es o no es ciencia. De modo que, según cuál haya sido esa forma, se ha llegado a dos soluciones contrapuestas: para una, las elaboraciones doctrinales de los juristas no tienen rango de ciencia propiamente dicha; en cambio, para la otra, esas elaboraciones sí son ciencia en el pleno sentido de la palabra.

2.1. Examen de la tesis negadora

La versión más famosa de la tesis negadora es sin duda la ofrecida por J. H. Von Kirchmann en una conferencia pronunciada en Berlín en el año 1847 bajo el significativo título de «La falta de valor científico de la Jurisprudencia». En su disertación, el entonces fiscal del Estado de Prusia estableció la siguiente tesis: la «Jurisprudencia» [esto es, la llamada 'ciencia dogmática del Derecho'] no puede ser considerada como una ciencia propiamente dicha. ¿Por qué? Pues porque le faltan los dos elementos esenciales de toda verdadera ciencia: de un lado, la regularidad, estabilidad y generalidad del objeto de análisis (la legislación jurídica) y, de otro, la consiguiente posibilidad de establecer conclusiones (o 'leyes' científicas) de validez constante e inmutable.

Ahora bien, parece demostrado ya que el discurso del (después) famoso jurista prusiano adolecía de una debilidad congénita, ya que estaba construido sobre un postulado epistemológico erróneo: la afirmación de que sólo el conocimiento de lo general es genuinamente científico, mientras que lo individual o singular queda siempre al margen de toda consideración científica [17]. No es, pues, extraño que la visión reduccionista de la ciencia defendida por Kirchmann quedara explícitamente desautorizada de inmediato por muchos autores que lograron demostrar que también lo singular puede ser objeto de conocimiento científico.

Así lo hicieron a comienzos del siglo XX varios autores (como W. Dilthey, W. Windelband o H. Rickert) al desarrollar una sólida argumentación que puso al descubierto la radical falacia en que se apoyaba la tesis de Kirchmann: el fisicalismo epistemológico dominante durante gran parte del siglo precedente. Consecuentemente, frente a ese monismo epistemológico, proclamaron la tesis dualista, en cuya virtud han de ser reconocidas dos diferentes epistemologías básicas: la del modelo físico-matemático generalizante (propio de las ciencias naturales) y la del modelo espiritualista individualizante (propio de las ciencias que estudian los productos de la cultura) en el que, junto a la Historia y la Sociología, por ejemplo, se inscribe obviamente la Dogmática jurídica. Y ambos tipos de investigación tienen idéntica legitimidad científica.

Sin embargo, han seguido reproduciéndose hasta nuestros días, aunque de forma bastante aislada, los planteamientos que apuestan de algún modo por la visión fisicalista excluyente de la ciencia, con la consiguiente negación del carácter científico del trabajo que realizan quienes tratan de clarificar y sistematizar el alcance normativo de las leyes jurídicas positivas (es decir, los estudiosos de la Dogmática jurídica) [18].

2.2. Examen de la tesis afirmativa

Parece que el famoso debate decimonónico sobre la posibilidad del conocimiento científico del Derecho ha de considerarse hoy como definitivamente zanjado en sentido afirmativo, incluso cuando se circunscribe al ámbito de ese saber de los juristas que se ocupa ante todo de la determinación del sentido y alcance normativos de las normas de un concreto ordenamiento jurídico (o sea, la «Dogmática jurídica»).

En efecto, resulta obligado reconocer que la negación del carácter científico de la Dogmática jurídica se sustenta sobre una argumentación enclenque, ya que se apoya casi exclusivamente, o bien en la acusación de insuficiencia metodológica respecto de las ciencias físico-naturales, o bien en el dato de su predominante orientación práctica (ya que esto la priva –se dice- de una de las exigencias que algunos consideran imprescindible en cualquier ciencia: su pureza teórica). Por otra parte, no hay duda de que el conjunto de análisis y reflexiones desarrollado por los juristas en torno al problema del alcance directivo de las normas contenidas en los ordenamientos jurídicos estatales (es decir, la «Dogmática jurídica» –Jurisprudencia en el lenguaje de Kirchmann-) tiene la seriedad, la dignidad y la respetabilidad que deben serle reconocidas a todo conocimiento científico genuino.

Así pues, la negación del carácter científico de la Dogmática jurídica por parte de algunos estudiosos no debiera preocupar demasiado a los juristas, ya que (con independencia de la opinión de los epistemólogos) los estudios dogmático-sistemáticos del Derecho vienen ejerciendo desde hace siglos una amplia influencia en la vida jurídica de todas las sociedades, no sólo a través de las actuaciones de los juristas teóricos y prácticos, sino también mediante las decisiones de los legisladores y de los jueces. Esos estudios cuentan, por tanto, con los principales avales de cientificidad [19], de modo que sería poco razonable negarles el correspondiente estatuto científico.

3. Los modelos de ciencia jurídica

Al intentar responder a la pregunta por sus «modelos», es imprescindible tener presente el dato de que el nombre ciencia jurídica *puede ser utilizado para designar varias realidades diferentes. En consecuencia, resulta imprescindible iniciar la explicación de este apartado con la determinación de la realidad a que se refiere el epígrafe.*

3.1. Los posibles significados de la expresión «ciencia jurídica»

Con relativa frecuencia, el nombre «ciencia jurídica» es empleado para referirse al conjunto de análisis y construcciones teóricas vinculados a la búsqueda del sentido y alcance de las normas contenidas en los diferentes sectores del ordenamiento jurídico. Es decir, se utiliza para nombrar a esa realidad que es identificada también mediante expresiones como «dogmática jurídica», «ciencia dogmática del Derecho», «jurisprudencia», «jurisprudencia científica» o «teoría científica del Derecho». Pero esta práctica debería ser rechazada por cualquier concepción del conocimiento jurídico que pretenda ser sistemáticamente rigurosa.

En efecto, dentro de una concepción de este tipo se evidencian algunos datos que parecen oponerse a esa visión reductiva tan estrecha. Así, puede constatarse en primer lugar que el conocimiento que los hombres han desarrollado a lo largo de la historia sobre el objeto *Derecho* (al igual que las otras grandes parcelas del inmenso campo del conocimiento humano) ha experimentado un incesante proceso de ampliación, especialización y fragmentación. Y puede comprobarse también que en la extensa parcela del conocimiento jurídico es cultivada actualmente una densa variedad de saberes de muy distinta tipología, de modo que parece obligado reconocer la existencia de varias áreas primarias diferentes (como la del saber pragmático o técnico, la del saber científico y la del saber filosófico, según vengo proponiendo desde hace ya tres décadas). Pero, a su vez, dentro del área del saber jurídico científico será también necesario distinguir, tal como yo lo entiendo, varios bloques genéticamente diferenciados. Por ejemplo, el de las ciencias fáctico-sistemáticas, el de las ciencias dogmático-sistemáticas y el de las ciencias lógico-sistemáticas.

Pues bien, dado que estos tres bloques son las partes integrantes que, a través de las ramas particulares en que se subdividen, constituyen el más complejo todo unitario de la *ciencia jurídica,* ha de reconocerse que los tres son «ciencia jurídica» con la misma intensidad, aunque no del mismo modo. Y, en esa medida, es también inexcusable reconocer que el significado primario y genuino de la expresión *ciencia jurídica* es el que corresponde a la suma de saberes científicos que tienen al Derecho como objeto de estudio.

Consecuentemente, desde la perspectiva sistemática unitaria del conocimiento jurídico, la pregunta por sus «modelos» básicos debería ser contestada con la enumeración de estos tres: el fáctico-sistemático, el dogmático-sistemático y el lógico-sistemático.

Ahora bien, como se ha indicado ya, existe una vieja práctica que reserva el nombre «ciencia jurídica» para designar al conocimiento dogmático del Derecho. Y esta práctica, pese a su manifiesta incorrección sistemática, ha llegado a convertirse en clásica. Procede, pues, que, bajo la invocación de la «ciencia jurídica» se preste aquí una atención específica al tema de los principales modelos de la «ciencia dogmática del Derecho» [20].

3.2. Los modelos de la «ciencia jurídica» como dogmática

Es evidente que el prototipo de ciencia que es designado en la actualidad con el nombre de «Dogmática jurídica» ha experimentado una larga y compleja evolución [21] y que en esa densa y barroca evolución merecen ser destacados algunos modelos. Así, el elaborado por los 'juristas' romanos a lo largo de trece siglos, el de la obra de recopilación y glosa de los jurisconsultos de la Edad Media, el de la elaboración teórica del «ius commune» por parte de la Escuela de los Comentaristas, el de la crítica histórico-filológica del llamado «humanismo jurídico», el de la «iuris naturalis scientia», el de la dogmática conceptualista del siglo XIX) y el de las diversos movimientos antiformalistas del XX. Veamos brevemente los rasgos de estos modelos [22].

1. La «juris-prudentia» romana. Ésta es el inicial punto de referencia de los modelos que deben ser tomados en consideración, no sólo por ser el primero en el tiempo, dentro de la tradición cultural greco-romana, y por haber tenido un prolongado período de gestación y desarrollo [23], sino también y sobre todo por la profunda impronta que dejó en la evolución posterior de la ciencia jurídica europea. Es un modelo que se caracteriza ante todo por su enfoque estrictamente casuístico, es decir, por centrarse en la elaboración de respuestas y consejos prudenciales para los diferentes problemas concretos de la práctica jurídica diaria. De su utilidad e importancia da fe el hecho de que las soluciones de algunos juristas llegaran a conquistar un amplio reconocimiento público y a estar dotadas incluso de fuerza vinculante en los litigios.

2. La glossa [24]. Mediante la 'glosa', los jurisconsultos consignaban una gran variedad de observaciones que podían contribuir a la correcta interpretación y aplicación del correspondiente texto legal: indicación de términos similares, apunte etimológico, confrontación histórica, referencia a otros campos del saber (actividades propias de la llamada 'glosa gramatical'), remisión a textos paralelos, confrontación interna con los textos de la compilación, formulación de reglas generales [«brocardos»] y elaboración de resúmenes e índices (actividades propias de la llamada 'glosa exegética'). Todas estas actividades (especialmente los resúmenes o summae, los repertorios o índices alfabéticos de los textos y las colecciones de consejos, controversias o decisiones de los tribunales) fueron engrosando el caudal de conocimientos que los juristas de la época tenían a su disposición para enfrentarse a los retos planteados por la aplicación del Derecho Romano justinianeo o del Derecho Canónico. De este modo, prestaron un gran servicio al desarrollo de la incipiente Dogmática jurídica, impulsando al mismo tiempo la independencia del estudio del Derecho frente al de las artes liberales o la Teología.

3. El comentario. La Escuela de los Comentaristas surgió y se desarrolló durante los siglos XIII a XV como movimiento crítico frente a la situación de parálisis dogmática a que había conducido la ingente obra de los escritores de la Glossa. Pero, como éstos, sus jurisconsultos y profesores se ocupaban sobre todo de aclarar y sistematizar el Derecho vigente mediante la formulación de conceptos, principios y teorías que respondieran a las necesidades de la vida jurídica de la época, exponiendo sus doctrinas en comentarios altamente sistematizados (especialmente en los autores del mos italicus) sobre las distintas partes del Corpus iuris. (De ahí el nombre con el que viene siendo designada tradicionalmente la escuela). Ahora bien, esos comentarios, al recurrir con frecuencia, no sólo a la analogía y a elencos sistemáticos de argumentos y «loci legales», sino también a las formas dialécticas de la filosofía escolástica, traspasaron de inmediato los límites de la interpretación meramente explicativa del

Derecho justinianeo. Y, así, hicieron de este Derecho un instrumento de su avance hacia la elaboración de una especie de Derecho científico que, a modo de legalidad natural teóricamente construida, podía ser aplicado en todas partes como ley común.

4. La *crítica histórico-filológica*. Ciertamente, la inclusión del «humanismo jurídico» entre los modelos representativos de la ciencia dogmática del Derecho es bastante discutible por varios motivos [25]. Sin embargo, no faltan tampoco razones para pensar que su aportación al proceso evolutivo de esa ciencia es lo suficientemente importante como para que se decida incluirlo. En efecto, varios autores profundizaron en el estudio de las fuentes jurídicas romanas y de la biografía de los grandes juristas, así como en el desarrollo de investigaciones filológicas que, al poner al descubierto los múltiples errores de las traducciones medievales, contribuyeron a abrir el camino de nuevas interpretaciones teóricas y técnicas de los viejos textos. Y, por otra parte, intensificaron la tendencia a desarrollar los estudios sistemáticos del Derecho con la ayuda de la lógica renacentista, abandonando el modelo de la tradicional lógica aristotélico-escolástica.

5. La *iuris naturalis scientia*. Para la gran mayoría de los autores del iusnaturalismo racionalista de los siglos XVII y XVIII la ciencia del Derecho (como todas las demás ciencias) sólo podía concebirse como un conocimiento racional, formal y abstracto, muy próximo al de las matemáticas [26], cuya misión se cifra en el descubrimiento de las leyes naturales –universales y necesarias- que regulan la conducta de los hombres. Por consiguiente, esa ciencia podía y debía desarrollarse (en el ámbito de todos los sectores normativos y en su totalidad) mediante un proceso deductivo que arrancaba de los primeros principios del Derecho de naturaleza (principios que eran en sí mismos evidentes para la razón humana), para, a partir de ellos, deducir todas las reglas que deben dirigir el comportamiento social de los hombres [27]. Los iusnaturalistas racionalistas contribuyeron así a la configuración de la ciencia jurídica moderna como una construcción sistemática desarrollada mediante operaciones deductivas a partir de unos principios racionales que, lejos de estar sometidos a los hechos, los dirigen y regulan. Y contribuyeron también a que el Derecho llegara a ser concebido como un complejo cohesionado de normas, exento de cualquier residuo de contradicciones lógicas o de lagunas.

6. La *dogmática conceptualista-formalista* (este modelo será analizado en la *lección 3*)

7. La *ciencia jurídica antiformalista* (el examen de este modelo se realizará en la *lección 4*)

Resumen

El contenido de esta lección puede ser sintetizado en los siguientes puntos:
1. No hay un concepto unívoco de *ciencia*. La realidad designada con este nombre ha variado de forma constante y, a veces, también profunda a través de los siglos. En consecuencia, es inexcusable reconocer la existencia histórica de varios grandes modelos u orientaciones básicas de la ciencia. Por ejemplo, estos cinco: el que la ha entendido como *ontología*, el que la ha configurado como *fenomenología*, el que la ha definido como *crítica racional*, el que la ha caracterizado como *pragmática* y el que la ha perfilado como *lingüística*. En la actualidad, la opinión mayoritaria sigue aceptando el paradigma de «ciencia» que introdujo en el siglo XVIII la corriente epistemológica sensista-empirista.
2. El debate sobre el carácter científico de la 'ciencia jurídica' se ha desarrollado casi siempre en relación con el conjunto de investigaciones y escritos que llevan a cabo quienes se ocupan de explicar el sentido y alcance de las normas contenidas en los diferentes bloques legislativos de los Derechos estatales (es decir, en relación con la «Dogmática jurídica»). Y, en ese debate, se ha llegado a dos soluciones contrapuestas: una sostiene que esas elaboraciones doctrinales no tienen rango de ciencia propiamente dicha; en cambio, la otra afirma que sí son ciencia en el pleno sentido de la palabra.
3. Si se entiende la *ciencia jurídica* como la suma de saberes científicos que tienen al Derecho como objeto de estudio, la pregunta por sus modelos encontrará respuesta en estos tres prototipos: el fáctico-sistemático, el dogmático-sistemático y el lógico-sistemático. Si, en cambio, se reduce a la «Dogmática jurídica», esa pregunta podría conducir a los siguientes modelos: el elaborado por los 'juristas' romanos a lo largo de trece siglos, el de la obra de recopilación y glosa de los jurisconsultos de la Edad Media, el de la elaboración teórica del «ius commune» por parte de la Escuela de los Comentaristas, el de la crítica histórico-filológica del llamado «humanismo jurídico», el de la «iuris naturalis scientia», el de la dogmática conceptualista-formalista del siglo XIX y el de los diversos movimientos antiformalistas del XX.

Lecturas útiles

Si desea ampliar, profundizar o contrastar las explicaciones de esta lección, puede encontrar ayuda en:

Bobbio, N., *Teoria della scienza giuridica*, Giappichelli, Torino, 1950
Bunge, M., *La ciencia, su método y su filosofía*, Siglo XX, Buenos Aires, 1971
Gómez Adanero, M., *Filosofía del Derecho. Lecciones de Hermenéutica Jurídica*, Uned, Madrid, 2006
Hernández Gil, A., *La ciencia jurídica tradicional y su transformación*, Civitas, Madrid, 1981
Kuhn, T. S., *La estructura de las revoluciones científicas*, FCE, México, 1971

Ejercicio de autoevaluación

1. La opinión mayoritaria actual **sí** / **no** (*tachar la opción errónea*) sigue aceptando el paradigma de «ciencia» que introdujo la corriente epistemológica sensista-empirista del siglo XVIII.
2. La doctrina que entendía la ciencia como «ontología» se inició en las teorías de (*completar la respuesta*)
3. En la actualidad, ¿cuáles son los dos significados básicos de la expresión «ciencia jurídica»?
4. La pregunta por el carácter científico de la 'ciencia jurídica' se plantea prioritariamente en relación con: a) la Sociología jurídica; b) la Historia del Derecho; c) la Dogmática jurídica; d) la Teoría general del Derecho.
5. Según J. H. VON KIRCHMANN, la Jurisprudencia (o Dogmática jurídica) no es auténtica ciencia porque (*completar la respuesta*)
6. ¿Cuál es la falacia epistemológica que sirvió de base a esta tesis de J. H. VON KIRCHMANN?
7. El prototipo de ciencia que es designado en la actualidad con el nombre de «Dogmática jurídica» **sí** / **no** (*tachar la opción errónea*) ha experimentado una larga y compleja evolución.
8. Entre los modelos de 'ciencia jurídica' que merecen ser destacados, han de figurar sin lugar a dudas: a) la doctrina de PLATÓN y la jurisprudencia romana; b) la obra de los glosadores y la teoría de la justicia de J. RAWLS; c) el humanismo jurídico y el socialismo utópico; d) el seguido por los comentaristas y la Jurisprudencia de conceptos.
9. Entre las tareas asignadas por los glosadores a su actividad solían figurar.... (*completar la respuesta*)
10. ¿Cuál es, según los autores del iusnaturalismo racionalista, la misión fundamental de la ciencia del Derecho?

LOS MODELOS DE CIENCIA JURÍDICA EN EL POSITIVISMO[1]
(Benito de Castro Cid)

Objetivo general

El propósito central de esta lección apunta hacia la identificación y explicación de los principales modelos de ciencia jurídica positivista. No sería fácil, sin embargo, conseguir este propósito, si no se tuviera antes una idea suficientemente clara de qué es el positivismo jurídico y cuál es el núcleo característico de su doctrina. Y tampoco parece posible dar una explicación satisfactoria de tales modelos sin conocer previamente cuáles han sido las principales líneas de desarrollo de esta doctrina. Por eso, las explicaciones de esta lección incluyen una detallada referencia a esas dos cuestiones previas.

Esquema de desarrollo

El contenido de esta lección ha sido organizado en tomo a estas tres tareas básicas:
1. Identificar los rasgos definitorios del 'positivismo jurídico' y el núcleo central de su mensaje doctrinal.
2. Descubrir cuáles son los movimientos, corrientes o tendencias que han ido surgiendo en su seno en las distintas etapas de su desarrollo.
3. Determinar los distintos prototipos o modelos que pueden ser incluidos en el organigrama de la ciencia jurídica positivista dentro cada una de las principales perspectivas de análisis.

---

1. ¿QUÉ ES EL «POSITIVISMO JURÍDICO»?

La delimitación conceptual del «positivismo jurídico» no debería ser abordada como si se tratara de una 'escuela' o corriente doctrinal homogénea, ya que (al igual que las otras grandes concepciones del Derecho) esta peculiar visión ha dado lugar a varias líneas diferenciadas de desarrollo y ha estado sometida a incesantes procesos de revisión, tanto por parte de sus más enconados detractores como por parte de sus más acérrimos defensores. En consecuencia, puede ser y ha sido objeto de caracterizaciones que disienten entre sí en aspectos fundamentales [1]. *(Incluso ha llega-*

---

[1] Las explicaciones correspondientes a los números de llamada que aparecen encerrados dentro de un recuadro están recogidas en la Segunda Parte del libro (páginas 289-292).

do a ponerse en duda si es legítimo hablar de 'el positivismo jurídico' o si lo que procede, por el contrario, es hablar únicamente de 'distintas teorías positivistas del Derecho').

Aquí, no obstante, vamos a dar por buena la ficción de su uniformidad, manejando, en consecuencia, un perfil conceptual unitario 2 *(como si el positivismo jurídico no fuera realmente un conjunto complejo y bastante deshilvanado de teorías). Y, siguiendo esa línea, sugeriremos inicialmente como noción de referencia [pese a su evidente tautología semántica] la definición que diera el gran N. BOBBIO en 1961 al escribir que «el positivismo jurídico es la doctrina según la que no existe más derecho que el positivo» (entendiendo éste «como derecho puesto por el poder soberano del Estado mediante normas generales y abstractas, es decir, como ley»)* 3.

Esta gráfica simplicidad del concepto acuñado por BOBBIO será ampliada, no obstante, a través del examen de tres importantes aspectos que ayudarán a profundizar en la comprensión de lo que ha sido y es el positivismo jurídico: el de los principales factores que abrieron el camino del ideario jurídico positivista (y que ayudan, en consecuencia, a explicar el rumbo de su zigzagueante trayectoria), el del horizonte de sus presupuestos teóricos y el de los rasgos más representativos de su doctrina.

1.1. Referencia a los factores que impulsaron la aparición del positivismo jurídico

En el ámbito del pensamiento jurídico, la mentalidad positivista tiene ciertamente unas raíces muy antiguas. Sin embargo, es habitual situar el primer precedente significativo del positivismo jurídico en la tesis de T. HOBBES (1588-1679) de que sólo son Derecho las normas impuestas por el Estado, ya que sólo ellas tienen seguridad plena de ser aplicadas, por ser las únicas que cuentan con el respaldo de una fuerza coactiva irresistible. Puede considerarse, pues, que fue la doctrina hobbesiana (junto con el proceso histórico de progresiva monopolización de la actividad legisladora por parte del Estado) la que abrió inicialmente un camino firme hacia el ideario básico del positivismo jurídico.

Contribuyó asimismo al fortalecimiento de ese ideario el hecho de que, al hilo de la consolidación del Estado moderno, los jueces terminaron convirtiéndose en funcionarios estatales y en titulares del segundo de sus tres poderes básicos (tal como puso agudamente de relieve E. EHRLICH en su obra *La lógica de los juristas).* En efecto, tal condición reforzó notablemente la subordinación de su actividad a la ley estatal, hasta el punto de aceptar el principio de que su función consiste sobre todo en la aplicación de esa ley.

Ahora bien, el empujón decisivo para su definitiva consolidación lo recibió el positivismo jurídico del movimiento codificador, cuyo triunfo culminó el proceso de dominación excluyente del Derecho estatal. Por eso ha podido afirmarse que «en la codificación comienza la historia del positivismo jurídico propiamente dicho» 4.

No debe olvidarse, sin embargo, que el primer capítulo de esa historia fue escrito de forma convergente por tres movimientos doctrinales, cuyos postulados (bastante dispares) terminaron integrándose parcialmente en el patrimonio familiar del positivismo jurídico: la Escuela Histórica del Derecho (Alemania), la Escuela de la Exégesis (Francia) y la Jurisprudencia Analítica (Gran Bretaña) [5].

1.2. Examen de los presupuestos teóricos del positivismo jurídico

Parece claro, en primer lugar, que el frondoso árbol del positivismo jurídico hunde sus raíces en el subsuelo de la reacción contra el paradigma desarrollado por la Escuela racionalista del Derecho Natural. Por eso, abjuró desde el primer momento de la ontología jurídica metafísica y se adhirió al dogma de la ontología histórico-genética, reduciendo el ámbito de lo jurídico al espacio ocupado por los diferentes Derechos positivos, en su dimensión de productos evolutivos que han llegado a estar vigentes en un determinado momento de la historia de una determinada sociedad políticamente organizada. Partió también, en consecuencia, del postulado de que los Derechos realmente vigentes son el objeto propio y único de la ciencia jurídica, excluyendo la consideración de cualquier pretendido Derecho previo y superior.

Pero, pese a esa oposición frontal, la reacción positivista no logró evitar el contagio de algunos principios básicos del ideario iusnaturalista del racionalismo. Entre ellos, la concepción idealista del Derecho, la búsqueda de una ciencia jurídica exacta y segura o la aspiración a la racionalidad sistemática. Y, de ese modo, tales principios pasaron a formar también parte de la malla de presupuestos teóricos que sustentaban el edificio científico del positivismo jurídico. Por eso puede constatarse, por ejemplo, que la ontología subyacente a las doctrinas positivistas de la ciencia jurídica ha sido, por lo general, una ontología idealista (en cuanto que las normas jurídicas positivas no han sido analizadas habitualmente como hechos –sociales o lingüísticos, por ejemplo– sino como entes lógicos o conceptuales).

Paralelamente, la ciencia jurídica positivista se ha significado también desde sus inicios por contabilizar entre sus presupuestos de base dos importantes prejuicios metodológicos. Así, de un lado, ha partido del principio de que sólo hay verdadera ciencia jurídica cuando sus conclusiones son empíricamente verificables. Y, de otro, ha entendido que esa ciencia sólo existe cuando logra un conocimiento sistemático omnicomprensivo que es capaz de explicar los Derechos históricos estatales como conjuntos normativos unitarios, coherentes, completos y cerrados (es decir, autosuficientes).

1.3. Análisis de los rasgos más acusados de su perfil doctrinal

Parece evidente que la delimitación conceptual del positivismo jurídico sólo puede ser considerada suficiente cuando, tras evitar la tentación de contaminarla con elementos que le son básicamente ajenos, se llega a determinar sus caracteres específicos diferenciales [6]. Esa delimitación deberá establecerse, por tanto, sobre la previa selección de los rasgos distintivos consustanciales, aun a riesgo de incurrir en algún tipo de imprecisión por el hecho de que no todos esos rasgos sean predicables de todas las fases o manifestaciones del positivismo jurídico, dada la gran complejidad, dinamismo y versatilidad de éste [7].

Consecuentemente, puede ponerse cierre al intento de delimitación conceptual del positivismo jurídico mediante la simple enumeración sistematizada de los principales caracteres que han actuado en uno u otro momento de su historia como señas suyas de identidad dentro de cada una de las dimensiones en que se ha manifestado [8].

Si nos fijamos en su *dimensión ontológica,* los principales rasgos de la doctrina del positivismo jurídico son: el *convencionalismo* (= afirmación de que el Derecho no es una realidad natural, sino una simple convención social), el *estatalismo* (= definición del Derecho como conjunto de normas puestas por el Estado e impuestas con el respaldo de su poder coactivo), el *legalismo* (= subordinación de todas las demás 'fuentes' del Derecho a la ley), el *imperativismo* (= caracterización de las normas legales como mandatos del legislador estatal) y el *sistematismo* (= conceptuación del Derecho como ordenamiento –es decir, como conjunto coherente, completo y autosuficiente [sistema] de normas–).

A su vez, si consideramos la *dimensión epistemológica,* el positivismo jurídico se define ante todo por: el *racionalismo* (= proclamación de la razón como 'órgano' adecuado de conocimiento de la realidad), el *cientismo* (= pretensión de convertir el estudio del Derecho en una ciencia que se desarrolle como las ciencias lógicas, físicas o matemáticas) y el *idealismo* (= reducción del Derecho, en cuanto objeto de análisis científico, a simples principios, relaciones y conceptos lógicos abstractos).

En cambio, si adoptamos la perspectiva de su *dimensión metodológica,* advertiremos que en el positivismo jurídico destacan: el *descriptivismo* (= reducción de los análisis científicos del Derecho a los límites de las descripciones explicativas), el *inductivismo* (= formulación de categorías lógicas abstractas a partir del análisis de los ordenamientos jurídicos positivos), el *formalismo* (= construcción de la ciencia jurídica sobre los elementos formales del Derecho, sin tomar en consideración su contenido normativo) y el *mecanicismo* (= reducción del proceso de interpretación-aplicación del Derecho a una actividad lógica de carácter deductivo que sigue fielmente el paradigma silogístico).

Y, finalmente, si centramos la atención en su *dimensión ideológica,* constataremos que el positivismo jurídico ha ido casi siempre acompañado de: *antiiusnaturalismo* (= oposición a la doctrina de la subordinación del «Derecho positivo» respecto del «Derecho natural»), *amoralismo* (= eliminación de cualquier dependencia del Derecho respecto de la Moral), *escepticismo axiológico* (= exclusión de los elementos y problemas valorativos del campo del Derecho y de la ciencia jurídica) y *monismo ético* (= afirmación de la obligatoriedad incondicionada del Derecho [según el conocido eslogan ideológico «la ley es Ley»]) ⑨.

2. Principales corrientes o 'escuelas' del positivismo jurídico

Sin duda, el positivismo jurídico moderno tiene su núcleo central en el dogma de que sólo es Derecho propiamente dicho el conjunto de leyes que están vigentes en una determinada sociedad y que cuentan con el respaldo coactivo de un poder soberano. Pero, en torno a ese dogma (y respetándolo en lo esencial), se ha desarrollado un nutrido grupo de construcciones doctrinales entre las que median considerables diferencias, de tal modo que no siempre es fácil decidir dónde comienza y dónde termina el positivismo jurídico o hasta qué punto puede considerarse que una determinada doctrina particular ha de ser o no adscrita a esa corriente general de pensamiento. No es extraño, por tanto, que la pregunta por las tendencias o corrientes del positivismo jurídico haya originado una variedad tan llamativa de respuestas.

Por otra parte, algunos estudiosos afines al empirismo o a la corriente analítica ⑩ han entendido que la mayoría de autores y 'escuelas' considerados positivistas no se ajustan a los cánones típicos del positivismo jurídico, sino que quedan inscritos más bien en la órbita de la jurisprudencia racionalista (puesto que su pretensión prioritaria se centra en descubrir, mediante la deducción lógica desde una norma general abstracta, la regulación que ha de aplicarse al caso concreto). Así que ni el Derecho es visto por ellos como una simple realidad fáctica (sino como una realidad lógica, mental o conceptual), ni su metodología científica queda circunscrita en el ámbito estrictamente empírico.

Pues bien, esta dispersión de respuestas doctrinales a la pregunta por las corrientes o «escuelas» del positivismo jurídico obliga a reconocer de partida que el intento de dibujar el organigrama de las versiones o manifestaciones que merecen ser destacadas dentro de esa concepción es una tarea que está poblada de trampas. Pero, pese a ello y sin perjuicio de advertir que cualquier sugerencia o propuesta tendrá, en principio, un simple valor relativo y unas posibilidades de defensa fuertemente condicionadas, ha de reconocerse asimismo que la indudable utilidad pedagógica de ese organigrama convierte su elaboración en una especie de imperativo didáctico del momento.

Así pues, correremos aquí la aventura de apuntar varias clasificaciones diferentes del positivismo jurídico, entendiendo que esas clasificaciones pueden ayudar a comprender el alcance y significado de esta doctrina en la historia del pensamiento jurídico europeo. No deberá olvidarse en ningún momento, sin embargo, que el positivismo jurídico ha experimentado a lo largo de su historia varios procesos de estratificación, dato este que obliga a reconocer que, si bien todos los estratos resultantes de esos procesos son sustancialmente positivistas, no todos lo son del mismo modo.

Una de esas posibles clasificaciones sería la que resultara de abordar, desde un planteamiento casuístico simple, el detalle puramente enumerativo de las distintas orientaciones relevantes que ha seguido el positivismo jurídico en sus dos últimos siglos de existencia [11]. Esta opción presenta, sin embargo, un inconveniente grave: además de ser poco clarificadora para la explicación 'científica' del fenómeno, corre el riesgo de tener que enfrentarse a la acusación de multiplicar los miembros de la familia iuspositivista de forma caprichosa e innecesaria. Por eso, parece preferible acogerse a clasificaciones que tengan un grado mínimo de sistematización comprensiva.

En esa línea han avanzado varios estudiosos europeos, como WIEACKER, BOBBIO o LARENZ, cuyas clasificaciones pueden considerarse clásicas. El documentado historiador E. WIEACKER ha optado por distinguir un positivismo jurídico científico, un positivismo jurídico legal (con sus fases de «positivismo legítimo» y «positivismo ilegítimo») y un naturalismo jurídico [12]. A su vez, N. BOBBIO [13] ha señalado la existencia de tres tipos o proyecciones del positivismo jurídico: el epistemológico (o metodológico), el ontológico y el ideológico (o deontológico) [14]. Y, en cambio, K. LARENZ ha concluido que el historicismo racionalista, el positivismo naturalista y el positivismo sociologista son las «tres manifestaciones importantes de la proyección de la mentalidad positivista en el terreno del pensamiento jurídico durante el siglo XIX», afirmando también, por otro lado, que «las tres Teorías del Derecho positivistas» son la psicológica, la sociológica y la «pura» [15].

Podría agruparse también el positivisrno jurídico (siguiendo un esquema extremadamente simplificador), en dos únicas grandes corrientes o tendencias: la *racionalista* y la *empirista* [16]. O, si se prefiere adoptar una perspectiva un poco más ambiciosa, podría ordenarse el panorama del positivismo jurídico en torno a estos tres posicionamientos básicos: el *racional-formalista* (que incluiría la jurisprudencia de conceptos, el legalismo racionalista y la teoría 'pura'), el *antiformalista* (que incluiría la jurisprudencia de intereses, el movimiento del Derecho libre y la jurisprudencia sociológica) y el *hiperrealista* (que incluiría el sociologismo, el psicologismo, el realismo escandinavo y el neopositivismo).

3. MODELOS DE LA CIENCIA JURÍDICA POSITIVISTA

Se proclama de manera general que el modelo científico característico del positivismo jurídico (especialmente del legalista) ha sido la «Dogmática». Pero se reconoce al mismo tiempo que la mentalidad jurídica positivista ha contribuido a (o, al menos, ha convivido pacíficamente con) la progresiva consolidación de otros muchos modelos que han adquirido ya o están adquiriendo una notable importancia sistemática y académica dentro del panorama general de proyecciones del conocimiento científico del Derecho. Así, entre los que merecen especial mención, han de incluirse, además de la dogmática, el de la teoría general, el histórico, el sociológico, el comparativo, el lógico, el metodológico, el psicológico, el antropológico, el etnográfico, el informático, el lingüístico, el de la política jurídica, el de la teoría de la argumentación o el de la teoría de la decisión. Sin embargo, aquí se recogerá solamente una explicación sumaria de los cinco primeros.

3.1. La Dogmática jurídica [17]

El término «Dogmática jurídica» puede tener dos diferentes significados: uno amplio y genérico, otro reducido y específico. En el primero, designa de forma general al tipo de saber que se ocupa de explicar el sentido, el alcance y los problemas de interpretación y aplicación de las normas jurídicas que han de ser aplicadas en un determinado contexto de relaciones sociales. En el segundo, se aplica solamente al estudio científico del Derecho positivo que comenzó a sistematizarse a comienzos del siglo XIX dentro del marco epistemológico definido por el modelo de las ciencias físicas. Es, pues, en este segundo sentido, una creación estrechamente vinculada al positivismo jurídico, sin perjuicio de que su impulso inicial surgiera en el seno de la escuela histórica del Derecho.

Consecuentemente, las principales señas de identidad de la Dogmática jurídica son herencia del positivismo. Así, su carácter estrictamente descriptivo [18], su legalismo [19], su conceptualismo formalista [20], su neutralismo axiológico, su preocupación sistemática [21] y su pretensión de autenticidad o pureza [22].

Ahora bien, esta compleja herencia no fue compartida siempre en forma igualitaria y pacífica por todos los positivistas, sino que fue objeto de disputas y desencuentros teóricos que dieron lugar al desarrollo de varias 'dogmáticas' positivistas parcialmente diferentes. Así, la fundacional jurisprudencia de conceptos fue sometida a revisión por la jurisprudencia de intereses y ambas lo fueron, a su vez, por la doctrina de la libre indagación del Derecho, por la jurisprudencia sociológica y por la jurisprudencia valorativa.

3.2. La Teoría general del Derecho

Según los primeros defensores de esta línea de desarrollo del conocimiento jurídico científico [23], la «Teoría general del Derecho» tenía la misión prioritaria de acabar con la anarquía que existía en la época dentro de cada una de las ramas particulares de la Dogmática jurídica. Y, para conseguirlo, debía –en su opinión– ocuparse de elaborar (a partir del análisis empírico de los datos proporcionados por los diferentes ordenamientos jurídicos estatales) el conjunto de las categorías y nociones generales que, por ser comunes a todos los ordenamientos, tienen también una validez y utilidad universales.

Así, para descubrir el concepto del «Derecho», bastaría con reunir un número suficientemente grande de hechos jurídicos, prescindir de sus notas accidentales y abstraer las que le fueran comunes. E igual procedimiento podría aplicarse a cualquier otro problema similar, como la definición del «derecho subjetivo» o del «deber jurídico», puesto que, según escribiera J. S. MILL, a pesar de que los detalles de los diferentes sistemas legales son distintos, no hay ninguna razón para que las clasificaciones y los elementos fundamentales de la ordenación no sean en gran medida los mismos.

Esta visión tuvo un considerable éxito inicial. Sin embargo, se convirtió también pronto en objeto de crítica del movimiento renovador de las especulaciones filosófico-jurídicas, especialmente del que (inspirándose en la epistemología y metodología kantianas) reivindicaba para la filosofía la determinación del concepto del Derecho y de los demás conceptos formales o puros.

De este modo, el nutrido grupo de partidarios de la «Teoría general del Derecho» se dividió en dos grandes tendencias: la de los que abogaban por una teoría científica y la de los que consideraban preferible cultivar una teoría filosófica y apriori. Y, así, se inició un dualismo epistemológico y metodológico que ha perdurado hasta nuestros días y que ha colocado a la *teoría general del Derecho* en el punto de mira de inacabables debates entre los defensores de una y otra concepción.

3.3. La Historia del Derecho

La afirmación de que el Derecho es una realidad constitutivamente histórica y evolutiva no admite discusión. De modo que el estudio historiográfico del Derecho resulta a todas luces inevitable. Sin embargo, ha de reconocerse que esta peculiar rama del saber jurídico no se constituyó como ciencia autónoma hasta el siglo XIX [24].

Ocurrió, por otra parte, que el nacimiento y el inicial desarrollo de la nueva ciencia estuvieron acompañados por un hecho bastante singular: la convergencia de dos tipos de preocupaciones e intereses en el estudio de la historia de las instituciones jurídicas: los puramente históricos o histórico-políticos y los netamente jurídicos. Ese hecho ha tenido, como se sabe, consecuencias importantes para la posterior configuración de esta parcela de la ciencia jurídica.

Así, la «Historia del Derecho» cultivada por los estudiosos del devenir histórico de los grupos humanos políticamente organizados se ha ocupado prioritariamente de aquellos aspectos que contribuyen a complementar y enriquecer los conocimientos globales que se tienen del pasado de las diversas sociedades o pueblos. Es, pues, una Historia del Derecho entendida y construida como rama especial de la ciencia histórica general.

En cambio, la «Historia del Derecho» preferida por los juristas se ha preocupado sobre todo de los datos y aspectos que pueden contribuir a un conocimiento más exhaustivo y profundo de los distintos elementos institucionales de los Derechos vigentes. Por eso, se ha centrado sobre todo en estudios como el nacimiento y evolución de las instituciones, las distintas influencias recibidas o los vaivenes experimentados hasta llegar a la configuración que presentan en la actualidad [25].

3.4. La Sociología del Derecho

Esta joven rama [26] de la ciencia jurídica tiene como objeto propio de estudio al Derecho en su íntegra dimensión de hecho social. Es decir, al Derecho en cuanto fenómeno que existe dentro de una compleja red de interferencias mutuas con todos los demás fenómenos sociales y que, en consecuencia, es influido por los múltiples condicionamientos procedentes de esos fenómenos. Su misión específica se cifra, por tanto, en descubrir, verificar y formular sistemáticamente las relaciones de interdependencia que existen entre el Derecho y los demás hechos o agentes de la organización social.

Consecuentemente, el análisis sociológico del Derecho ha de ocuparse, al menos, de las siguientes tareas concretas (según ha señalado reiteradamente la mayoría de los estudiosos): 1. estudio de la dependencia que tiene el Derecho respecto de la organización social en la que ha nacido y se desarrolla; 2. investigación acerca de la influencia que el propio Derecho ejerce sobre los principales mecanismos de la organización social y sobre su desarrollo; 3. análisis de la relación de dependencia que tienen entre sí los valores jurídicos y los otros valores o principios que informan el sistema social.

Por otra parte, se acepta también generalmente la idea de que el método de investigación de la «Sociología del Derecho» puede y debe seguir (dentro, por supuesto, del enfoque y metodología propios del conocimiento científico) un camino complejo en el que converjan la investigación fundamentalmente explicativa y descriptiva con la reflexión comprensiva. De este modo, podrá captar en forma adecuada la existencia bidimensional del Derecho: de un lado, en cuanto hecho social que surge en el horizonte de la vida humana junto a los otros múltiples fenómenos que constituyen el contexto de esa vida; de otro, en cuanto realidad intencional destinada a orientar coactivamente un amplio sector de los comportamientos humanos.

3.5. El Derecho comparado

A esta disciplina suele asignársele la competencia de llevar a cabo el estudio comparativo de los diferentes ordenamientos jurídicos que están vigentes en una misma época (o bien de los distintos sectores, instituciones o normas de esos ordenamientos), con el fin de descubrir las coincidencias y divergencias que median entre ellos. Es, pues, un tipo de saber jurídico que aplica su reflexión sobre un ámbito normativo que trasciende los límites de un sistema jurídico dado.

Ahora bien, es a todas luces un tipo de saber que se centra en el análisis de las normas jurídicas vigentes, tomándolas como material científico que ha de ser sometido a la correspondiente elaboración y reconstrucción racional, con el fin de poder realizar posteriormente las oportunas comparaciones. En esa medida, tanto la evidente impronta dogmática como la propia versatilidad de su orientación hacen que el «Derecho comparado» presente un notable grado de ambigüedad epistemológica y que su caracterización tropiece con alguna que otra dificultad de relieve.

Por ejemplo, la de su diferenciación respecto de la «Dogmática jurídica» y de la «Teoría general del Derecho», parcelas de la ciencia jurídica de las que este saber parece estar muy próximo en varios aspectos [27]. Podría entenderse, por tanto, que los estudios comparados del Derecho no son más que una de las múltiples actividades de investigación que competen a quienes se ocupan de fijar y determinar con rigor científico el concepto general del Derecho y las categorías jurídicas fundamentales (teoría general del Derecho) o el sentido y alcance normativo de las reglas pertenecientes a un determinado ordenamiento jurídico (Dogmática jurídica).

Resumen

Las explicaciones contenidas en esta lección pueden resumirse en los siguientes apartados:
1. *Caracterización de la doctrina designada con el nombre «positivismo jurídico».* En este apartado se constata que los principales rasgos de esta doctrina son: convencionalismo, estatalismo, legalismo, imperativismo y sistematismo (en su dimensión ontológica); racionalismo, cientismo e idealismo (en su dimensión epistemológica); descriptivismo, inductivismo, formalismo y mecanicismo (en su dimensión metodológica) y antiiusnaturalismo, amoralismo, escepticismo axiológico y monismo ético (en su dimensión ideológica).
2. *Identificación de las principales corrientes o 'escuelas' del positivismo jurídico.* Este apartado destaca en primer lugar la existencia de varias clasificaciones propuestas por diferentes estudiosos de gran autoridad (entre los que cabe destacar a F. WIEACKER, N. BOBBIO o K. LARENZ). Sin embargo, termina proponiendo una que no coincide totalmente con las de esos autores. Según esta nueva clasificación, el organigrama de las corrientes del positivismo jurídico podría estructurarse en torno a estos tres posicionamientos básicos: el *racional-formalista* (que incluiría la jurisprudencia de conceptos, el legalismo racionalista y la teoría 'pura'), el *antiformalista* (que incluiría la jurisprudencia de intereses, el movimiento del Derecho libre y la jurisprudencia sociológica) y el *empirista* (que incluiría el sociologismo, el psicologismo, el realismo escandinavo y el neopositivismo).
3. *Determinación de los principales modelos de la ciencia jurídica positivista.* Este apartado insiste en la idea de que, dentro de la onda expansiva provocada por el positivismo jurídico, ha ido surgiendo una densa multiplicidad de estudios específicos sobre aspectos particulares de la compleja realidad del fenómeno jurídico. Entre esos estudios, han conseguido ya un amplio reconocimiento doctrinal los siguientes: Dogmática jurídica, Teoría general del Derecho, Historia del Derecho, Sociología del Derecho y Derecho Comparado.

Lecturas útiles

Si desea ampliar, profundizar o contrastar las explicaciones de esta lección, puede encontrar ayuda en:
- Bobbio, N., *El positivismo jurídico. Lecciones de Filosofía del Derecho reunidas por el Doctor Nello Morra*, Debate, Madrid, 1993.
- Gómez Adanero, M. (y otros), *Filosofía del Derecho. Lecciones de Hermenéutica Jurídica*, UNED, Madrid, 2006.
- Larenz, K., *Metodología de la Ciencia del Derecho*, Ariel, Barcelona, 1994.
- [Ramos Pascua, J. A./ Rodilla González, M. A., eds.], *El positivismo jurídico a examen. Estudios en homenaje a José Delgado Pinto*, Ediciones Universidad de Salamanca, Salamanca, 2006.
- Scarpelli, U., *Qué es el positivismo jurídico*, Cajica, Puebla (México), 2001.

Ejercicio de autoevaluación

1. El positivismo jurídico **sí** / **no** *(tachar la opción errónea)* constituye una escuela o corriente doctrinal unitaria.
2. Si se da por buena la definición de N. Bobbio, podría fijarse el concepto del positivismo jurídico diciendo que es la doctrina que... *(completar la respuesta)*.
3. ¿Cuáles son los factores que propiciaron la aparición del positivismo jurídico?
4. Entre los principales rasgos de la vertiente ontológica del positivismo jurídico **sí** / **no** *(tachar la opción errónea)* figura ciertamente el monismo ético.
5. Según N. Bobbio, deben ser distinguidos tres tipos de positivismo jurídico: a) el metafísico, el lógico y el ontológico; b) el epistemológico, el ontológico y el ideológico; c) el lógico, el epistemológico y el ontológico; d) el histórico, el racionalista y el empirista.
6. En el supuesto de que se distinga dentro del positivismo jurídico un posicionamiento *racional-formalista*, ¿qué corrientes deberían ser incluidas en él?
7. En su significado más amplio y genérico, el termino «Dogmática jurídica» designa... *(completar la respuesta)*
8. La «Historia del Derecho» se constituyó como ciencia autónoma: a) a comienzos de la Edad Moderna; b) a mediados del siglo XVIII; c) en el siglo XIX; d) en la penúltima década del siglo XX.
9. ¿Cuál es la misión específica de la «Sociología del Derecho» en cuanto estudio científico del fenómeno jurídico?
10. Dé algún argumento que avale la opinión de que el modelo científico del «Derecho Comparado» adolece de una cierta ambigüedad epistemológica.

LA CRISIS DEL POSITIVISMO JURÍDICO[1]
(Benito de Castro Cid)

Objetivo general

Ha sido afrontado en la lección precedente el reto de fijar el perfil doctrinal del positivismo jurídico y la evolución registrada en su concepción del conocimiento científico del Derecho. Cumple ahora la tarea de examinar el complejo de actuaciones y procesos revisionistas que han dado pie a que pueda hablarse con razón de la «crisis del positivismo jurídico».

Esquema de desarrollo

El análisis que lleva a cabo esta lección se organiza en torno a estos tres núcleos problemáticos:
1. Síntomas y causas de la crisis del positivismo jurídico.
2. Ámbitos teóricos en que ha incidido de manera más intensa esa crisis.
3. Efectos de los planteamientos revisionistas que han servido de cauce a la crisis.

---

1. EL SENTIDO DE LA CRISIS

Es ineludible comenzar la explicación constatando que, como ha ocurrido casi siempre en casi todas las otras creaciones culturales ⬚1⬚*, la crisis ha sido una especie de condición natural de existencia del positivismo jurídico. Ahora bien, mientras que en muchas ocasiones se ha tratado sólo de una crisis de crecimiento, en muchas otras ha llegado a ser una verdadera crisis de identidad y subsistencia.*

1.1. La crisis de crecimiento

El positivismo jurídico ha llegado a consolidarse como una de las principales teorías jurídicas a través de una permanente crisis de crecimiento o desarrollo. Este es un

---

[1] Las explicaciones correspondientes a los números de llamada que aparecen encerrados dentro de un recuadro están recogidas en la Segunda Parte del libro (páginas 292-294).

dato de experiencia tan inmediato que resulta superfluo detenerse en su análisis. Sí será útil, sin embargo, entrar en el examen de las diferentes fases y signos de esa crisis (aspectos que van a ser examinados a continuación).

Hay, en esa línea, un primer dato que es sin duda muy elocuente cuando se pretende medir el grado de probabilidad de crisis de crecimiento en la historia del positivismo jurídico: la paternidad compartida de su nacimiento. En efecto, es ya de sobra conocido el hecho de que la cuna de la nueva concepción de la ciencia jurídica fue mecida conjuntamente por tres actitudes doctrinales bastante dispares. De un lado, la que propugnaba el ideario exegético (opuesta en principio a la sistematización teórica). De otro, la que se adhería al dogma historicista (opuesta en principio al legalismo). Y de un tercero, la que defendía los postulados de la 'escuela' analítica inglesa (decidida promotora de la construcción conceptual).

Pues bien, esta circunstancia inoculó el germen de la crisis en el seno del positivismo jurídico desde el momento mismo de su nacimiento, al dificultar el logro de una línea de desarrollo cuya fuerza y coherencia interna eliminara sus divergentes tendencias y dinamismos originarios. O, cuando menos, contribuyó a que la unificación se consiguiera a costa de grandes tensiones y conflictos. Y ello a pesar de que las tres orientaciones o dinamismos originantes tenían en común una neta posición reactiva [menor, probablemente, en la escuela de la exégesis] frente al racionalismo de la 'escuela' iusnaturalista, así como un compromiso bastante firme con la epistemología fisicalista y con la metodología empirista.

Fueron, sin embargo, más decisivos para mantener la situación de crisis los sucesivos intentos de revisión, por parte de muchos autores sedicentes positivistas, de las posiciones 'oficiales' del positivismo jurídico en cada una de sus principales proyecciones doctrinales: ontológica, epistemológica, metodológica e ideológica.

En efecto, mientras que en la primera fase se profesó con fe ciega el dogma legalista-estatista, llegó a exigirse más tarde la concurrencia del respaldo social; mientras que inicialmente fueron asumidos sin mayores reticencias los postulados del idealismo racional, después se llegó al compromiso casi excluyente con el factualismo o el empirismo; mientras que en un determinado momento se apostó por la deducción y la construcción sistematizadora, en el momento siguiente se ensalzó la inducción o la simple descripción; mientras que durante una larga época se consideró herética la aceptación de la influencia de la Moral en el Derecho, llegó a admitirse por fin como inevitable la presencia en éste de ciertas exigencias o principios morales.

1.2. La crisis de identidad

Es evidente que la crisis de desarrollo del positivismo jurídico fue asimismo de forma inevitable crisis de identidad, ya que en el fondo de aquella se debatía también, por parte de los promotores de las diferentes configuraciones enfrentadas, el genuino ser-cómo de la concepción positivista del Derecho y de la ciencia jurídica.

Por otra parte, puede constatarse cómo las diversas concepciones jurídicas positivistas han tenido que enfrentarse también a la duda sobre su propia capacidad para resolver en forma satisfactoria las principales necesidades teóricas y prácticas que plantea el normal desarrollo de la vida jurídica en las diferentes sociedades actuales. Han tenido, pues, que enfrentarse a la correspondiente crisis de delimitación y justificación de su propio perfil sistémico dentro del organigrama general de las teorías jurídicas. Y, si bien esta crisis ha sido alimentada sobre todo por las críticas procedentes del exterior, ha recibido también bastante apoyo desde el interior a través de la permanente actividad crítica de las posturas afines al pluridimensionalismo ontológico, al normativismo integral, al pluralismo epistemológico y metodológico o al objetivismo (o 'transpositivismo') axiológico.

Pues bien, ante esta situación de ataques exteriores y de vacilaciones internas, las doctrinas jurídicas positivistas adoptaron a menudo una estrategia de defensa que se basaba sobre todo en el intento de corregir y superar los distintos fallos o insuficiencias que eran objeto de denuncia. Y, de ese modo, el positivismo jurídico se ha visto inmerso en una incesante dinámica revisionista que, obviamente, ha terminado derivando casi siempre hacia una auténtica crisis de autoidentificación [2].

La presunta crisis de identidad del positivismo jurídico se ha sustanciado, pues, en un proceso muy complejo en el que han ido entrecruzándose constantemente diferentes planos y perspectivas. Y, en ese proceso, han sido sometidos a revisión prácticamente todos sus postulados básicos sobre lo que ha de entenderse por «Derecho», «Derecho positivo», «fuentes del Derecho», «ciencia jurídica», «interpretación», «neutralidad axiológica», etc. Subsiste, por tanto, la duda de si todos los diferentes enfoques pueden ser integrados en la concepción prototípica del positivismo jurídico o si, por el contrario, algunos han de ser situados fuera de sus fronteras [3].

En consecuencia, no está todavía del todo claro si la crisis de identidad que viene atravesando la teoría positivista del Derecho ha desembocado ya en la quiebra definitiva de los pilares que han sostenido hasta ahora su grandiosa construcción o si esa crisis podrá ser superada mediante una profunda remodelación de algunos de sus elementos estructurales.

Sí es evidente, en cambio, que la historia reciente del positivismo jurídico proporciona abundantes datos de una cierta inestabilidad en varios de los postulados fundamentales de su núcleo doctrinal representativo. Y estos datos contribuyen obviamente a confirmar la percepción de que esta benemérita teoría jurídica continúa dentro del radio de acción de una crisis notablemente compleja que encuentra explicación en la influencia de las variadas causas que han desencadenado y acelerado su desarrollo.

2. Las causas de la crisis

Ha de reconocerse que no es nada fácil establecer la lista completa de los factores que han actuado causalmente en la presunta crisis del positivismo jurídico. Sin

embargo, sí es factible identificar algunos que han llegado a tener bastante impor-
tancia, cuando menos por su elevado grado de visibilidad. De ellos vamos a ocupar-
nos a continuación de forma individualizada, sin perjuicio de que (con el fin de com-
prender mejor el alcance y, sobre todo, el sentido de su influencia) sistematicemos
su análisis mediante la reagrupación en dos grandes bloques. Vamos a examinar,
pues, dos grupos de causas, a los que, atendiendo a su menor o mayor proximidad
con el núcleo de la crisis, designaremos como el grupo de los factores exógenos *y el*
grupo de los factores endógenos.

2.1. Factores exógenos

Entre los factores que han actuado desde el exterior sobre la crisis del positivismo
jurídico, ha de ser destacado sin lugar a duda en primer lugar el insistente rechazo
crítico que las diferentes doctrinas (especialmente las que participan de una actitud
de base latamente iusnaturalista) han opuesto a las tesis cardinales del positivismo
jurídico en los ámbitos ontológico, epistemológico, metodológico e ideológico de su
teoría [4]. Pero hay bastantes otros. Por ejemplo, la transformación del contexto sociocultural en que nació y se desarrolló inicialmente el positivismo jurídico o la evolución de los modelos de Estado de Derecho y de teoría política [5].

En efecto, tras la pérdida de protagonismo de los derechos naturales del hombre
y el lógico debilitamiento del modelo original del Estado de Derecho (debilitamiento
que había terminado por propiciar el avance del positivismo jurídico normativista), se
produjo la rehabilitación de los derechos y libertades fundamentales de la persona. Y
éstos, convertidos ya en elemento fundante de toda organización jurídico-política,
comenzaron de inmediato a actuar como uno de los principales arietes de la crisis del
positivismo jurídico. De ese modo, el protagonismo conquistado por el ideario de los
derechos humanos contribuyó a acelerar la crisis del positivismo jurídico, llevándolo
finalmente a un cierto resquebrajamiento de base cuando, tras imponerse el modelo
del Estado social y democrático de Derecho, se consolidó también un nuevo constitucionalismo de filiación axiológica material [6].

En otros términos, la crisis del positivismo jurídico tomó impulso cuando la teoría
jurídico-política comenzó a abandonar el simple legalismo formal y apostó por el
constitucionalismo material (esto es, valorativo, en cuanto que la constitución incorpora principios y valores que condicionan la propia legalidad constitucional de las
leyes y de las resoluciones jurisdiccionales). Y, por otra parte, el hecho de que la
soberanía económica, política y jurídica de los Estados-nación haya terminado por
entrar también en crisis ha puesto en duda la credibilidad del positivismo jurídico,
puesto que hoy resulta ya imposible entender los ordenamientos jurídicos estatales
como sistemas autosuficientes y cerrados.

2.2. Factores endógenos

Entre los factores que aceleraron la crisis del positivismo jurídico actuando desde el interior del mismo han de contabilizarse los intentos de corrección de rumbo que protagonizaron algunos pensadores iuspositivistas. Fundamentalmente para atajar fallos graves de coherencia lógica o de adecuación funcional entre los diferentes 'dogmas' del sistema (o entre éstos y las necesidades reales de la vida jurídica del momento).

Esos intentos fueron ciertamente bastante dispares, tanto por el origen como por el fin que perseguían, pero terminaron coincidiendo casi siempre en la producción de un daño colateral imprevisto: el desgaste y erosión del tradicional fortín teórico del iuspositivismo. En consecuencia, dadas la variedad y frecuencia con que fueron apareciendo, parecería aconsejable que se abordara aquí un examen individualizado de los mismos, con el fin de ponderar la importancia de cada uno. Sin embargo, esa ingente tarea sobrepasa los límites naturales de la presente explicación. De ahí que se haga solamente un análisis sintomático, recordando los tres intentos revisionistas que parecen haber tenido una incidencia más directa en la crisis: el que proclamó el carácter pluridimensional del Derecho, el que denostó la orientación formalista de la ciencia jurídica y el que se rebeló contra el dogma de la sumisa sujeción pasiva de los jueces a «la letra de la ley».

En efecto, por un lado, hay indicios suficientes para pensar que la crisis del positivismo jurídico se gestó en buena medida a través de la toma de conciencia (no sólo por parte de los juristas prácticos, sino también por parte de los juristas teóricos) del carácter manifiesta e inevitablemente pluridimensional del Derecho [7]. De modo que los debates y discrepancias doctrinales que surgieron en el campo de su dogma ontológico central han actuado como uno de los principales motores de la revisión a que han sido sometidos los otros pilares de la concepción clásica de la teoría y la ciencia jurídica positivistas. Y, naturalmente, también como impulsores de la crisis global.

Del mismo modo, terminó actuando como fermento endógeno de crisis la creciente oposición de la mayoría de los juristas a la configuración formalista de la ciencia jurídica y de la actividad jurisdiccional, que había llegado a ser sacralizada por el primer iuspositivismo. En este punto, fue precisamente la habitual actuación de los operadores jurídicos, especialmente los jueces, en el día a día de la vida jurídica la que ejerció una presión que llegó a ser irresistible. Y, por esa vía, se logró dinamitar desde dentro las tesis de la plenitud y coherencia de los ordenamientos jurídicos y del consiguiente formalismo hermenéutico, tesis que se habían constituido en pilares centrales del positivismo jurídico.

Y, finalmente, sucedió asimismo que ni los analistas más comprometidos con el ideario positivista pudieron seguir negando ya la evidencia de que los operadores jurídicos, al proceder a la aplicación casuística del Derecho establecido, se veían obligados casi siempre a saltar por encima de los estrechos límites de la «letra de la ley». Necesitaban incorporar también la ponderación de los condicionamientos, necesidades y evolución de la respectiva sociedad en que iban a ser aplicadas las leyes, abriéndose, en consecuencia, a interpretaciones que fueran permeables a la valoración de los contenidos normativos materiales. Así se vieron igualmente obligados, con cierta frecuencia, a desarrollar una interpretación extensiva o analógica de las normas, puesto que el significado meramente literal o histórico de éstas había sido sobrepasado ya con creces por el dinamismo social.

Puede establecerse, pues, como conclusión del epígrafe general, que (al igual que ocurre en todas las crisis) la del positivismo jurídico no ha tenido una sola causa o factor desencadenante [8]. Su nacimiento y desarrollo ha sido el inevitable producto de una más o menos azarosa concurrencia de dinamismos y circunstancias que han ido llevando una y otra vez al positivismo jurídico al taller de reparaciones.

No obstante, es razonable pensar que hubo algunos que tuvieron una mayor eficacia destructiva. Entre ellos, según los mejores indicios, los ya identificados en las precedentes explicaciones. Es decir: * la transformación del contexto sociocultural en que nació y se desarrolló inicialmente el positivismo jurídico; * la evolución de los modelos de Estado de Derecho y de teoría política; * el reconocimiento del carácter pluridimensional del Derecho positivo (con el consiguiente rechazo de su identificación con los códigos y leyes estatales); * la concepción pluralista de la ciencia jurídica; * la superación del prejuicio formalista de la dogmática jurídica y * la rebelión contra el dogma de la sumisa sujeción de los jueces a «la letra de la ley».

Queda ahora por dilucidar, tal como se ha apuntado ya, si la capacidad de arrastre de estas fuerzas será suficiente para empujar el vehículo del positivismo jurídico hasta su definitivo desguace o si, por el contrario, ese vehículo seguirá conservando el poder y encanto de que ha hecho gala en el pasado.

3. Los efectos de la crisis

Como se ha señalado ya, la onda expansiva de la presunta crisis del positivismo jurídico se ha extendido a sus cuatro grandes dimensiones y ha afectado a la mayoría de las tesis o dogmas fundamentales de su doctrina. La dimensión ontológica, la epistemológica, la metodológica o la ideológica han sido, pues, los espacios en que, con cambiante vigor, ha germinado la semilla de la crisis (sin perjuicio de que deba reconocerse que fue el primero de ellos el que actuó como semillero natural de los cambios registrados en los otros tres).

3.1. En la dimensión ontológica

En el ámbito de esta dimensión, los embates críticos se han centrado casi siempre en la tesis que, de forma excluyente, reducía la compleja realidad del Derecho a su expresión histórica en las legalidades estatales. De modo que, frente a esa estrecha y rígida visión del Derecho como conjunto de leyes o normas impuestas de forma coactiva por los correspondientes poderes jurídico-políticos soberanos, fueron abriéndose lentamente paso otras varias concepciones disidentes. Y éstas, pese a las importantes diferencias que las separaban, compartían una misma aspiración de base: el reconocimiento formal del carácter constitutivamente pluridimensional, elástico y vivo del Derecho real.

En consecuencia, el clásico monismo ⑨ legalista cerrado, tras pasar por el túnel de una sinuosa e incierta crisis, ha optado por el repliegue parcial de sus líneas para no impedir totalmente la entrada a los nuevos enfoques. Por su parte, la mayoría de estos enfoque novedosos (sin dejar de ser básicamente positivistas) propugna una caracterización del Derecho mucho menos monolítica, más poliédrica, más abierta y más dinámica. En consecuencia, se han visto sometidas también a un incesante proceso de revisión las dos posiciones más adelantadas del positivismo jurídico en la perspectiva ontológica: la que delimita el concepto del Derecho y la que desarrolla la teoría de las fuentes.

En definitiva, dentro de esta dimensión, la crisis del positivismo jurídico se manifestó sobre todo en la rebelión contra su formalismo ontológico. Es decir, en el rechazo de su decisión de considerar únicamente como Derecho a los cuerpos de normas que ha establecido el Estado respetando los cauces formales de su promulgación (sin preocuparse de si el contenido material de tales normas responde o no a un determinado orden de valores prevalentes).

3.2. En la dimensión epistemológica

Desde la perspectiva de esta dimensión, uno de los efectos más significados de la crisis fueron los constantes ataques lanzados contra el monismo cientista del positivismo jurídico por la ola pluralista defensora de la multiplicidad y diversidad de vías de acceso al conocimiento del Derecho. En efecto, llegó un momento en que, frente al positivismo jurídico estricto, comenzó a reivindicarse de forma generalizada la importancia epistémica de otros varios caminos del conocimiento, tales como el histórico, el sociológico, el técnico o, incluso, el filosófico.

Así, el modelo de conocimiento científico del Derecho que había sido adoptado por la llamada 'jurisprudencia de conceptos' se convirtió muy pronto en objeto de agresivas críticas por parte de quienes –siguiendo los pasos del ´segundo' JHERING- renegaban del racionalismo filoiusnaturalista de aquélla y abogaban por una orientación histórica y social verdaderamente empíricas. Y, de ese modo, la Dogmática jurídica conceptualista terminó siendo mayoritariamente desautorizada y, al fin, recusada.

En consecuencia, la manifiesta debilidad del modelo clásico de ciencia jurídica acabó dejando expedito el paso a los nuevos planteamientos que (como el de la jurisprudencia de intereses) reclamaban el abandono definitivo del postulado de que la ciencia jurídica debía mantenerse circunscrita a las tareas de descripción normativa, catalogación conceptual y sistematización. Y eso es lo que ocurrió: el lugar del modelo clásico fue ocupado muy pronto por la nueva Dogmática jurídica que propugnaban quienes pretendían configurarla, bien como una ciencia estrictamente empírica, o bien, por contra, como una ciencia social valorativa.

3.3. En la dimensión metodológica

Como era lógico, la constatación de la naturaleza pluridimensional del Derecho o de la diversidad tipológica del saber que se ocupa de explicarlo tuvo como secuela inmediata la defensa de la correspondiente diversidad metodológica. No es de extrañar, pues, que, a finales del siglo XIX y sobre todo a comienzos del XX, se agudizara la llamada «guerra de los métodos», guerra que libraron fundamentalmente la *jurisprudencia de intereses* y el *movimiento del Derecho libre* contra las veteranas jurisprudencias exegéticas y de conceptos.

Y, a este respecto, no puede perderse de vista que todas esas corrientes estaban de acuerdo en entender que la función de la ciencia jurídica se centraba en 'descubrir' la norma general aplicable al respectivo 'caso' particular y en que, una vez encontrada esa norma general, podía llegarse a la solución jurídica[mente] correcta a través de la simple deducción lógica.

Parece, pues, obligado concluir que, en el ámbito metodológico, el principal efecto de la crisis se concentró finalmente en la distinta beligerancia que, dentro de los procesos de determinación del contenido directivo de las normas generales, se atribuía en cada caso a las consideraciones y valoraciones de tipo histórico, sociológico, económico, político, etc. Y, por otra parte, afectó asimismo de forma directa a la tesis del carácter meramente declarativo o reproductivo de la interpretación, llegando a imponerse la opinión de que la actividad jurisdiccional incluye siempre una inevitable función selectivo-valorativa que es también, por tanto, creativa.

3.4. En la dimensión ideológica

En esta dimensión, la crisis del positivismo jurídico ha tenido varias importantes secuelas complementarias. Por ejemplo, la aceptación de los derechos fundamentales de la persona como valores o principios básicos de los ordenamientos jurídicos estatales y supraestatales. También la quiebra del dogma de la radical y total separación entre el orden normativo de la Moral y el orden normativo del Derecho (con el consiguiente reconocimiento público de institutos tan significativos como la objeción de conciencia o la desobediencia civil). O, de igual modo, la definitiva desautorización de la vieja tesis del carácter obligatorio incondicionado de las leyes impuestas por los gobernantes.

Por otra parte, la crisis ha traído este otro trascendental efecto: el profundo cambio de mentalidad que ha hecho posible la normalización ideológica de las precedentes secuelas. En efecto, esa normalización no ha contado sólo con el respaldo de los defensores de opciones éticas objetivistas o de las doctrinas latamente iusnaturalistas. Ha sido apoyada también por muchos de los tradicionales epígonos del positivismo jurídico. En efecto, ha ocurrido con cierta frecuencia que autores sedicentes positivistas no dudaron en adherirse con menor o mayor entusiasmo a posiciones teóricas favorables a la aceptación del condicionamiento moral del Derecho, apostando, en consecuencia, por las políticas comprometidas con la defensa de los valores de la autonomía ética individual frente a cualquier opción de totalitarismo estatal o social.

4. LOS PRINCIPALES GESTORES DE LA CRISIS

Se ha precisado ya en ocasiones anteriores que la crisis del positivismo jurídico tiene una historia extremadamente compleja y que esta historia ha sido escrita por un gran número de redactores. Se ha indicado también que, mientras que muchos de esos redactores pertenecían a la avanzadilla de doctrinas comprometidamente hostiles, otros formaban parte del amplio grupo de seguidores del credo iuspositivista. Ha de afirmarse ahora, por tanto, que la crisis no hubiera sido tan ancha y profunda si no hubieran colaborado en ella simultáneamente los agentes internos y los agentes externos.

Los primeros son probablemente los que ofrecen un mayor atractivo de estudio, a pesar de que sean también los que presentan más dificultades a la hora de detectar su presencia y de medir la real capacidad destructiva de sus críticas. Es, pues, razonable iniciar la explicación de este epígrafe con el recuento de algunos de los hitos más destacados de su aportación.

4.1. Los 'fontaneros' internos

A pesar de la cerrada defensa y del rígido posicionamiento que adoptaban habitualmente muchos defensores de la teoría básica, dentro del movimiento iuspositivista comenzaron muy pronto a surgir varias propuestas de revisión y transformación. Esas propuestas perseguían casi siempre un mismo objetivo básico: corregir o matizar alguna de las incoherencias, disfunciones, desviaciones o excesos teóricos y prácticos que la crítica doctrinal iba poniendo al descubierto. Sin embargo, los condicionamientos externos y la propia lógica interna del respectivo discurso hicieron que tales propuestas terminaran desarrollando construcciones teóricas muy dispares.

Así, * la «jurisprudencia de intereses» (inspirada por el 'segundo' R. V. JHERING y desarrollada por P. HECK) [10], * la «jurisprudencia sociológica» (impulsada por O. W. HOLMES, B. CARDOZO o R. POUND,) [11], * el «movimiento del Derecho libre» (dinamizado por O. BÜLOW, F. GÉNY, H. KANTOROWICZ o E. EHRLICH) [12], * la «teoría pura del Derecho» (sistematizada por H. KELSEN) [13], * la «jurisprudencia realista» (de K. N. LLEWELLYN y J. FRANK o de K. OLIVECRONA y A. ROSS) [14], * el «neopositivismo jurídico» (oficiado por N. BOBBIO, U. SCARPELLI o G. CARRIÓ) [15], * el «positivismo inclusivo» (apadrinado por H. L. H. HART o J. COLEMAN) o * el «positivismo jurídico institucional» (auspiciado en los inicios del XX por L. DUGUIT o M. HAURIOU y depurado últimamente por O. WEINBERGER o N. MACCORMICK) [16].

Ahora bien, muchos de estos pronunciamientos han tenido efectos muy limitados, tanto por su propia autorreferencialidad iuspositivista, cuanto por actuar como simples disidencias concretas frente a posiciones previas también concretas, dejando habitualmente el núcleo duro de la teoría a salvo de las estrategias revisionistas. Parece, por tanto, que deberá atribuirse a los críticos externos el protagonismo en la aceleración de la crisis.

4.2. Los promotores externos

La primera línea de ataque sistemático al positivismo jurídico fue defendida sin duda por quienes, desde las posiciones de las teorías antiiuspositivistas, desenmascararon la falacia e inestabilidad de varios de los postulados fundamentales de la doctrina. A esos críticos corresponde, pues, el mérito de haber nutrido la nómina de artificieros que han hecho posible la presunta voladura controlada de los viejos dogmas del positivismo jurídico.

Consecuentemente, al intentar definir quiénes han sido los responsables de la amplia crisis que viene poniendo en jaque la subsistencia del edificio doctrinal del iuspositivismo, no puede obviarse la mención de las doctrinas que han defendido abiertamente enfoques y principios contrarios a los postulados fundamentales de la construcción. Entre ellas, ciertamente, * la de las corrientes escolásticas renovadas, * la de varios neokantismos, * la de los objetivismos éticos, * la de los neorrealismos clásicos (romanistas o tomistas), * la de las lógicas jurídicas no formales y * la de los credos principialistas.

Todas estas doctrinas han contribuido con sus respectivos planteamientos críticos al progresivo desgarro de esa gran herida por la que (a pesar de las perspicaces advertencias de varios positivistas conscientes) sigue desangrándose lentamente el credo positivista: su renuente formalismo ontológico, epistemológico y axiológico.

Resumen

El mensaje central de esta lección puede ser sintetizado en los siguientes puntos concretos:

1. *Sentido de la crisis*. La bisecular supervivencia del positivismo jurídico se ha desarrollado bajo la presión combinada de dos tipos de crisis: el de simple crecimiento y el de identidad. En ambos han sido sometidos a revisión prácticamente todos los postulados básicos de la doctrina.

2. *Causas de la crisis*. La crisis del positivismo jurídico no ha sido producida por un solo factor desencadenante. Ha sido más bien producto de agentes internos y externos tan dispares como la creciente pérdida de la fe en la racionalidad del Derecho creado por el legislador estatal, el progresivo adelgazamiento de la seguridad jurídica, el derrumbamiento de los muros que han separado tradicionalmente la acción de los tres grandes poderes del Estado o el reconocimiento de la iniciativa creadora que corresponde a los órganos jurisdiccionales en los procesos de interpretación y aplicación del Derecho.

3. *Efectos de la crisis*. La crisis del positivismo jurídico, no sólo ha afectado a las cuatro grandes dimensiones en que se ha proyectado su doctrina, sino que ha comprometido también la fiabilidad de la mayor parte de las tesis o dogmas fundamentales de ésta. Así, la dimensión ontológica, la epistemológica, la metodológica o la ideológica han sido espacios en los que, si bien con cambiante vigor, ha germinado siempre la semilla de la crisis.

4. *Gestores de la crisis*. Según los indicios más fiables, en la creciente agudización de la presunta crisis del positivismo jurídico, han colaborado dos grupos de agentes. De un lado, el de los ataques frontales que han llevado a cabo los críticos externos. De otro, el de los planteamientos revisionistas sectoriales de algunos iuspositivistas heterodoxos.

Lecturas útiles

Si desea ampliar, profundizar o contrastar las explicaciones de esta lección, puede encontrar ayuda en:

– DUGUIT, L., *Las transformaciones del Derecho Público y Privado* [1920], Comares, Granada, 2008

– GÓMEZ ADANERO, M. (y otros), *Filosofía del Derecho. Lecciones de Hermenéutica Jurídica*, UNED, Madrid, 2006

– JIMÉNEZ CANO, R. M., *Una metateoría del positivismo jurídico*, M. Pons, Madrid, 2008

– LARENZ, K., *Metodología de la Ciencia del Derecho*, Ariel, Barcelona-Caracas-México, 1980

Ejercicio de autoevaluación

1. La crisis **sí** / **no** *(tachar la opción errónea)* ha acompañado la existencia del positivismo jurídico de forma permanente.
2. Esta crisis ¿ha sido solamente una crisis de desarrollo o ha sido también una crisis de identidad o subsistencia?
3. La presunta crisis del positivismo jurídico se ha desarrollado: a) sólo en el ámbito ontológico; b) exclusivamente en el terreno de la ciencia jurídica; c) a través de un proceso muy complejo en el que se han entrecruzado constantemente diferentes planos y perspectivas; d) sólo en el ámbito ideológico.
4. Entre los principales efectos de la crisis del positivismo jurídico, pueden señalarse estos tres:... *(completar la respuesta)*
5. La distinción entre factores exógenos y factores endógenos de la crisis del positivismo jurídico se hace atendiendo a...*(completar la respuesta)*
6. La crisis del positivismo jurídico **sí** / **no** *(tachar la opción errónea)* se ha producido sólo en el ámbito epistemológico.
7. Dentro de la perspectiva ontológica, ¿cuál ha sido el objeto central de crítica del positivismo jurídico?
8. Dé dos razones en contra de la tesis del carácter obligatorio incondicionado de las leyes impuestas por los gobernantes.
9. La llamada «jurisprudencia de intereses» ¿ha de ser considerada como una corriente crítica interna o más bien como un movimiento de oposición externa? Argumente la respuesta.
10. Entre los actores externos puros de la crisis del positivismo jurídico, ha de ser mencionada: a) la jurisprudencia sociológica; b) la doctrina iusnaturalista; c) la 'teoría pura del Derecho'; d) la jurisprudencia realista.

EL RETORNO A LA RACIONALIDAD PRÁCTICA[1]
(Benito de Castro Cid)

Objetivo general

Esta lección intenta poner de manifiesto cómo la crisis del positivismo jurídico en el ámbito de sus presupuestos epistemológicos y metodológicos ha desembocado en la rehabilitación de la fe en el razonamiento práctico. Se propone, pues, llamar la atención sobre el hecho de que esa crisis ha llegado a cristalizar en un amplio movimiento de abandono del precedente objetivismo apodíctico de la lógica formal deductiva (cerrado a las valoraciones) para avanzar decididamente por la senda de las llamadas 'lógicas materiales' o valorativas. Por eso se detiene también en el análisis de varias de las manifestaciones representativas de un proceso que ha podido ser calificado con justicia como renacimiento de la razón práctica en el seno de la ciencia y la filosofía jurídicas.

Esquema de desarrollo

El avance hacia el objetivo propuesto se ajustará a los siguientes pasos:
1. Delimitación del sentido y alcance que está teniendo el movimiento de rehabilitación de la razón práctica en el ámbito del conocimiento jurídico.
2. Identificación de los condicionamientos que definían la posición del positivismo jurídico en el momento en que surgió el movimiento de cambio.
3. Análisis de los rasgos que han caracterizado la rebelión contra los postulados del positivismo jurídico y la vuelta a la concepción del Derecho como realidad práctica que debe ser objeto de estudio comprensivo y prudencial.
4. Examen de algunas doctrinas que contribuyeron a la rehabilitación de la racionalidad práctica en el ámbito de la jurisprudencia y de la teoría del Derecho.

Según se ha indicado, el propósito esencial de esta lección se concentra en la tarea de explicar cómo se ha producido el llamado «retorno a la racionalidad práctica» en el ámbito de la ciencia jurídica y cómo ha sido, a un tiempo, efecto y causa de la reciente crisis del modelo positivista de esa ciencia. Sin embargo, es evidente que ese retorno ha estado profundamente condicionado por la evolución general del proceso revisionista en el que se han visto inmersos todos los campos de reflexión

---

[1] Las explicaciones correspondientes a los números de llamada que aparecen encerrados dentro de un recuadro están recogidas en la Segunda Parte del libro (páginas 294-298).

sobre el actuar humano. Y, en esa medida, resultará inevitable ocuparse también del examen de algunos aspectos que sobrepasan el círculo estricto de la ciencia jurídica.

1. El punto de partida

El primer dato que, en consecuencia, debe tenerse en cuenta para entender en forma adecuada la recuperación de la fe en la razón práctica por parte de la ciencia jurídica contemporánea es la constatación de que tal recuperación ha sido subsidiaria del amplio proceso general definido como «la rehabilitación de la racionalidad práctica». Pero es evidente también que el camino seguido por la ciencia jurídica ha estado condicionado por varios hechos particulares muy específicos. Éstos son, creo, los que más han influido en la determinación de la hoja de ruta que se asigna hoy mayoritariamente al desarrollo de esa ciencia.

Uno de esos hechos es sin duda la circunstancia de que la nueva defensa de la razón práctica en el ámbito del pensamiento jurídico se produjo dentro de un contexto de reflexión epistemológico-metodológica que estaba viviendo intensamente el trauma del desmesurado entusiasmo con que el ímpetu avasallador del iuspositivismo racionalista había intentado imponer el imperio excluyente de la razón teórica de corte matematizante. De modo que, en buena medida, el «retorno a la racionalidad práctica» ha sido resultado de algo así como una explosión de rebeldía contra una razón teórica habilitada temporalmente como árbitro demiúrgico de todo lo cognoscible dentro del mundo del Derecho. Y, en consecuencia, el empuje de un virulento afán crítico y reactivo ha estado condicionando casi todas las fases de su propio desarrollo histórico.

En efecto, la defensa del neutral deductivismo de los razonamientos llevados a cabo por los juristas en su actividad de interpretación y aplicación del Derecho llegó a ser considerada como una posición insostenible. Frente a ella, muchos estudiosos, no sólo se negaron a aceptar pacíficamente el pasivo dogma mecanicista, sino que decidieron apostar por una visión mucho más dinámica, creadora y comprometida de esa actividad.

Según esos estudiosos, lo que corresponde hacer a los juristas (y lo que éstos hacen realmente cuando intentan proyectar el sentido y alcance de las normas generales sobre el caso particular planteado) es desarrollar y dar concreción a esas normas. Lo que hacen, por tanto, es dar vida al Derecho efectivo que regula realmente las relaciones sociales del momento. De modo que ese nuevo Derecho es, en buena medida, 'creación' suya. Ahora bien, puesto que esta tarea sería un trabajo de imposible realización dentro de los angostos cauces de la rígida razón teórica, el recurso a la elástica y flexible acción de la razón práctica termina convirtiéndose en imprescindible.

Por otra parte, hay además otra referencia importante para medir el sentido y alcance del actual «retorno a la racionalidad práctica» en el campo de la ciencia jurídica. Es ésta: el dato de que el auge de los movimientos de reivindicación de la razón práctica ha coincidido en el tiempo con la expansión de las concepciones que definen al Derecho como fruto de la experiencia dinámica de la vida social. En consecuencia, al ser una realidad que no puede considerarse definitivamente construida, sino que está en permanente transformación de perfeccionamiento, el Derecho sólo podrá realizarse en forma adecuada mediante el esfuerzo de una razón práctica que se constituya y actualice en constante interacción con los problemas y necesidades que plantea esa vida social.

2. LOS CAMINOS DE PENETRACIÓN

Entre los impulsos que llevaron la maltrecha nave de la ciencia jurídica positivista hasta el puerto de la rehabilitación de la racionalidad práctica, debe figurar sin duda el desencanto de un gran número de profesionales del Derecho.

Como es sobradamente conocido, uno de los tics más característicos del positivismo jurídico decimonónico, en el plano metodológico, ha sido su contumacia en la defensa del dogma de la plenitud normativa de los ordenamientos jurídicos estatales. Conforme a esa visión, éstos contienen siempre alguna norma aplicable a la regulación de cada uno de los conflictos que plantea el desarrollo de las relaciones sociales. Es decir, dichos ordenamientos no tienen lagunas ni se ven afectados tampoco por contradicciones normativas reales. En consecuencia, las actividades de interpretación y aplicación del Derecho han de seguir estrictamente las exigencias del razonamiento deductivo formal.

Sin embargo, en realidad esta atractiva hipótesis teórica tiene muy poco que ver con lo que efectivamente ocurría en la vida jurídica diaria. Y, así, los propios juristas del XIX tuvieron que reconocer ya que tan idílica imagen reflejaba únicamente el perfil diseñado por el modelo doctrinal, pero que dejaba fuera de su marco la representación de lo que efectivamente ocurría en los modelos reales (modelos que contenían casi siempre numerosas lagunas y contradicciones concretas). Llegó, pues, un momento en que a muchos juristas les resultó prácticamente imposible seguir mostrándose sumisos al dogma de la plenitud y a la tesis de la interpretación y aplicación lógico-deductiva de las leyes [1]. Llegó, en definitiva, el desencanto con el dogma de la plenitud y autosuficiencia del Derecho.

Por otra parte, a esa inicial decepción se sumaron otras varias percepciones no menos desestabilizadoras. Entre ellas, la comprobación de que la actividad interpretativa de los juristas distaba mucho de ser fiel a la etiquetada por BOBBIO como «teoría mecanicista de la jurisdicción, propia de los positivistas», cual si fuera una actividad meramente técnica que podía ser confinada con facilidad dentro de los límites de la lógica formal teórica. ¿No tenían que optar acaso entre varios posibles métodos [o modos] de interpretación, obedeciendo a razones y valoraciones de carácter político (fidelidad al sentido literal del texto o a la voluntad del legislador, defensa de la seguridad, exigencias de coherencia sistemática, adecuación a fines sociales, etc.) más que a meras consideraciones técnicas o de lógica formal?¿No era cierto, además, que la mayoría de los ordenamientos jurídicos históricos incorporaba habitualmente (de manera especial en el nivel de sus códigos constitucionales) principios y valores materiales de innegable filiación moral, de modo que, tanto la validez de las normas inferiores como la consistencia de las resoluciones de los casos concretos, dependía con frecuencia de juicios de ponderación prudencial?

Resulta patente, por tanto, que el «retorno a la racionalidad práctica» se ha visto acelerado por la acción convergente de una compleja red de factores, muchos de los cuales presionaban a menudo desde dentro del propio campo del positivismo jurídico [2]. Pero en el proceso de erosión y desgaste de la confianza de los juristas en la razón teórica y en la consiguiente apuesta por la vuelta a la razón práctica no influyó sólo el cambio de actitud de algunos positivistas destacados. Concurrieron también otros varios factores que desbordaban las estrictas fronteras del positivismo.

Así, los cambios de rumbo registrados en la doctrina sobre las fuentes del Derecho, con el consiguiente abandono de la concepción del Derecho como realidad nuclearmente circunscrita al ámbito de las normas legales. O también la necesidad estratégica de superar la radical separación metódica que el positivismo de inspiración analítica había impuesto al estudio de las relaciones entre el Derecho y la Moral (y, por ende, entre el Derecho y la política), especialmente en el marco de la teoría constitucional.

En la acción combinada de estos diferentes factores está, en buena medida, la clave explicativa del sinuoso proceso por el que el sólido edificio del positivismo jurídico fue llenándose de grietas a través de las que comenzaron a colarse con fuerza los gérmenes invasivos de la razón práctica. Máxime a partir del momento en que logró el apoyo táctico de esa especie de giro epistemológico de base que llevó finalmente a la teoría jurídica contemporánea a desviar su foco de atención del análisis estático de los elementos y estructuras lógico-normativas del Derecho para centrarlo en el examen de su realización dentro del contexto social (es decir, en el marco de su realización dinámica a través de la praxis).

Ha de reconocerse, pues, que los caminos de penetración de la razón práctica en el territorio de la ciencia jurídica han sido muchos y dispares. Sin embargo, ha habido en ellos algo que los hace semejantes: en todos ha estado presente de una u otra forma un cierto hastío y desencanto de los juristas ante la (en términos pragmáticos) esterilidad del logicismo científico adoptado por el viejo positivismo legalista

3. Los presupuestos epistemológicos y metodológicos

Como es lógico suponer, la reivindicación del primado de la razón práctica en el ámbito de la ciencia jurídica se ha inspirado en una compleja trama de convicciones sobre la forma de entender lo que es el Derecho, la naturaleza de la ciencia jurídica y la metodología adecuada a la praxis judicial. Concretamente, entre las convicciones que han actuado como principios legitimadores de base en esa reivindicación se encontraban habitualmente los siguientes:

* el Derecho es ineludiblemente una creación social dinámica;
* ningún Derecho llega nunca a ser un sistema normativo completo, autosuficiente y cerrado;
* la actividad judicial es siempre creadora en alguna medida;
* el razonamiento de quienes intervienen en los debates de la práctica jurídica no se ajusta al sistema lógico-silogístico de la subsunción;
* la lógica demostrativa es insuficiente para llegar a la solución justa de los casos concretos;
* la racionalidad de la solución del caso particular se logra a través del contraste y ponderación de los puntos de vista valorativos en que se ha concentrado históricamente la racionalidad social de la comunidad (*topoi* para las doctrinas 'tópicas');
* la posibilidad, orientación y corrección racional de los debates están estrechamente vinculadas al contexto conceptual y valorativo del grupo social en que se desarrollan ③.

En esta línea, frente a la visión del legalismo formalista y, sobre todo, del normativismo ④, llegó a imponerse el punto de vista de que el Derecho no debe ser analizado como si fuera un sistema lógico, sino que ha de ser entendido y explicado ante todo como práctica social que se actualiza en un incesante proceso de revisión y reconstrucción. Y fue aceptada también la tesis de que la elaboración científica del Derecho y su interpretación reclaman la concurrencia de un enfoque y una metodología que sean aptos para asegurar que los órganos encargados de resolver adoptarán siempre decisiones racionalmente justificadas ⑤.

Esto implica que, por la peculiar índole teleológica del Derecho, tales órganos deberán tomar en consideración las potenciales consecuencias que la aplicación de las normas va a tener, tanto para los sujetos directamente afectados como para la sociedad. No puede pensarse, por tanto, el Derecho como una regulación cerrada y fosilizada, sino más bien como un proyecto normativo que se va construyendo paulatinamente en un permanente proceso de interrelación dinámica y flexible con el contexto social en el que actúa.

Consecuentemente, la defensa de la razón práctica ha apostado por un modelo de ciencia jurídica que, siendo a la vez técnica y valorativa, cumpla la tarea de proporcionar a los jueces elementos de juicio, criterios y argumentos para encontrar soluciones a los problemas y para hacer más razonables sus decisiones. De ahí, que se haya impuesto la convicción de que esta ciencia tiene que desarrollarse en estrecha colaboración con las exigencias de la valoración prudencial y la persuasión, no pudiendo fundarse únicamente en el análisis de las leyes ni utilizar la demostración o la verificación como bases exclusivas de su razonamiento.

Según la nueva visión, el gran reto de la ciencia jurídica actual no radica tanto en descubrir qué es el Derecho, cuanto en la tarea de encontrar los motivos que pueden justificar las decisiones relacionadas con el modo de actuar de los sujetos jurídicos. Por eso se espera de ella que se ocupe sobre todo en encontrar la respuesta correcta a las preguntas acerca de qué es lo que se debe o conviene hacer y de cómo se debe o conviene hacerlo, preocupándose al mismo tiempo de conocer y seguir el camino ('método') más adecuado para acceder a esa respuesta. Y por eso se le exige también que preste especial atención a varios aspectos complementarios, tales como: * el estudio de los fundamentos de la acción, * el análisis de sus criterios orientadores, * el debate sobre la mayor plausibilidad de los argumentos, * la ponderación de los intereses y puntos de vista relevantes para la decisión o * la valoración de las consecuencias.

4. LOS ARTÍFICES DEL RETORNO

Como se indicó ya al comienzo de la lección, el «retorno a la racionalidad práctica» en el ámbito de la ciencia jurídica ha sido fruto de un proceso muy complejo en el que puede registrarse una intensa y prolongada colaboración de muchos autores y movimientos [6]. La aportación de todos fue decisiva en alguna medida. No obstante, dado que la simple referencia a todos ellos desbordaría gravemente los límites razonables de este epígrafe, la explicación subsiguiente se ocupará sólo de algunos planteamientos especialmente relevantes. Por ejemplo, las doctrinas del razonamiento jurídico aporético (tópica, nueva retórica y teoría de la argumentación), la lógica de lo razonable, la hermenéutica, el neoiusnaturalismo o la teoría de la racionalidad dialógica.

1. Las doctrinas del razonamiento jurídico aporético

En este amplio grupo van a ser incluidas varias doctrinas que sitúan el rasgo diferencial del razonamiento jurídico en su vinculación a la solución de los problemas prácticos de la vida jurídica. Son, en consecuencia, doctrinas que han asumido, de cara a la orientación de la ciencia jurídica, la mayoría de las tesis programáticas enumeradas al comienzo del precedente epígrafe 3. Estas tesis han servido, en efecto, con mayor o menor rigor sistemático, de elemento dinamizador al desarrollo de las que pueden ser consideradas como realizaciones más significadas de esta corriente doctrinal: la «tópica jurídica», la «nueva retórica» y la «teoría de la argumentación».

a) La tópica jurídica

Al cerrarse la primera mitad del siglo XX se inició, por parte de muchos científicos y filósofos de todo el mundo, un amplio proceso de revisión del paradigma epistemológico impuesto por el positivismo lógico. Como era de esperar, el proceso se extendió también al campo del pensamiento jurídico, de modo que comenzaron a oírse en él voces que, no sólo clamaban contra la tiranía ejercida hasta el momento por la lógica deductiva formal, sino que reclamaban asimismo la recuperación de la ancestral metodología tópica [7]. Una de esas voces pioneras fue la del jurista alemán T. VIEHWEG, cuyo ejemplo fue seguido de inmediato por otros muchos científicos y filósofos del Derecho europeos.

VIEHWEG, en un expreso intento de revitalizar la vieja línea clásica de argumentación en los debates sobre lo que es más conveniente hacer, desarrolló un encendido alegato a favor del uso del método tópico en la ciencia jurídica. Frente al modelo de pensamiento jurídico apodíctico, deductivo y sistematizante, que dominaba su época, él defendió enérgicamente la aplicación de la «técnica del pensamiento que se orienta hacia el *problema*», es decir, «a toda cuestión que aparentemente permite más de una respuesta y que requiere necesariamente un entendimiento preliminar, conforme al cual toma el cariz de cuestión que hay que tomar en serio y a la que hay que buscar una única respuesta como solución» [8].

Así pues, tal como lo entiende la doctrina de la tópica jurídica, el desarrollo de la ciencia jurídica deberá ser pilotado por una forma de pensar y argumentar que se rija por la necesidad de resolver una situación problemática controvertida, de modo que la solución propuesta pueda ser aceptada por todos los implicados en el debate. Se requiere, por tanto, un razonamiento deliberativo, que avanza a través de la consideración de los diferentes componentes y perspectivas del problema, que pondera el peso de los argumentos esgrimidos en el debate y que recurre en cada caso a los criterios más adecuados de valoración (los *tópicos*) [9].

b) La nueva retórica

C. PERELMAN y L. OLBRECHTS-TYTECA, promotores iniciales de esta línea de rehabilitación de la racionalidad jurídica no formal, se enfrentaron al problema mismo de la posibilidad de la razón práctica [10] a partir de dos posiciones radicales firmes: de una parte, el rechazo del absolutismo epistemológico monista de raíz cartesiana y, de otra, la defensa del pluralismo. Desde este punto de partida, el coherente desarrollo de su doctrina les llevó a proponer el modelo de racionalidad retórica como el más adecuado para lograr la justificación de cualquier elección/decisión valorativa, ya que sólo se llega en sentido propio a esa justificación cuando se consigue la aprobación por parte del correspondiente auditorio a través de un proceso interactivo bidireccional (o, más bien, circular) [11].

Eso es en todo caso lo que, según PERELMAN y OLBRECHTS-TYTECA, ocurre en el ámbito de la vida jurídica, especialmente en el terreno de la praxis judicial. En efecto, si se observa la actuación de los abogados, se verá que éstos argumentan retóricamente con el propósito de lograr la adhesión del juez a sus tesis. Y, a su vez, si se examina la actuación del juez, se comprobará que éste motiva las sentencias con la pretensión de lograr la aceptación de sus potenciales interlocutores: los litigantes, los tribunales superiores, los profesionales del Derecho y la opinión pública.

c) La teoría de la argumentación

Según los promotores de este nuevo enfoque de la ciencia y la metodología jurídica, frente al carácter monológico de los sistemas racionales deductivos, los procedimientos argumentativos implican confrontación de puntos de vista, deliberación, diálogo y debate. Implican, por tanto, ante todo, la presencia de un tema o problema cuya solución está sometida a controversia. E implican también que quienes participan en esos procedimientos, no sólo intentan persuadir a los oponentes, sino que están, a su vez, dispuestos a dejarse convencer por éstos, si las razones que esgrimen les parecen finalmente más plausibles. Por eso, el desarrollo de la argumentación ha de tomar en cuenta las convicciones, valores y puntos de vista opuestos, así como las reacciones de los interlocutores directos y, sobre todo, del respectivo auditorio cuyo asentimiento se busca.

En el ámbito de la ciencia jurídica, las teorías de la argumentación surgieron, pues, frente al positivismo clásico, como respuesta a la necesidad de superar estas dos barreras: de un lado, el tradicional corte epistémico entre el sujeto y el objeto del conocimiento y, de otro, la consiguiente teoría lógico-mecánica de la interpretación. Su propósito fundacional apuntó, en consecuencia, al desarrollo de una explicación realista de los procesos seguidos por los órganos jurisdiccionales en su actividad de interpretación y 'aplicación' de las normas jurídicas generales a las situaciones litigiosas concretas.

Ahora bien, esas teorías no han sido sólo instrumentos de justificación y de control de la racionalidad de las decisiones jurídicas (especialmente las judiciales). Han actuado también como fermento de una nueva visión general de lo jurídico. Y, así, han dado origen a un modelo de teorías del Derecho que rompe en considerable medida con el predominante hasta el momento, según han puesto de manifiesto las construcciones doctrinales de varios patrocinadores destacados. Por ejemplo, las de A. AARNIO [12] o R. ALEXY [13].

2. La lógica de lo razonable

Tal como pusiera de relieve en numerosos estudios [14] el gran iusfilósofo español (de origen) y mejicano (de adpción) L. RECASÉNS SICHES, el Derecho (al igual que la vida humana misma de la que es objetivación) no puede ser conocido o analizado mediante el repertorio de las categorías y métodos que se emplean en la aprehensión y la explicación de los fenómenos de la naturaleza. Y tampoco puede ser comprendido mediante los enfoques y los procedimientos adecuados para tratar con las ideas puras (como las de la lógica formal, las de la matemática, las de la fenomenología eidética, etc.). Su estudio requiere la intervención del «logos de lo razonable», único apto para el tratamiento de los problemas prácticos de conducta humana, tanto si son meramente domésticos, como si son sociales, jurídicos o políticos.

En efecto, las normas jurídicas no son descripciones de hechos ni explicaciones de cómo son las cosas; son instrumentos prácticos que los hombres han creado para lograr unos determinados efectos en el seno de la organización social. Por eso, el Derecho no puede ser enjuiciado con los criterios de verdad o falsedad, sino por referencia a la consecución de los objetivos para los que fue hecho: amparo de la dignidad personal, eliminación de conflictos, defensa del orden, garantía de la seguridad, atribución de derechos y deberes, realización del bienestar general, protección de las libertades, etc.

Consecuentemente, dado que las leyes no pueden prever todos los problemas jurídicos de futuro ni pueden anticiparse a todos los cambios y transformaciones sociales que van a producirse a lo largo del tiempo, los juristas se ven casi siempre en la necesidad de buscar la solución más razonable. Ahora bien, para encontrarla, tendrán que llevar a cabo un complejo discernimiento de las distintas alegaciones, intereses y puntos de vista contrapuestos. Y tendrán que sopesar prudencialmente todos estos elementos, no sólo a la luz de sus fundamentos legales, sino también por referencia a las exigencias del respectivo sistema social de valores y a las consecuencias prácticas que se van a derivar de su decisión. Es decir, tendrán que actuar, no según dictan las rígidas exigencias que impone la lógica formal deductiva, sino bajo la guía de unas pautas dinámicas y flexibles que se adapten a la elasticidad propia de la vida. Tendrán que ajustarse, por tanto, a la forma de razonar exigida por el 'logos' de lo razonable, que es el 'logos' de lo humano o, en otros términos, la 'razón vital' o 'razón histórica'.

3. La hermenéutica

La contribución de la doctrina hermenéutica al retorno de la razón práctica en el ámbito de la filosofía general parece innegable [15]. También en el campo de la ciencia jurídica pues, como se analizará con mayor detalle en la *lección 13*, la incorporación de sus postulados al campo del conocimiento jurídico ha impulsado el reconocimiento de la atención que ha de prestarse a las dimensiones de subjetividad y contextualidad en todos los procesos de explicación, interpretación y aplicación del Derecho.

En el pensar hermenéutico no cabe la idea del Derecho como una realidad completamente preconstituida y delimitada que se presenta ante el sujeto cognoscente como objeto autosuficiente cuyo destino es ser concretado y aplicado [16]. La selección de la norma aplicable, la conexión entre el supuesto normativo tipo y los hechos del caso, o la concreción de la consecuencia jurídica adecuada a ese caso, son tareas que comprometen la iniciativa creadora y valorativa del intérprete y que, en consecuencia, éste no podrá llevar a cabo a través de una actividad meramente lógico-deductiva [17].

Por otra parte, las doctrinas hermenéuticas no pasan por alto el dato de que la interpretación jurídica se orienta a la adopción de unas determinadas decisiones prácticas por parte de unos sujetos muy concretos. Y no olvidan tampoco la circunstancia de que la aplicación de las normas va a tener consecuencias importantes para el posterior desarrollo del actuar humano y de la interacción social. Por eso exigen a los juristas que se enfrenten a la interpretación de los textos con la conciencia de que tales textos tienen siempre dimensión normativa, en cuanto que se encaminan a la fijación de los límites de lo que es jurídicamente debido o permitido [18].

Han insistido también esas doctrinas en la decisiva importancia que tiene la lectura contextual del Derecho, lectura que comporta cuatro exigencias fundamentales. En primer lugar, la consideración del ordenamiento jurídico en su conjunto. Además, la toma en cuenta del sistema de valores vigente en la sociedad. También la atención a la tradición cultural en la que el ordenamiento y el sistema de valores cobran sentido. Y, sobre todo, la mirada al complejo de actitudes de precomprensión que delimitan la iniciativa del intérprete [19].

4. El neoiusnaturalismo

Como es generalmente sabido, a mediados del siglo XX, bajo la presión de las trágicas experiencias de la segunda guerra mundial, surgió en Europa un amplio movimiento de rechazo al modo positivista de entender las relaciones entre el Derecho y la Justicia. Muchos autores se comprometieron entonces directamente con la tarea de repristinar los grandes postulados clásicos de la doctrina iusnaturalista. Otros avanzaron, en cambio, por una senda menos confesional y centraron su atención en la afirmación de un objetivismo ético más laxo y en la defensa de la subordinación de la ley del Estado a unos principios o valores cuya validez no puede ser quebrada por la voluntad ocasional del legislador.

Ese movimiento fue interpretado con frecuencia como una vuelta al iusnaturalismo, llegando a ser etiquetado por algún autor (H. ROMMEN) como muestra evidente del «eterno retorno del derecho natural». Y, aunque el acierto de este diagnóstico pueda ser discutido, parece que hay algunos datos que avalan el punto de vista de que en la mayoría de las doctrinas y autores adscritos a ese movimiento ha sido asumida (por lo general de una forma meramente implícita) la posibilidad y necesidad de establecer criterios que permitan determinar cómo han de ser reguladas las relaciones sociales para cumplir las exigencias de la Justicia.

En esa medida, es posible afirmar que sus planteamientos han contribuido también notablemente al avance por el camino hacia la rehabilitación de la racionalidad práctica en el ámbito de la filosofía jurídico-política y en el campo de las ciencias jurídicas, según se pondrá de relieve en la *lección 14* («la remisión a lo justo material»). Pero existen también en esos planteamientos aspectos que permiten concluir que «el yusnaturalismo no llegó a ser una alternativa viable frente a las corrientes no cognitivistas de la época», como indicará el profesor DELGADO PINTO en la *lección 10*.

5. La teoría de la racionalidad dialógica

Al perfilar el elenco de los agentes responsables del proceso que ha llevado hasta la reciente rehabilitación de la razón práctica en el campo de la ciencia jurídica, es obligado mencionar varias construcciones doctrinales que han posibilitado este último vaivén del péndulo que marca las oscilaciones del pensar ético. Seguramente, sin la cobertura dialéctica de su fe en la posibilidad general de construir argumentaciones racionales acerca de lo bueno y lo justo material, la actual fortaleza de esa rehabilitación no habría sido posible.

Por consiguiente, la atenta consideración de las doctrinas consensualistas [20] de la justicia que serán examinadas próximamente en la *lección 10* (introductoria), en la *lección 11* (RAWLS) y en la *lección 12* (APEL/HABERMAS) es imprescindible cuando se quiere llegar a tener una idea precisa de las raíces y sentido de la actual rehabilitación de la razón práctica jurídica. Han sido estas doctrinas las que han llevado a cabo un desarrollo sistematizado (esto es una «teoría») de la tesis que afirma que es posible llegar a conocer, en el marco de una situación dialógica racional [21], lo que ha de ser considerado justo dentro de la comunidad.

Resumen

La explicación de esta lección se ha construido en torno a estos cuatro mensajes:
1. El «retorno a la racionalidad práctica» en el ámbito de la ciencia jurídica se ha producido a través de un complejo proceso en el que han incidido varios fenómenos particulares muy específicos pero que ha estado condicionado también por el devenir general del avance hacia la rehabilitación de esa racionalidad. Por eso se centra inicialmente la atención en el examen de esos diversos condicionamientos.
2. La vuelta de la ciencia jurídica al campo de proyección de la racionalidad práctica pudo llevarse a cabo gracias a la acción convergente de una compleja red de factores. Esos factores presionaban, a veces, desde dentro del propio territorio del positivismo jurídico y, otras veces, desde posiciones exteriores al mismo. Pero unos y otros contribuyeron igualmente, aunque en distinto grado, a acelerar el proceso de erosión y desgaste de la confianza de los juristas en la razón teórica y a reforzar la apuesta por el reencuentro con la razón práctica.

---

3. Entre los varios rasgos diferenciales que marcan el perfil del fenómeno conocido como «retorno a la racionalidad práctica» en el terreno del conocimiento jurídico destaca la aspiración a que éste se desarrolle en estrecha colaboración con las exigencias de la valoración prudencial y la persuasión, no pudiendo fundarse únicamente en el análisis de la ley ni tomar como base de su razonamiento la demostración o la verificación.

4. Ese retorno se ha logrado gracias a la prolongada colaboración de un gran número de autores y movimientos dispares. Pueden señalarse, sin embargo, como particularmente significativas las aportaciones hechas por las doctrinas del razonamiento aporético (tópica, nueva retórica y teoría de la argumentación), la lógica de lo razonable, la hermenéutica, el neoiusnaturalismo y el razonamiento ético dialógico.

Lecturas útiles

Si desea ampliar, profundizar o contrastar las explicaciones de esta lección, puede encontrar ayuda en:

ALEXY, R., *Teoría de la argumentación jurídica: la teoría del discurso racional como teoría de la fundamentación jurídica*, CEC, Madrid, 1989.

GADAMER, H. G., *Verdad y método. Fundamentos de una hermenéutica filosófica*, Ediciones Sígueme, Salamanca, 1977.

RECASÉNS SICHES, L., *Nueva filosofía de la interpretación del Derecho*, Editorial Porrúa, México, 1973.

SERNA, P., *Filosofía del Derecho y paradigmas epistemológicos. De la crisis del positivismo a las teorías de la argumentación jurídica y sus problemas*, Editorial Porrúa, México, 2006.

Ejercicio de autoevaluación

1. El «retorno a la racionalidad práctica» **sí** / **no** *(tachar la opción errónea)* se ha producido únicamente en el ámbito de la ciencia jurídica.

2. ¿Hay algún tipo de relación entre los movimientos de reivindicación de la razón práctica y las concepciones que definen al Derecho como experiencia?

3. La tesis de que las actividades de interpretación y aplicación del Derecho han de seguir estrictamente las reglas del razonamiento deductivo formal ha sido defendida por: a) los juristas romanos; b) el positivismo jurídico decimonónico; c) la teoría de la argumentación; d) las doctrinas de la tópica jurídica

4. En el proceso de erosión y desgaste de la confianza de los juristas en la razón teórica **sí** / **no** *(tachar la opción errónea)* influyeron los cambios de rumbo registrados en la forma de explicar la actividad judicial.

5. El punto de vista de que el Derecho ha de ser entendido y explicado ante todo como práctica social ha sido defendido por ... *(completar la respuesta)*

6. ¿Cuál es el modelo de ciencia jurídica propugnado por los defensores de la vuelta al protagonismo de la razón práctica?

7. La doctrina tópica **sí** / **no** *(tachar la opción errónea)* se mostró decidida partidaria del modelo de razonamiento jurídico apodíctico y deductivo.

8. La tesis de que la argumentación de los juristas se dirige a conseguir la aprobación o aceptación de un determinado auditorio es propia de: a) los defensores de la doctrina tópica; b) el positivismo legalista; c) los partidarios de la nueva retórica; d) los positivistas incluyentes

9. Exponga dos razones favorables a la tesis de que el «logos de lo razonable» es el único apto para el tratamiento de los problemas jurídicos

10. ¿Qué quiere decir la hermenéutica jurídica cuando proclama la necesidad de una «lectura contextual del Derecho»?

UNIDAD DIDÁCTICA II
LOS ELEMENTOS FUNDAMENTALES DE LA DISCUSIÓN AXIOLÓGICA CONTEMPORÁNEA

Objetivo general de esta Unidad Didáctica

En esta Unidad Didáctica serán sometidos a examen varios tópicos básicos del debate axiológico contemporáneo, cuyo análisis se va a llevar a cabo dentro de dos grandes apartados.

El primero, centrado en el estudio de los principios, las normas y los valores, comprende dos lecciones: la 6 (que se ocupa de «las normas en una perspectiva no formalista») y la 7 (que examina «el papel de la jurisdicción constitucional», analizando especialmente «la aplicación normativa directa de la Constitución»).

A su vez, en el segundo bloque, tras contrastar en las lecciones 8 y 9 los referentes teóricos y prácticos que han condicionado el marco general del debate, se procederá al examen de algunas teorías de la Justicia que han marcado el reciente flujo doctrinal en los ámbitos de la filosofía moral, jurídica y política. Esta compleja tarea será desarrollada a lo largo de las lecciones 10-14.

LOS PRINCIPIOS, LAS NORMAS Y LOS VALORES EN EL DERECHO (I): LAS NORMAS EN UNA PERSPECTIVA NO FORMALISTA[1]

(Rafael Junquera de Estéfani)

Objetivo general

Abriendo este bloque, la lección 6 plantea como objetivo específico establecer las diferencias que existen entre el *principio*, la *norma* y el *valor jurídicos*. El Derecho puede ser entendido simplemente como un conjunto de normas en sentido estricto o como un conjunto de elementos heterogéneos, entre los que encontramos las normas en su concepto más genérico. Desde esta perspectiva vamos a realizar un recorrido a través de los tres términos señalados, viendo sus diferencias, sus relaciones y el lugar que ocupan en el mundo jurídico.

Esquema de desarrollo

Para lograr los objetivos propuestos seguiremos el siguiente esquema: en primer lugar, tras una breve introducción, trataremos el concepto más abstracto y genérico, el *valor*; en segundo lugar y en un nivel de mayor concreción estudiaremos el *principio*; y en tercer lugar reflexionaremos sobre el concepto de *norma*.

---

1. PERSPECTIVAS DEL ESTUDIO DEL DERECHO

El estudio del Derecho puede llevarse a cabo desde diversas perspectivas: *normativista, valorativa y principialista*.

NORMATIVISTA. Una de ellas es la que entiende que la experiencia jurídica es una experiencia normativa. Se parte de la idea de que nos movemos en un mundo *normativizado*. Todas nuestras actividades están reguladas por reglas de conducta. Todos nosotros pertenecemos a diversos grupos dentro de la sociedad y cada uno de ellos se rige por un conjunto de normas, desde comprar el pan hasta viajar en autobús, desde la mañana a la noche nuestra vida se organiza por normas. Pero, este concepto puede ser visto desde un punto de vista formalista, entendiendo la norma jurí-

---

[1] Las explicaciones correspondientes a los números de llamada que aparecen encerrados dentro de un recuadro están recogidas en la Segunda Parte del libro (páginas 298-299).

dica como aquella regla de conducta que cumple unos requisitos determinados (estructurada de una determinada manera y dictada por el órgano competente, promulgada, sancionada y publicada) o en un sentido mucho más amplio y vago, como toda regla que rige y orienta nuestras conductas.

VALORATIVA. También a diario tenemos una experiencia valorativa, hacemos *valoraciones* de hechos, conductas, etc., calificándolos continuamente como buenos-malos, bonitos-feos, justos-injustos... Así, los valores también están presentes en nuestro vivir cotidiano. Incluso la norma jurídica los recoge y se remite a ellos.

PRINCIPIALISTA. De igual modo, tanto desde el campo de la Moral como del Derecho estamos aludiendo con frecuencia a los *principios*. Hablamos de los principios jurídicos y nos referimos a ellos en el articulado de una ley o dentro de una norma. Podemos decir que nuestra experiencia también es *principialista*.

Las mencionadas perspectivas pueden verse en el siguiente gráfico:

NORMATIVISTA	VALORATIVA	PRINCIPIALISTA
El Derecho es sobre todo normas	El Derecho es valoración de conductas	El Derecho es principios de conducta

Sin embargo, no podemos olvidar que es la experiencia normativa la que marca de manera más acentuada al mundo jurídico [1]. Derecho y norma van a estar unidos íntimamente. Cualquier ciudadano, al ser preguntado por su idea del Derecho, mencionará casi irremediablemente las normas o las leyes.

Pero, estos tres conceptos (normas, valores y principios) son algo ambiguo y difícil de delimitar, por eso consideramos imprescindible clarificar los términos antes de adentrarnos en el amplio campo de la axiología jurídica y profundizar en las diversas teorías de la Justicia. Así, en el *iter* de nuestro estudio empezaremos por el ámbito más abstracto; el de los valores.

2. Hechos, Normas y Valores. Las instancias orientadoras de las conductas: los Valores, naturaleza, fines y funciones

La vida del ser humano no sólo está compuesta por hechos, por acontecimientos, por conductas, por decisiones, etc., sino que la vida es un conjunto de esos elementos pero **que se valoran**. Un sujeto y su vida deben ser entendidos desde lo que valoran, lo que prefieren. No podemos prescindir de las valoraciones, por eso mismo decíamos en la introducción de esta lección que nuestra experiencia es también *valorativa*. En palabras de A. Cortina «*los valores son un componente de la vida humana, no son un aditamento*» [2]. Se nos presentan como cualidades de las personas, cosas o acciones, que nos atraen o repelen, según sean positivas o negativas [3].

Según la posición desde la que partamos, podemos llegar a definir los valores de diversas maneras. Para aclarar su concepto, nos parece muy interesante la diferenciación que lleva a cabo el profesor Atienza con respecto a los *hechos,* a los *valores* y a las *normas.*

HECHOS. Los hechos son meros acontecimientos y los *juicios de hecho* son puras descripciones de esos acontecimientos (ejemplo: el sujeto X ha *realizado* la acción Y –Juan conduce un vehículo–).

VALORES. La valoración o *juicio de valor* consiste en una reflexión valorativa del acontecimiento por la que se le está calificando de alguna manera (la acción Y llevada a cabo por el sujeto X es *buena* –Juan conduce un vehículo con prudencia–).

NORMAS. La norma además establece una forma determinada de conducta (el sujeto X *debe realizar* la conducta Y *de forma Z* –Juan debe conducir el vehículo por la derecha–) y coincide con los *juicios de valor* en que ambos son enunciados que no pretenden dar información, sino **dirigir la acción** (la acción Y debe ser realizada por los sujetos, en un caso –los valores– porque se considera valiosa sin más y en otro –la norma– porque se nos dice cómo debemos llevar a cabo la acción).

Esta diferenciación queda reflejada en el siguiente cuadro:

HECHOS	VALORES	NORMAS
Meros acontecimientos	Calificación del acontecimiento	Forma determinada de conducta

Ahora bien, el problema que se nos plantea con respecto a ellos es su *objetividad* o *subjetividad* ¿tienen una existencia independiente de los sujetos? ¿son puras apreciaciones subjetivas? Según respondamos a estos interrogantes nos posicionaremos dentro del *objetivismo axiológico* o del *subjetivismo axiológico* que son las dos grandes corrientes filosóficas que analizan la «realidad» de los valores.

2.1. Objetivismo axiológico

Para esta doctrina los valores constituyen una realidad independiente y previa a la experiencia, de ahí que esta corriente reciba también el nombre de *apriorismo axiológico* [4].

El *objetivismo axiológico* (Scheler y Hartmann) concibe los valores como esencias puras, objetivas y con validez absoluta que son independientes de la experiencia de la realidad que tenga el sujeto. Al contrario de la esencia de las cosas (éstas *son*); los valores no *son,* sino que *valen.* Por tanto, tienen una existencia distinta a aquéllas: no son *conocidos* en el sentido que se conocen las realidades materiales, sino *intuidos* a través del sentimiento. Se intuye, se siente que una acción es buena, que está bien, que algo es bello, etc. Pero gozan de una auténtica realidad, existen independientes de los sujetos.

Sin embargo, parte de la doctrina incluida en esta corriente, aún manteniendo la objetividad de los valores al sostener que no son creados por el hombre sino que éste debe limitarse a reconocerlos como tales, estima que no tienen sentido si no están referidos, relacionados, con las situaciones concretas de la vida cotidiana [5]. Así, entre el reino de los valores y el reino de la realidad se da una conexión, pues si existen unos valores es para ser cumplidos en una realidad concreta. No son puramente empíricos pero se dan en la experiencia [6]. Es ella la que nos hace descubrirlos y conocerlos y posibilita que podamos calificar: una conducta de buena o mala, un objeto de feo o bonito, una conducta de justa o injusta, etc. Pero siempre referido a una realidad concreta que nos topamos en la vida cotidiana.

2.2. Subjetivismo axiológico

El subjetivismo axiológico reduce los valores al campo de los deseos o intereses de los individuos. Así, algo es valioso en la medida en que los sujetos lo valoran, no dependiendo de lo valorado en sí mismo. Se considera la *autonomía* humana como fuente de todos los valores. Para POPPER no pueden existir verdades o valores objetivos, eternos o absolutos que releven al hombre de la responsabilidad de tomar decisiones. Se niega cualquier valor o cualquier principio social o histórico que trascienda al individuo. No hay nada bueno o malo, bello o feo, sin un sujeto que lo considere como tal. Es la experiencia de éste la que otorga existencia al valor. Sin sujeto que valore no hay valor. En la corriente anterior el valor existía independientemente de la experiencia, pero se descubre en ésta.

Desde su postura *relativista*, KELSEN mantenía que los auténticos juicios de valor son subjetivos y, a pesar de que varios individuos coincidan en sus juicios valorativos, ello no prueba, en ningún caso, que dichos juicios tengan validez o existencia objetiva (al margen del sujeto). Descarta la posibilidad de entender lo absoluto y objetivo, por ser inaccesible a la experiencia humana. La razón sólo puede acceder a valores relativos, en relación a alguna experiencia.

2.3. Intersubjetivismo axiológico

Frente a las dos alternativas presentadas, PÉREZ LUÑO propugna una tercera opción: el *intersubjetivismo axiológico* [7] que concibe los valores como unas *categorías comunicables que son criterios intelectuales en base a los que juzgamos las conductas y los objetos*. Se parte de la posibilidad de establecer unas condiciones oportunas para llegar a un consenso abierto y revisable acerca de los valores a aplicar fundados en las necesidades humanas. Esas condiciones oportunas vienen fijadas por la *situa-*

ción comunicativa ideal que hace posible el acuerdo y que es aquella que reúne las siguientes características: –que participen todos los afectantes; –de una manera totalmente libre; y –con total igualdad. Dadas esas circunstancias se puede llegar a acordar entre todos un mínimo de valores o unos valores esenciales para que la convivencia pacífica y justa sea una realidad en nuestras sociedades.

2.4. Funcionalidad de los valores

Una vez planteado, de manera rápida, el tema de cómo entienden los valores distintas doctrinas, veamos qué papel desempeñan dentro del amplio campo jurídico. Ya hemos analizado que el Derecho, al tratarse de un sistema normativo que pretende imponer una determinada conducta social, supone una elección entre diversas alternativas. Esta elección se realiza en virtud de determinados criterios valorativos que ejercen la función de dar fundamento y legitimación al Derecho positivo. Estos criterios son los valores jurídicos.

Cuando afirmamos que el Derecho se ha creado para dar cumplimiento a determinados valores, estamos aludiendo a un elemento de la estructura de cualquier orden normativo: su *finalidad*. Así, nos encontramos con que estamos manejando dos conceptos distintos: *fines* y *valores*. Vamos a seguir al profesor GARCÍA MAYNEZ para establecer la diferencia entre ambos conceptos.

FINES Y VALORES. Toda actividad voluntaria encierra un sentido *teleológico*: se dirige a la consecución de unos fines. El ser humano sólo convierte en meta de su actuación aquello que estima valioso. Por tanto, cuando en nuestro actuar buscamos un fin, previamente hemos llevado a cabo un juicio positivo sobre la «*valiosidad*» (lo valioso) del mismo. Así, descubrimos la relación existente entre ambos conceptos: los valores condicionan a los fines. Si lo aplicamos al Derecho, decimos que los valores jurídicos fundamentan a los fines que él mismo pretende llevar a cabo. Pero, los valores fundan también el *deber* de cumplirlos: al tratarse de una conducta tan *valiosa*, debe ser recogida en una norma jurídica y exigida coactivamente.

FUNCIONES DE LOS VALORES. De todo lo anterior, se deduce la primera función de los valores jurídicos: *la fundamentación de los fines del Derecho y de la obligación de cumplirlos*. Pero, podemos considerar que existe una segunda función que cumplen los valores (profesor DE CASTRO) [8]: servir de *elementos críticos* para valorar cualquier normativa jurídica existente. Las normas que rigen en nuestras sociedades pueden contrastarse con un código determinado de valores. Y ese contraste valorativo puede llevarnos a contradecir la legitimación original de la normativa, neutralizando su aceptación por los destinatarios de la misma.

Ese código de valores que sirve de contraste de la normatividad positiva constituye lo que se ha denominado *el Derecho ideal* o Derecho que *debe ser*. Es el paradigma o modelo hacia el que se tiende. Se da una relación circular entre ambos ordenamientos: el ordenamiento *ideal* para ser auténtico Derecho precisa ser recogido por las normas positivas; y el Derecho *positivo*, para alcanzar legitimación necesita plasmar esos valores contenidos en el *deber ser* del Derecho. Pero, cualquier intento de positividad jurídica sólo va a constituir un esfuerzo por hacer coincidir ambos y es una labor inacabada porque resulta imposible que el Derecho histórico sea capaz de plasmar todo el Derecho ideal. Podrá conseguirlo parcialmente, pero no de un modo total. Se puede decir que depende uno del otro pues mantienen una relación de *tensión*. Tensión que existe siempre entre el ámbito del *ser* y el ámbito del *deber ser* y que, al proyectarse al mundo jurídico, se da entre esa construcción ideal y las concreciones históricas de la normatividad.

Como conclusión de lo analizado hasta ahora podemos considerar que los valores constituyen la instancia fundamentadora y orientadora de los principios y de las normas, predominando en ellos el aspecto *calificativo* (valorativo).

3. A MEDIO CAMINO ENTRE LOS VALORES Y LAS NORMAS: LOS PRINCIPIOS

Dando un paso hacia una mayor concreción en la regulación de las conductas que, en definitiva, es la pretensión del Derecho, nos encontramos con los *principios*, que suponen un escalón intermedio entre valores y normas. Los valores se concretan en los principios y éstos en las normas. Pero los principios incluyen en su esencia, al igual que los valores, un elemento valorativo. Así, por ejemplo, cuando se enuncia que *nadie debe verse favorecido por la propia injusticia o por su acción delictiva* se está llevando a cabo una valoración y concluyendo que es preferible eso que lo contrario. Sin embargo, lo que predomina en ellos es el aspecto directivo de las conductas, característica que comparten con las normas. Su pretensión última es que las conductas se amolden a lo que ellos prescriben.

Al proceder al estudio de los principios no podemos prescindir de acudir a la obra de DWORKIN. Este autor propone la distinción entre normas y principios dentro de su crítica al positivismo de HART. Para R. DWORKIN el Derecho está compuesto de estándares o reglas. Uno de esos estándares son los principios, que pueden ser entendidos de diversa manera: en un sentido específico o en un sentido genérico.

PRINCIPIO EN SENTIDO GENÉRICO es todo estándar (regla) que no sea una norma. Por tanto toda regla que no constituya una norma en sentido estricto entra dentro de la definición de principio.

PRINCIPIO EN SENTIDO ESPECÍFICO. Distingue entre *principio* y *directriz política*. El principio propiamente dicho es una exigencia de la justicia o alguna otra dimensión de la moralidad (ejemplo: *nadie puede beneficiarse de una injusticia*). La directriz propone un objetivo a alcanzar por la sociedad en su organización, como puede ser: *lograr mejoras económicas, políticas, sociales*, etc. (ejemplo: *se deben disminuir los accidentes de tráfico*).

Esta distinción queda recogida en el siguiente gráfico:

Si relacionamos y comparamos los principios con las normas, se puede decir que ambos apuntan a *decisiones particulares referentes a la obligación jurídica en determinadas circunstancias, pero difieren en el carácter de la orientación que dan.* Así, Dworkin se centra en dos diferencias:

a. La *norma* se aplica de manera disyuntiva: o es válida o no lo es. Cita el ejemplo de la norma que regula el testamento en el derecho anglosajón: si se establece que un testamento no puede ser válido si no está firmado por tres testigos, el testamento firmado por dos testigos no puede ser válido nunca.

El *principio* no establece consecuencias jurídicas que se sigan automáticamente cuando se satisfacen las condiciones previstas. No se marcan las condiciones que hacen necesaria su aplicación. No se exige una decisión en particular. Si tomamos como ejemplo el principio de que *nadie puede beneficiarse de su propio delito*, comprobamos que no se quiere decir que la norma nunca vaya a permitir que un individuo se beneficie de su propia injusticia y, así, nos encontramos con la existencia de la *usucapión* que no supone una simple excepción sino que constituye una manera (que puede resultar de un comportamiento injusto) normativizada de obtener la propiedad. Como vemos el principio es válido pero no se aplica siempre.

b. El *principio* tiene una dimensión de peso o importancia. En caso de conflicto entre dos principios hay que analizar el *peso* de cada uno de ellos. Tras dicho análisis se puede dar más importancia a uno que a otro. Por ejemplo pueden colisionar entre sí el principio de protección de los consumidores con el principio de libertad de contratación y otorgar más importancia al primero pero sin dejar de atender al segundo. Uno no invalida al otro. Pueden aplicarse al mismo tiempo, sólo que uno primará y tendrá más peso que el otro.

La *norma*, por el contrario, no tiene esa dimensión. En caso de colisión de dos normas no se entra a analizar cuál tiene más importancia y en qué medida. O es funcionalmente importante una o la otra, es decir, se aplica una u otra, pero no pueden ser válidas al mismo tiempo dos normas que regulen el mismo hecho en sentido contrario.

A pesar de estas distinciones podemos encontrarnos ocasiones en que no sea fácil distinguir entre principios y normas genéricas o vagas. A nuestro entender, Dworkin diferencia: reglas (normas en sentido genérico), principios y normas (en sentido específico). Las reglas pretenden dirigir la conducta de los sujetos y se dividen en principios y normas. Para este autor, el principio es una regla de conducta pero se diferencia de las normas en sentido específico por su carácter mucho más genérico y ambiguo.

Desde esta perspectiva DWORKIN diferencia dos tipos de actitudes ante los principios: la primera es considerar que son obligatorios como las normas; la segunda consiste en no considerarles obligatorios.

OBLIGATORIOS COMO LAS NORMAS. Para esta primera opinión, el Derecho está constituido por principios y normas y ambos deben aplicarse. Son vinculantes para los jueces.

NO SON OBLIGATORIOS. La segunda corriente considera que los principios son *extrajurídicos* y se es libre de aplicarlos o de no hacerlo. Los principios, en esta acepción, no son más que, en palabras del propio DWORKIN, «resúmenes de lo que la mayoría de los jueces hacen (...) cuando se ven obligados a ir más allá de las normas que los obligan», es decir son actos de discreción judicial. En este segundo sentido, los principios no serían considerados como reglas de conducta. Él opta por la primera actitud.

Existen otras corrientes que presentan una concepción más confusa de los principios y de las normas, o por lo menos no queda clara la distinción entre ambos en ningún supuesto. Tomaremos como ejemplo a WROBLEWSKI cuando en su trabajo sobre la interpretación jurídica, al analizar cómo emplea la «lengua» del Derecho el término de principio, manifiesta que los «principios del derecho» pertenecen a alguna de las categorías de reglas que existen en el ámbito jurídico:

α) las disposiciones legales del derecho en vigor (normas en sentido estricto y técnico),

β) las reglas que son las premisas o las consecuencias de esas disposiciones legales (normas en sentido genérico),

γ) el resto de reglas o construcciones (normas en sentido muy amplio).

Los principios tendrían cabida en los apartados segundo y tercero, identificándose con las normas en sentido genérico y en un sentido muy amplio. La razón que se da para justificar que una parte de las normas sea calificada como «principios» es su importancia: se considerarán principios aquellas normas que tengan mayor importancia que el resto.

Concluyendo este apartado podemos afirmar que no existe unanimidad a la hora de emplear el término de principio. No se trata de un concepto unívoco y la ciencia, la doctrina y la jurisprudencia lo emplea con diversos sentidos. L. PRIETO sistematizando las diversas acepciones alude a alguna de ellas, así habla de:

1. Los principios entendidos como normas fundamentales. Se trata de normas que juegan un papel decisivo en la institución jurídica 9 ,

2. Los principios entendidos como normas más generales y abstractas,

3. Los principios entendidos como normas de suma vaguedad.

En todas ellas vemos que se mantiene la identificación del principio con la regla de conducta.

Una vez llegados a este punto podemos concluir que todos los sentidos que se dan al término principio se pueden sistematizar en dos grandes apartados:

a-como *pre-normas*. En este primer caso se les considera como simples pautas que pueden guiar la labor del legislador o del agente aplicador del Derecho pero carecen de obligatoriedad.

b-como *normas* o reglas de conducta. En el segundo caso se entiende el principio como norma en un sentido amplio puesto que su pretensión es dirigir las conductas aunque carezcan de la estructura normativa específica (una consecuencia jurídica conectada a un supuesto de hecho establecido).

Por tanto, si entendemos el *principio* como regla de conducta, se trata de una concreción del *valor* para dirigir la conducta de los sujetos, sin contar con la estructura formal y más concreta de la *norma*.

4. LA REGULACIÓN DE LA CONDUCTA: LAS NORMAS

Descendiendo un escalón más en la regulación de las conductas nos encontramos con las normas propiamente dichas.

Del apartado anterior podemos deducir que las normas se aplican de una *manera disyuntiva* (o son válidas o no lo son) y *no tienen una dimensión de peso* (no pueden aplicarse dos normas al mismo tiempo). Pero, quizá la nota distintiva de la norma, en este sentido específico, es su *carácter cerrado y definitivo*. Lo que supone que determinan claramente el supuesto de hecho del que se deriva la consecuencia jurídica, o dicho de otra forma, dentro de ella aparecen formuladas en forma de lista cerrada todas las propiedades o características que configuran las conductas a las que se aplican. Es obligatorio hacer exactamente lo que se ordena, exigiéndose un cumplimiento pleno: todo o nada (la norma se cumple o se incumple, no admite gradación).

Junto a la nota mencionada y en íntima relación con la misma, reiteramos la idea ya adelantada de *constituir directrices de conducta mucho más concretas y completas*, siendo menos generales que los principios y que los valores, determinando, por tanto, necesariamente la decisión.

Ahora bien, nos estamos centrando en una perspectiva un tanto *formalista* de la norma, pero en este momento nos vamos a referir a *las normas en una perspectiva no formalista*. Deberemos centrarnos, por tanto, en su contenido más que en su forma. Desde esa visión, norma será toda regulación de la conducta, independientemente de la estructura y caracteres que tenga dicha regulación. Por consiguiente dentro del concepto de norma quedan incluidos los principios y las reglas. Tanto unos como otras tienen una función directiva de la conducta, independientemente de la forma en que lo lleven a cabo. Ya sean abiertos o cerrados, concretos o genéricos, etc. Desde esta visión podemos mantener que existe un concepto genérico de norma que hace alusión a regla de conducta o comportamiento y aplicado al mundo del Derecho se referirá a todo precepto jurídico. El elemento común a todas las normas, según Bobbio, es su finalidad de influir en el comportamiento de los individuos y de los grupos, dirigiendo sus acciones hacia unos objetivos y evitando otros.

Por último, no podemos olvidar otra forma de entender la norma jurídica que presentan algunas corrientes doctrinales desde la sociología del Derecho [10]. Vista desde la óptica sociologista no se trata más que de un hecho que aparece en la sociedad: un *comportamiento que se produce regularmente*. Podemos decir que existe una norma de conducta cuando la mayoría de los comportamientos son iguales ante determinadas circunstancias. Es algo que se puede constatar empíricamente: se estudia un determinado grupo, se analiza su conducta y se comprueba que en determinados aspectos y circunstancias la mayor parte de los miembros actúan de igual manera. Desde este punto de vista, por ejemplo, es una norma que en nuestra cultura el número de comidas al día son tres (desayuno, comida y cena) o que la forma de circular por la vía pública es por la derecha, independientemente de que esté establecido en una regla de conducta con una estructura determinada, pero los individuos actúan de dicha manera y es totalmente perceptible. Estaría relacionado con el adjetivo *normal* y se correspondería con lo que en el lenguaje común diríamos que se trata de un comportamiento *normal* porque se ajusta a la norma o comportamiento de la mayoría.

Sin embargo, dentro del lenguaje jurídico es extraño que nos encontremos con alusiones a la norma jurídica en este sentido sociologista, es más común que se identifique con regla de comportamiento en general o en un sentido más específico.

Resumen

Simplificando mucho, podemos decir que valores, principios y normas pretenden dirigir las conductas.

Los *valores* nos dan razones para cumplir los principios y las normas, facilitándonos la labor crítica con respecto a ambos.

Los *principios* concretan los valores en una regla de conducta abierta, genérica y que deja amplio margen a la discrecionalidad del intérprete y aplicador del Derecho.

Las *normas* suponen la concreción de los principios en reglas de conducta cerradas y donde los supuestos de hecho quedan delimitados, así como la consecuencia jurídica. Sin embargo, este término se utiliza en un sentido muy genérico (norma se identifica con las reglas y los principios) o en un sentido específico (norma se identifica exclusivamente con regla de conducta).

Lecturas útiles

Si desea ampliar o profundizar las explicaciones de esta **lección**, puede encontrar ayuda en:

DWORKIN, R., *Los Derechos en serio,* Barcelona, Ariel, 1989, pp. 61-101.

GÓMEZ ADANERO, M. y otros, *Filosofía del Derecho. Lecciones de Hermenéutica Jurídica,* Madrid, UNED, 2006, pp. 124-139.

MARTÍNEZ PINEDA, Á., *El Derecho, los valores éticos y la dignidad humana,* México, Porrúa, 2000.

PRIETO SANCHIS, L., *Sobre principios y normas: problemas del razonamiento jurídico,* Madrid, Centro de Estudios Constitucionales, 1992.

Ejercicio de autoevaluación

1. ¿Cómo calificaría su propia experiencia jurídica: normativa, valorativa o principialista? Argumente su respuesta.
2. ¿Cuáles son las diferencias entre el objetivismo y el subjetivismo axiológico? ¿Con cuál de las dos corrientes se identifica Vd.? Razone su postura.
3. Elabore una tabla con las diferencias y coincidencias entre valores, principios y normas.
4. Diferencie entre principio y directriz política (ponga un ejemplo de cada uno).
5. ¿Cuáles son los distintos sentidos que se le pueden dar al termino *norma*?

LOS PRINCIPIOS, LAS NORMAS Y LOS VALORES EN EL DERECHO (II): EL PAPEL DE LA JURISDICCIÓN CONSTITUCIONAL. LA APLICACIÓN NORMATIVA DIRECTA DE LA CONSTITUCIÓN[1]

(Rafael Junquera de Estéfani)

Objetivo general

La lección 7 se plantea como objetivo específico analizar los valores que están recogidos en la Constitución y ver qué papel cumplen dentro del ordenamiento jurídico.

Esquema de desarrollo

Para lograr los objetivos propuestos seguiremos el siguiente esquema: en primer lugar tras una breve introducción, trataremos *los valores superiores de nuestro ordenamiento jurídico y su posible aplicación directa*; en segundo lugar estudiaremos cuál es el *papel asignado a los derechos reconocidos en la Constitución* y, por último, *qué función cumple la jurisdicción constitucional.*

---

1. INTEGRACIÓN ESTRUCTURAL DE LOS VALORES EN LA NORMATIVIDAD

Una vez que en la lección anterior hemos diferenciado entre valores, principios y normas, no parece posible, en un primer momento, la integración estructural de cualquiera de aquellos en una norma. Según lo estudiado allí, se trata de tres escalones o niveles de concreción. Aparentemente cada uno cumple unas funciones y tiene una estructura diversa. Sin embargo, en nuestro texto constitucional nos encontramos con que se hace referencia a unos *valores* calificados como *superiores* que quedan integrados dentro del articulado normativo cuando se establece que *España se constituye en un Estado social y democrático de Derecho, que propugna como* **valores superiores** *de su ordenamiento jurídico la libertad, la justicia, la igualdad y el pluralismo político* (art. 1.1).

---

[1] Las explicaciones correspondientes a los números de llamada que aparecen encerrados dentro de un recuadro están recogidas en la Segunda Parte del libro (página 299).

Esta circunstancia hace que, en palabras del profesor Peces-Barba [1], «por primera vez en la cultura jurídica unos principios que el constituyente ha llamado valores superiores, son el contenido de una norma y también por primera vez una norma integra unos valores, como decisión del constituyente, para ser la guía general de todos los operadores jurídicos en la dinámica creadora y aplicadora del Derecho». Con estas palabras volvemos a la confusión a que aludíamos en el texto de la lección sexta porque comprobamos que se hace referencia a unos *principios* que se denominan *valores* y que integran una *norma* (principios, valores y normas aparecen en total confusión). Pero si nos atenemos al criterio que hemos defendido en el tema anterior, realmente se trata de unos valores explicitados en una norma constitucional. Esta norma situada en el vértice superior de nuestro ordenamiento está indicando cuáles son los grandes pilares del sistema jurídico (libertad, justicia, igualdad y pluralismo político).

Ahora bien, las cuestiones que se plantean son ¿qué función cumplen esos valores? ¿son aplicables directamente? ¿al tratarse de una norma constitucional delimitan el contenido del resto de normas del sistema? En los siguientes epígrafes trataremos de despejar estos interrogantes.

2. Valores Superiores de nuestro Ordenamiento Jurídico. Naturaleza, Función y aplicación

Esos cuatro valores que nuestra Constitución ha elegido como los superiores de todo nuestro ordenamiento jurídico constituyen las bases de un sistema democrático. No nos debe de extrañar la afirmación de que nuestro Estado democrático se asienta sobre *la libertad, la justicia, la igualdad y el pluralismo político,* puesto que son las bases de cualquier otro sistema democrático.

Por otra parte, si consideramos que los valores, como veíamos en el tema anterior, son criterios básicos para enjuiciar las acciones, ordenar la convivencia y establecer los fines de actuación [2], los valores recogidos constitucionalmente suponen el sistema de preferencias prioritarias y fundamentadoras de la convivencia social [3] defendido por nuestra Constitución.

Como consecuencia se puede decir que estos valores a los que nos estamos refiriendo en este momento cumplen tres funciones [4]:

a) una función *fundamentadora* de todas las disposiciones e instituciones constitucionales y de todo el ordenamiento jurídico, de ahí su denominación como valores superiores

b) una función *orientadora* del orden jurídico y político hacia unos fines predeterminados que invalidan cualquier disposición que persiga otros fines; y

c) una función *crítica* como criterios, que son, de valoración de hechos y de conductas [5].

Estas funciones pueden verse esquematizadas en la siguiente tabla:

VALORES SUPERIORES C.E.		
Funciones:		
Fundamentadora	Orientadora	Crítica

Ahora bien, la peculiaridad de que unos valores sean incorporados a un texto legal como tales hace que parte de la doctrina afirme que con ello se produce una opción concreta de nuestros constituyentes por [6]:

- una teoría de la justicia no iusnaturalista que propugna una positivación de la moralidad. Se recogen en una norma positiva unos valores morales.

- una teoría de la justicia no positivista. No se deja a la voluntad del legislador la elección del sistema de valores del ordenamiento jurídico.
- una teoría del Derecho basada en la idea de sistema. El Derecho funciona como un sistema, no solo formal sino que incorpora elementos materiales básicos como son los valores.

Véase la siguiente tabla:

Teorías subyacentes al texto Constitucional español (según algunos autores)		
Teoría de la Justicia no iusnaturalista	Teoría de la Justicia no positivista	Teoría del Derecho basada en la idea de sistema

Desde este punto de vista se afirma que con ellos se incorpora una propuesta de Derecho justo al Derecho positivo. Cuando se dice que el Estado propugna esos valores superiores, se está defendiendo un modelo de Derecho ideal al que deberá atenerse el Derecho positivo. Para esta corriente, a pesar de que el lenguaje normativo utilizado es descriptivo y no prescriptivo (no emplea términos de obligación o prohibición), los operadores jurídicos que crean, aplican o usan el Derecho se constituyen en destinatarios obligados a observarlos. Esos operadores deberán cumplir su función bajo los focos orientadores de los valores superiores. Entre ellos se encuentra el legislador que controlará que las normas que desarrollen la Constitución sean acordes o, cuanto menos, no se opongan a esos valores para ser consideradas como válidas.

También se estima que dicha inclusión supone la positivación de los fundamentos éticos de un sistema político. Al proceder de la moralidad no se quedan limitados al texto jurídico sino que mantendrán dimensiones propias de los conceptos morales que, por consiguiente, van más allá del texto y servirán para realizar una función crítica de los mismos valores positivados.

Todo esto hace que estas normas contenidas en la Constitución sirvan:

* de guía y modelo para la interpretación y desarrollo del Ordenamiento en su totalidad,
* para orientar la aplicación de los derechos reconocidos en el mismo texto constitucional y
* para limitar el ejercicio del poder.

Por tanto, para esta corriente esos valores, así positivados, constituyen *normas básicas, abiertas y dinámicas* que deben influir en el resto del sistema jurídico.

Es más, se mantiene que son susceptibles de aplicación inmediata en cuanto que son auténticas normas constitucionales. Y dentro de éstas asumen un lugar de privilegio jerárquico sobre el resto al gozar de la condición de *normas finales* (indican y promueven las metas a alcanzar) y de *normas permanentes* (definen la estructura básica de un sistema) [7]. Para el profesor Pérez Luño «en virtud de su recepción constitucional los valores aúnan a su prescriptividad ética la normatividad jurídica» [8].

Desde una posición contraria y no normativista, se considera que los valores recogidos en un texto sólo actúan como normas siempre que su formulación permita fundamentar en ellos decisiones concretas. En caso de que su carácter excesivamente abierto impidiera dicha fundamentación, actuarían como principios y no como normas [9]. En el caso de nuestra Constitución, los valores superiores recogidos «no ofrecen cobertura suficiente para fundamentar una decisión» [10] al tratarse de una norma tan abierta que tanto puede fundamentar una posición como la contraria. Para esta postura los valores denominados por la propia norma como superiores no tienen carácter normativo directo, sólo cumplen una mera función iluminadora de todo el sistema.

Por otra parte, no es correcto analizar los valores recogidos en ese artículo primero del texto constitucional de manera aislada. Debemos ponerlos en relación con el artículo diez del mismo texto en el que se dice que *la dignidad de la persona, los derechos inviolables que le son inherentes, el libre desarrollo de la personalidad, el respeto a la ley y a los derechos de los demás son fundamento del orden político y de la paz social* (art. 10.1). De la mutua relación de ambos textos cabe deducir que el catálogo de valores que sirven de fundamento a nuestro ordenamiento jurídico en su totalidad se amplía, quedando constituido por: *la libertad, la justicia, la igualdad, el pluralismo político, la dignidad humana, los derechos humanos, el libre desarrollo de la personalidad, el respeto a la ley y la paz social.* El primer elenco de valores contenido en el artículo primero quedaba insuficiente al no haberse incluido en él ninguna referencia a la dignidad humana. Por tanto podemos decir que los valores que inspiran nuestro sistema democrático son: *la libertad, la justicia, la igualdad, el pluralismo político, la dignidad de la persona, los derechos inviolables que le son inherentes, el libre desarrollo de la personalidad, y el respeto a la ley y a los derechos de los demás.*

Hay que destacar que el texto del artículo 10 se incluye como paso previo a la recepción de los derechos fundamentales, considerándole como fundamento del orden político y, al recogerse en el primer artículo del título dedicado a los derechos y deberes fundamentales, como el pilar donde se asientan esos derechos. Algunos autores extienden el carácter normativo que se predicaba de los valores contenidos en el primer artículo a los del artículo décimo [11]. En este sentido no se puede olvidar que es frecuente considerar que la dignidad, la libertad y la igualdad son los valores inspiradores de los derechos humanos juntamente con la solidaridad [12].

En este artículo se citan también, al lado de los valores, *los derechos inherentes a la persona* y, en el resto del título primero, se recogen los derechos fundamentales. Ahora nos surge otra cuestión ¿qué función cumplen estos derechos dentro del texto constitucional? ¿son una mera declaración? ¿tienen valor normativo directo? En el apartado siguiente ahondaremos en estas cuestiones.

3. RECONOCIMIENTO CONSTITUCIONAL DE LOS DERECHOS Y LIBERTADES

A la hora de reconocer y proteger los Derechos Humanos, los Estados se han servido de distintos mecanismos. El medio más común y específico ha sido la declaración constitucional de los mismos. Así se habla del nivel constitucional del reconocimiento y protección de los Derechos Humanos. Pero, también se ha seguido la vía de la legislación ordinaria para desarrollar esos derechos que aparecen declarados genéricamente por la norma suprema. Por otra parte, el poder ejecutivo se ha visto obligado, en algunas oportunidades, a intervenir delimitando y regulando el ejercicio de determinados derechos a través de normas reglamentarias. Y, por último, el poder judicial tiene, en muchos casos, reconocida la facultad de interpretar el alcance y contenido de los derechos fundamentales en aquellos aspectos en que los textos legales son imprecisos o incompletos. Así se habla de cuatro niveles de reconocimiento y protección de los derechos [13]: nivel *constitucional*, nivel de *legislación ordinaria*, nivel *ejecutivo* y nivel *judicial*.

Para el profesor PÉREZ LUÑO el sistema español, considerado mixto por llevar a cabo la positivación de los derechos partiendo de principios generales y de normas específicas, supera la tipología aludida y emplea cinco instrumentos de positivación:

a) *Valores y principios constitucionales programáticos*. Son los valores y principios considerados básicos. Aparecen recogidos en el Preámbulo de la Constitución y son: *la justicia, la libertad, la seguridad, el bien común, la protección de los derechos humanos, la promoción de la cultura, la promoción de la economía y la calidad de vida*. En este apartado también se encuentran los *valores superiores* citados en el artículo 1.1 y a los que venimos aludiendo en esta lección.

b) *Principios constitucionales para la actuación de los poderes públicos*. Aquí se engloban todos los principios que tienen por finalidad orientar a los poderes públicos y delimitar el marco del ejercicio de todos los derechos fundamentales. En este apartado se incluyen el artículo 9,2 (la promoción por los poderes públicos de las condiciones que faciliten la libertad y la igualdad, así como la eliminación de obstáculos que impidan su plenitud y facilitar la participación de todos los ciudadanos), el artículo10 (la dignidad de la persona es el fundamento del orden político y de la paz social; la Declaración Universal de los Derechos Humanos y los tratados y acuerdos internacionales serán los criterios de interpretación de los derechos reconocidos en la Constitución), y los artículos 39 a 52 (principios rectores de la política social y económica).

c) *Normas o cláusulas generales a desarrollar por leyes orgánicas.* La Constitución recoge expresamente una pluralidad de derechos (no principios ni valores) que remite a la legislación posterior para su desarrollo y delimitación del contenido («Habeas Corpus», limitación uso informática, exención de la obligación de declarar sobre presuntos hechos delictivos, derecho a la huelga, derecho de petición, régimen matrimonial, estatuto de los trabajadores, Colegios profesionales, Convenios y conflictos laborales, etc.).

d) *Normas específicas o casuísticas.* También nuestro texto constitucional recoge de una manera explícita unos derechos sin referirlos a una normativa posterior y desarrolladora de los mismos. De lo que se deduce que su alcance y contenido se encuentra en la misma Constitución y serán de aplicación directa ante los tribunales ordinarios y ante el Tribunal Constitucional mediante el recurso de amparo (art. 53,1 y 2) o de aplicación indirecta ante este último Tribunal mediante el recurso de inconstitucionalidad. De aplicación directa son: la igualdad ante la ley y no discriminación (art. 14); el derecho a la vida y a la integridad física y moral (art. 15); la libertad religiosa, ideológica y de culto (art. 16); la libertad y seguridad (art. 17); el derecho al honor, a la intimidad personal y familiar y a la propia imagen (art. 18); el derecho a la libre elección de residencia y de circulación (art. 19); la libertad de expresión, de investigación, de cátedra (art. 20); el derecho de reunión y de asociación (art. 21 y 22); el derecho a participar en asuntos públicos (art. 23); etc. De aplicación indirecta se citan: los derechos de propiedad y herencia (art. 38); la libertad de empresa (art. 38); etc.

e) *Normas de tutela.* Aparte de los anteriores instrumentos y mecanismos para reconocer los derechos humanos, nuestra Constitución introduce normas de protección de los mismos: posibilidad de recurrir ante los tribunales ordinarios en procedimientos de preferencia y sumariedad y ante el Tribunal Constitucional en recurso de amparo (art. 53); la existencia de la institución del Defensor del Pueblo (art. 54); el recurso de inconstitucionalidad (art. 161), etc.

Se puede concluir con el profesor Pérez Luño que todas las disposiciones sobre derechos fundamentales contenidas en una Constitución son manifestaciones positivas de juridicidad, aunque habrá que determinar, en cada caso, si reviste carácter de precepto o de principio.

Podemos sistematizar los distintos niveles de protección y reconocimiento de los derechos en estas dos tablas:

Niveles generales de protección y reconocimiento			
Nivel constitucional	Nivel de *legislación ordinaria*	Nivel *ejecutivo*	Nivel *judicial*

Niveles españoles de protección y reconocimiento				
Valores y principios constitucionales programáticos	*Principios constitucionales para la actuación de los poderes públicos*	*Normas o cláusulas generales a desarrollar por leyes orgánicas*	*Normas específicas o casuísticas*	*Normas de tutela*

Ahora bien, una vez llegados a este punto se nos plantea la necesidad del control de constitucionalidad: ¿quién y cómo controla que los valores, principios y reglas constitucionales sean observados en todos los ámbitos del ordenamiento jurídico y de la vida social?

4. LA JURISDICCIÓN CONSTITUCIONAL. NATURALEZA Y FUNCIONES

Cuando hablamos de la jurisdicción constitucional estamos haciendo referencia al control de la constitucionalidad de todo el sistema jurídico. Es decir, aludimos a la vigilancia del cumplimiento de las directrices marcadas en el texto constitucional. El objeto de control es comprobar si la Constitución está siendo aplicada y respetada y, en conclusión, cuál es su eficacia.

Tradicionalmente han existido dos formas de llevar a cabo esa labor [14]: a- el *control difuso*; y b- el *control concentrado*. En el primer sistema son todos los jueces los encargados de vigilar el cumplimiento de la Constitución. En el segundo es un órgano específico el que cumple esa tarea de vigilancia.

Los sistemas de *JURISDICCIÓN CONSTITUCIONAL DIFUSA* se caracterizan por las siguientes notas:

a) son todos los tribunales ordinarios los encargados de velar por la constitucionalidad de las leyes en los litigios que les son sometidos

b) las normas no son impugnables de manera directa por su supuesta inconstitucionalidad. Son los tribunales, que están conociendo de determinado tema en un procedimiento concreto, los que pueden decidir, colateralmente al asunto objeto de su competencia, sobre la inconstitucionalidad de una norma.

c) la declaración de inconstitucionalidad de una norma por parte de un órgano judicial acarrea su nulidad limitada al caso concreto objeto de litigio.

Este es el sistema existente en los Estados Unidos. En Europa rige el sistema de *JURISDICCIÓN CONSTITUCIONAL CONCENTRADA* que se caracteriza por las siguientes notas:

a) es un único Tribunal, creado *ad hoc*, el encargado de controlar la constitucionalidad de todo el sistema.

b) las normas pueden ser objeto de impugnación directa ante dicho órgano.

c) la consecuencia de la declaración de inconstitucionalidad de una norma conlleva su nulidad con carácter general.

Ahora bien, lo peculiar a primera vista es que el Tribunal que realiza el control no sea el que encabeza la pirámide jurisdiccional, el Tribunal Supremo. Es más, el tribunal específico ni siquiera forma parte de esa organización jurisdiccional, es un órgano político dependiente del poder legislativo. Una posible explicación a esta situación puede encontrarse en la opinión de parte de la doctrina [15] al considerar que el Constitucional no es un Tribunal auténtico porque no cumple la función típica de estos órganos: aplicar una norma a un caso concreto. Se limita a comprobar la compatibilidad entre dos normas (la Constitución y la norma impugnada). Son órganos, se ha dicho [16], que emplean argumentaciones propias de la retórica deliberativa más que de la retórica judicial. Así, la función de los tribunales ordinarios es decidir todos los casos que se les planteen, mientras que la función de un Tribunal Constitucional es la de establecer unas reglas que eviten conflictos futuros o repetición de conflictos que ya se han dado.

Las formas de control constitucional quedan reflejadas en el siguiente cuadro:

Formas de control jurisdiccional					
Jurisdicción Constitucional Difusa:			Jurisdicción Constitucional Concentrada:		
Todos los tribunales	Normas no impugnables directamente	Nulidad limitada al caso concreto	Tribunal Constitucional	Normas impugnables directamente	Nulidad general

De todo lo dicho se desprende que, en el segundo sistema jurisdiccional, los órganos específicos, los Tribunales Constitucionales, cumplen dos funciones: una *función defensiva* o, también denominada, *destructiva* y una *función constructora y reparadora*.

* La *función* meramente *DEFENSIVA* es la que lleva a cabo el tribunal cuando se limita a invalidar normas consideradas inconstitucionales y expulsarlas del sistema. De ahí el nombre de función destructiva, destruye normas que atacan a todo el sistema constitucional. Esta labor es muy importante cuando nos encontramos en una primera fase de construcción y consolidación de un nuevo régimen constitucional. Se trata de la necesidad de *defender* la Constitución en su fase inicial en que, por falta de arraigo, es más vulnerable. Pero sus funciones no pueden verse limitadas a esta misión de conservación del *status quo*.

* Parte de la doctrina considera que su *función principal* es *la CONSTRUCTO-RA*, no se trata solo de preservar la Constitución sino de asegurar su eficacia [17] a través de la contribución, por parte de este alto tribunal, al debate sobre los valores protegidos por la Constitución y la forma más adecuada de garantizarlos. Cuando resuelve las cuestiones que se le someten, en la manera que tiene de llegar a la solución y de argumentar, está interviniendo en el debate mencionado. Así, cuando estos tribunales son capaces de recoger en sus decisiones los acuerdos, las discrepancias y el «estado de la discusión» (en lo relacionado con la normativa constitucional) se están erigiendo en foro privilegiado de discusión de los principios constitucionales. Por tanto, la doctrina constitucional estaría colocada al final de un largo proceso discursivo pero sin erigirse en el elemento clausurante del mismo, aunque sí en «hito de la discusión (...), proyectada hacia el futuro y necesariamente colectiva a propósito de la realización de las aspiraciones constitucionales» [18]. Con todo ello se quiere decir que debe de tomar parte en la *realización* de la Constitución, ofreciendo criterios para la actuación conforme a ella de todos los operadores jurídicos, incluyendo al legislador. Se puede decir que su labor consiste en concretar los abstractos y genéricos principios constitucionales en reglas concretas e inmediatamente aplicables.

Sin embargo, es común dejar reducida la función del alto tribunal a la que hemos denominado *defensiva* limitándose a comprobar la constitucionalidad o inconstitucionalidad de las normas y velando por la protección de los derechos constitucionales.

Las funciones del Tribunal Constitucional quedan reflejadas en el siguiente cuadro:

Funciones Jurisdicción Constitucional Concentrada:	
DEFENSIVA: Eliminar normas que atacan al sistema	**CONSTRUCTORA:** Aportar elementos al debate sobre los principios constitucionales

Resumen

Los valores recogidos constitucionalmente suponen el sistema de preferencias prioritarias y fundamentadoras de la convivencia social defendido por nuestra Constitución. Se puede afirmar que esos valores cumplen tres funciones: a- una *función fundamentadora* de todas las disposiciones e instituciones constitucionales y de todo el ordenamiento jurídico; b- una *función orientadora* del orden jurídico y político hacia fines predeterminados que invalidan cualquier disposición que persiga otros fines; y c- una *función crítica* como criterios de valoración de hechos y de conductas.

Parte de la doctrina considera que estos valores son susceptibles de aplicación inmediata en cuanto que son auténticas normas constitucionales. Y dentro de éstas asumen un lugar de privilegio jerárquico sobre el resto al gozar de la condición de *normas finales* y de *normas permanentes*. En sentido contrario, otro sector de la doctrina entiende que estos valores no ofrecen cobertura suficiente para fundamentar una decisión al tratarse de normas muy abiertas que tanto pueden fundamentar una posición como la contraria.

Ahora bien, esos valores recogidos en el artículo 1 no pueden ser analizados de manera aislada. Deberemos ponerlos en relación con los recogidos en el artículo 10 del mismo texto constitucional, ampliando el catálogo de valores que sirven de fundamento a nuestro ordenamiento jurídico a los siguientes: *la libertad, la justicia, la igualdad, el pluralismo político, la dignidad humana, los derechos humanos, el libre desarrollo de la personalidad, el respeto a la ley y la paz social.*

Comprobamos que junto a los valores aparecen nombrados, en el artículo 10 de nuestra Constitución, los *derechos inherentes a la persona* y, a continuación, en el articulado que sigue, se recogen los derechos fundamentales. Nos volvemos a interrogar: esos derechos ¿son una mera declaración? ¿tienen valor normativo directo?

Respondiendo a estas cuestiones, se habla de cuatro niveles de reconocimiento y protección de los derechos: nivel *constitucional*, nivel de *legislación ordinaria*, nivel *ejecutivo* y nivel *judicial*. Sin embargo, para el profesor Pérez Luño, el sistema español supera la tipología aludida y emplea cinco instrumentos de positivación: a- *valores y principios constitucionales programáticos*; b- *principios constitucionales para la actuación de los poderes públicos*; c- *normas o cláusulas generales a desarrollar por leyes orgánicas*; d- *Normas específicas o casuísticas*; y e- *normas de tutela*.

Se puede afirmar que todas las disposiciones sobre derechos fundamentales contenidas en una Constitución son manifestaciones positivas de juridicidad, aunque habrá que determinar, en cada caso, si revisten carácter de precepto o de principio.

Llegados a este punto, se nos plantea la necesidad del control de constitucionalidad ¿quién y cómo controla que los valores, principios y reglas constitucionales sean observados en todos los ámbitos del ordenamiento jurídico y de la vida social?

Tradicionalmente la jurisdicción constitucional ha adoptado dos formas: a- el *control difuso*; y b- el *control concentrado*. En el primer sistema son todos los jueces los encargados de vigilar el cumplimiento de la Constitución. En el segundo, es un órgano específico el que cumple esa tarea de vigilancia.

Lecturas útiles

Si desea ampliar o profundizar las explicaciones de esta **lección**, puede encontrar ayuda en:

M. AHUMADA RUIZ, *La Jurisdicción Constitucional en Europa*, Pamplona, Aranzadi, 2005, pp. 48-49.

B. DE CASTRO CID, *Introducción al estudio de los Derechos Humanos*, Madrid, Universitas, 2003, pp. 186-193.

M. GÓMEZ ADANERO, M. y otros, *Filosofía del Derecho. Lecciones de Hermenéutica Jurídica*, Madrid, UNED, 2006, pp. 140-153.

G. GONZÁLEZ R. ARNAIZ, *Ética de la Paz. Valor, ideal y derecho humano*, Madrid, Biblioteca Nueva, 2007, pp. 125-155.

A. E. PÉREZ-LUÑO, *Derechos Humanos, Estado de Derecho y Constitución*, Madrid, Tecnos, 2003, pp. 288-289; *La tercera generación de Derechos Humanos*, Pamplona, Aranzadi, 2006, pp. 49-86 y 163-204.

Ejercicio de autoevaluación

1. Enumera el catálogo amplio de valores fundamentadores de todo nuestro ordenamiento jurídico.
2. Cita y explica las funciones que cumplen los valores superiores del Ordenamiento Jurídico español.
3. ¿Cuáles son los instrumentos de positivación de los derechos humanos para un sistema mixto?
4. Elabora una tabla marcando las notas diferenciadoras entre una jurisdicción constitucional difusa y una jurisdicción constitucional concentrada.
5. Diferencia la labor defensiva y la labor constructiva de una jurisprudencia constitucional.

EL MARCO JURÍDICO-POLÍTICO DE LAS TEORÍAS CONTEMPORÁNEAS DE LA JUSTICIA: EL TRÁNSITO DEL ESTADO LIBERAL AL ESTADO SOCIAL Y LA CRISIS DE ÉSTE[1]

(Narciso Martínez Morán)

Objetivo general

Es evidente que las teorías sobre la justicia responden a criterios racionales e ideológicos y nacen con la vocación de verse plasmadas en la realidad social. Pero al mismo tiempo, para que cualquier concepción de la justicia pueda llevarse a cabo en la sociedad, debe tener una cobertura jurídico-política, es decir estatal. En esta lección pretendemos exponer los diferentes marcos jurídico-políticos, es decir las diversas concepciones del Estado, que en la época moderna y contemporánea han servido de marco y cobertura para la realización en la sociedad de los diferentes modelos de justicia.

Esquema de desarrollo

Para conseguir el objetivo propuesto analizaremos los diferentes modelos de Estado que han ido apareciendo y han estado vigentes en la época contemporánea siguiendo el siguiente esquema:

El Estado liberal de Derecho: origen, fundamento, concepto y caracteres.

El estado social de Derecho: origen, concepto, caracteres y decadencia (crisis del Estado del Bienestar).

El Estado constitucional: concepto y caracteres.

---

1. EL ESTADO LIBERAL DE DERECHO

1.1. Evolución del Estado moderno: del absolutismo al liberalismo

Durante los siglos XVI, XVII y XVIII, en los principales reinos de Europa, se establecieron las bases de un gobierno unitario de carácter centralista con un único sistema jurídico para todo el territorio. Se trataba de lo que se ha denominado el Estado

---

[1] Las explicaciones correspondientes a los números de llamada que aparecen encerrados dentro de un recuadro están recogidas en la Segunda Parte del libro (páginas 299-301).

absoluto, inspirado y fundamentado en las teorías racionalistas de carácter voluntarista, cuyo máximo representante fue, sin duda, T. HOBBES, quien pretendía liberar al hombre de los fantasmas y del miedo que le atenazaba en el estado de naturaleza, en que vivía inmerso en una guerra de todos contra todos.

Según esta visión del **absolutismo**, el Estado surge mediante el pacto por el que los hombres se unen y, renunciando a su capacidad de autogobierno, *entregan todo su poder y su libertad al Leviatán* [1]. La única finalidad del Estado es proteger al hombre de otros hombres, hasta el punto de que éstos sacrifican su libertad por la seguridad. Sin embargo, no se garantiza la defensa de los derechos de la persona puesto que el hombre se encuentra seguro y protegido contra otros hombres, pero no sucede lo mismo frente al Estado, el cual podría oprimirlo impunemente mediante las facultades coercitivas que la propia colectividad le ha otorgado a través de un pacto de cesión absoluta del poder.

De ahí que, frente a la teoría de HOBBES comenzaran a tomar fuerza unas nuevas teorías políticas más afines a las aspiraciones de la burguesía, que buscaban la justificación teórica para la instauración de un régimen político liberal y democrático basado en la separación de poderes. En efecto, ya desde el siglo XVI, en paralelo con la concepción absolutista del poder, se produjo un proceso doctrinal crítico contra las teorías que defendían el poder absoluto, surgiendo el **liberalismo** como doctrina que quiere garantizar no sólo la seguridad sino también, y de manera especial, la libertad del individuo. Este pensamiento liberal surge en el seno del *iusnaturalismo* racionalista y se sustenta básicamente en las ideas de LOCKE, MONTESQUIEU y ROUSSEAU, entre otros.

En efecto, uno de los primeros y más influyentes pensadores liberales fue sin duda el filósofo inglés J. LOCKE, quien en sus escritos políticos defendía la soberanía popular, el derecho a la rebelión contra la tiranía y la tolerancia hacia las minorías religiosas. Como la mayoría de los representantes del pensamiento político de la modernidad, LOCKE apoya toda su construcción en tres presupuestos básicos: el *status naturalis*, el *status civilis* y *el pacto* [2]. Del mismo modo, conforme al pensamiento liberal y frente a la visión absolutista del poder [3], que no reconocía realmente derechos individuales a los ciudadanos, defiende los derechos y libertades que poseen los individuos en el estado de naturaleza. En consecuencia, el pacto por el que los individuos transmiten el poder social al soberano incluye la cláusula de retorno de ese poder al pueblo en el supuesto de que el Estado no garantice el libre ejercicio de los derechos naturales de los individuos.

Pues bien, esta concepción filosófica liberal del poder y la defensa de los derechos de los individuos, no solo frente a otros individuos, sino también frente al Estado, ha sido la fuente en la que se ha inspirado y apoyado el modelo liberal de Estado.

1.2. Origen del Estado Liberal de Derecho

El Estado liberal es el sistema político propio del comienzo de la Edad Contemporánea, correspondiente a la etapa de una nueva formación económico-social que puede denominarse «Nuevo Régimen» o «Régimen Liberal» y que surge como consecuencia de la Revolución Liberal, en sustitución de la monarquía absoluta propia del Antiguo Régimen. Aunque es difícil determinar la fecha de nacimiento del Estado Liberal –pues en cada país sigue procesos históricos diversos y se produce en momentos diferentes–, puede afirmarse que su realización concreta es un fenómeno fundamentalmente decimonónico.

Como hemos indicado ya, la aparición del Estado liberal recibió el influjo del liberalismo filosófico y político, el cual inspiró las tres revoluciones de la época a las que, sin duda, está ligado el nacimiento del modelo liberal de Estado. Así, mientras en Inglaterra el Estado liberal surge como consecuencia de la Revolución Gloriosa (también llamada «incruenta») de 1688-1689, en los Estados Unidos tiene lugar con la Revolución Americana (1773-1783) y consiguiente independencia de los Estados Unidos. En Francia el Estado liberal se establece tras la Revolución Francesa (1789-1799) y, en la mayoría de los Estados europeos, su concreción se produce ya en el siglo XIX. Más aún, no faltan autores que entienden que la última gran revolución liberal es la Revolución Rusa de 1905. Por lo demás, la duración del Estado liberal en el tiempo puede entenderse como continua hasta la actualidad o limitarse hasta el período de entreguerras (1918-1939) en que, como veremos, entra claramente en crisis, evolucionando hacia el llamado Estado Social de Derecho.

1.3. Rasgos característicos

Suele denominarse Estado Liberal de Derecho al modelo de Estado que, inspirado en las concepciones iusnaturalistas del racionalismo ilustrado, surge tras las revoluciones de los siglos XVII y XVIII y se caracteriza por la afirmación de la soberanía popular y el ejercicio del poder por representación, lo que confiere al Estado una estructuración democrática. Por otra parte, se concibe al Estado como un Estado de Derecho en el que impera la ley, se reconocen los derechos humanos, especialmente los derechos de libertad individual y derechos políticos, y se defiende la separación de los poderes y el abstencionismo o mínima intervención del Estado.

Así pues, el Estado liberal en cuanto Estado de Derecho se define por los siguientes rasgos: a) el imperio de la ley, que significa que toda obligación ciudadana debe estar dispuesta en una ley creada por un órgano popular representativo (Parlamento o Asamblea Nacional); b) el principio de legalidad de la Administración, el cual supone que los poderes públicos y toda la Administración, en el ejercicio de sus funciones, están sometidos al imperio de la ley; c) la separación de poderes (legislativo, ejecutivo y judicial); d) el reconocimiento y garantía de los derechos humanos, pues una de las premisas o condiciones del Estado de Derecho consiste en que, el gobernante, que asume el poder del Estado por medio del pacto, adquiere el compromiso de garantizar para todos los individuos, ahora convertidos en ciudadanos, como mínimo los derechos civiles y políticos [4].

1.4. El tránsito del Estado Liberal de Derecho al Estado Social de Derecho

Junto a los importantes logros conseguidos por el Estado Liberal hemos de afirmar que el propio modelo adolecía también de ciertas carencias que le arrastraron a una profunda crisis e influyeron decisivamente en el eclipse del mismo, contribuyendo a la evolución del modelo de Estado Liberal de Derecho hacia otro modelo de Estado: el Estado Social de Derecho. En efecto, los sistemas democráticos occidentales tienen siempre una tendencia a evolucionar desde sí mismos adaptándose a las necesidades y a las estructuras políticas, jurídicas y sociales de cada momento. Pues bien, el tránsito del Estado Liberal al Estado Social de Derecho se produce por evolución y adaptación a las nuevas circunstancias del propio Estado Liberal, ante la incapacidad de éste para resolver las nuevas demandas de la sociedad.

Paulatinamente se abandonan algunos de los mitos que habían caracterizado al Estado liberal, tales como el abstencionismo estatal, pasando de un Estado inhibicionista hacia un Estado fuertemente intervencionista. Como hemos venido explicando, el funcionamiento del sistema liberal se fundamentaba en el respeto a la libre competencia y el no intervencionismo de los poderes públicos en el ámbito de la esfera privada y de la economía, lo cual constituyó también una de las causas de su descomposición pues con la desaparición de la libre competencia, se desvanece también otro de sus principales presupuestos: la división (separación) entre política (Estado) y sociedad, es decir desaparece la separación entre el ámbito de lo público y de lo privado.

Se abandonó también la defensa de los derechos de libertad individual, pasando a un Estado que defiende prioritariamente los derechos económicos y sociales de la colectividad; y la separación de poderes se convirtió en un principio puramente formal, pero no real.

2. El Estado Social de Derecho

2.1. Origen

Es obvio que este modelo de Estado no surge de repente sino que se va gestando y consolidando lentamente al mismo ritmo que va desmoronándose el Estado Liberal. Por ello, si tuviéramos que determinar una fecha de nacimiento, cabría decir que su origen es bastante difuso, aunque la mayoría de los autores suele situarlo entre la Constitución de Weimar de 1919 y la Ley Fundamental Bonn de 1949. Por tanto su origen puede situarse en el período intermedio entre las dos Guerras Mundiales 5 , siendo su principal exponente intelectual el iuspublicista H. HELLER.

En efecto, poco a poco se produjo una transición política con la consiguiente transformación del modelo de Estado pues, mientras en una concepción liberal del Estado, éste servía para defender los derechos de las clases dominantes, en el período que discurre entre las Guerras Mundiales la situación fue cada vez más angustiosa y la presión social llevó a que el Estado se convirtiera en un instrumento activo para poder solucionar los problemas sociales a través de una intervención expresa.

En el campo político, económico y social, el desarrollo de las ideas del Estado Social se produjo después de la Segunda Guerra Mundial 6 , debido principalmente a que la economía quedó seriamente afectada y el consumo totalmente deprimido, circunstancias que condujeron a la confluencia de las ideas de socialistas moderados, capitalistas moderados y socialcristianos, entre otros, y a que los grandes sindicatos industriales abandonaron su lucha revolucionaria, de tal manera que produjo un consenso, que llevó a todas estas corrientes a coincidir en la idea de una Constitución Pluralista que recogiera todas las demandas sociales.

Desde entonces la mayoría de las Constituciones democráticas actuales han incorporado disposiciones con contenido eminentemente social y las políticas de gobierno se han orientado a estimular la economía por medio del incentivo de la demanda y de la producción, con la intención de resolver las dos principales preocupaciones de los gobiernos: la creación de empleo y la generación de riqueza para distribuirla especialmente entre las clases más deprimidas. Aunque tales cambios no siempre fueron bien aceptados por algunos países, poco a poco fueron consolidándose y los Estados se adaptaron a las nuevas circunstancias.

2.2. Caracteres

Históricamente el concepto de Estado Social fue precedido por el de Estado de Derecho, cuyos principios fundamentales (imperio de la ley, principio de legalidad, separación de poderes y reconocimiento de los derechos humanos) ya hemos citado en el epígrafe correspondiente al Estado Liberal.

El Estado Social de Derecho se caracteriza por ser un Estado distribuidor o administrador de los derechos sociales, «Estado manager», o fuertemente intervencionista, con prevalencia del poder ejecutivo y administrativo sobre el legislativo, un Estado del Bienestar 7 , en cuanto éste constituye el objetivo del Estado Social de Derecho. Entre sus rasgos más destacados figuran los siguientes: el predominio de la igualdad sobre la libertad individual, el intervencionismo económico con participación activa en los procesos productivos y en la redistribución de la riqueza, la atención a las demandas y derechos sociales convirtiéndose en un «*Estado providencia*», la crisis del parlamentarismo [8] y el debilitamiento del principio de separación de poderes.

2.3. Decadencia del Estado Social y crisis del Estado de Bienestar

Hacia los años 70 del siglo XX el Estado Social de Derecho comenzó a dar señales de agotamiento a causa de la pérdida de legitimidad del modelo y de sus actuaciones confirmándose lo que se ha denominado «*déficit de legitimación del Estado Social*». El inicio de esta crisis suele situarse en las manifestaciones del mayo francés del 68, aunque algunos autores apuntan como desencadenante la crisis del petróleo de 1973, provocada por la guerra árabe-israelí del Yom Kippur. Los factores que generan y agudizan la crisis pueden agruparse en tres categorías: factores económicos (como la crisis del petróleo de los años 70 y la globalización), factores políticos (como la deslegitimación representativa, la intensificación de la 'partitocracia' [9] y el desmesurado incremento de la burocracia [10]) y factores sociales (como el crecimiento del paro, el progresivo envejecimiento de la población y el aumento de las demandas sociales con la imposibilidad de cubrir todas las prestaciones demandadas lo que generó el llamado «*Estado del Malestar*»).

3. El Estado Constitucional de Derecho

Por todas las razones expuestas, a partir de los años 70 del siglo XX, se produce un cambio de rumbo en las teorías sobre la concepción del Estado, de suerte que el modelo del Estado Social de Derecho da paso al llamado Estado Constitucional [11].

La expresión «Estado Constitucional» no es nueva, pero, en las últimas décadas, ha adquirido especial relevancia en cuanto que designa una nueva categoría o modelo de Estado diferente. En efecto, el «Estado Constitucional» es la expresión jurídico-política que asume y expresa las transformaciones actuales de las sociedades democráticas. De acuerdo con Pérez Luño «la decantación terminológica desde el Estado de derecho al Estado constitucional puede considerarse el reflejo de un triple desplazamiento advertible en los ordenamientos jurídicos de los sistemas democráticos». Estos desplazamientos que suponen otras tantas características del Estado Constitucional son los siguientes:

3.1. El desplazamiento desde la supremacía de la ley a la primacía de la Constitución

Recordemos que uno de los dogmas fundamentales del Estado de Derecho era el de la supremacía de la ley. En el Estado liberal de Derecho a través de la ley se expresa la voluntad general y se patentiza la soberanía popular. En él la ley representa la fuente jurídica suprema. Pero en las últimas décadas tal concepción se ha desvanecido hasta el punto de que la supremacía de la ley ha dejado su puesto a la supremacía de la Constitución, iniciándose así en el continente europeo un nuevo constitucionalismo caracterizado por dotar de fuerza vinculante directa a los valores y derechos fundamentales proclamados en el texto constitucional [12].

Históricamente los derechos y los deberes constitucionales no constituían normas dotadas de una eficacia directa equivalente a la de las restantes normas del ordenamiento; muy al contrario, la parte «dogmática», que hoy denominamos «material» se concebía como una mera declaración de intenciones o, a lo sumo, como un parámetro de la legitimidad del poder. En ningún caso, por tanto, los contenidos materiales de la Constitución tenían operatividad jurídica en tanto en cuanto no fueran trasladados a la ley.

Sin embargo, el constitucionalismo de la Europa occidental ha caminado hacia un esquema en el que el Tribunal Constitucional tiene competencia para decidir si el legislador ha infringido, por razones de contenido o por razones de competencia, la Constitución. La fórmula política en la que la constitución en su totalidad se sitúa por encima de la ley como fuente del derecho es la que ha dado en llamarse *Estado Constitucional*.

3.2. El desplazamiento de la reserva de ley a la reserva de Constitución

Uno de los principios del Estado de Derecho era el principio de reserva de ley, consecuencia de la división de poderes defendida por Montesquieu, lo que implica que la competencia para la elaboración de las leyes, en las que se establecían los derechos y libertades así como las obligaciones y responsabilidades de los ciudadanos, se atribuía exclusivamente al Parlamento. Ello suponía, por un lado, que las materias jurídicas más importantes nunca podrían ser reguladas por normas de rango inferior a la ley y, por otra parte, establecía para el legislador una autolimitación que le obligaba a *reservar la ley exclusivamente para las materias esenciales*.

La proliferación normativa producida por el poder ejecutivo y por la Administración del Estado Social de Derecho abocó a un crecimiento sin límites de las normas legales, produciendo en los ordenamientos jurídicos lo que en el ámbito anglosajón se ha denominado «*contaminación legislativa*» y Pérez Luño califica, con razón, como «*hipertrofia legislativa*». En tales circunstancias todos, ciudadanos, legisladores, jueces, abogados y administradores públicos, tienen serias dificultades para conocer y aplicar el Derecho.

La consecuencia de todo lo expuesto es que, en el Estado Social de Derecho, *la reserva de ley* ha dejado de ser una garantía normativa exclusiva para las cuestiones básicas. Por esta razón se hizo necesario –así lo asume la doctrina y se plasma en las constituciones de nuestro tiempo– que *la reserva de ley*, deteriorada por el Estado Social de Derecho sea reemplazada por la *reserva de constitución*. Esto supone afirmar la supremacía normativa de la Constitución sobre todas las normas del ordenamiento jurídico y que a partir del carácter normativo de ésta se establece todo el sistema jurídico en el que los derechos fundamentales constituyen el eje central de todo el sistema e irradian sus efectos sobre el resto de las normas e instituciones [13].

3.3. Del control jurisdiccional de legalidad al control jurisdiccional de constitucionalidad

Otro de los principios inspiradores del Estado de Derecho era la sumisión de la actividad de los poderes públicos al control de los tribunales independientes, de forma que cualquier ciudadano pudiera interponer sus quejas ante dichos tribunales por las trasgresiones de legalidad efectuadas por los poderes públicos.

En los países continentales europeos tal control de legalidad se ha venido realizando a través de una jurisdicción especial, la Contencioso-Administrativa. No obstante la transformación del Estado Liberal en Estado Social de Derecho, con la consiguiente ampliación de las tareas administrativas, otorgó un protagonismo creciente a dicha jurisdicción hasta el punto de que la forma de Estado Social de Derecho pudo ser calificada de «*Estado de Derecho Administrativo*» en el que –en palabras de C. SCHMITT– «*los litigios constitucionales son siempre litigios políticos*».

Tal situación produjo la decadencia del control jurisdiccional administrativo, pues éste se realizaba sobre normas de escaso rango normativo (decretos, órdenes, resoluciones) quedando al margen el control de la Constitución en cuanto norma suprema de la jerarquía normativa. Pero en las democracias actuales se ha experimentado un giro importante, defendiendo la eficacia directa de las normas constitucionales, especialmente aquellas cuyo contenido se refiere a los derechos humanos, reconocidos y garantizados por la Constitución. Y también las actuaciones derivadas de tales normas estarán sometidas al control jurisdiccional de la Constitución. Tal es el caso del Recurso de Amparo de los derechos fundamentales ante la llamada «*jurisdicción constitucional*», característica del modelo de Estado Constitucional.

En consecuencia debemos afirmar que el Estado Constitucional se presenta hoy como la alternativa más justa, eficaz y democrática al Estado de Derecho, superando por un lado al Estado Liberal, en el que las normas constitucionales eran meras normas formales y al Estado Social, ya que ahora la garantía de los derechos sociales deja de ser una ficción y se hace real a través de la exigibilidad constitucional de los derechos y el control constitucional de las actuaciones de la Administración. Por todo ello el Estado se vuelve más democrático y la justicia social más realizable.

Recobra su vigencia la separación de poderes, devolviendo al Parlamento su verdadera función legislativa y representativa, principios perdidos durante el Estado Social y surge de nuevo un verdadero «Estado Parlamentario», según la tesis de KRIELE, o un «Estado de la Sociedad Abierta», según P. HÄBERLE, presentándose el «Estado Constitucional» como la antítesis del positivismo jurídico, según la tesis de ZAGREBELSKY.

Resumen

1. El liberalismo político nace de las concepciones del iusnaturalimo ilustrado de LOCKE, ROUSSEAU y MONTESQUIEU, según las cuales, los hombres, partiendo de un estado de naturaleza en el que ya existen unos derechos, constituyen un estado civil cuyo fundamento es la soberanía popular y el ejercicio del poder por representación y se instaura a partir de tres grandes revoluciones: la Revolución Gloriosa (en Inglaterra), la Revolución que dio origen a la Independencia Americana y la Revolución Francesa.

2. Sus caracteres más relevantes son: defensa de los derechos individuales; separación del ámbito de lo privado y el ámbito de lo público; no intervención del Estado en el ámbito de la libertad individual; soberanía popular y ejercicio del poder por representación. A su vez, el Estado Liberal se identifica con lo que se ha definido como Estado Democrático de Derecho por cumplir los requisitos básicos de éste: el imperio de la ley, por el que toda obligación ciudadana debe estar dispuesta en una ley; el principio de legalidad por el que se establece que todos, incluidos los poderes públicos están sometidos al imperio de la ley; la separación de los tres poderes del Estado (legislativo, ejecutivo y judicial) y reconocimiento y garantía de los derechos humanos de primera generación (civiles y políticos), es decir los derechos de libertad.

3. Podemos afirmar que el tránsito del Estado Liberal al Estado Social se produce por evolución y adaptación a las nuevas circunstancias y demandas de la sociedad. Su origen se produce en Alemania, entre las dos guerras mundiales, con la adopción de leyes que otorgaban diferentes prestaciones sociales. Desde allí se extendió a Italia, Inglaterra y E.U.

4. El Estado Social de Derecho se caracteriza: por ser un Estado fuertemente intervencionista pues entiende que todo Estado debe gestionar una parte de la actividad económica; por ser un Estado-providencia que proporciona todo tipo de servicios y presta especial atención a los derechos sociales en detrimento de los derechos de libertad; en él prevalece el poder ejecutivo sobre el legislativo llegando incluso a legislar un Estado del Bienestar que constituye el objetivo de todo Estado de Derecho.

5. Decadencia del Estado Social de Derecho: la primacía del poder ejecutivo provocó la crisis del parlamentarismo y la decadencia de la separación de poderes llegando a cuestionarse la legitimidad democrática del Estado Social. La decadencia se agudizó debido a: factores económicos (como la crisis del petróleo de los años 70 y el fenómeno de la globalización); factores políticos (como la ruptura del equilibrio que suponía la separación de poderes, la aparición de la partitocracia y el desmesurado incremento de la burocracia) y factores sociales (como el aumento del paro, el envejecimiento de la población y la imposibilidad de cubrir todas las prestaciones sociales necesarias que generaron el llamado «Estado del Malestar».

6. Por todo ello el Estado Social de Derecho da paso al llamado Estado Constitucional que es el imperante en el momento presente y cuyos caracteres básicos son los siguientes: la supremacía de la Constitución sobre el resto de las leyes; la reinstauración de la separación de poderes recobrando el Parlamento la competencia de la elaboración de las leyes; la reserva de ley da paso a la reserva de Constitución que supone la supremacía de la Constitución sobre todas las normas del ordenamiento jurídico y el carácter normativo de ella, la cual regula las cuestiones nucleares como los derechos fundamentales; la eficacia directa de las normas constitucionales, por lo que las actuaciones derivadas de tales normas estarán sometidas al control jurisdiccional de constitucionalidad.

Lecturas útiles

Si desea completar y profundizar en las diferentes cuestiones planteadas en esta lección puede hacerlo en alguna de las obras siguientes:

Asís Roig, R., «*Una aproximación a los modelos de Estado de Derecho*», Dykinson, Madrid, 2000.

Díaz, E., «*Estado de Derecho y sociedad democrática*», Taurus, Madrid, 1981.

García Pelayo, M., «*Estado legal y Estado constitucional de Derecho*» en «Obras Completas», Vol. III, CEC, Madrid, 1991; «*Las transformaciones del Estado contemporáneo*», Alianza Editorial, Madrid, 1996.

Kriele, M., «*Introducción a la Teoría del Estado. Fundamentos Históricos de la legitimidad del Estado constitucional democrático*», trad. cast.de E. Bulygin, E. Depalma, Buenos Aires, 1980.

Laski, H., «*El liberalismo europeo*», Fondo de Cultura Económica, México, 1992.

Pérez Luño, A. E., «*La tercera generación de derechos humanos*», Ed. Aranzadi, Navarra, 2006, pgs. 49-85.

Passerin D'Entreves, A., «*La noción de Estado*», trad. de A. Fernández Galiano, CEU, Madrid 1970.

Sánchez Férriz, R., «*Introducción al Estado constitucional*», E. Ariel, Barcelona,1993.

Ejercicio de autoevaluación

1. ¿Cuáles son los presupuestos básicos sobre los que construye Locke su pensamiento político-liberal?
2. ¿A qué derechos naturales se refiere Locke cuando afirma que, en el estado de naturaleza, el hombre disfruta ya de unos derechos naturales?
3. Cita y explica brevemente los caracteres más destacados del Estado Liberal de Derecho.
4. ¿Cuáles son las causas por las que se abandona el Estado Liberal de Derecho y aparece el Estado Social de Derecho?
5. ¿Qué rasgos o caracteres son los que configuran el Estado Social de Derecho?
6. La separación de poderes es uno de los caracteres fundamentales que identifican al Estado de Derecho en cualquiera de sus manifestaciones. Explica las diferencias en que se manifiesta dicha separación de poderes en el Estado Liberal de Derecho y en el Estado Social de Derecho.
7. ¿Cuáles son las razones que generan la crisis del Estado de Bienestar?
8. ¿En qué ámbitos principales se manifiesta la crisis del Estado de Bienestar?
9. ¿Qué características identifican al Estado Constitucional de Derecho? Explícalas.

EL PAPEL DE LOS DERECHOS FUNDAMENTALES EN EL DEBATE JURÍDICO-POLÍTICO CONTEMPORÁNEO: DERECHOS HUMANOS Y DERECHOS FUNDAMENTALES[1]

(Narciso Martínez Morán)

Objetivo general

El objetivo de esta lección es analizar y comprender el papel o función que desempeñan los derechos fundamentales en el debate jurídico-político contemporáneo para lo cual es necesario tener claras las afinidades y diferencias entre los conceptos de derechos humanos y derechos fundamentales.

Esquema de desarrollo

El contenido de esta lección será estructurado en los tres apartados siguientes:
1. Analizaremos en primer lugar de manera telegráfica la génesis y evolución de los derechos humanos y su plasmación a través de diferentes generaciones.
2. Expondremos a continuación las afinidades y diferencias existentes entre los conceptos de derechos humanos y derechos fundamentales.
3. Para concluir analizando el papel o función que los derechos fundamentales desempeñan en las diferentes transformaciones del Derecho y del Estado moderno y contemporáneo.

---

1. Génesis y evolución de los derechos humanos

1.1. En el plano doctrinal

Tanto las expresiones derechos humanos y derechos fundamentales como su formulación jurídico-positiva son relativamente recientes. Sin embargo los fundamentos filosóficos de tales expresiones hunden sus raíces en el pensamiento humanista de la antigüedad. Ya los estoicos griegos afirmaban la igualdad universal de los hombres bajo el concepto de la *«fisis coiné»* (naturaleza común o igual de todo el género humano) que les llevó a defender la hermandad de todos los seres humanos, recha-

---

[1] Las explicaciones correspondientes a los números de llamada que aparecen encerrados dentro de un recuadro están recogidas en la Segunda Parte del libro (páginas 301-303).

zar la esclavitud y proponer el cosmopolitismo universal. En la misma línea, el pensamiento cristiano defendió desde sus inicios la igualdad de todos los seres humanos. Y esta doctrina fue plenamente asumida posteriormente por la escolástica tomista.

Sobre la base de estos postulados se elaborará la idea de unos principios normativos suprapositivos (derecho natural) que actúan como criterio de legitimidad de todo derecho y poder, con la exigencia de que todo derecho positivo debe someterse al derecho natural para liberarse de las arbitrariedades de quienes gobiernan despóticamente. Y en los siglos XVI y XVII los preceptos de la ley natural fundamentan y abren paso a la teoría de los derechos naturales, fruto de la labor realizada inicialmente por los juristas españoles de las Escuelas de Salamanca [1].

Pero fue, sin duda, el pensamiento racionalista, con LOCKE a la cabeza, el que definitivamente estableció, en el ámbito doctrinal, una teoría de los derechos individuales con su defensa del derecho a la vida, a la libertad y a la propiedad, asignando a estos derechos un papel fundamental en la convivencia social y política al convertirlos en elemento legitimador del ejercicio de todo poder político y la defensa y garantía de los mismos en el fin prioritario de todo gobierno.

Hoy, cuando los seres humanos transitamos ya plenamente adentrados en el siglo XXI, podemos afirmar que los derechos humanos están plenamente consolidados en la historia y garantizados en las constituciones de las sociedades democráticas. Pero existen todavía muchos países donde los derechos humanos no están aún reconocidos, ni siquiera los de primera generación, y en otros muchos la doctrina reclama nuevos derechos.

Recordemos que el catálogo de derechos humanos de los que hoy disfruta la humanidad no ha surgido de repente. Se ha configurado lentamente, mediante la incorporación sucesiva de diferentes clases de derechos, comenzando por los derechos de libertad, y dando una cobertura cada vez más amplia a las necesidades humanas de libertad, desarrollo de la personalidad y bienestar.

1.2. En el plano de la proclamación jurídico-política: las tres generaciones de derechos humanos

Bajo la presión de las necesidades que preocupaban a los hombres en cada momento histórico, los derechos humnos han sido reconocidos y proclamados a través de un lento proceso histórico que no ha terminado todavía. En este proceso se pueden distinguir, hasta ahora, tres grandes fases, que suelen denominarse «las tres generaciones de los derechos humanos», conforme a la propuesta formulada inicialmente por K. VASAK en 1979. En la actualidad cada una de dichas generaciones se asocia a un valor diferente: los derechos de primera generación plasman el valor de la libertad, los de segunda generación el valor de la igualdad y los de tercera generación suelen identificarse con el valor solidaridad.

1. Los derechos de la libertad

La historia de los derechos humanos es la larga historia de la lucha de los hombres por su libertad. Pero es a partir de los siglos XVI, XVII y XVIII, cuando se consolida, fruto del pensamiento ilustrado de la modernidad, la conquista de *los derechos de libertad (civiles y políticos)*, que suelen conocerse como *derechos de primera generación*. Estos derechos fueron reivindicados por la burguesía frente al Antiguo Régimen y se consideran derechos de defensa o negativos porque exigen la inhibición y no injerencia de los poderes públicos en la esfera privada. Nacen como reivindicación frente al Estado y su papel es la exigencia del respeto a la libertad individual por parte del mismo.

Los derechos de primera generación son los derechos civiles y políticos. Entre ellos cabe citar el derecho a la vida y a la integridad física, el derecho a la propiedad, los derechos a la libertad de pensamiento y de expresión, a participar en el gobierno del propio país, a no ser detenido sin un motivo legal, a ser juzgado con garantías de imparcialidad, a comerciar libremente, etc. Son derechos propios del Estado Liberal de Derecho y están inspirados en un valor moral básico que les sirve de guía: *la libertad*.

2. Los derechos de la igualdad

Desde mediados del siglo XIX y principios del XX el proletariado fue adquiriendo conciencia de clase y planteó nuevas reivindicaciones, logrando el reconocimiento de los derechos del hombre en cuanto miembro de una sociedad (los llamados *derechos económicos, sociales y culturales*), consecuencia de las revoluciones sociales generadas por las múltiples e irritantes desigualdades entre los poseedores de la riqueza y los proletarios que aportaban el trabajo. Se pasa del reconocimiento de las libertades individuales a priorizar la consecución de derechos sociales cuyo desarrollo tiene lugar en la etapa en que el Estado Liberal fue sustituido por el Estado Social de Derecho y son conocidos como los «derechos de segunda generación». Son derechos que exigen para su realización efectiva la intervención de los poderes del Estado, a través de prestaciones y servicios públicos, y pretenden plasmar el valor *igualdad*.

A esta segunda generación pertenecen derechos tales como el derecho al empleo y al salario justo, a la vivienda digna, a la cobertura de los gastos sanitarios (la salud), a la educación, a la cultura, a coberturas sociales (pensión de jubilación, de desempleo, incapacidad, etc.). Fueron reivindicados sobre todo por el movimiento obrero a lo largo de los últimos siglos. Con ellos se pretende dotar de un apoyo real a los derechos de la primera generación, porque difícilmente se pueden ejercer los derechos civiles y políticos si no existen las mínimas condiciones económicas, sociales, culturales y políticas para el ejercicio de tales derechos.

Este tipo de exigencias fue abriendo el camino a una nueva mentalidad según la cual se hacía necesario que el Estado no se limitara a respetar la libertad, manteniéndose al margen de la actividad social, sino que debía intervenir realizando prestaciones sociales y servicios públicos que contribuyeran a plasmar la justicia social. Por esta razón se dice que la segunda generación constituye un conjunto de exigencias de la igualdad.

3. Los derechos de la solidaridad

En los últimos años del siglo XX y en los años transcurridos del presente siglo se ha producido de manera vertiginosa una serie de cambios y transformaciones económicas, sociales, culturales y tecnológicas trascendentales para la vida de los seres humanos. Tales cambios tienen una incidencia innegable en la dotación de derechos fundamentales y hacen que las circunstancias en que tuvo lugar el alumbramiento de la Declaración Universal de Derechos Humanos hayan cambiado sustancialmente. Ello ha supuesto que muchos e importantes teóricos y estudiosos de la teoría de los Derechos Humanos hayan denunciado un grave anacronismo en el enunciado de los Derechos Humanos de la Declaración Universal, resaltando importantes lagunas de algunos derechos fundamentales que hoy necesitan de una protección que era ciertamente impensable e imprevisible en 1948.

Por la misma razón, desde todos los ámbitos (político, jurídico, ético, social, cultural y religioso) de las relaciones humanas, se han levantado voces autorizadas que vienen reclamando el reconocimiento de nuevos derechos humanos, capaces de proteger determinados bienes y valores que en los tiempos actuales han calado de manera extraordinaria, adquiriendo una importancia vital a nivel planetario. Se trata, sin duda de lo que para muchos viene denominándose «Derechos de tercera generación», o mejor «La tercera generación de Derechos Humanos» [2].

2. Derechos Humanos y Derechos Fundamentales

La pretensión de comprender y elaborar un concepto de derechos humanos y una definición de los mismos es una tarea considerablemente difícil. ¿Qué son los derechos humanos? ¿Son simples valores o pertenecen al ámbito del derecho positivo? Para contestar estas preguntas tendremos que comprender cuál es la naturaleza de los derechos humanos. Se trata de saber qué son y dónde radica su última y definitiva esencialidad.

2.1. Naturaleza de los derechos humanos

Los planteamientos y soluciones a este problema son muy variados, pues, mientras para algunos los derechos humanos son simplemente derechos subjetivos, para otros son derechos públicos subjetivos, emanados directamente de las normas positivas y sólo adquieren valor jurídico cuando los reconoce el ordenamiento jurídico de un Estado. Algunos consideran los derechos humanos como valores, otros como principios generales del derecho, mientras para muchos son facultades o poderes nacidos de las normas objetivas previas y superiores (derechos naturales) a los ordenamientos estatales

No es fácil ponerse de acuerdo ni en el significado ni en el contenido de la expresión «derechos humanos», pues muchos autores construyen una teoría de los derechos humanos con fines y desde posiciones predeterminadas, de carácter político, económico, ideológico o religioso. De este modo las discusiones se vuelven estériles. Por ello debemos exponer con objetividad los posicionamientos básicos que han aparecido hasta hoy en el horizonte de los debates y controversias acerca de la naturaleza ③ de los derechos humanos, dejando que cada cual saque sus propias conclusiones. Esos posicionamientos son, en mi opinión, tres: la concepción iusnaturalista, la concepción legalista y la concepción ética.

1. Concepción iusnaturalista: la naturaleza prepositiva de los derechos humanos

En la historia de la filosofía del derecho ha existido un amplio predominio de las teorías jurídicas iusnaturalistas, especialmente del iusnaturalismo entendido en sentido ontológico, que permite explicar la proliferación de las doctrinas esencialistas o trascendentes de la naturaleza de los derechos humanos.

La concepción iusnaturalista es mantenida por quienes defienden la plena validez jurídica de los derechos humanos como facultades intrínsecas del hombre, con independencia del hecho de su positivación. Por tanto, según esta teoría existen derechos fundamentales de carácter universal y superiores al ordenamiento jurídico-positivo, dotados de plena juridicidad, los cuales tienen validez por sí mismos, con independencia de que estén o no recogidos en las normas jurídicas estatales. Estos derechos están dotados de una pretensión de vigencia positiva y deben ser positivizados por los ordenamientos estatales, si éstos no quieren incurrir en ilegitimidad y en la descalificación de lo que en la actualidad se considera auténtico Estado Democrático de Derecho.

Uno de los teóricos del derecho que mejor representa la postura iusnaturalista, desde una posición objetivista, acerca de la naturaleza jurídica de los derechos humanos es A. FERNANDEZ-GALIANO ④ para quien todo derecho, y también, los derechos humanos, ha de fundarse en una norma. En consecuencia, la normatividad de los derechos humanos o es el ordenamiento jurídico positivo o es otro ordenamiento distinto del procedente del legislador. Optar por lo primero presenta muchos inconvenientes, pues no parece razonable que el que el hombre ostente o no los llamados derechos fundamentales, que afectan a los aspectos más íntimos y entrañables de la persona, dependa tan solo de la vigencia de las normas que quieran otorgarlos. Habrá, pues, que atender a la segunda posibilidad, que presupone la aceptación de ese ordenamiento distinto del positivo.

Pero no es la única manifestación iusnaturalista. Otros muchos autores, en mayor o menor medida, con idénticos o parecidos perfiles, mantienen planteamientos también iusnaturalistas, bien profesen un iusnaturalismo ontológico o simplemente metodológico. Entre ellos podemos citar a PÉREZ LUÑO, OLLERO, DE CASTRO CID, etc.

2. Concepción ética: la naturaleza moral de los derechos humanos

Algunos autores conciben los derechos humanos como «*derechos morales*».Tratan de conciliar la contradicción existente entre las concepciones iusnaturalistas y las legalistas. Aunque puede parecer una posición próxima al iusnaturalismo, no se identifica con ella, pues la teoría de los derechos morales no considera que los derechos humanos pertenezcan a un orden jurídico superior, sino que los entiende como derechos prevalentes no positivos que deben ser incorporados a los ordenamientos jurídicos de los Estados, aunque existen muchos matices a la hora de explicar en qué consiste realmente eso de «*derechos prevalentes no positivos*». En todo caso, se trata de una concepción ética porque en ella se entiende que toda norma jurídica presupone una serie de valores, lo cual, para quienes profesan este planteamiento, es aún más evidente cuando se trata de derechos humanos fundamentales, que son sin duda valores previos que están llamados a inspirar la normatividad positiva [5].

Es evidente que la concepción de los «*derechos morales*» no resuelve el problema del concepto y la naturaleza de los derechos humanos; en todo caso, lo único que pone de manifiesto es la fundamentación ética de los mismos. Coincido, pues, con R. SORIANO en la opinión de que esta concepción sólo proporciona confusión, ya que, al unir los términos «derecho» y «moral» en la expresión «derechos morales», se rompe con la tradición doctrinal de la separación de ambos órdenes del comportamiento humano, el derecho y la moral, de naturaleza y caracteres radicalmente diferentes. Hablar de derechos, es decir, de juridicidad dentro del orden moral, es cuando menos confuso, por no decir incongruente, porque, o son derechos que obligan, o son valores morales; y los valores no obligan jurídicamente.

3. Concepción legalista: la naturaleza jurídico-positiva de los derechos humanos

Hay quienes entienden que, antes de su incorporación a la normatividad positiva, los derechos humanos carecen de entidad jurídica, pues no hay verdaderos derechos si no están positivizados en la legislación estatal. Por consiguiente, si un derecho humano no se halla reconocido y amparado por una norma positiva no es derecho, sino un valor, cuya realización resultará siempre deseable, pero que, desde luego, no está en el mundo jurídico, por lo que no es exigible jurídicamente.

Esta concepción legalista presenta también serios inconvenientes, pues si los derechos humanos no son derechos propiamente dichos en aquellos Estados cuyas legislaciones no los reconocen, cabe deducir que sus súbditos carecen de la posibilidad de reclamar su reconocimiento y protección, quedando radicalmente desprotegidos frente a la arbitrariedad estatal. Por tanto, la tan ansiada universalidad 6 e igualdad de los derechos humanos, proclamados por todas las declaraciones modernas y contemporáneas para todos los hombres, sería radicalmente falsa. Habríamos perdido muchos siglos de historia si sólo se reconocen los derechos en tanto que legales, contraviniendo todas las declaraciones y pactos internacionales en los que se declara que todos los seres humanos son poseedores de unos derechos naturales y que han constituido una conquista histórica y la liberación de los seres humanos 7.

2.2. «Derechos Humanos» y «Derechos Fundamentales»

Después de todo lo dicho y aunque exista una profunda relación entre ellas, no podemos caer en el error de confundir estas dos categorías primarias de la teoría contemporánea de los derechos básicos de la persona. A cada una de ellas le corresponde una delimitación conceptual diferente.

1. Los «derechos humanos»

Resulta difícil comprender cómo respecto de una realidad, los derechos humanos, que produce un consenso tan amplio sobre su necesidad, existan tantas dificultades y discrepancias a la hora de caracterizarlos y definirlos. Por ello entiendo que lo más razonable será asumir una definición omnicomprensiva que respete su carácter de universalidad. Son numerosos los filósofos españoles y extranjeros que defienden este planteamiento, caracterizando a los derechos humanos como *un orden superior, objetivo, que puede ofrecer un fundamento de carácter universal y al que, por consiguiente, puede apelarse en todo tiempo y lugar.*

Los «derechos humanos» podrían definirse como *aquellos derechos de los que es titular el hombre, no por concesión de las normas positivas, sino con anterioridad e independencia de ellas y por el mero hecho de ser hombre, de participar de la naturaleza humana.* Consecuencia inmediata de lo anterior es que tales derechos son poseídos por todo hombre, cualquiera que sea su edad, condición, raza, sexo o religión, estando, por tanto, más allá y por encima de todo tipo de circunstancia discriminatoria. *En consecuencia los derechos naturales constituyen una dotación jurídica básica idéntica para todos, puesto que todos participan por igual de la naturaleza humana, que es su fundamento ontológico.*

En efecto, toda persona, desde que lo es, posee unos derechos, los cuales deben ser reconocidos ineludiblemente por la sociedad y por las normas positivas que la rigen. Puesto que la persona es anterior al Estado, posee unas tendencias, necesidades y facultades naturales, es decir, originariamente necesarias, para conseguir el desarrollo integral de todas sus potencialidades. Todos los seres humanos tienen derecho a exigir que se respeten y garanticen dichas tendencias y necesidades, porque ellas constituyen el fundamento, a la vez natural e histórico [8], de la perfección y el progreso de la persona, tanto en su dimensión individual como social.

Tales tendencias o necesidades naturales proporcionan a todos los seres humanos unos derechos que les facultan para exigir de los demás el respeto y la no obstrucción, así como el reconocimiento por parte del Estado y las garantías suficientes que posibiliten la realización y consecución de los valores necesarios para su progreso y desarrollo integral como personas. Y tales derechos, propios de todos los hombres, son el fundamento del Estado y de todo ordenamiento jurídico positivo, en cuanto que ni el Estado ni el Derecho positivo pueden contravenirlos. Por ello cabe afirmar que tales derechos son los «derechos humanos fundamentales» los cuales, a la vez que el fundamento de todo derecho, constituyen una dotación jurídica mínima, indispensable y esencial, idéntica para todos los seres humanos.

Los derechos humanos también pueden definirse –en palabras de PÉREZ LUÑO– «como un conjunto de facultades e instituciones que, en cada momento histórico, concretan las exigencias de la dignidad, la libertad y la igualdad humanas, las cuales deben ser reconocidas positivamente por los ordenamientos jurídicos a nivel nacional e internacional». Así entendidos, los derechos humanos poseen una insoslayable dimensión deontológico. Se trata de aquellas facultades inherentes a la persona que deben ser reconocidas por el derecho positivo.

2. Los «derechos fundamentales»

Cuando se produce ese reconocimiento, aparecen los «derechos fundamentales», los cuales, entendidos como *aquellos derechos humanos legalizados, positivizados en las constituciones nacionales,* constituyen un sector, sin duda el más importante, de los ordenamientos jurídicos positivos democráticos, de modo que, dada su función fundamentadora del orden jurídico de los Estados de Derecho, sería preferible denominarlos «derechos constitucionales fundamentales». Pero, así entendidos, sólo protegen a los súbditos de los Estados que los han legalizado, y no coinciden en su extensión con los «derechos humanos fundamentales» de los que son titulares todos los seres humanos [9]. Esta concepción de los derechos fundamentales sólo tiene cabida desde un una postura legalista, si bien algunos defensores de ésta, como PECES BARBA, distinguen los que denominan «derechos fundamentales» (que son aquellos derechos ya reconocidos por la legislación interna) de los «derechos humanos» (considerados como valores deseables pero sin valor jurídico alguno, cayendo así en una posición claramente dualista [10].

3. La funcionalidad jurídico-política de los derechos humanos

3.1. Como hito de la ideología revolucionaria

Podríamos afirmar que en los siglos XVI, XVII y XVIII los derechos humanos nacieron como punta de lanza de la ideología revolucionaria, por su actitud inconformista frente al poder despótico. En efecto, durante esta etapa surgen las doctrinas de la libertad, impulsadas por una conciencia clara de la posesión de unos derechos naturales y la necesidad de su reconocimiento. Por ello, frente a la sumisión que en todos los órdenes imponía el despotismo del Antiguo Régimen, se lucha por conseguir los derechos humanos, anteriores y superiores al Derecho del Estado.

Pero su conquista no parecía fácil, por lo que, en el seno del nuevo pensamiento racionalista, humanista y revolucionario, se proclama como un derecho político básico el derecho de resistencia frente al poder despótico, señalando a los gobernantes los límites de su actividad y denunciando como injustas las trasgresiones a los derechos humanos. Y desde este derecho básico de resistencia se legitima la lucha por otros derechos como la libertad de conciencia, la tolerancia, la igualdad, la representación y la participación política.

El arraigo y la fuerza de estas ideas generaron numerosas revoluciones, algunas de las cuales terminaron en declaraciones que recogieron el catálogo de derechos, primero civiles y políticos, y, más tarde, económicos, sociales y culturales [11].

3.2. Como vía de transformación del Estado

Dichas revoluciones, gestadas todas ellas en la lucha por el reconocimiento de los derechos humanos, trajeron como consecuencia, además, la transformación del poder absoluto en un poder democrático. De este modo, la lucha por los derechos humanos impulsó las transformaciones del Estado contemporáneo y el ejercicio del poder por representación, en una evolución lenta pero constante, comenzando por un Estado de Derecho Democrático y Liberal, caminando hacia el Estado Social de Derecho, para consolidarse finalmente en lo que hoy se denomina Estado Constitucional (que hemos analizado en la lección anterior). Derechos humanos y Estado de Derecho nacen, por tanto, inseparablemente unidos, hasta el punto de que, en el mundo contemporáneo no se concibe un Estado de Derecho que ignore los derechos humanos. Sólo aquellos sistemas políticos que reconocen, incorporan y garantizan los derechos fundamentales son merecedores del calificativo de Estado de Derecho.

Por todo ello cabe afirmar que, dentro de la perspectiva política, los derechos humanos, ya desde sus inicios, han desempeñado –y siguen desempeñando en la actualidad– un importante papel: se trata de su función legitimadora y constitutiva del Estado de Derecho.

En efecto, corresponde a los derechos fundamentales un importante cometido legitimador de las formas constitucionales de Estado de Derecho, ya que el reconocimiento y garantía de los derechos fundamentales constituyen los presupuestos sobre los que debe asentarse toda sociedad democrática y la condición necesaria para que los ciudadanos presten su consentimiento y obediencia al Derecho emanado del Estado.

No hay duda de que existe un estrecho nexo de interdependencia genético y funcional, entre los tres marcos institucionales jurídico-políticos del Estado de Derecho (liberal, social y constitucional) y los derechos fundamentales, ya que el Estado de Derecho exige e implica para serlo garantizar los derechos fundamentales, mientras que éstos exigen e implican para su realización al Estado de Derecho.

3.3. Como impulso regenerador de la ética pública

El reconocimiento de los derechos humanos ha supuesto, además, la plasmación de algunos valores de alcance universal por los que durante siglos ha luchado la humanidad, tales como la libertad, la igualdad o la solidaridad.

1. La libertad

En una primera etapa, que coincide con la aparición del Estado Liberal de Derecho, los derechos humanos desempeñan un importante papel: el de preservar un ámbito de libertad frente al poder. Pero pronto dejaron de ser simples límites al ejercicio del poder político para convertirse en un conjunto de valores o principios que inspiran la acción política de los poderes públicos. De este modo se consolidan y protegen como derechos, cuya pretensión es el disfrute de las libertades individuales (civiles y políticas). Tales derechos humanos, desde el punto de vista conceptual, ya se consideran universales [12].

2. La igualdad.

En una segunda etapa, los seres humanos, no satisfechos con la sola libertad individual, luchan por una justicia social presidida por el valor de la igualdad. Los Estados se ven forzados por las revoluciones obreras a garantizar los derechos sociales. El Estado Liberal entra en crisis y aparece un Estado intervencionista que se conoce como «Estado Social de Derecho» y que generó el denominado «Estado de Bienestar». De este modo se consolidan los derechos económicos, sociales y culturales, llamados derechos de segunda generación, que propugnan la consecución del valor igualdad.

3. La solidaridad

El Estado Social de Derecho dio paso al Estado Constitucional donde, tanto los derechos individuales como los sociales, ya no son suficientes para satisfacer todas las necesidades y aspiraciones humanas, por lo que los derechos alcanzan una dimensión mundial presidida por el fomento de la solidaridad. Este es el reflejo que desempeñan los derechos en las constituciones y en las declaraciones y pactos modernos más recientes en que se globalizan los derechos y las garantías. Estamos asistiendo a un proceso «in fieri» de una tercera generación de derechos humanos en la que los sujetos a quienes afectan los valores defendidos no son sólo los sujetos individuales o los grupos sociales sino todos los individuos. Por ello se habla de derechos de los pueblos, en los que los valores de libertad e igualdad quedan subsumidos y superados por el valor de la solidaridad.

3.4. Como núcleo estructurador de una nueva concepción del Derecho estatal

Una vez que han logrado su incorporación a todas las constituciones democráticas contemporáneas, convirtiéndose en «derechos fundamentales» y consolidando la garantía de ejercicio, los derechos humanos han dado lugar a la consagración de una especie de estatuto jurídico fundamental que proporciona a los ciudadanos la mínima dotación jurídica personal que es exigible, tanto en las relaciones con el Estado, como en las relaciones con los otros ciudadanos. Aunque al principio nacieron como instrumentos de defensa de los ciudadanos frente a las arbitrariedades del poder y la omnipotencia del Estado, más tarde se ha comprobado que el disfrute de los derechos fundamentales en las sociedades neocapitalistas está, en muchas ocasiones, amenazado por la existencia en la esfera privada de centros de poder no menos importantes que los que corresponden a los órganos públicos. «De ahí que, –como acertadamente expone PÉREZ LUÑO–, el tránsito del Estado Liberal al Estado Social de Derecho haya supuesto en este plano la extensión de la incidencia de los derechos fundamentales a todos los sectores del ordenamiento y, por tanto, también al seno de las relaciones entre particulares».

En la actualidad, los derechos fundamentales representan para los ciudadanos de un Estado de Derecho la principal garantía con que cuenta de que el sistema jurídico y político, en su conjunto, se orientará hacia el respeto y promoción de la persona humana dentro de una sociedad más justa, más igual y más solidaria. Y, aunque es cierto que los derechos humanos no agotan el dominio de la justicia, habrá que decir que ellos exigen cierto nivel de justicia distributiva, tanto a nivel nacional como internacional, al menos para garantizar ciertos mínimos de bienestar que atañen directamente a las libertades de las personas y a determinados derechos sociales que forman parte de cualquier idea de dignidad humana.

Resumen

1. Las tres generaciones de derechos humanos nacieron conforme a las exigencias y necesidades que, en cada momento histórico, han preocupado a los seres humanos: En la primera generación surgen los derechos de libertad (civiles y políticos), que protegen las libertades individuales, coincidiendo con la etapa del Estado Liberal; en la segunda, durante el Estado Social de Derecho, se gestan los derechos económicos, sociales y culturales para proteger el valor de la igualdad; y, actualmente, coincidiendo con la llamada etapa del Estado Constitucional, se reclaman nuevos derechos de los grupos sociales o de los pueblos que protejan el valor de la solidaridad.

2. Entre las concepciones de la naturaleza de los derechos humanos más relevantes podemos citar: 1ª) La que los concibe como derechos subjetivos emanados de una normatividad objetiva supraestatal (concepción iusnaturalista). En esta concepción se entiende que pertenecen a todos los hombres, de todos los lugares, de todos los tiempos, independientemente de que estén o no reconocidos en las legislaciones estatales. 2ª) La concepción ética que entiende que los derechos humanos son derechos morales; 3ª) La concepción legalista que afirma que no existen derechos fundamentales si no están reconocidos en el ordenamiento jurídico-estatal, constituirían meros valores que sólo se convierten en derechos fundamentales cuando se reconocen y garantizan en la Constitución. Pueden caracterizarse, pues, los *derechos humanos* como aquellos derechos de los que son titulares todos los seres humanos con independencia de que estén o no recogidos en los ordenamientos de su propio Estado. Y, a su vez, como *derechos fundamentales* aquellos derechos humanos que están legalizados, positivizados en las constituciones nacionales.

3. Los derechos humanos, desde sus inicios, han actuado a) como una ideología revolucionaria fruto de la cual nacieron las primeras declaraciones universales de derechos; b) desde el punto de vista político, las revoluciones impulsadas por la conquista de los derechos humanos trajeron como consecuencia la transformación del Estado Absoluto en Estado Democrático de Derecho; c) a su vez, las sucesivas generaciones de derechos humanos han supuesto la plasmación y el disfrute de los valores de libertad, igualdad y solidaridad; d) y desde el punto de vista jurídico los derechos fundamentales se han consolidado en las constituciones actuales sistematizándose en normas que determinan el estatuto jurídico básico de todos los ciudadanos.

Lecturas útiles

Si desea ampliar, profundizar o contrastar las explicaciones de esta lección puede encontrar ayuda en:

ARA PINILLA, I., *Las Transformaciones de los Derechos Humanos*, Editorial Tecnos, Madrid, 1990, pgs. 30-75.

DE CASTRO CID, B., *Los derechos económicos, sociales y culturales*, Universidad de León, 1993.

DELGADO PINTO, J., «La función de los derechos humanos en un régimen democrático» en *El fundamento de los derechos humanos*, J. MUGUERZA Y OTROS, Ed. Debate, Madrid, 1989, pgs.135-144.

FERNÁNDEZ, E,, *Teoría de la Justicia y Derechos Humanos*, Editorial Debate, Madrid, 1984, pgs. 83-126.

MARTÍNEZ MORÁN, N., «Naturaleza y caracteres de los derechos humanos» en *Introducción al estudio de los derechos humanos*, B. DE CASTRO CID Y OTROS, Ed. Universitas, Madrid, 2003, pgs. 107-129.

PECES-BARBA MARTÍNEZ, G., *Derechos Fundamentales*, Editorial Latina, 3ª edic., Madrid, 1980, pgs. 13- 76.

PÉREZ LUÑO, A. E., *Derechos Humanos, Estado de Derechos y Constitución*, Editorial Tecnos, 9ª ed., Madrid, 2005, Cap. 1, 2, 5 y apéndice; *Los derechos fundamentales*, Tecnos, 9ª ed., Madrid 2007, pgs. 19-51.

SORIANO, R., *Valores Jurídicos y Derechos Fundamentales*, Editorial Mad, S. L., Sevilla 1999, pgs. 117-183.

Ejercicio de autoevaluación

1. ¿En qué marco filosófico-político surge la teoría de los derechos humanos?
2. ¿Cuántas generaciones conoces de derechos humanos?
3. ¿Qué valores y derechos pretende garantizar cada una de ellas?
4. ¿Qué características presentan los derechos humanos en la concepción iusnaturalista?
5. ¿Qué entiende la concepción ética por derechos humanos?
6. ¿Qué diferencias existen entre derechos humanos y derechos fundamentales? Defínelos.
7. ¿Qué papel han desempeñado y siguen desempeñando los derechos humanos en el pensamiento jurídico-político contemporáneo?

TEORÍAS CONTEMPORÁNEAS DE LA JUSTICIA (I).
LOS MODELOS: PLANTEAMIENTO GENERAL
(José Delgado Pinto)

Objetivo general

Esta lección trata de ofrecer una visión panorámica de la situación en que surgieron y se desarrollaron durante el siglo XX las principales líneas de reflexión sobre los principales problemas teóricos y prácticos de la justicia. Quiere actuar, pues, como avance de contextualización de las diferentes teorías que van a ser objeto de análisis individualizado en las lecciones posteriores.

Esquema de desarrollo

Las explicaciones de esta lección están organizadas en torno a tres núcleos temáticos:

1 Referencia al debate sobre la posibilidad de elaborar doctrinas sustantivas sobre la justicia.
2. Análisis del panorama que ofrecían las teorías sobre la justicia en el ámbito anglosajón y en el continente europeo a mediados del siglo XX.
3. Examen del contexto en que se produjo el proceso de rehabilitación de la racionalidad en el campo de la filosofía práctica y alusión a las principales teorías contemporáneas sobre la justicia.

---

1. INTRODUCCIÓN

Tal como se verá en forma más detallada en la lección siguiente, en el panorama del pensamiento contemporáneo sobre la justicia corresponde un lugar decisivo a la obra de J. RAWLS «Teoría de la justicia». Su publicación en 1971 puede tomarse como una divisoria entre dos etapas muy distintas. Se distinguen, ante todo, por lo que se refiere a la cuestión de si es posible elaborar y defender mediante argumentación racional concepciones sustantivas de justicia, es decir, concepciones que se pronuncien sobre qué es lo justo o lo injusto en las conductas y en las relaciones y situaciones sociales. En los decenios anteriores a la fecha indicada el pensamiento dominante, el más representativo de la época, negaba tal posibilidad. Conforme a dicho pensamiento se considera posible llevar a cabo un análisis lógico de los elementos formales implicados en el concepto, o idea, de justicia; pero ir más allá y pronunciarse sobre qué es justo o injusto significa traspasar los límites de la racionalidad y adentrarse en el terreno de las preferencias determinadas por factores irracionales. Frente a esta forma de pensar, la obra de RAWLS afirma decididamente la posibilidad de una concepción sustantiva de justicia sustentada en una argumentación racional. Y desde entonces ha ido convirtiéndose en dominante entre los pensadores esta actitud positiva que afirma la capacidad de nuestra razón para pronunciarse en las cuestiones de la práctica humana y, en concreto, en la cuestión de la justicia.

Por otro lado, y en gran medida como consecuencia de lo que se acaba de decir, antes de la obra de RAWLS la mayoría de los cultivadores de la filosofía práctica no abordó como parte de su tarea la consideración sistemática, desde el punto de vista de una ordenación justa, de los problemas más importantes que plantea la organización de las sociedades contemporáneas más avanzadas. Se trata de problemas como la coordinación de libertad y de igualdad en el ámbito económico y en el político, en la coyuntura del paso del Estado liberal al Estado social y la posterior crisis de este último; la fundamentación y articulación de la democracia y su compatibilidad con unos derechos fundamentales judicialmente protegidos; etc. Algunos filósofos manifestaron su preferencia personal por una u otra solución de las cuestiones aludidas. Pero en general no se elaboraron concepciones más o menos completas que presentaran una solución coordinada de los problemas mencionados y la defendieran como la solución acorde con las exigencias de la justicia. Frente a esto la obra de RAWLS contiene una solución articulada de los principales de dichos problemas que, a través de un elaborado proceso argumentativo, es presentada como la solución requerida para una ordenación justa de la sociedad. Y en ese mismo sentido otros muchos teóricos contemporáneos de la justicia han elaborado teorías que proponen soluciones a los problemas de nuestras sociedades, bien en diálogo con la propuesta de RAWLS, bien con independencia de la misma.

En la primera parte de esta lección procuraré ilustrar lo anteriormente dicho y para ello aludiré resumidamente a las principales posiciones teóricas sobre el tema de la justicia en los decenios anteriores a la obra de RAWLS, distinguiendo entre el ámbito de la cultura anglosajona y el del continente europeo. En la segunda y última parte señalaré las cuestiones pendientes en el momento en que aparece dicha obra y cómo ésta, junto a la de otros autores que se mencionarán, inaugura el panorama de las teorías contemporáneas de la justicia.

2. Las principales posiciones teóricas sobre el tema de la justicia en la primera mitad del siglo xx

2.1. Teorías de la justicia en el ámbito anglosajón

1. Cognitivismo y no cognitivismo. Posiciones no cognitivistas

En la cultura anglosajona de la época a que nos referimos hay que diferenciar entre las posiciones que profesan una ética no cognitivista y las que profesan una ética cognitivista. En una caracterización muy genérica podemos decir que las primeras sostienen que la determinación de qué es lo moralmente bueno, o justo, y qué lo moralmente malo, o injusto, no es competencia de la razón; de manera que los enunciados en los que se afirma que algo es justo o injusto no son ni verdaderos ni falsos, no tienen un fundamento racional. Por el contrario, las posiciones cognitivistas mantienen la posibilidad de fundamentar racionalmente los juicios en los que se afirma que algo es moralmente bueno o malo, justo o injusto.

Los autores más representativos de la época fueron no cognitivistas. Hasta el punto de que a partir de la obra de G. E. Moore, a comienzos del siglo XX, se desarrolló una nueva modalidad de filosofía moral, conectada con la amplia corriente de la filosofía analítica, que considera que su verdadera tarea no consistía en proponer soluciones a los problemas éticos sustantivos, sino en elaborar una metaética. Se sostenía que lo primero, determinar qué es lo moralmente bueno o malo, justo o injusto, cae fuera de lo que se puede fundamentar racionalmente. No es, por tanto, competencia de los científicos ni de los filósofos, sino campo para el pronunciamiento de líderes sociales como los moralistas, los políticos... Lo propio de la filosofía moral no es la ética, la ética normativa, sino la metaética cuyo objeto es el análisis lógico del lenguaje de la ética: el esclarecimiento del verdadero significado de los términos que emplea –como bueno, justo, etc.–, de los enunciados que formula y de los argumentos que utiliza. Dentro de los cultivadores de la metaética se pueden distinguir varias posiciones. Así, para citar algunas, los partidarios del emotivismo (A. J. Ayer, C. L. Stevenson, etc.) sostuvieron que los juicios o enunciados morales son expresión de nuestras emociones; frente a esto, los defensores de prescriptivismo (R. M. Hare, p. e.) mantuvieron que conforme a su verdadero significado tales enunciados son prescripciones, esto es, mandatos dotados de ciertas características. En todo caso, lo que aquí interesa destacar es que, por la misma forma de entender el cometido de la filosofía moral, de la filosofía práctica en general, estos autores, en su inmensa mayoría, no desarrollaron teorías sustantivas de la justicia, sino, a lo más, análisis formales del concepto de justicia.

2. Posiciones cognitivistas: el utilitarismo

Entre las posiciones cognitivistas destaca el utilitarismo, una amplia corriente de filosofía moral, jurídica y política de gran raigambre e influencia en la cultura anglosajona. Desde luego no puede decirse que el utilitarismo sea una doctrina contemporánea, o especialmente característica de la mitad del siglo XX, que es la época a la que ahora nos estamos refiriendo, pues su formulación clásica fue llevada a cabo a finales del siglo XVIII y en el siglo XIX por autores como J. BENTHAM, J. S. MILL, H. SIDGWICK, etc. Sin embargo, es una teoría que persistió a lo largo del pasado siglo, de forma que existen bastantes defensores contemporáneos de la misma, como, entre otros, J. J. C. SMART, J. HARSANYI, P. SINGER, etc., aunque es cierto que en buena medida la tarea de estos nuevos utilitaristas ha consistido en defender la doctrina de las objeciones lanzadas contra ella retocando diversos aspectos de las formulaciones clásicas. De todos modos, el peso del utilitarismo en la cultura anglosajona del siglo XX ha sido muy grande, ente otras cosas por su influencia en la ciencia económica, especialmente en la rama normativa de la misma, la economía del bienestar, que se ocupa de las políticas a seguir para aumentar el bienestar social.

Ahora bien, desde el punto de vista de la teoría de la justicia, la aportación de los autores utilitaristas apenas tiene relevancia. Pues es característico del utilitarismo sostener que el verdadero criterio de la moralidad, tanto de las conductas como de las normas e instituciones sociales, es la utilidad, de manera que la justicia es, en todo caso, un criterio subordinado o auxiliar, absorbido en último término por aquél.

Conforme al criterio de la utilidad, una conducta, o una norma, se considera moralmente correcta en la medida en que contribuya a maximizar la felicidad o bienestar de la sociedad. El bienestar social se entiende como el agregado o suma del bienestar de los individuos, una suma en la que «cada uno cuenta como uno y nadie como más de uno». En ocasiones puede parecer que la justicia es un criterio distinto de la utilidad, pues requiere una distribución relativamente igualitaria de los bienes sociales que limitará el mero aumento del bienestar agregado del conjunto social. Sin embargo, una consideración más reposada muestra que, en la medida en que los requerimientos de justicia son racionales, la distribución igualitaria que propugnan es precisamente la que redunda en una maximización del bienestar del conjunto de la sociedad. En este sentido la justicia puede considerarse como un criterio auxiliar de la utilidad. Pero no es admisible considerarla como un criterio racional de moralidad verdaderamente diferente del criterio utilitario.

Frente a esto, diversos autores, entre ellos J. RAWLS, han puesto de relieve que la justicia es un criterio o valor moral distinto de la utilidad, lo que se advierte si se tiene en cuenta que, conforme al criterio de la utilidad, habría que considerar como buena o correcta una situación social que ofende claramente nuestro sentido de la justicia. Tal ocurriría en el caso en que los intereses de una minoría dentro de la sociedad, incluso sus intereses más fundamentales, se ven sacrificados en aras del aumento del bienestar de la mayoría, si de esta manera el monto total del bienestar social se ve incrementado. Para estos autores una teoría de la justicia ha de revisar la concepción de la sociedad, y de las personas como miembros integrantes de la misma, que sirve de base al utilitarismo.

2.2. Las teorías de la justicia en el continente europeo

1. Posiciones cognitivistas: el yusnaturalismo

Entre estas últimas destaca sobre todo el yusnaturalismo que hasta cierto punto viene a ser aquí el análogo del utilitarismo en la cultura anglosajona. El yusnaturalismo es una doctrina milenaria, que en su larga historia ha adoptado formas diferentes y que no llegó a desaparecer en el siglo XIX y primer tercio del XX, época durante la cual en filosofía del Derecho predominó el positivismo jurídico que niega la existencia del Derecho natural. Experimentó un vigoroso renacimiento tras la segunda guerra mundial, en el marco de la reacción frente a los regímenes totalitarios. Dicho renacimiento se dio sobre todo en el ámbito cultural germánico, de la mano de autores como H. ROMMEN, J. MESSNER, A. VERDROSS, etc. Pero también contó con bastantes representantes en otros países como Francia, Bélgica, Italia y España. Doctrinalmente la mayor parte de estos yusnaturalistas se inspiró en la neoescolástica católica más o menos renovada, aunque también hay que señalar entre ellos algunos teólogos protestantes como el suizo E. BRUNNER que en los años cuarenta publicó un importante libro titulado precisamente «La justicia. Doctrina de las leyes fundamentales del orden social». Con todo hay que añadir que en esta época algunos autores defendieron un Derecho natural inspirado en corrientes filosóficas contemporáneas como, por ejemplo, H. COING en la filosofía de los valores de M. SCHELER y N. HARTMANN, o W. MAIHOFER en la filosofía existencialista.

Como teoría cognitivista, el yusnaturalismo no se limita a un estudio analítico del concepto de justicia, sino que, además, cree posible y necesario abordar racionalmente la tarea de determinar qué es lo justo, qué exige la justicia en los distintos ámbitos de las relaciones sociales. Respecto de lo primero, del análisis del concepto de justicia, la aportación de la mayor parte de los yusnaturalistas de esta época consistió en una glosa de la doctrina aristotélica y de las formulaciones de la jurisprudencia romana, partiendo del comentario a las mismas llevado a cabo por santo TOMÁS DE AQUINO y algunos escolásticos posteriores.

En cuanto a la determinación del orden social justo, conviene recordar cómo entiende el yusnaturalismo la relación entre Derecho y justicia. El Derecho, en cuanto conjunto de normas, es el medio para determinar qué es lo justo y lo injusto y se divide en Derecho natural y Derecho positivo. En el ámbito de este último, qué sea lo justo es algo variable y depende en buena medida de la decisión de cada legislador. Por el contrario, lo justo conforme al Derecho natural puede ser descubierto por nuestra razón apoyándose en el orden de la naturaleza creado por Dios. Se entiende, por tanto, que para estos autores la tarea de determinar racionalmente las exigencias fundamentales de la justicia coincide en lo sustancial con la de establecer el contenido del Derecho natural. En este punto algunos autores se limitaron a intentar esclarecer los primeros principios, universalmente válidos, del Derecho natural, pues sólo respecto de ellos es posible un conocimiento evidente. Otros, por el contrario, abordaron la empresa de extraer las consecuencias derivadas de dichos principios y establecer qué exige la justicia en distintos sectores de la vida social: política, economía, familia..., exponiendo en la mayor parte de los casos la doctrina social católica en versiones más o menos conservadoras o progresistas.

En términos generales este yusnaturalismo de mediados del pasado siglo no se propuso la tarea de fundamentar de nuevo la capacidad práctica de nuestra razón, esto es, su capacidad para resolver las cuestiones morales en general y, en concreto, la cuestión del orden social justo. Ello hubiera requerido enfrentar las críticas que, desde el final de la Ilustración, fue formulando el pensamiento filosófico frente a dicha capacidad, críticas que determinaron el predominio de una actitud escéptica e irracionalista en el ámbito de la filosofía práctica. Por eso, además de por otras razones, el yusnaturalismo no llegó a ser una alternativa viable frente a las corrientes no cognitivistas de la época.

2. Posiciones no cognitivistas

Y es que, al igual que en la cultura anglosajona, el pensamiento más representativo del espíritu de la época fue no cognitivista en el terreno de la filosofía práctica; consideró que el mundo de las valoraciones y de las normas cae fuera del círculo de cuestiones que nuestra razón puede dominar y someter a su disciplina. Como se ha apuntado, se llegó a esta situación como consecuencia de las diferentes críticas a que fue sometida durante el siglo XIX y la primera parte del siglo XX la confianza ilustrada en la capacidad de la razón para ordenar los asuntos humanos. Se extendió una mentalidad cientificista conforme a la cual se reducía el ámbito de la racionalidad al ámbito del conocimiento científico. Ahora bien, la ciencia constata y describe fenómenos o acontecimientos y procura explicarlos o, en el caso de las ciencias humanas o culturales, interpretarlos y comprenderlos, pero no los valora; las valoraciones, los juicios de valor, quedan fuera de la competencia de la ciencia y de la razón. Esta concepción restrictiva de la racionalidad alcanzó su manifestación más depurada y radical en el neopositivismo o empirismo lógico del llamado Círculo de Viena en los años treinta del pasado siglo.

Conforme a la mentalidad aludida, la razón sólo puede desempeñar un papel muy limitado y secundario en el campo de la ética. Puede ilustrarnos sobre cuestiones de hecho que a veces condicionan nuestras valoraciones, y también contrastar la coherencia lógica interna de nuestros sistemas valorativos. Pero de ahí no puede pasar. La tarea fundamental de valorar, de establecer qué conductas, reglas o situaciones sociales son moralmente buenas o malas, justas o injustas, queda librada a la decisión de los individuos influida por factores no racionales. De manera que los juicios de valor últimos y los sistemas valorativos son todos igualmente relativos; ninguno puede pretender frente a los demás poseer validez objetiva, estar racionalmente fundado. Si descontamos el yusnaturalismo, ésta fue la orientación mayoritariamente dominante en la filosofía moral de la época. Entre las escasas excepciones podría mencionarse a algunos seguidores de la ética material de los valores de M. SCHELER y N. HARTMANNN. Sin embargo, no cabe contar como excepción a la filosofía moral existencialista que gozó de un gran predicamento en el periodo a que nos estamos refiriendo; pues se trata de una ética subjetivista y solipsista para la que la rectitud moral se funda en la seriedad y autenticidad de la elección que lleva a cabo cada individuo, una elección no susceptible de fundamentación racional objetiva.

3. La filosofía del Derecho

Este es el contexto en que se sitúa el tratamiento de la cuestión de la justicia por parte de los cultivadores de la filosofía práctica. Cuando la cuestión no fue obviada, se insistió en poner de relieve los límites que no puede traspasar una discusión racional de la misma. Muy significativo en este sentido es lo que ocurrió en el campo concreto de los filósofos del Derecho. La mayoría coincidió en indicar que la teoría de la justicia, del orden social justo, constituye el tema más importante, o más característico, de la filosofía jurídica. Sin embargo, al ocuparse del mismo, los autores más significados mantuvieron una posición relativista, o escéptica, respecto de la determinación de las exigencias de la justicia, del contenido del orden social justo; de forma que los desarrollos más enjundiosos constituyeron análisis formales de la idea de justicia. A modo de ilustración aludiré muy brevemente a la posición de algunos de los más afamados filósofos del Derecho de la primera mitad del pasado siglo.

A comienzos del mismo, R. STAMMLER, inspirándose en el neokantismo y frente al positivismo jurídico, sostuvo que a la filosofía jurídica le corresponde establecer, no sólo el *concepto* universal del Derecho, sino también la idea del mismo, a la que corresponde una función regulativa respecto de su contenido. Tal idea del Derecho es la justicia. Pero la razón filosófica no puede determinar el contenido del Derecho justo; sólo le es posible una determinación formal del mismo, según la cual es aquél que en cada circunstancia histórica hace posible una «comunidad pura», una «comunidad de hombres libres». En uno de sus primeros escritos, STAMMLER acuñó a este respecto una fórmula que adquirió gran notoriedad, la de un Derecho natural de «contenido variable».

En 1932, en su «Filosofía del Derecho», G. RADBRUCH afirmó también que la justicia es la idea del Derecho y definió a éste como la realidad cultural cuyo sentido es la realización del valor o idea de la justicia. Sin embargo, mantuvo una posición relativista respecto de la posibilidad de determinar racionalmente el contenido del orden social justo, pues éste depende del sistema valorativo que se adopte. A su juicio existen tres grandes sistemas valorativos según que el valor supremo que les sirve de base sea bien la persona individual, bien la comunidad, bien la cultura. El uso riguroso de la razón no nos permite fundamentar la preferencia por alguno de estos sistemas o concepciones valorativas. Sólo después de que hayamos optado por uno u otro, nos ayuda a mantener la coherencia interna de valores y normas dentro del sistema. Terminada la segunda guerra mundial, RADBRUCH aceptó la existencia del Derecho natural, constituyendo esta especie de conversión suya uno de los hitos más memorables del renacimiento yusnaturalista de entonces. Con todo, no llegó a desarrollar una doctrina acerca de cómo puede determinar nuestra razón el contenido de ese Derecho natural, o Derecho supralegal como él lo llamó.

Otro de los más conocidos filósofos del Derecho del periodo fue el italiano G. DEL VECCHIO, quien también se apoyó en la corriente filosófica neokantiana y al final de su trayectoria intelectual se acercó al yusnaturalismo. En 1923 publicó un libro titulado «La justicia», que fue varias veces reeditado y que gozó de merecida notoriedad. La obra viene a ser un excelente estudio de los elementos formales de la idea de justicia. DEL VECCHIO descubre la raíz de la idea, y del sentimiento, de la justicia mediante un análisis del desenvolvimiento de la conciencia subjetiva. Expresado de forma muy somera: cuando la conciencia del sujeto, en su relación con el mundo exterior, descubre la existencia de otros sujetos surge la exigencia de una relación especial determinada por una serie de características que son las características de la justicia: bilateralidad, paridad o igualdad inicial, reciprocidad, intercambio, remuneración. En el libro se estudia de forma minuciosa y brillante cada uno de estos caracteres de la noción de justicia. Pero el estudio no sobrepasa el plano del análisis formal. No aborda la cuestión del contenido de la justicia, de cuáles serían las exigencias de un orden social justo y de si es posible determinarlas racionalmente. El propio DEL VECCHIO reconoce que su estudio consigue valor universal, universalidad, a cambio de mantenerse en un plano de pura formalidad.

Más radicalmente irracionalista y, por tanto, relativista fue el pensamiento sobre la justicia de H. KELSEN, sin duda el más famosos filósofo, o teórico, del Derecho del pasado siglo. KELSEN escribió bastante sobre el tema: desde un artículo sobre la justicia en PLATÓN publicado en una revista en 1933 hasta su libro póstumo «La ilusión de la justicia: una investigación crítica de la filosofía social de Platón», de 1985. Pero siempre para mantener que la pretensión de una justicia absoluta (entendiendo por absoluta que pretenda valer objetivamente, no ser mera preferencia subjetiva y relativa) es un ideal irracional. Por eso defendió una separación tajante entre Derecho y justicia como garantía del carácter científico de la ciencia y la teoría jurídicas. El Derecho es una técnica de control de las conductas sociales por medio de normas coactivas, normas que pueden ser estudiadas y descritas racionalmente. La justicia, por su parte, es un valor moral; el juicio sobre qué es lo justo y qué lo injusto es un juicio de valor que, como todos los juicios de valor, es fruto de una preferencia, de una decisión subjetiva determinada por factores irracionales. No es producto de la mal llamada razón práctica, que es una noción contradictoria, pues la razón es siempre teórica, le corresponde conocer, mientras que el mundo de la práctica, del valorar y decidir, es el terreno de la voluntad. De forma que no hay, no puede haber, un único contenido racional de la justicia, sino múltiples ideales subjetivos diferentes e incluso contradictorios, como prueba la historia. Por tanto, uno puede reclamar que el Derecho sea justo siempre que sea consciente de que su ideal de justicia es relativo y de que el Derecho válido es Derecho lo consideremos justo o injusto.

Un pensamiento similar al de KELSEN mantuvo el danés A. ROSS. Sólo que, influido por el emotivismo de la «Escuela de Uppsala», se expresa en términos más radicales. En su libro de 1958 «Sobre el Derecho y la justicia» escribió: «Invocar la justicia es como dar un golpe en la mesa: una expresión emocional que hace de la exigencia propia un postulado absoluto».

Para terminar este elenco debe mencionarse el libro «De la justicia», publicado en 1945 por el lógico y teórico de la argumentación belga CH. PERELMANN, libro que fue considerado en su momento como un buen análisis racional de la materia. En efecto, PERELMANN considera que la noción de justicia es una noción tan prestigiosa como confusa, debido a la carga de emotividad que la ha acompañado a lo largo de la historia, y pretende decantar lo que hay en ella de racional. Para ello analiza comparativamente las más importantes concepciones de justicia que, a su juicio, se pueden sintetizar en las siguientes formulaciones: «todos deben recibir lo mismo», «a cada uno según sus méritos», «a cada uno según sus obras», «a cada uno según sus necesidades», «a cada uno según su rango», «a cada uno según lo que la ley le atribuye». Llega a la conclusión de que lo único racional, común a todas las concepciones, es la idea de legalidad, de regularidad, de aplicación regular de una norma que clasifica a los seres humanos en categorías a efectos de distribuir ventajas y cargas. Cuanto se añada y especifique a este elemento es ya fruto de ideologías determinadas por factores irracionales. Como se puede apreciar, el resultado del análisis es más bien decepcionante.

3. EL NUEVO HORIZONTE. LA REHABILITACIÓN DE LA RAZÓN PRÁCTICA. LAS PRINCIPALES TEORÍAS CONTEMPORÁNEAS DE LA JUSTICIA

Después de lo expuesto en las páginas precedentes estamos en condiciones de apreciar cual era la situación de los estudios sobre la justicia a mediados del siglo XX, antes de la aparición de la obra de RAWLS, y de valorar lo que significó dicha obra, y la de otros autores que mencionaremos, en la configuración de la situación contemporánea de la teoría de la justicia.

Como hemos visto, la obra de aquellos autores y corrientes de pensamiento que incluían concepciones sustantivas de justicia, que se pronunciaban sobre qué es lo justo o lo injusto en el orden social, no sintonizaba con la filosofía dominante en la primera mitad del siglo XX. Por otro lado, los pensadores que sí conectaban con dicha filosofía, los más representativos del espíritu de la época, mantenían una actitud escéptica respecto de la posibilidad de elaborar una concepción sustantiva de justicia racionalmente fundada.

Hay que insistir en que dicho escepticismo remitía a la situación general del pensamiento filosófico de desconfianza en la razón práctica. Al fin y al cabo la teoría de la justicia constituye un gran tema que la filosofía del Derecho comparte con otras disciplinas de la filosofía práctica como la filosofía moral y la filosofía política. Existía, pues, como cuestión filosófica general la necesidad de volver a fundamentar la capacidad práctica de nuestra razón en polémica con las corrientes de pensamiento que la negaban. Había que mostrar que el cientificismo extremo implica una concepción indebidamente restrictiva de la racionalidad; que la propia actividad científica se apoya en un uso más amplio y profundo de la razón. Y desde esta renovada concepción de la racionalidad era preciso sentar las bases en que se apoya la capacidad de la razón para resolver los asuntos de la práctica, señalar sus límites y diseñar las líneas del procedimiento a que debe ajustarse. La posibilidad de desarrollar una concepción sustantiva de justicia racionalmente fundada y el procedimiento a seguir para ello había de ser un aspecto determinado de esta tarea general.

Una vez resuelta la cuestión señalada y ajustándose a los términos de la solución que se propusiera, podía acometerse la tarea de elaborar una concepción material, sustantiva, de justicia que ofrezca una solución coordinada y argumentada de los problemas más importantes que plantean las sociedades contemporáneas. Al comienzo de la lección me referí a algunos de estos problemas. Al enfocarse desde el punto de vista de la justicia, se trata, en definitiva, de cómo coordinar la exigencia de respeto de la libertad de acción de las personas con las diferencias sociales a que puede dar lugar, con la exigencia de mantener una cierta igualdad en sectores como el de las relaciones económicas en la época de la crisis de la sociedad del bienestar; las relaciones políticas en el marco del Estado democrático constitucional; la ordenación de la familia y de las relaciones entre los sexos en el tiempo de emancipación de la mujer; etc. Aunque existían estudios sobre algunas de las cuestiones aludidas, muchos de los autores más conocidos, debido al relativismo que profesaban, se abstuvieron de tratarlas o de ofrecer una fundamentación adecuada de la solución que les parecía preferible. Baste recordar la posición de H. KELSEN a propósito de la democracia a la que consideraba personalmente como el mejor régimen político, pero al mismo tiempo negaba que fuera posible una fundamentación racional de tal preferencia, aunque en algunos pasajes de su obra pretendió, incoherentemente, derivarla del relativismo ético. O la de N. Bobbio cuando negaba la necesidad y la posibilidad de una fundamentación objetiva de los derechos humanos. Faltaba, pues, un tratamiento de conjunto de los problemas básicos del orden social que tuviera en cuenta las aportaciones de las diversas disciplinas implicadas: filosofía moral, jurisprudencia, economía...

Hay que decir que la aparición y desarrollo, ya en la segunda mitad del siglo XX, de las nuevas teorías de la justicia que conforman el panorama contemporáneo se vieron favorecidos por la transformación que se venía operando en el panorama filosófico en el sentid de superar la concepción restrictiva de la racionalidad antes imperante, haciendo posible la refundación de la razón práctica. Se produjeron en este sentido una serie de movimientos tanto en la cultura anglosajona como en el continente. Por ejemplo, dentro de la amplia corriente de la filosofía analítica se desarrollaron tendencias que se apartaron progresivamente de la rígida ortodoxia del neopositivismo o empirismo lógico. Por otro lado, el cientificismo estricto se vio sometido a revisión cuando los desarrollos sucesivos de la filosofía de la ciencia pusieron de relieve que la misma investigación científica es una actividad que se sustenta en la observancia de una serie de reglas sociales previas.

Debe añadirse que estos cambios en el plano del pensamiento se vieron acompañados por los que tuvieron lugar en el de la vida social, política y económica: la implantación, tras la derrota de los fascismos, de regímenes democráticos con constituciones rígidas, jurisdiccionalmente protegidas, que incorporan amplias declaraciones de «derechos» cuya implementación requiere a veces políticas difícilmente armonizables, o, visto desde otro ángulo, el desarrollo del «Estado del bienestar» con sus sucesivas crisis, constituyeron circunstancias que reavivaron la discusión pública de las cuestiones relativas a la ordenación justa de la vida económica, política, etc. La conjunción de unos y otros factores dio lugar a un cambio progresivo del panorama intelectual que hizo posible, como se ha dicho, la refundación de la filosofía práctica. «Rehabilitación de la filosofía práctica» fue precisamente el significativo título de la colección de estudios que, editada en dos volúmenes por M. Riedel, se publicó en 1972 y 1974.

En este nuevo panorama aparecieron varias teorías de la justicia. Ante todo la ya mencionada de J. Rawls que, tras algunas publicaciones parciales previas, alcanzó una expresión sistemática en su ya citado libro, «Teoría de la justicia», de 1971. La doctrina de Rawls aborda las dos grandes cuestiones a que nos hemos referido más arriba. Fundamenta la capacidad de nuestra razón para discernir entre diversas concepciones de justicia y señala el procedimiento a que debe atenerse para ello y que viene a ser una reelaboración del paradigma contractualista. Pero, además, defiende una concepción de justicia determinada que se expresa en los dos principios que deben informar lo que él llama «la estructura básica de la sociedad». El pensamiento de Rawls experimentó ciertos cambios después de 1971, siendo de notar entre ellos el que alcanzó plena expresión en su libro «El liberalismo político» de 1993 conforme al cual su concepción de la justicia ha de considerarse una concepción «política» y no una concepción ligada a una filosofía moral comprehensiva. La influencia del pensamiento de Rawls en los últimos decenios ha sido grandísima, dando lugar a innumerables comentarios y discusiones en el campo de la filosofía moral, política, del pensamiento económico, etc., y también a teorías de la justicia divergentes.

Otra teoría contemporánea de la justicia, gestada y desarrollada con independencia de la de Rawls pero que guarda con ella ciertas similitudes, es la propia de la ética discursiva o comunicativa de K. O. Apel y J. Habermas. Se trata de una ética racionalista o cognitivista y también procedimentalista, pues según la misma la rectitud o justicia de las acciones o de las normas depende de que hayan sido acordadas conforme a un cierto procedimiento. Su peculiaridad radica en que tal procedimiento es el propio de una situación ideal de diálogo, el estudio de cuyas condiciones y requisitos constituye la tarea propia de la filosofía moral. Desde estas bases, Rawls ha desarrollado una discusión crítica de las instituciones del Estado constitucional democrático.

Tanto la teoría de J. Rawls como la de J. Habermas son universalistas, no hacen depender la validez de los criterios de justicia de las diferentes culturas vigentes en las distintas comunidades humanas. Frente a tal universalismo se ha desarrollado diversas éticas y teorías de la justicia «comunitaristas», como las de A. Macintyre, M. J. Sandel, Ch. Taylor y M. Walzer, que en mayor o menor medida alienta el pluriculturalismo. También merecen atención las obras de diversos autores como R. Nozick, F. A. Hayek o A. Sen, que han defendido concepciones de la justicia discrepantes de la de J. Rawls. Finamente, no debe olvidarse que en los últimos decenios ha seguido cultivándose la tradición yusnaturalista, en cuyo ámbito se han dado ensayos de renovación y actualización como el protagonizado por J. Finnis con su obra «Ley natural y derechos naturales», de 1980.

Resumen

El contenido de esta lección puede resumirse en estos cuatro puntos:

1. En la segunda mitad del siglo XX, la reflexión teórica sobre la justicia estuvo mediatizada en forma permanente por el debate sobre la posibilidad de elaborar y defender mediante argumentación racional concepciones que sean capaces de responder a la pregunta acerca de qué es lo justo o lo injusto en las conductas y en las relaciones y situaciones sociales.

2. Con anterioridad a este momento, en el ámbito anglosajón predominaron las doctrinas que negaban la posibilidad de fundamentar racionalmente los juicios en los que se afirma que algo es moralmente bueno o malo, justo o injusto. Sin embargo, floreció también con gran pujanza el utilitarismo, para el que existe un criterio básico de moralidad y justicia que es posible conocer: la utilidad de los actos, las normas y las instituciones sociales para incrementar el bienestar del mayor número posible de individuos.

3. A su vez, en el continente europeo, el fiel del debate había ido distanciándose lentamente del radicalismo cientificista del neopositivismo y se había inclinado hacia el lado de las posiciones éticas cognitivistas. Lo que ocurrió en buena medida, al menos en los momentos iniciales de la tendencia, gracias al abandono de su anterior fe relativista por parte de varios autores integrados en una común línea básica de inspiración kantiana.
4. Y así, en las postrimerías del siglo XX, se produjo un importante cambio en el rumbo de la filosofía ética y política que abrió de nuevo la puerta al reconocimiento del protagonismo que debe serle reconocido a la razón práctica en estos campos.

Lecturas útiles

Si desea ampliar, profundizar o contrastar las explicaciones de esta lección, puede encontrar ayuda en:

ATIENZA, M., *El sentido del Derecho*, Ariel, Barcelona, 2001; capít. 7 («Derecho, justicia y derechos humanos»).

CAMPBELL, T. D., *La justicia. Los principales debates contemporáneos*, Gedisa, Barcelona, 2002.

GARGARELLA, R., *Las teorías de la justicia después de Rawls. Un breve manual de filosofía política*, Paidós, Barcelona, 1999

LUMIA, G., *Principios de teoría e ideología del derecho*, Debate, Madrid, 1978; capít. V («La justicia»)

RODILLA, M. A., *Leyendo a Rawls*, Ediciones Universidad de Salamanca, 2006; capít. 1 («La teoría de la justicia de John Rawls. Una presentación»)

Ejercicio de autoevaluación

1. A mediados del siglo XX, las teorías sobre la justicia **sí** / **no** *(tachar la opción errónea)* estaban dominadas por el prejuicio no-cognitivista.
2. Para los no-cognitivistas el objeto propio de la filosofía moral no es la ética normativa, sino... *(completar la respuesta)*.
3. ¿Cuál fue la principal fuente de inspiración de la mayoría de las doctrinas yusnaturalistas del siglo XX?
4. Según las doctrinas cognitivistas, la razón **sí** / **no** *(tachar la opción errónea)* es competente para determinar qué es lo moralmente bueno, o justo, y qué lo moralmente malo, o injusto.
5. El utilitarismo ¿es cognitivista o no-cognitivista?
6. Conforme al criterio de la utilidad, una conducta, o una norma, se considera moralmente correcta en la medida en que ... *(completar la respuesta)*.
7. En el ámbito de la filosofía del Derecho, ¿hubo una posición uniforme sobre la posibilidad de conocer las exigencias o fueron defendidas tesis opuestas?
8. A la rehabilitación de la filosofía práctica **sí** / **no** *(tachar la opción errónea)* contribuyeron corrientes de pensamiento inspiradas en presupuestos enfrentados.

9. La teoría de la justicia, no sólo es un gran tema de la filosofía del Derecho, sino que también es competencia de otras disciplinas de la filosofía práctica, como ... *(completar la respuesta).*

10. Tras la segunda guerra mundial, **sí** / **no** *(tachar la opción errónea)* hubo varios autores que no dudaron en afirmar la existencia de un Derecho superior al legal.

TEORÍAS CONTEMPORÁNEAS DE LA JUSTICIA II. LOS MODELOS PROCEDIMENTALISTAS: EL NEOCONTRACTUALISMO[1]

(Narciso Martínez Morán)

Objetivo general

El objetivo de esta lección es poner de relieve, en primer lugar y a través del análisis de la doctrina de J. RAWLS, el impulso que dio el contractualismo al debate sobre la justicia, debate que durante mucho tiempo había permanecido aletargado, así como describir y clarificar los aspectos más importantes de los elementos y principios que integran la teoría rawlsiana de la justicia.

Esquema de desarrollo

Para conseguir los objetivos propuestos analizaremos los siguientes puntos:
1. Ideas principales y elementos que dan coherencia a la teoría rawlsiana de la justicia como imparcialidad: a) Su particular visión del contrato social como *«posición original»*; b) El velo de la ignorancia; c) Los principios de la justicia; d) El concepto de la regla *«maximin»*.
2. Crítica que, desde su concepción de la justicia como imparcialidad, hace RAWLS al utilitarismo.

En la época moderna y contemporánea son muchas y muy dispares las teorías que intentan explicar cómo se construye una sociedad justa. Pero esas teorías difieren según la importancia que den al sistema de libertades y obligaciones, a la distribución de los bienes y cargas y, en general, a todos los intereses en juego dentro de una sociedad. Pues bien, tal como ha puesto ya en evidencia la explicación de la lección precedente, entre esas teorías ha destacado especialmente la de J. RAWLS [1], cuya concepción afecta, no sólo a problemas estrictamente morales, sino también a una amplia gama de otros aspectos importantes de la organización social, tales como el sistema jurídico, las instituciones políticas o las relaciones económicas, pues, como él mismo ha escrito, *«la justicia es la primera virtud de las instituciones sociales, como la verdad lo es de los sistemas de pensamiento»*.

---

[1] Las explicaciones correspondientes a los números de llamada que aparecen encerrados dentro de un recuadro están recogidas en la Segunda Parte del libro (páginas 303-304).

1. Los pilares de la Teoría de la Justicia de J. Rawls

Rawls entendía que las concepciones de la justicia de la época contemporánea, dominadas por las tendencias utilitaristas, adolecían de considerables fallos y errores que no habían sido subsanados por otras importantes tendencias, como el intuicionismo. Por ello, *en oposición tanto al utilitarismo como al intuicionismo* ②, *se propuso aportar una explicación diferente*, para lo que optó por *revitalizar la teoría del contrato social*, ya expuesta por Locke, Rousseau y Kant, reinterpretándola y adaptándola a las circunstancias sociopolíticas de su tiempo a través de la reformulación de sus dos principales pilares teóricos: el «contrato social» y el «estado de naturaleza».

1.1. El contrato social

La teoría del contrato social parte, como es sabido, de una situación llamada «*estado de naturaleza*» en la que las personas que no tienen derechos ni obligaciones políticas llegan a un acuerdo sobre las bases para establecer un sistema social y político en el que se les reconozcan derechos y obligaciones, incluidas las obligaciones de cumplir el acuerdo alcanzado, respetar los derechos de los ciudadanos y obedecer al gobernante o gobernantes que hayan sido nombrados. El contrato sirve, por consiguiente, tanto para establecer las bases de la obligación social, política y jurídica, como para justificar un conjunto de normas sociales y políticas que establecen los derechos y los deberes.

1. Concepción clásica

El modelo de contrato social ha adquirido muchas formas distintas que varían en sus descripciones del estado de naturaleza, en su análisis de la naturaleza humana y en los términos del contrato logrado. Naturalmente, la noción de contrato social es una fórmula en la que muchas visiones diferentes pueden tener cabida, pero todas ellas reconocen de alguna manera la importancia que tiene obtener el reconocimiento de los individuos respecto de las normas que limitan su supuesta libertad inicial.

Los diversos modelos de contrato social presuponen una visión individualista de la sociedad, de acuerdo con la cual, la persona es la fuente de sus propios derechos y deberes políticos y encarnan la visión liberal según la cual debe respetarse la libertad de todos los individuos y, en caso de invadirla, se requiere una justificación.

En todas las modalidades de teorías del contrato social pueden contemplarse las sociedades políticas reales como una forma de asociación cuyo objeto es asegurar los intereses de sus miembros de un modo coherente con una autonomía intrínseca igual para todas las personas. Pero en el ámbito de las teorías del contrato social, ya desde los comienzos de su desarrollo surgen *dos interpretaciones distintas* del estado de naturaleza y del propio contrato. *Una primera* que afirma la historicidad del propio contrato, de modo que asume que hubo seres humanos en un estado de naturaleza, que llegaron a acuerdos reales. *La segunda* rechaza la existencia de un contrato histórico o real, interpretando el concepto en términos hipotéticos, de manera que el contrato se entiende como el acuerdo al que habrían llegado las personas de un cierto tipo en determinadas situaciones. Imaginar un estado de naturaleza hipotético permite conocer el contenido de las normas sociales y políticas y el sistema de gobierno que debería crearse y defenderse aquí y ahora.

En consecuencia, los acuerdos a los que podrían llegar los individuos libres e iguales en un hipotético estado de naturaleza son los que deben ser adoptados como normas básicas de la vida social, pues parece razonable admitir que aquello que acuerdan las personas que son libres e iguales es un acuerdo justo. Por otra parte, la idea del contrato social parece ofrecer la posibilidad de conciliar intereses y valores individuales diferentes, a través de un mecanismo de discusión y compromiso en el que objetivos y valores aparentemente incompatibles e irreconciliables pueden unirse en un solo proceso de decisión.

2. Neocontractualismo de RAWLS

Tal vez la contribución más notable que se ha hecho recientemente a la teoría de la justicia ha sido la reelaboración del contrato social hipotético que llevó a cabo RAWLS como contraposición al utilitarismo que durante tanto tiempo había dominado la filosofía política. En efecto, este autor restableció la teoría del contrato social, por entonces bastante desprestigiada, contribuyendo así a revitalizar la filosofía política que, por otra parte, atravesaba también un período de decadencia y abandono.

En su teoría de la justicia, que es entendida primariamente como justicia distributiva, se trata de saber cómo se distribuyen los derechos y deberes en las instituciones sociales y de qué modo pueden conseguirse las máximas ventajas que puede ofrecer la cooperación social. Para resolver esta cuestión recurre también a un marco contractual, de manera que *la idea principal de su teoría es la de que los principios de justicia son el resultado de un acuerdo original*, acuerdo que reemplaza al «contrato» del contractualismo tradicional, teniendo asimismo un carácter meramente hipotético o supuesto; en efecto, es un acuerdo al que se supone que llegarían las personas libres y racionales que estén interesadas en promover sus propios fines en una situación inicial de igualdad.

La aportación de RAWLS a la concepción de la justicia sigue, pues, la línea del contractualismo liberal clásico, aunque con muchos matices y aportaciones nuevas que aconsejan definirla más bien como «contractualismo neoliberal». En efecto, aunque su doctrina comparte básicamente los planteamientos de la teoría clásica del contrato social en su interpretación ahistórica o hipotética, presenta varios aspectos novedosos, como el concepto de posición original que sustituye al concepto de estado de naturaleza, el velo de la ignorancia, la regla de maximín, etc. Además, dentro de su teoría, lo que es o no es justo depende de los acuerdos y organización social del colectivo y de si esa organización social es equitativa, de modo que nadie haga prevalecer sus intereses sobre los demás, introduciendo así lo que él ha llamado «*la justicia como equidad*», o «*justicia como imparcialidad*».

1.2. La posición original y el velo de la ignorancia

1. La posición original

Podría definirse la «*posición original*» como una situación inicial hipotética en la que se encuentra alguien frente a una toma de decisiones. Esta situación original hipotética desempeña un papel fundamental en el libro «*A Theory of Justice*» de J. RAWLS.

Como es sobradamente conocido, en la teoría clásica del contrato social de HOBBES, LOCKE Y ROUSSEAU los individuos que se encuentran al principio en un *estado de naturaleza* acuerdan los términos que definen derechos y obligaciones básicos de los ciudadanos en la sociedad civil. En la teoría de RAWLS, *la posición original juega un papel análogo al del estado de naturaleza*. Ahora bien, mientras que en el «estado de naturaleza» clásico puede suceder que ciertos individuos (los más fuertes o inteligentes) obtengan una ventaja sobre otros, más débiles o más ignorantes, *en la posición original de RAWLS los representantes de los ciudadanos son puestos bajo el velo de la ignorancia, por lo que carecen de información acerca de las características moralmente irrelevantes de sus representados*. Por consiguiente, los partidos representativos no estarán al corriente de los talentos y habilidades, de la etnia o el sexo, religión o sistema de creencias de esos representados.

RAWLS especifica que los partidos, en la posición original, se ocupan solamente de la participación de los ciudadanos en lo que él llama bienes primarios, a saber: *derechos básicos y ventajas económicas y sociales*. También pone énfasis en que los representantes en la posición original han de adoptar la regla «*maximin*» como el principio para evaluar las diferentes opciones.

Conforme a la *doctrina del contrato social*, los ciudadanos en estado de naturaleza contratan entre sí para establecer un estado de sociedad civil. Por ejemplo, según LOCKE, los individuos acuerdan establecer una sociedad civil donde el gobierno tiene poderes limitados y la obligación de proteger la integridad, la libertad y la propiedad de los ciudadanos. Conforme a la *doctrinan de la posición original* los partidos representativos seleccionan *principios de justicia* que habrán de gobernar la estructura básica de la sociedad. RAWLS sostiene que los partidos representativos en la posición original seleccionarán dos principios de justicia: el *principio de libertad* y el *principio de diferencia,* a los que nos referiremos más adelante.

La *posición original* ha sido una de las ideas con mayor repercusión en la filosofía jurídico-política del siglo XX, habiendo influido en pensadores de un amplio espectro ideológico. Sin embargo, no han faltado críticas dirigidas a la propuesta de la posición original, las cuales señalan que, en ella, los partidos representativos reflejan una concepción moral empobrecida de la persona. Se argumenta también que el velo de la ignorancia en que se apoya la posición original impone a las personas la carga insostenible de deliberar en ausencia del conocimiento de los atributos que le permitan elegir.

2. El velo de la ignorancia

Aunque el concepto de «*velo de la ignorancia*» no fue inventado por RAWLS, es un concepto utilizado por él para llegar a los dos principios de la justicia. Cuando los individuos no disponen de pleno conocimiento de sus verdaderos intereses, se dice, en terminología de RAWLS, que pasan por el *velo de la ignorancia*. Y él entiende que las personas deben elegir los principios de la justicia estando bajo el *velo de la igno rancia*. Como los principios que emergerán en esa situación no están diseñados para la ventaja o desventaja de los individuos en un escenario concreto, nadie puede imponer sus intereses, por lo que se pueden alcanzar unos principios considerados justos. Los principios que no surjan del *velo de la ignorancia* no serían aceptables, pues debe ser excluido todo principio que se adopte si se conocen las circunstancias futuras de los individuos.

Las personas que se encuentran cubiertas por el *velo de la ignorancia* no pueden conocer sus propias circunstancias particulares, entre éstas, su propia concepción del bien, sus atributos naturales o su posición social. Los individuos saben que tienen intereses y fines pero ignoran cuáles son. Así, al escoger principios para el fomento de sus propios intereses eligen aquellos principios que protegen todo tipo de intereses, pues no saben cuáles son los suyos ni los de los demás. El *velo de la ignorancia* sitúa así a las personas en situación de igualdad y asegura que las contingencias naturales y sociales no den a nadie ventajas ni desventajas al escoger los principios.

3. El equilibrio reflexivo

Frente a algunas críticas que se le realizaron, RAWLS insiste en la *pureza procedimental de la posición original*. De hecho intenta demostrar que los principios adoptados en la posición original coinciden con aquellos que sus lectores aceptarían, en cualquier caso, una vez que hubieran reflexionado sobre ellos. Su esperanza es que «*los principios elegidos –en la posición original– se correspondan con nuestras meditadas convicciones de justicia o las amplíen de una manera aceptable*». Al proceso de reflexión llevado a cabo para seleccionar los principios lo llama «*equilibrio reflexivo*» [3].

El método del *equilibrio reflexivo* implica seleccionar nuestras más fuertes y seguras convicciones morales como puntos de partida provisionales y luego trabajar retrospectivamente sobre los principios que justificarían tales intuiciones. De este modo caminaríamos hacia la elaboración de un conjunto de principios coherentes que, junto con el conocimiento de las circunstancias sociales, nos llevarán a realizar los juicios que hacemos por las razones que tenemos. En la búsqueda del *equilibrio reflexivo* intentamos aplicar tales principios a situaciones cotidianas con respecto a las cuales nuestras intuiciones son más oscuras y menos concretas y determinamos si hemos llegado a resultados aceptables en estos casos más difíciles. De este modo, mediante un proceso de reflexión realizado sobre la base de ir hacia adelante y hacia atrás en el que los criterios son desarrollados y revisados y los principios se comprueban y se pulen, terminamos con un «equilibrio» de criterios y principios coherentes con los que podemos abordar cuestiones más controvertidas. Son estas «*convicciones meditadas sobre la justicia*» que coinciden con los principios escogidos en la posición original las que constituyen el ideal liberal de justicia.

4. La regla del maximin

Reiteradamente apela RAWLS a «*la regla del maximin*» para determinar cuál es la situación más justa a la hora de elegir o en la toma de decisiones, incluso en la posición original. El *maximin* consiste en la maximización del mínimo, es decir, debe tomarse aquella decisión que produce el mayor beneficio frente al peor resultado posible. Así, la provisión de mercancías o distribución de bienes entre distintas personas es justa si no existe una distribución de estos bienes que mejore las circunstancias de al menos uno de los individuos sin que otro resulte perjudicado.

RAWLS trabajó el criterio del *maximin* aplicado a la elección de alternativas eligiendo siempre la que mejora al pobre, situación que se reconoce como válida sólo en caso de un gran colectivo o área (contrato social) pero no en decisiones que afectan a un número escaso de individuos. Por ejemplo: podría ser justo que desde el Estado se subvencionara a las empresas peor situadas, a las que tienen pérdidas, en un contexto global. Pero, si se trata de decidir dar una subvención a una de dos empresas (una que tiene beneficios y otra que tiene pérdidas), cabe la posibilidad de que no fuera justo dársela a la que tiene pérdidas porque tal vez no haya hecho méritos para ello y se encuentra en tal situación de pérdidas por sus propios errores y por una mala gestión de sus recursos.

2. LA CONCEPCIÓN DE LA JUSTICIA

2.1. Justicia como imparcialidad

La obra de RAWLS se sitúa dentro de un marco de pluralidad propia de las democracias modernas. Ya en el título de su obra «*A Theory of Justice*» es claramente apreciable un fuerte pluralismo, porque, como él mismo advierte, no está hablando de «La» teoría de la Justicia, sino que solamente pretende aportar «Una» teoría de la justicia que de ninguna manera es la única, ni la que está por encima de las demás; simplemente es *una teoría más* entre otras muchas.

El *pluralismo* es, pues, uno de los problemas que más le preocupa, principalmente porque el pluralismo es un elemento básico que caracteriza a las sociedades democráticas modernas. Sin embargo, no siempre queda claro tal principio en su obra, pues su teoría pretendía ser universalista en el más amplio y puro sentido de la expresión. Es más tarde, con la aparición de su obra «*Liberalismo político*», cuando lo que comenzó siendo una teoría universalista de la justicia pasa a ser una teoría política de la justicia en sociedades democráticas liberales, altamente industrializadas, transformándose así en un pluralismo racional.

Las tesis sustentadas en su teoría en conjunto pueden resumirse en una pregunta planteada en su obra «*Liberalismo político*». La pregunta es la siguiente: «*¿cómo puede existir durante un tiempo prolongado una sociedad justa y estable de ciudadanos libres e iguales, los cuales están profundamente divididos por doctrinas razonables políticas, religiosas, filosóficas y morales?*» La respuesta la encuentra RAWLS en el concepto que engloba la esencia de su teoría de la justicia a la que define así: «*Justice as fairnes*», *justicia como imparcialidad*, que describe y explica ampliamente en el escrito del mismo nombre.

En efecto, para él es perfectamente posible la existencia perdurable, durante un tiempo prolongado, de una sociedad justa y estable de ciudadanos libres e iguales, los cuales permanecen profundamente divididos por doctrinas razonables, religiosas, filosóficas y morales, debido a que, como hemos visto, existe un procedimiento de naturaleza contractualista según el cual conviven individuos sobre los cuales ha caído un grueso velo de la ignorancia situándolos en una posición original donde nadie sabe quién es, y lo único que conserva, además de la capacidad de razonar, son las nociones económicas (bienes escasos) y sociológicas (clases sociales) más elementales. Pero quizá esta teoría no explique suficientemente el interrogante planteado, por lo que intenta dar una respuesta más acabada en su libro *Liberalismo político*, introduciendo una nueva noción: «*consenso entrecruzado*» [4].

La justicia como equidad adopta, un procedimiento de naturaleza contractualista, pues las personas, mediante un contrato social hipotético, establecerán la estructura básica de la sociedad en que vivirán. Así pues, por medio de este hipotético contrato se determinarán los principios de justicia que regirán la vida social a través de un método que es justo por sí mismo, ya que ha sido aceptado por todos en situación de igualdad al desconocer cada uno las situaciones futuras en que podrían encontrarse, por lo que «*a priori*» se excluye cualquier tipo de interés personal. Y a esto llama RAWLS «*Justicia como imparcialidad*», o «*Justicia como equidad*», la cual tiene, como vemos, un trasfondo eminentemente contractualista; es decir, lo que sea o no justo dependerá, en primer lugar, de los acuerdos a que haya llegado el colectivo y, en segundo lugar, de la organización del mismo de forma equitativa, sin que exista una prevalencia de los intereses de unos sobre los intereses de los demás. *La justicia es entendida como imparcialidad por ser equitativa la posición original,* ya que, de no serlo, se producirían injusticias.

Dando un paso más, afirma RAWLS que una concepción de la justicia será más razonable que otra si personas racionales, en la posición inicial, escogen sus principios por encima de otros en base al papel mismo de la justicia. A su vez, estos principios son una particularización de una concepción más general de la justicia que RAWLS enuncia como sigue: «*Todos los valores sociales –libertad y oportunidad, ingresos y riqueza, y los valores del respeto a sí mismo– deben distribuirse igualmente a menos que una distribución desigual de cualquiera de todos estos bienes sea ventajosa para todos*».

Pero *¿cuáles son los principios que se adoptarán dada la situación contractual?* RAWLS, a partir de su lógica contractual, establece dos principios que deben caracterizar a una sociedad justa. Los dos principios están basados en la posición original en la que los individuos, bajo un velo de ignorancia, elegirían los principios de la justicia y son: el de libertad y el de diferencia.

1. El principio de libertad

Este principio establece que «*cada persona debe tener un derecho igual al sistema total más extenso posible de libertades básicas iguales compatible con un sistema similar de libertad para todos*», lo que supone la distribución de iguales libertades para todos. En efecto, para garantizar una verdadera justicia, es necesario que cada agente o individuo disponga de plena libertad y que nadie salga perjudicado con la decisión, supuesto que se permite romper cuando el perjuicio individual repercute en ganancia para el colectivo o cuando todos han contado con igualdad de oportunidades. Lo que quiere decir que, en una sociedad pluralista, hay que asegurar igual número de libertades para todos. Este planteamiento nos recuerda la máxima del imperativo categórico kantiano: «*obra de tal manera que tu libertad coexista con la libertad de los demás*».

2. El principio de diferencia

Según este principio debe producirse una distribución de bienes económicos y sociales tal que las desigualdades económicas y sociales han de estar estructuradas de manera que aseguren: a) *Un mayor beneficio para los menos aventajados;* b) *Que los cargos y posiciones de privilegio estén abiertos a todos en condiciones de justa igualdad de oportunidades.* El principio de *diferencia,* definido por RAWLS, requiere un balance de las desigualdades sociales y económicas en beneficio de los menos favorecidos en la sociedad.

Según RAWLS, ambos principios, *con la prioridad atribuida siempre al primero sobre el segundo*, es decir, el principio de libertad se prefiere al de diferencia, deben regular las instituciones básicas que aplican en la realidad cotidiana estos valores. Estos principios, afirma, son asimismo los más adecuados para garantizar el correcto funcionamiento de las instituciones con respecto a los valores de libertad e igualdad de los ciudadanos que viven en las democracias liberales modernas, utópicamente bien ordenadas. Solamente garantizando estos valores y basándose las instituciones fundamentales en estos principios será posible la consecución de la cooperación social. Y para ello la justicia debe establecerse como una nota distintiva de las instituciones básicas. Las instituciones básicas de la sociedad a las que se refiere son las siguientes: *una institución social que es la familia; una institución económica que es el mercado*; y *una institución política que es la más importante y es la constitución*.

Si analizamos, aunque sea brevemente, ambos principios podemos deducir que el primer principio se refiere a la distribución del bien primario de la libertad y tiene dos pretensiones: en primer lugar, *igualdad de libertades para todos* y, en segundo lugar, *maximización de las libertades básicas* [5].

De acuerdo con el primer principio, todos deben tener igual derecho a estas libertades, ya que son un bien de tal importancia que las personas, en la posición original, no estarían dispuestas a arriesgarlas. La regla de *prioridad del principio de libertad* tiene su origen en el hecho de que nadie aceptaría una libertad desigual o menor a cambio de mayores beneficios económicos. Solamente en caso de conflicto con otras libertades básicas podría ser restringida una libertad.

En el segundo principio, RAWLS concede prioridad al apartado b), es decir, *la justa igualdad de oportunidades*, frente al apartado a) *principio propiamente de diferencia*. Tal prioridad hace que, al prestar gran atención a las oportunidades de aquellos con menores posibilidades se les abra un abanico de alternativas más amplio que el que hubieran tenido con una distribución estrictamente igualitaria. Es así como la desigualdad de oportunidades ocasionada por las desigualdades económicas que permite *el principio de diferencia* debe, según este mismo principio, aumentar las oportunidades de aquellos que tengan menos.

Las personas, en la posición original, una vez garantizadas las libertades básicas y la justa igualdad de oportunidades, optarían por una distribución desigual de los otros bienes primarios (la riqueza, la autoridad, el ingreso, etc.), si esta distribución desigual mejorara las expectativas de los menos favorecidos, es decir, les otorgara mayor bienestar que el que obtendrían con una distribución equitativa. El principio afirma que las desigualdades estarían justificadas si incidieran a favor de los peor situados. Este segundo principio da además prioridad a la justicia sobre la eficacia, aunque es compatible con ella, puesto que el principio de diferencia impediría las desigualdades profundas al trabajar para que toda desigualdad beneficie a los menos favorecidos.

2.2. Crítica al utilitarismo

Como acabamos de ver, para RAWLS la justicia es una nota distintiva de las instituciones básicas de la sociedad, las cuales no solamente deben ser ordenadas y eficientes, deben, además, ser justas. Y, si las instituciones básicas no son justas, deben cambiarse. Por ello RAWLS establece el criterio de «*justicia como imparcialidad*» como alternativa y como vía intermedia, tanto frente al *intuicionismo* como al *utilitarismo*, que eran dos de las corrientes de pensamiento más arraigadas en el mundo anglosajón después de las dos guerras mundiales.

Según el utilitarismo un acto es correcto cuando maximiza el bienestar social o suma promedio de utilidades de los miembros de la sociedad. Podemos afirmar, por tanto, que es una teoría teleológica (que contempla fundamentalmente los fines) o *consecuencialista* (se fija en las consecuencias o resultados). En definitiva, la corrección moral de un acto, o la justicia del mismo, depende de la capacidad para producir el máximo bien para la mayoría, aunque algunos ciudadanos dispongan de disfrute cero.

Para el utilitarismo el bien consiste en la satisfacción de un deseo, bien sea de carácter individual o social. Desde esta perspectiva una sociedad será más justa cuanto más capaz sea de obtener la mayor satisfacción para el mayor número posible de individuos. Pero el utilitarismo no toma en consideración a las personas individualmente. Se fija tan sólo en la utilidad del conjunto, siéndole indiferente el reparto de dicha satisfacción y si dicho reparto es o no justo. Es decir, el utilitarismo no se preocupa del reparto del bienestar entre los miembros de la sociedad sino de la media de ese bienestar, cualquiera que sea la manera en que está repartido.

Esto es precisamente lo que critica RAWLS del utilitarismo. En efecto, el utilitarismo contempla la sociedad como un cuerpo, donde resulta posible sacrificar a una parte en beneficio de otras. RAWLS rechaza esta teoría porque comporta en su seno enormes sacrificios que se concretan en grandes injusticias, pues cualquier decisión, considerada como justa por la mayoría, puede implicar consecuencias dramáticamente injustas para determinadas minorías, o discriminaciones inaceptables para determinados colectivos por razón de etnia, religión o sexo. Por ejemplo, cuando la mayoría de una colectividad que practica una religión toma decisiones que perjudican a las minorías de otras religiones.

Para RAWLS, por el contrario, es esencial la manera en que los bienes primarios están repartidos, ya que la cuestión de saber si una sociedad es justa no depende en absoluto, para él, de la cantidad de bienes primarios de la que disponen los mejor provistos, sino sólo de la atribuida a los más desfavorecidos (*principio de diferencia*). Por consiguiente, lo más importante para él es aplicar el procedimiento adecuado y más eficiente para conseguir resultados justos. Esto es lo que él denomina «*justicia procedimental pura*».

Frente al utilitarismo, Rawls defiende un concepto neoliberal de la justicia según el cual una decisión no es más justa o menos por los resultados que genere sino que lo es en función de los procesos o mecanismos que conducen a esos resultados. De donde se desprende que su posición es claramente *procedimentalista* y radicalmente contraria al *consecuencialismo* utilitarista, el cual considera la evaluación de los resultados como elemento fundamental para determinar la bondad o maldad, la justicia o injusticia de una decisión pública.

Resumen

1. La contribución más notable que se ha hecho recientemente a la teoría de la justicia ha sido, sin duda, la reelaboración del contrato social hipotético llevada a cabo por Rawls en la que *los principios de justicia son el resultado de un acuerdo original.* En su concepción de la justicia el «*acuerdo*» reemplaza a la versión tradicional de «*contrato*» y, como sucedía en el contrato, *tampoco el acuerdo se lleva a cabo efectivamente sino que es hipotético.* Aunque comparte algunos planteamientos de la teoría clásica del contrato social *presenta varios aspectos novedosos, como el concepto de «situación original» que sustituye al concepto de «estado de naturaleza», el «velo de la ignorancia», la «regla de maximin» y la propia concepción de la «justicia como imparcialidad».*

2. La «*posición original*» se define como una situación inicial hipotética en la que se encuentra alguien frente a una toma de decisiones. *La posición original* juega un papel análogo al del estado de naturaleza, pero *en la posición original* se determinan representantes de los ciudadanos que son puestos *bajo el velo de la ignorancia* por lo que carecen de información acerca de las características moralmente irrelevantes de los ciudadanos por ellos representados. *En la posición original* los partidos representativos seleccionan *principios de justicia* que habrán de gobernar la estructura básica de la sociedad.

3. Cuando las personas, en *la posición original,* están en desconocimiento total de sus verdaderos intereses, de sus circunstancias particulares y de su propia posición social se dice que están cubiertas por el *velo de la ignorancia* y es en esa situación en la que deben elegirse los principios de la justicia.

4. El *maximin* consiste en la maximización del mínimo; es decir, debe tomarse aquella decisión que produce el mayor beneficio frente al peor resultado posible. Aplicado a la elección de alternativas, ha de elegirse siempre la que mejora al pobre.

5. Por medio de un hipotético contrato se establecerán los principios de justicia que regirán la vida social a través de un método que es justo por sí mismo, ya que ha sido aceptado por todos en situación de igualdad al desconocer cada uno las situaciones futuras en que podrían encontrarse, por lo que «*a priori*» se excluye cualquier tipo de interés personal. Y a esto llama Rawls «*justicia como imparcialidad*». Los principios que se establecerán son: 1º) «*El principio de libertad*», el cual establece que «*cada persona debe tener un derecho igual al sistema total más extenso posible de libertades básicas iguales compatible con un sistema similar de libertad para todos*»; 2º) «*El principio de diferencia*» según el cual debe producirse una distribución de bienes económicos y sociales tal que las desigualdades han de estar estructuradas de manera que aseguren: a) *un mayor beneficio para los menos aventajados;* b) *que los cargos y posiciones de privilegio estén abiertos a todos en condiciones de justa igualdad de oportunidades.*

---

6. Según el utilitarismo, un acto es correcto cuando maximiza el bienestar social o suma promedio de utilidades de los miembros de la sociedad. Se trata de una teoría *consecuencialista* que determina la justicia en función de las consecuencias o resultados. Rawls critica esta teoría y entiende, por el contrario, que una decisión no es más justa o menos por los resultados que genere sino que lo es en función de los procesos o mecanismos (los procedimientos) que conducen a dichos resultados. De donde se desprende que su posición es claramente *procedimentalista* y radicalmente contraria al *consecuencialismo* utilitarista.

Lecturas útiles

Si desea ampliar, profundizar o contrastar las explicaciones de esta lección, puede encontrar ayuda en:

Bidet, J., *John Rawls y la teoría de la justicia*, traduc. de V. Pozanco, Ed. Bellaterra, Barcelona, 2000

Campbell, T., *La justicia: Los principales debates contemporáneos*, traduc. de S. Álvarez, Ed. Gedisa, Barcelona, 2002, pgs. 101-130.

McMurrin, S. M. (Ed.), *Libertad, igualdad y derecho,* traduc. de G. Valverde, Ed. Ariel, Barcelona, 1988, pgs. 9-90.

Rawls, J., *Teoría de la justicia*, traduc. de Mª. D. González, Fondo de Cultura Económica, 2ª reimpr. de la 2ª edic., Madrid, 1995; *El liberalismo político*, traduc. de A. Domnech, Ed. Crítica (Grijalvo Mondadori), Barcelona, 2004.

Van Parijs, Ph., *¿Qué es una sociedad justa?*, traduc. de J. A. Bignozzi, Ed. Ariel, Barcelona, 1993, pgs. 59-75.

Ejercicio de autoevaluación

1. ¿Qué representa, a tu juicio, J. Rawls en el ámbito del pensamiento del siglo XX?
2. ¿De qué tipo es el contrato social que nos describe Rawls? ¿Cuáles son las diferencias con respecto a la teoría clásica del contrato social y cuáles sus novedades o aportaciones?
3. ¿Qué queremos decir cuando afirmamos que la teoría rawlsiana de la justicia es de carácter procedimentalista?
4. Explica brevemente qué sentido tiene la idea de *«posición original»* en su teoría de la justicia.
5. Explica qué sentido tiene hablar del *«velo de la ignorancia»*.
6. ¿Cómo se entiende en la teoría de Rawls *«la justicia como imparcialidad»*?
7. ¿Qué establece *el principio de libertad*?
8. ¿Con arreglo a qué criterios deben distribuirse los bienes económicos y sociales según *el principio de diferencia*?
9. ¿Qué significa el criterio del *«maximin»* en la teoría rawlsiana de la justicia?
10. ¿Cómo explicarías el rechazo de Rawls al utilitarismo? ¿Qué diferencia existe entre el *procedimentalismo* y el *consecuencialismo*?

TEORÍAS CONTEMPORÁNEAS DE LA JUSTICIA (III). LOS MODELOS
PROCEDIMENTALISTAS: LAS TEORÍAS DE LA ACCIÓN COMUNICATIVA
(Íñigo de Miguel Beriain)

Objetivo general

El objetivo de esta lección consiste en exponer la teoría de la acción comunicativa, tal y como ha sido formulada por Habermas y Appel, así como en explicar adecuadamente por qué debe ser considerada una teoría formal y cognitiva de la justicia. Será, por tanto, nuestra misión la de hacer comprender al alumno su estructura esencial, así como las diferencias que existen con otros modelos formalistas, como el kantiano, y con aquellos que pretenden ser sustantivos.

Esquema de desarrollo

1.- Introducción; 2.- La teoría de la acción comunicativa; 3.- La teoría de la pragmática universal y la situación ideal de habla; 4.- La teoría de la acción comunicativa como modelo ético universal; 5.- Habermas y Kant. La vinculación de la teoría de la acción comunicativa con la propuesta kantiana; 6.- La teoría de la acción comunicativa como teoría de la justicia; 7.- Las críticas a la teoría de la acción comunicativa.

---

1. INTRODUCCIÓN

El propósito de este tema consiste en analizar una de las teorías de la justicia más importantes de entre las que existen en nuestros días: la Teoría de la Acción Comunicativa, denominación que engloba dos modelos, realmente casi idénticos entre sí, desarrollados por los profesores J. HABERMAS y K. O. APPEL en el marco intelectual alemán. Dadas las limitaciones de espacio y complejidad que normalmente impone la propia finalidad de este texto, que no pretende ser una aportación magistral, sino una explicación elemental que todo alumno sea capaz de comprender y asimilar, en las siguientes páginas trataremos de ofrecer una visión sintética de estas teorías lo suficientemente clara como para ser entendida por cualquiera. Para ello, será necesario proceder a una necesaria simplificación en la exposición que, entre otras cosas, nos llevará a sintetizar ambas vertientes en un único modelo, al que denominaremos con el nombre de HABERMAS, dejando, no obstante, bien claro, que engloba también las aportaciones de APPEL.

En lo que se refiere a la estructura de la exposición, comenzaremos por situar históricamente el nacimiento de la teoría de la acción comunicativa. Posteriormente, analizaremos sus presupuestos fundamentales, tratando de dejar claras sus diferencias con otras teorías de la justicia ya expuestas o todavía por exponer. Por último, trataremos de criticar constructivamente algunos de sus postulados básicos.

2. LA TEORÍA DE LA ACCIÓN COMUNICATIVA

A finales de los años cuarenta del pasado siglo, dos de los principales representantes de la llamada Escuela de Frankfurt, HORKHEIMER y ADORNO, publicaron una de sus obras más polémicas e influyentes: *La dialéctica de la Ilustración*. En ella, defendían ardientemente la idea básica de que la exaltación de la razón como instrumento lleva necesariamente a la destrucción del hombre. De ahí, por tanto, que el proyecto ilustrado se convirtiera finalmente en lo opuesto de lo que pretendía ser, dando origen a la Contrailustración, un movimiento caracterizado por una propuesta muy simple: la máxima claridad de la razón no dejaba ver nada, mientras que la identidad universal creaba la desintegración multicultural. En consecuencia, deberíamos olvidar sus propuestas, volviendo nuestra atención a la estética o a lo trascendente, esto es, a aquellas fuentes de inspiración no racionales contra las que se habían rebelado los ilustrados.

Frente a esta desalentadora iniciativa, un joven investigador, J. HABERMAS, habría de convertirse en el auténtico paladín de la Ilustración, a través del desarrollo de una nueva forma de comprender la racionalidad que permitiera su supervivencia. De este modo, el autor citado creó su Teoría de la Acción Comunicativa, una teoría estrictamente formalista, en el sentido de que, al igual que sucediera en el caso de la ética kantiana, se proponía como objeto la creación de un modelo formal capaz de dotar de respuestas concretas a las preguntas morales que nos plantea la vida diaria. La innovación del autor era que, en su caso, la razón subjetiva se sustituía como mecanismo por la llamada situación ideal de diálogo, a la que se supone capaz de permitir a sus participantes trazar propuestas normativas de validez universal.

De cara a realizar este giro, HABERMAS se apoyó en el concepto de acción comunicativa, absolutamente decisivo en su propuesta. De ahí que merezca la pena detenernos a analizarlo en profundidad. Para entender adecuadamente a que nos referimos con la expresión *acción comunicativa* debemos retrotraernos, no obstante, a un momento lógico anterior a la propia comunicación, al instante en que trazamos los límites del lenguaje. Así, empezaremos recordando que la lingüística tradicional entendía el lenguaje como un instrumento destinado primordialmente a denotar o informar, quedando su objetivo limitado a alguna de estas dos acciones. Ello no obstante, la filosofía del lenguaje del siglo XX iba a cambiar radicalmente la visión del tema gracias al famoso «giro lingüístico», protagonizado principalmente por WITT-

GENSTEIN. A partir de ese momento, se empieza a aceptar que el lenguaje puede servir, además de para describir, para actuar: los seres humanos a menudo empleamos la lengua para realizar acciones como prometer, autorizar, expresar un deseo, ordenar, etc. De ahí que cada expresión lingüística cumpla por sí misma una acción y sea posible hablar de actos de habla. Cada uno de ellos constará de dos componentes esenciales: uno proposicional, que es lo que se dice, y otro ilocutorio, que es lo que nos dice cómo debemos entender lo que se dice. Si el primero hace referencia a la proposición en sí, el segundo tiene que ver con la entonación, la fuerza, la intención, de lo dicho, que nos llevará a deducir si se trata de una orden, una pregunta, la expresión de un deseo, o cualquier otra cosa.

Evidentemente, las personas compartimos una sabiduría común al hacer uso del lenguaje. De hecho, sólo conociendo todos los mecanismos que se encuentran implicados en estos usos nos resulta posible participar en un diálogo, entendiendo adecuadamente los actos de habla o produciéndolos. Ahora bien, las condiciones que hacen posible esta participación en el lenguaje no son metafísicas, sino meramente pragmáticas. La veracidad de un enunciado no es a juicio de HABERMAS una noción que tenga que ver con su correspondencia con un estado de cosas, sino con su aceptación como tal en un modelo ideal de comunicación. Dicho con otras palabras, la verdad no tiene que ver con la correspondencia con la realidad, sino con la aceptación por parte del auditorio. La frase «llueve» no será cierta o no en función de si realmente se produce el fenómeno meteorológico, sino de si el auditorio acepta que llueve o no, con independencia de lo que suceda en la realidad, que no es relevante.

Teniendo esto en mente, es fácil comprender que para que un acto de habla sea entendido como cierto, no es necesario que se corresponda con una realidad, sino que cumpla las condiciones de veracidad del lenguaje. Todo hablante realiza una oferta a sus oyentes, que estos aceptarán o rechazarán en función de si creen que el enunciado se ajusta a las reglas de veracidad del sistema, pudiendo a tal efecto demandarse cuantas explicaciones consideren necesarias. Una acción comunicativa, en suma, será aquella acción que se dirige a utilizar el lenguaje de forma inteligible, esto es, la que cumple las reglas propias de la comunicación lingüística.

3. LA TEORÍA DE LA PRAGMÁTICA UNIVERSAL Y LA SITUACIÓN IDEAL DE HABLA

Tenemos ya, por consiguiente, un punto de partida esencial en el pensamiento de HABERMAS: la acción comunicativa. Ahora bien, sólo con este referente no llegaríamos muy lejos. De ahí que a este concepto básico, sea necesario añadir lo que el autor llama la teoría de la pragmática universal. Siguiendo ésta, HABERMAS sostiene que el uso principal que los humanos damos al lenguaje es el de entendernos. Empleamos la lengua esencialmente para convencer a los oyentes o para acordar con ellos una conclusión final satisfactoria para todos. Todo hablante trata, cuando habla, no ya sólo de decir algo, sino de mover algo, de cambiar una situación buscando un acuerdo. De ahí que deba necesariamente salir de su perspectiva personal, tratando de hallar la lógica, la razón compartida que permitirá que su mensaje sea comprensible. Para ello debe intentar conectar con las normas de comunicación que imperan en la sociedad en la que desarrolla su acción lingüística.

A partir de este descubrimiento, HABERMAS vuelca su atención en los propios rasgos de nuestras comunicaciones cotidianas, porque cree que, analizando cómo nos comunicamos será capaz de descubrir una racionalidad común y universal encerrada en todos los actos de habla. Del mismo modo, será factible diferenciar entre lo que es una auténtica comunicación y la que se halla manipulada o distorsionada. Gracias a esta distinción, el autor llega a la conclusión de que ha de existir una *situación ideal de habla,* en la que la comunicación sería plenamente auténtica, de tal modo que todo consenso alcanzado en ella tendría, al menos, la *pretensión de ser universal.*

La idea de fondo que se halla detrás de esta creencia es que la disensión es una anomalía de la razón debida a la imposibilidad de alcanzar unas condiciones ideales en las que discutir el tema sobre el que existen desacuerdos, ya que, de no ser así, los mejores argumentos irían imponiéndose paulatinamente sobre todos los demás. De ahí que sea muy importante fijar las condiciones que tendrán que cumplimentarse para poder hablar de una situación ideal de diálogo. En opinión de HABERMAS éstas serán, entre otras, las siguientes: publicidad en las deliberaciones, reparto simétrico de los derechos de comunicación y prohibición de las relaciones de dominancia, lo que debería conducirnos finalmente a la imposición del mejor argumento y, por tanto, a la resolución de la disputa.

4. LA TEORÍA DE LA ACCIÓN COMUNICATIVA COMO MODELO ÉTICO UNIVERSAL

Desarrollados ya los mecanismos teóricos básicos del modelo de HABERMAS, es posible ahora pasar a analizar la forma en que éstos se aplican para construir una teoría de la justicia, que es, a fin de cuentas, lo que ahora nos interesa. Con tal fin, comenzaremos por decir que HABERMAS considera que el modelo dialógico intersubjetivo es el único capaz de dar lugar a una construcción de la moral. En este sentido, la situación ideal de habla jugaría un papel similar al de la conciencia trascendental kantiana, que era, según KANT, el vehículo que nos permitía alcanzar un conocimiento objetivo.

El punto de partida de la Teoría de la Acción Comunicativa, en cuanto que teoría de la justicia es, por consiguiente, que resulta posible saber qué es lo justo gracias a un mecanismo exclusivamente formal: la situación ideal de habla. Cuando las personas en su individualidad difieren acerca de qué es lo bueno, han de acudir a la esfera colectiva, poniendo en común sus puntos de vista a través de sus actos de habla. Si el marco en el que se realiza este intercambio satisface las condiciones que han de presidir la situación ideal de habla, el resultado del diálogo no puede ser otro que lo justo, esto es, lo que es aceptable para todos desde un punto de vista moral. Eso sí, siempre que lo que se produzca sea un verdadero diálogo, y no una negociación. Este es un aspecto esencial de la ética discursiva que conviene destacar especialmente: el único mecanismo válido de superar las disensiones individuales en la situación ideal ha de ser el diálogo y nunca la negociación. Y es que, ambos conceptos son suma-mente diferentes y provocan resultados completamente distintos. Si, como hemos dicho, el diálogo proporciona como resultado la aceptación de la propuesta más razo-nable, la negociación, a menudo, implica sacrificar lo razonable en función de lo con-veniente, lo que no es en absoluto lo mismo. Lo razonable aspira a una forma de ver-dad compartida, mientras que lo conveniente deja de lado los intereses de algunos de los participantes en la discusión, empleando, en ocasiones, métodos que nada tienen que ver con la razón comunicativa, como la coacción o el chantaje.

5. Habermas y Kant. La vinculación de la teoría de la acción comunicativa con la propuesta kantiana

Hemos dicho ya que la Teoría de la Acción Comunicativa acaba desembocando necesariamente en una teoría formal de la justicia. En este sentido, la construcción de Habermas se declara deudora de la aportación kantiana, reconociendo que muchos de sus elementos se hallaban ya presentes en la obra de Kant. Otros, como es el caso del mecanismo teórico de la situación ideal de habla, recuerdan mucho a construc-ciones kantianas, como la de la conciencia trascendental, en la que se basaba la posi-bilidad del conocimiento humano, si bien privada de toda la carga metafísica que aquella comportaba. Del mismo modo, la creencia habermasiana, duramente critica-da por R. Rorty, de que los resultados de la discusión sostenida en un auditorio deter-minado poseen la pretensión de ser universal e intemporalmente válidos recuerda, sin duda, a la vocación kantiana de crear una ética universalizable, como fruto de una razón humana intemporal.

Ahora bien, esto no significa que no quepa hallar grandes diferencias entre una y otra. La principal de ellas, desde luego, es que en este caso no se pretende, ni mucho menos, tanto encontrar una verdad objetiva, exterior al propio sujeto, pero dilucida-ble mediante su razón, como establecer una verdad intersubjetiva, basada en el acuerdo de una comunidad de seres que comparten el lenguaje. La diferencia básica, por tanto, entre Habermas y Kant es que el primero sitúa el eje de su propuesta en lo colectivo, esto es, en la apertura del ser a otros seres, mediante la comunicación, mientras que el segundo creía en la prioridad de la conciencia y en la posibilidad de que el ser humano aislado fuera capaz de determinar lo justo a través de su razón. Habermas sustituye lo racional por lo razonable, extirpando de su teoría toda invoca-ción a la metafísica. Tanto los puntos de partida como los de llegada en la discusión ética han de ser necesariamente propios de la práctica humana, y susceptibles de ser sometidos a discusión. De ahí, por consiguiente, que las proposiciones basadas en la fe deban ser excluidas de lo razonable. La consecuencia inevitable de todo lo dicho es que en el modelo de Habermas cabe trazar una división difícilmente superable entre lo bueno, que es un concepto individual, y lo justo, en cuanto que construcción social, cosa mucho más difícil de sostener en el modelo kantiano, en que la razón individual era capaz, por sí misma, de aprehender lo justo. La diferencia, en fin, de la propuesta habermasiana frente a la kantiana es que si el imperativo categórico de Kant se basaba en lo que el individuo aislado podía querer que se convirtiera en norma universal, en el caso de Habermas, lo que realmente importa es lo que todos, de común acuerdo, desean reconocer como tal.

6. La teoría de la acción comunicativa como teoría de la justicia

La distinción que acabamos de trazar entre lo justo y lo bueno, inevitable en el pensamiento habermasiano, es, precisamente, la que sitúa la Teoría de la Acción Comunicativa dentro del marco de las teorías de la justicia, de carácter formal y cognitivista. Así, y en primer lugar, es una teoría de la justicia en cuanto que considera que el resultado del acuerdo obtenido a través de la discusión sostenida en el marco de la situación ideal de habla es un acuerdo justo que, además, debe imponerse sobre las concepciones individuales de lo bueno. De este modo, Habermas manifiesta dos de sus creencias esenciales: de un lado, que no es posible subsumir lo bueno, esto es, el sistema de valores individuales, en un único concepto social de lo bueno. Las diferentes éticas subjetivas no son conciliables en una ética universal de máximos. De ahí, por consiguiente, que sólo seamos capaces de hablar de una ética universal de mínimos, esto es, de unos principios básicos acordados mediante la ética discursiva que constituyen lo justo universal. De otro lado, se establece indisolublemente el principio de que lo justo, esto es, el resultado de la discusión común, ha de imponerse sobre las esferas morales individuales. Lo bueno ha de limitarse a lo que es justo que abarque, porque, si bien se acepta el politeísmo de los valores, esto es, que existan valores contrapuestos, esa confrontación no puede llegar a la esfera de lo público (dado que si llegara allí, sería objeto de la aplicación de la ética discursiva).

Nos encontramos, en suma, con que Habermas proporciona los cauces para construir una ética pública basada en una teoría formal que es capaz de responder a la pregunta de qué es lo justo, si bien a costa de abstenerse de determinar qué es lo bueno. Gracias a ello, se consigue evitar que las concepciones particulares de lo bueno, esto es, las morales subjetivas, impidan construir una ética compartida, una noción colectiva de justicia. Su teoría de la justicia es consiguientemente plenamente formal, en cuanto que la Teoría de la Acción Comunicativa no establece, no se basa en ningún momento en preceptos sustantivos acerca de qué es lo justo, sino en la creación de unas reglas que, caso de ser seguidas, permitirán a cada comunidad de habla determinar qué es lo justo. HABERMAS se ocupa de las condiciones que ha de reunir este mecanismo para ser funcional, no de las conclusiones materiales a las que debe llegar. De ahí su formalismo.

En cuanto al carácter cognitivo de su teoría, bien vendría matizar que no se trata de un cognitivismo similar al de otros momentos de la Modernidad. En pleno siglo XX, hubiera resultado sumamente complejo mantener la fe casi absoluta en la razón que sostenía la ética kantiana. En su lugar, y como ya hemos apuntado, HABERMAS recurrirá a un concepto de verdad completamente diferente del de los clásicos, es decir, la correspondencia con la realidad. Adoptando una postura muy similar a la de los pragmáticos americanos, como PEIRCE o DEWEY, el autor alemán se decanta por una idea de verdad que no va más allá de la de aceptabilidad: algo es cierto si puede ser aceptado como tal en un ámbito discursivo, independientemente de su conexión o no con una realidad que, en cualquier caso, es inaprensible.

La consecuencia inmediata de este axioma será, a su vez, que la validez de una norma vendrá determinada no ya por su correspondencia con algún valor metafísico, sino, exclusivamente, por su potencialidad para ser reconocida por un auditorio como tal. Siendo, por tanto, realistas, no queda sino reconocer que el modelo de conocimiento de HABERMAS es, decididamente, consensual, lo que viene a decir que sólo es cognitivista en el sentido de que admite que es posible responder a la pregunta de qué es lo justo siguiendo el esquema trazado por su teoría. Saber si, además, las normas extraídas de un consenso son «objetivamente» justas, esto es, justas desde un punto de vista exterior a los hablantes, es una cuestión a la que la Teoría de la Acción Comunicativa no encontraría respuesta ni, probablemente, sentido alguno. Todo lo que es posible conocer es lo consensuado. Esos son los límites de lo cognoscible en las teorías de HABERMAS.

7. LAS CRÍTICAS A LA TEORÍA DE LA ACCIÓN COMUNICATIVA

La importancia de la construcción teórica elaborada por HABERMAS ha traído, como previsible consecuencia, que fueran muchos los autores que volcaran su atención en ella, ya fuera para respaldarla o para criticarla. En este último apartado del presente tema vamos a centrarnos en este último aspecto, esto es, en las críticas que ha suscitado la Teoría de la Acción Comunicativa Y, para empezar, nada mejor que referirnos directamente a la más ácida de todas ellas, la crítica formulada por la corriente comunitarista, sostenida, entre otros, por SANDEL, TAYLOR, MACINTYRE, WALZER, etc. De acuerdo con ella, el problema básico de la teoría habermasiana estriba en que su punto de partida, esto es, la capacidad de distinguir nítidamente entre lo bueno y lo justo, es completamente insostenible, dado que todo criterio formal o procesal de justicia contiene en su interior postulados morales. En sentido parecido, R. RORTY ha negado la factibilidad de la Teoría sobre la base del habitualmente llamado etnocentrismo, esto es, la imposibilidad de despojarnos de los valores compartidos en la cultura a la que pertenecemos, lo que rompería, sin duda, la posibilidad de construcción de una ética universal que, según HABERMAS, debería surgir gracias al mecanismo de la situación ideal de habla.

Otra de las críticas más habituales que se suelen a hacer a HABERMAS es que su construcción fundamental, esto es, la situación ideal de habla, es absolutamente utópica, siendo en realidad imposible llegar a alcanzar en algún momento unas condiciones siquiera similares a las que él propone. Esta, con todo, es una crítica un tanto infundada, en cuanto que el autor al que nos hemos venido refiriendo nunca ha pretendido que este recurso fuera más allá de lo teórico. Tampoco, en este sentido, son particularmente acertadas las críticas que aluden, en tono burlesco, a la quimérica unanimidad pretendida por la teoría de la justicia de HABERMAS. Su modelo, a fin de cuentas, permite profundas disensiones acerca de lo bueno. Si, por el contrario, afirma que, en lo que atañe a lo justo, es preciso continuar las discusiones hasta encontrar un consenso aceptable por todos es para proteger lo razonable frente a aquellos que poseen capacidad suficiente para amedrentar o sacrificar los intereses de otros.

Resumen

La Teoría de la Acción Comunicativa debe situarse dentro de la defensa de la modernidad que HABERMAS pretende realizar, salvando todo lo posible de la pretensión kantiana de crear un modelo ético universal basado en la razón y en el imperativo categórico. Para ello, el autor reformula el concepto de razón en sí mismo, sustituyendo al individuo por la comunidad, como sujeto capaz de encontrar en sí mismo las normas justas.

La idea básica que sustenta la obra de HABERMAS es que la idea de verdad debe ser reformulada. Ya no consistirá en lo que corresponde a la realidad, tal y como se había dicho tradicionalmente, sino en aquello que puede ser aceptado en un diálogo colectivo. A partir de ahí, por tanto, ya no se intentará llegar a formular normas objetivas, sino, simplemente, normas que obtengan su validez a partir de su aceptación por el colectivo, después de haber sido sometidas a su aprobación a través de una discusión sostenida en la situación ideal de habla. La diferencia entre validez y justicia, por consiguiente, se desdibuja, dado que no hay otra norma válida que la que se deduce de la ética discursiva y ésta es, además, justa. No en todo momento y lugar, naturalmente, pero sí para el auditorio que la ha sometido a análisis.

HABERMAS construye, en fin, a un modelo formalista, que sólo puede ser considerado como cognitivo si consideramos que todo lo cognoscible es lo que la Teoría de la Acción Comunicativa considera como tal. En este sentido, se trata de una teoría de la justicia que, a diferencia de otras, no ofrece receta mágica alguna, ni solución perenne, sino que está abierta a una continua reformulación. Del mismo modo, no pretende, ni mucho menos, hallar una verdad moral individual, al revés de lo que se proponía KANT, dejando al libre albedrío de cada uno la decisión final acerca de lo bueno, si bien con los límites que provengan de la esfera de lo justo, esto es, del resultado de la deliberación social.

Lecturas útiles

Si desea ampliar, profundizar o contrastar las explicaciones de esta lección, puede encontrar ayuda en:

APEL, K. O., *Apel versus Habermas: elementos para un debate*, Editorial Comares, Granada, 2004; *Ética del discurso; ética de la liberación*, Trotta, Madrid, 2005; *Estudios éticos*, Fontamara, México, 2007

HABERMAS, J., *Teoría de la acción comunicativa*, I-II, Taurus, Madrid, 1982; *Conciencia moral y acción comunicativa*, Península, Barcelona, 1985; *Escritos sobre moralidad y eticidad*, Paidós, Barcelona, 1981; *Facticidad y validez*, Trotta, Madrid, 1998; *Aclaraciones a la ética del discurso*, Trotta, Madrid, 2000

INNERARITY, D., «La teoría discursiva de la legitimidad de Jürgen Habermas», en *Persona y Derecho*, 14 (1986), págs.. 233-278

KAUFMANN, A. / HASSEMER, W., *El Pensamiento Jurídico Contemporáneo*, Editorial Debate, Madrid, 1992

NINO, C. S., «Constructivismo epistemológico: entre Rawls y Habermas», *Doxa*, 5 (1988), págs. 87-105

Ejercicio de autoevaluación

Responda a las siguientes preguntas:

1. ¿Cuál cree que es la diferencia entre el modelo ético que encierra la Teoría de la Acción Comunicativa y el de John Rawls?

2. ¿Cuál es la diferencia entre el concepto kantiano de razón y el de Habermas?

3. ¿Cuál es la diferencia entre la forma de hallar las normas morales justas y las normas válidas?

4. A su juicio, ¿consigue Habermas su objetivo final, esto es, salvaguardar la posibilidad de hallar normas universales que sean justas?

TEORÍAS CONTEMPORÁNEAS DE LA JUSTICIA (IV). LA HERMENÉUTICA
(Íñigo de Miguel Beriain)

Objetivo general

El objetivo de esta lección consiste en exponer los presupuestos básicos de la hermenéutica como arte de la comprensión e interpretación no ya sólo de un texto sino de toda obra humana, y su relación con la idea de justicia, si es que en realidad ambos conceptos pueden relacionarse. Será, por tanto, nuestra misión la de hacer comprender al alumno las implicaciones que la hermenéutica posee para el Derecho, lo que, no obstante, sólo puede hacerse conociendo en primer lugar los postulados de los que se parte.

Esquema de desarrollo

1.- Introducción: la hermenéutica, estudio epistemológico e histórico de un concepto; 2.- La hermenéutica contemporánea; 3.- La hermenéutica y el Derecho; 4.- Hermenéutica y Derecho: un análisis de los problemas que la necesidad de interpretación normativa plantea al ser del Derecho; 5.- Por un Derecho posible: ¿son todas las interpretaciones de la norma igualmente válidas?; 6.- Hermenéutica y justicia: el Derecho como institución ontológicamente justa.

---

1. Introducción: la hermenéutica, estudio epistemológico e histórico de un concepto

La palabra hermenéutica procede del verbo griego *hermëneuein,* que quiere decir «declarar, anunciar, esclarecer o traducir», palabra emparentada, a su vez, con la expresión *hermeneutiké tejne,* que podría traducirse como «arte de explicar, traducir o interpretar», siendo, por su parte, *hermeneia* el oficio de los mensajeros de los dioses, de los cuales el más importante era *Hermes,* nombre del que se supone que proceden todos los demás términos introducidos. De esta somera introducción etimológica podemos extraer ya una definición básica de la hermenéutica, que nos servirá para encauzar adecuadamente todo lo que diremos a continuación: como tal se ha de entender la *ciencia y arte de la interpretación, sobre todo de textos, para determinar el significado de las palabras mediante las que se ha expresado un pensamiento.*

Históricamente, hay que situar el origen de la hermenéutica en íntima conexión con la teología y, más concretamente, con la necesidad que tuvo la Iglesia, ya desde sus inicios, de derivar principios y normas concretas de los textos contenidos en las Sagradas Escrituras, que, como tales, poseían un doble sentido, literal y espiritual, que debía ser deslindado. La hermenéutica, de hecho, no salió del ámbito eclesiástico hasta el siglo XIX, momento en que se produjo la aparición del Romanticismo, un movimiento cultural que adoptó como uno de sus pilares la teorización de la hermenéutica. Esta circunstancia no ha de extrañarnos si tenemos en cuenta que el Romanticismo surgió como una reacción exaltada frente a los excesos del racionalismo ilustrado. Frente a la preponderancia absoluta de una razón universal capaz de extraer normas de unos pocos axiomas generales, este nuevo movimiento proclamaría la importancia del sentimiento como puerta de apertura del espíritu, que antepone individuo y libertad a los valores de la Ilustración, afirmando la posibilidad de que no exista una única esfera de sentido que se derive directamente de la razón, sino muchas y diferentes significaciones.

Fue, precisamente, uno de los representantes del romanticismo alemán, F. Schleiermacher, quien, rompiendo con la tradición imperante hasta entonces, concibió la hermenéutica en un marco desligado tanto de la teología católica como de la luterana. A él se debe el mérito de ser el primero en tratar de emplear un método interpretativo basado en la razón para comprender los textos propios de otros tiempos o culturas, intento que dio lugar al nacimiento de la hermenéutica tal y como ahora mismo la entendemos, como un método de comprender independiente del texto que se prueba a interpretar y, por supuesto, de su veracidad o no. De este modo, y en una época en la que algunas corrientes filosófico-jurídicas luchan por imponer la idea de que sólo existe una verdad que cabe hallar imitando el proceder de las ciencias naturales, Schleiermacher proclamará la posibilidad del malentendido, de comprender mal un texto, lo que trae consigo la necesidad de crear una disciplina, la hermenéutica, que no será otra cosa que el procedimiento capaz de asegurarnos la comprensión de un texto. Y el modo en el que él concebirá este procedimiento tendrá mucho que ver con el acuerdo: toda comprensión colectiva implica un acuerdo entre los sujetos acerca de la forma de interpretar un texto. De este modo, se introduce por primera vez la posibilidad de que haya que dilucidar qué dice un texto y que esto sea una cuestión sometida a debate.

Nos encontramos, en suma, con que la hermenéutica surge como resultado directo de la necesidad de asumir que un texto puede comprenderse de forma muy diferente, en función del sujeto que realiza la propia acción de leer. De ahí al malentendido sólo hay un paso, que, a su vez, sólo cabe evitar creando unas herramientas capaces de llevarnos a interpretaciones, si no únicas, sí, al menos, universalizables mediante el acuerdo de los intérpretes. Frente a la razón, el Romanticismo alemán proclama la posibilidad del malentendido, que hace necesario el acuerdo de los sujetos, colocando al individuo y su contexto cultural e histórico concretos en el lugar que debería corresponderles.

El pensamiento de Schleiermacher no quedó, ni mucho menos, en el olvido, si bien es cierto que hubo de pasar un tiempo antes de que cristalizara. Como es de sobra conocido, el siglo XIX presenció, en buena medida, el triunfo del llamado positivismo. Los considerables logros alcanzados por las ciencias naturales dotaron a éstas de tal prestigio, que fueron muchos quienes insistieron en adoptar sus métodos en las ciencias del espíritu. En este contexto, la hermenéutica permanecerá como un firme opositor del positivismo, que acabará cristalizando en el Historicismo de W. DILTHEY, uno de los más notorios continuadores de la obra de SCHLEIERMACHER, quien, en medio de época tan poco dada a ese tipo de manifestaciones, sostendrá firmemente que toda manifestación humana, sea del tipo que sea, ha de ser comprendida dentro de su contexto. De ahí se sigue, por tanto, que, frente a las tesis positivistas, no sea posible establecer un único método científico, dado que los objetivos de unas ciencias y otras son diferentes. Así, a su juicio, se hace necesario distinguir nítidamente las «ciencias de la naturaleza», que tienen como fin explicar los fenómenos naturales, de las «ciencias del espíritu», que son aquellas que prueban a explicar los acontecimientos históricos, los valores y la cultura. Sin embargo, será ya en pleno siglo XX cuando la hermenéutica llegará, finalmente, a ocupar un papel esencial en la filosofía contemporánea, gracias, en parte, a la influencia de M. HEIDEGGER, P. RICOEUR, G. VATTIMO y H.-G. GADAMER.

2. LA HERMENÉUTICA CONTEMPORÁNEA

La hermenéutica moderna se caracteriza básicamente por un anhelo compartido por todos sus representantes, tal y como lo describe A. OSUNA: «todo conocimiento, en la misma medida en que es experiencia personal, cultura trasmitida y propagada y lenguaje vivo, debe ser reconducido a esquemas hermenéuticos que expliquen la unidad del fenómeno cognoscitivo». Siguiendo este punto de partida paradigmático, todos los defensores de la hermenéutica comparten una visión de acuerdo con la cual la interpretación se convierte no ya en algo accesorio, sino definitorio del ser humano en sus circunstancias: yo pertenezco a la cultura europea porque interpreto de la forma en la que lo hacen los europeos, pero es que la cultura europea no es, en sí, otra cosa que el aglomerado de las interpretaciones realizadas por todos los europeos siguiendo una hermenéutica similar, que es la que caracteriza, da unidad a esa cultura. De este modo, y gracias principalmente a la aportación de GADAMER y de VATTIMO, la hermenéutica ha pasado de ser una técnica y una metodología de la razón científica a ser una ontología del intérprete. Dicho con otras palabras, la forma en que interpretamos no ya sólo los textos, sino también el arte o los valores, no define la ciencia, sino que nos define a nosotros mismos: podemos decir qué somos sabiendo cómo interpretamos.

La deducción obvia que ha de surgir de este presupuesto es que no existe, como tal «la interpretación» del texto, sino que caben muchas y múltiples investigaciones, en cuanto que el intérprete es un ser situado históricamente en un momento concreto y culturalmente en un ámbito determinado. Toda interpretación, a su vez, será contingente y susceptible de cambios en función del tiempo o el lugar. Cuestión, desde luego, que además es común a todos los campos en los que sea preciso interpretar. No hay, en este sentido, diferencias entre el arte, la ciencia o el Derecho, lo que no significa que no se puedan trazar criterios distintos de aceptación de las diversas interpretaciones en unos ámbitos u otros. Se debe, además, tener en cuenta que, como explicó muy adecuadamente GADAMER, nadie interpreta partiendo de una *tabula rasa* cognoscitiva. Todo el que se acerca a un texto tiene en mente una idea de lo que espera hallar en él, pero es que, inevitablemente, la propia lectura del texto hará que cambie su idea preconcebida, siendo así que, si se aproxima al texto de nuevo, lo interpretará de otro modo, asumiendo una nueva idea previa, etc. Se crea así el llamado «círculo hermenéutico», una de las construcciones teóricas más exitosas de la hermenéutica contemporánea.

3. La hermenéutica y el Derecho

Uno de los fenómenos más significativos de los últimos años, al menos en lo que se refiere al campo de la filosofía del Derecho, ha sido el progresivo aumento de la importancia de los estudios dedicados a la interpretación jurídica, la tópica o la argumentación, trabajos tras los que, desde luego, se halla bien presente la sombra de la hermenéutica. Especialmente significativos, en este sentido, son aquellos textos que, recogiendo la vía ya empezada por GÉNY y el Movimiento de Derecho libre (bien es cierto que desde visiones claramente diferenciadas), dedican su atención a la interpretación que el juez hace de la norma o de la sentencia judicial, colocando, de este modo, al tercer poder en un puesto primordial dentro del estudio de la interpretación en el Derecho. Cabe decir, en lo que a ello respecta, que la introducción de las tesis hermenéuticas ha cambiado el modo de concebir el mundo jurídico en los últimos años. Recuérdese, en este sentido, que la concepción clásica del Derecho no dejaba demasiado espacio a la interpretación. Gracias al principio de la subsunción, era siempre posible encontrar una norma en la que apoyarse a la hora de encarar un hecho, quedando, de esta forma, muy poco espacio para la libertad de interpretación judicial. MONTESQUIEU, a buen seguro, habrá reposado durante mucho tiempo tranquilo en su tumba sabiendo que su ferviente deseo de hacer del juez un autómata en la aplicación de la ley había calado hondo en las sociedades liberales de la Europa Occidental a la que él mismo perteneció.

El triunfo de la hermenéutica, no obstante, ha acabado, quién sabe si para siempre, con esta visión del Derecho. Hoy en día, filósofos de la talla de H. PUTNAM, por ejemplo, han puesto de manifiesto la dificultad de hablar de hechos, como algo diferenciado de nuestras valoraciones, dinamitando así el pilar básico de que cabe separar lo que son los hechos jurídicos de la calificación de los mismos. Ahora ya es cada vez más discutible la idea de que un operador jurídico sea capaz de especificar qué son los hechos sin introducir sus propias valoraciones, al menos, sobre cuáles de ellos son relevantes y cuáles no. Y cada valoración lleva implícita, indubitadamente, un esquema interpretativo previo que, a su vez, cambiará con la presencia del hecho, en aplicación del círculo hermenéutico.

Del mismo modo, parece obvio que no es posible exigir a quienes forman parte de un sistema jurídico una única interpretación de las normas alejada de su propio sistema de valores, ni pensar que las normas puedan ser indiferentes al contexto histórico concreto en el que van a entrar en juego, permaneciendo inmutables en el tiempo. Se abre así, inevitablemente, al menos la necesidad de hablar no ya de interpretación, sino de interpretaciones de las normas, que han de pugnar entre sí por imponerse, cosa que en nuestros tiempos, aceptan incluso muchos de los filósofos analíticos que todavía se reconocen herederos del positivismo como movimiento epistemológico.

La consecuencia de lo dicho es que ya no se puede aplicar un esquema sujeto-objeto al Derecho. El objeto viene condicionado por el sujeto que, a su vez, sufre modificaciones en su forma de interpretar que vuelve a trasladar al objeto, introduciendo así el círculo hermenéutico en lo jurídico. El resultado último de esta circunstancia es que pierde todo su sentido hablar de un Derecho «objetivo». Sencillamente, no puede existir, cuando el sujeto se halla tan fuertemente involucrado tanto en los momentos de identificar la norma como a la hora de aplicarla. De ahí se deduce, a su vez, antes que nada, que los jueces, mal que les pesara a los revolucionarios franceses, gozan, inevitablemente de un margen de actuación elevado, por mucho que nos afanemos en restringirlo. Ahora bien, ¿cabe también deducir de todo ello que todas las interpretaciones del Derecho son válidas, dado que no existe un Derecho objetivo?

Es evidente que la respuesta a esta cuestión goza de particular importancia, ya que afecta al mismo corazón de lo jurídico: si todas las interpretaciones de las normas son válidas, entonces pierde sentido hablar de la imperatividad del Derecho. En cambio, si concluimos que sólo algunas interpretaciones normativas son aceptables, será posible hablar de interpretaciones válidas y no válidas y, por tanto, de aquellas que cabe imponer coercitivamente y aquellas que no requieren tal tratamiento. De ahí que quepa subrayar que el problema básico que presenta la hermenéutica al Derecho es que, en caso de que todas las interpretaciones fueran igualmente válidas, la norma perdería no ya sólo toda su capacidad de obligar, lo que habitualmente llamamos preceptividad e imperatividad. Quedaría convertida, exclusivamente, en un enunciado orientador, al que, posteriormente, cada intérprete dotaría de contenido concreto. Lo que, de otro lado, eliminaría a un tiempo toda posibilidad de seguridad jurídica, dado que el significado de la norma quedaría, en último término, al albur de la interpretación que tuviera a bien realizar un juez al que se le sometiera un hecho a su vez interpretado como contrario a la norma.

Un escenario de este tipo llevaría en su seno, qué duda cabe, el germen de la destrucción del Derecho. De ahí que sea absolutamente necesario matizar que, si bien en algunas esferas de la vida humana, llámese arte, por ejemplo, la libertad de interpretación puede llegar a ser infinita, la irrenunciable índole preceptiva de lo jurídico hace que sea necesario acotar el terreno de la hermenéutica cuando atañe a sus normas. Y es que sólo aceptando que las normas jurídicas poseen, en sí mismas, un sentido preceptivo que debe imponerse a cualquier interpretación, seremos capaces de salvaguardar el Derecho como disciplina. Ahora bien, dicho esto, queda en pie la cuestión de decidir cuál ha de ser la interpretación aceptable de la norma y cuál, en cambio, no debe ser aceptada.

4. Por un Derecho posible: ¿son todas las interpretaciones de la norma igualmente válidas?

Una de las cuestiones que Gadamer defendió con mayor fuerza a lo largo de su dilatada exposición de su visión de la hermenéutica fue la de la primacía del texto frente al intérprete. Esto le llevó a aceptar, pese a los reproches de Heidegger, la creencia idealista de que la construcción que cada sujeto realiza de la realidad, en este caso el texto, era independiente de la realidad en sí. Ahora bien, esto no significa, ni mucho menos, que exista un sentido original e inamovible del Derecho independiente de la interpretación de los operadores jurídicos. Antes bien, la necesaria aplicación a la norma del «círculo hermenéutico» hace imposible defender la noción de un significado inamovible, abogando, en cambio, por una continua actualización del sentido de la norma. De este modo, la hermenéutica se opone, como ya hemos dicho, tanto a las ideas defendidas por la Ilustración como a la doctrina de los métodos y reglas de interpretación propia de la ciencia jurídica, pero también a las pretensiones de la Jurisprudencia de Derecho Libre de dejar toda interpretación al arbitrio libre del intérprete. A las primeras, por su afán en encontrar un «sentido único e inamovible» en la norma que, de acuerdo con la hermenéutica, no existe; y a las segundas por su incomprensión de la necesidad de dotar al texto de un sentido mínimo comúnmente aceptable, al menos si se quiere preservar el postulado de la seguridad jurídica que es, no lo olvidemos, uno de los requisitos esenciales de justicia de todo sistema normativo.

Esta, y no otra, es la característica esencial del Derecho: la existencia de un sentido básico y primordial de la norma, que condiciona necesariamente la interpretación que se pretende realizar de ella. Tanto es así que cualquier persona que quiera entresacar de ella un significado deberá probar que ese sentido no es contradictorio con el que se sigue del texto. Y, para asumir cuál es ese sentido primordial de la norma, nada mejor que acudir, como hacía Gadamer, a la idea griega de «frónesis», como «disposición racional verdadera y práctica respecto a lo que es bueno y malo para el hombre», en la definición proporcionada por Aristóteles en su *Ética a Nicómaco*. La interpretación se sitúa, en consecuencia, en el terreno de la verdad práctica, esto es, la verdad condicionada por los fines de lo humano, esto es, por lo que es bueno para el hombre, y no por un intento de descubrir lo que las cosas son «en sí mismas». De este modo, la hermenéutica nos lleva a pensar que las interpretaciones adecuadas a la norma son aquellas que permiten responder adecuadamente a los fines del ser humano, con independencia de si reflejan o no la intención del legislador al dictarlas, o los valores de la sociedad en la que se forjaron, o cualquier otro factor de este tipo.

5. HERMENÉUTICA Y JUSTICIA: ¿EL DERECHO COMO INSTITUCIÓN ONTOLÓGICAMENTE JUSTA?

La consecuencia inevitable de la introducción de esta fórmula interpretativa es que la concepción de interpretación adecuada penetra profundamente en el propio ser del Derecho. De este modo, si en toda interpretación se ha de buscar qué es lo bueno o malo para el hombre, es obvio que la vía de la hermenéutica lleva emparejada una invocación de lo bueno que ha de hacerse presente a cada momento. Yo sólo sabré cuál es la interpretación más adecuada de una norma cuando determine cuál es la mejor. Saber si esta conclusión puede hacer de la hermenéutica una teoría de la justicia es complejo. De un lado, cabría afirmar que sí, pero sólo a costa de emplear una concepción de lo justo que tiene muy poco que ver con la idea de justicia clásica. Más interesante, parecen, en este sentido, las conclusiones de quienes afirman más bien lo contrario, señalando que la aceptación de la hermenéutica implica necesariamente considerar que no podemos ir más allá de la adecuación de nuestras interpretaciones a unos valores jurídicos imperantes en un momento concreto, esto es, que el sentido de lo correcto no puede ir más allá del ámbito contextual, temporal e intersubjetivo. Justicia y validez, en este sentido, van cogidas de la mano, en la versión jurídica de la hermenéutica, ya que lo válido será lo justo y lo justo lo válido.

Ahora bien, esta concepción del Derecho abre, inevitablemente, un debate acerca de las concepciones de la justicia y la posibilidad de universalizar o no las interpretaciones normativas. La cuestión, en este sentido, consiste en determinar si la concepción de justicia resultante podrá escapar de la idea del relativismo cultural, esto es, la creencia en que cada grupo humano determina una forma de interpretación justa, siendo todas ellas igualmente válidas, o si, por el contrario, es posible encontrar ideales universales de justicia, que se superpongan a las diferencias de precomprensión de las diferentes culturas. La manera, a su vez, en que se ha intentado superar la primera visión puramente relativista para llegar a una forma de universalización son básicamente dos.

De un lado, cabe reseñar la postura de filósofos como M. FOUCAULT o G. VATTIMO, quienes proponen la construcción de una hermenéutica universal construida sobre una ontología nihilista. Se trataría, en este caso, de asumir la idea de que el proceso interpretativo es continuo, una espiral en la que unas interpretaciones se superponen a otras, sin que exista una base común de partida ni un objetivo final que alcanzar, salvo la continuación del propio ciclo hermenéutico, olvidándonos por completo de toda base axiológica común de la que partir o a la que arribar.

Frente a esta primera postura, se alza con fuerza aquella otra que sostiene que la estructura de la comprensión es inmutable, pero eso precisamente hace que sea posible poner de manifiesto cuáles son sus mecanismos, aprendiendo así a entender por qué comprendemos de una determinada forma. Recuérdese, en este sentido que, como decía el mismo GADAMER, la misión de la Hermenéutica no es desarrollar un procedimiento de la comprensión, sino iluminar las condiciones bajo las cuales se comprende. De este modo, mediante el análisis de la comprensión, aprendemos inevitablemente a comprendernos a nosotros mismos. La compresión es, puede ser, autocomprensión. Y autocomprensión crítica, desde luego. Claro que aceptar esta idea permite, por ejemplo, entender como posible la comprensión de otras culturas siendo conscientes del sesgo introducido en nuestra comprensión por nuestra propia pertenencia a un marco cultural concreto. Pero esa posibilidad es la que abre la puerta a una construcción interpretativa intercultural: si somos capaces de reconocer críticamente nuestros condicionantes subjetivos, estamos ya preparados para trascenderlos, para juzgar objetivamente, es decir, siendo neutrales, las interpretaciones realizadas sobre un mismo objeto por diferentes culturas para descubrir cuál se ajusta mejor a los fines del hombre. Así lo entendió no ya sólo el propio GADAMER, sino filósofos del Derecho de la talla del mismo A. KAUFMANN.

Resumen

La hermenéutica podría definirse como el arte de la interpretación. Su idea fundamental, en realidad muy intuitiva, consiste en que los textos y, en general, cualquier manifestación humana, no poseen un único sentido, que debemos descubrir, sino que los adquieren sucesivamente. La idea de verdad deja, por consiguiente, de basarse en la correspondencia con la realidad, sustituyéndose por la de consenso.

En lo que atañe al Derecho, estos presupuestos suponen una desarticulación absoluta de las ideas interpretativas de escuelas como la de la Exégesis, que se basaban en la rigidez interpretativa y en la reducción del juez al papel de un autómata que debería limitarse a aplicar la norma. En su lugar, proclaman la necesidad de interpretar la norma de acuerdo con múltiples criterios, sustituyéndose así la noción de inmutabilidad por una comprensión dinámica de lo jurídico.

De acuerdo con estas bases, es obvio que la hermenéutica no puede proporcionar una teoría de la justicia, al menos si entendemos aquí la idea de justicia como algo que vaya más allá que un consenso interpretativo siempre variable. Por el contrario, la hermenéutica sólo propugna una discriminación entre unas interpretaciones y otras en función de lo que sea más plausible para la sociedad del momento. Hasta ahí llega su idea de justicia, bien es cierto que con ciertas variantes en la obra de algunos autores concretos.

Lecturas útiles

Si desea ampliar, profundizar o contrastar las explicaciones de esta lección, puede encontrar ayuda en:

ALEXY, R., *Teoría de la argumentación jurídica: la teoría del discurso racional como teoría de la fundamentación jurídica*, CEC, Madrid, 1989

GADAMER, H. G., *Verdad y método. Fundamentos de una hermenéutica filosófica*, Ediciones Sígueme, Salamanca, 1977

KAUFMANN, A. / HASSEMER, W., *El Pensamiento Jurídico Contemporáneo*, Editorial Debate, Madrid, 1992

VIOLA, F. / ZACCARIA, G., *Diritto e interpretazione. Lineamenti di teoria ermeneutica del diritto*, Laterza, Bari, 1999

ZACCARIA, G., *Ermeneutica e giurisprudenza. Saggio sulla metodologia di Josef Esser*, Giuffrè, Milano, 1984

Ejercicio de autoevaluación

Responda a las siguientes preguntas:
1. ¿Cree usted que es posible hablar de una hermenéutica jurídica como algo distinto de la hermenéutica del arte?
2. ¿La hermenéutica desarrolla realmente una teoría de la justicia?
3. ¿En qué sentido se puede hablar de justicia siguiendo las bases de la hermenéutica?
4. ¿Considera usted que la hermenéutica es compatible con la universalidad de los derechos humanos?

TEORÍAS CONTEMPORÁNEAS DE LA JUSTICIA (V). LA REMISIÓN A LO JUSTO MATERIAL
(Íñigo de Miguel Beriain)

Objetivo general

Uno de los principales acontecimientos del siglo XX fue, en lo que atañe a la filosofía del Derecho, el retorno de las tesis propias del iusnaturalismo. El objetivo de esta lección consiste en exponer, de un lado, los motivos por los que se produce este hecho y, de otro, las diferentes variantes teóricas a las que dará lugar. No se trata aquí, por tanto, de volver a narrar las concepciones aristotélicas del Derecho Natural, ya convenientemente estudiadas en otros momentos, ni de hablar del iusnaturalismo formalista kantiano o neokantiano, sino de mostrar cómo algunos autores han hecho posible volver a hablar de iusnaturalismo y de leyes injustas en cuanto que alejadas de la ley natural. Será, en fin, el objetivo de este tema que el alumno se familiarice con las tesis de autores como RADBRUCH, VILLEY, MARITAIN o FINNIS, por poner sólo algunos ejemplos, que constituyen, en conjunto, una de las escuelas de pensamiento iusfilosófico más importantes de los últimos tiempos.

Esquema de desarrollo

1.- Introducción; 2.- El resurgir del iusnaturalismo. La obra de Radbruch; 3.- El neotomismo como movimiento. La teoría de lo justo material desde la obra de Santo Tomás; 3.1.- El resurgimiento del iusnaturalismo tomista; 3.2.- Las tesis de la filosofía jurídica neotomista: breve exposición; 4.- El neotomismo crítico: la obra de J. Finnis.

---

1. INTRODUCCIÓN

El siglo XIX fue, sin lugar a dudas, la edad de oro del positivismo como movimiento filosófico. El siglo XX, sin embargo, contempló, ya en sus primeras décadas, una progresiva recuperación de algunos de los ideales del iusnaturalismo, en lo que algunos de sus contemporáneos denominaron el «eterno retorno del Derecho natural». En dicho momento se ha de situar, por ejemplo, la obra de R. STAMMLER, eminente neokantiano a quien se debe la publicación de una obra tan inspirada como *La doctrina del derecho justo*, de1902. Esta tendencia, con todo, difícilmente hubiera logrado llegar mucho más allá de ser una suerte de anomalía en el marco filosófico-jurídico imperante, si no hubiera sido por los atroces crímenes en los que incurrió el

---

nacionalsocialismo alemán durante los años en los que ostentó el poder en Alemania. Esta terrible circunstancia habría de provocar un cambio sustancial en el pensamiento iusfilosófico, dado que algunos autores, entre los que se encontraba uno tan influyente como G. Radbruch, hicieron responsable al positivismo jurídico de la indefensión del jurista que debía ejercer su función bajo dicho régimen y, por consiguiente, parcialmente culpable de cuanto aconteció como consecuencia de todo ello.

El argumento venía a decir que la obligación de obediencia al Derecho, entendiendo como tal el conjunto de normas elaboradas siguiendo los cauces instaurados al efecto, que el positivismo jurídico defendía como uno de sus postulados básicos, había despojado a los juristas alemanes de la posibilidad de desobedecer la leyes del Tercer Reich. Esta acusación era, en sí misma, sumamente injusta, ya que, como han demostrado trabajos como los de H. Schorn o E. Garzón Valdés, que reitera, por ejemplo, A.-E. Pérez Luño, uno de los estamentos que se opuso con más fuerza a las manipulaciones del nacionalsocialismo fueron los jueces. Y eso por no hablar, desde luego, del contenido iusnaturalista de muchas de las propuestas doctrinales que se caracterizaron, más que por otra cosa, por su apoyo a dicho movimiento.

Pese a todo lo dicho, lo cierto es que la crítica apuntada provocó como consecuencia un renacer del iusnaturalismo, encabezado, por encima de todos, por autores de la talla de G. del Vecchio, M. Villey o el propio Radbruch, que se ha prolongado hasta la actualidad, cristalizando en aportaciones tan interesantes como las de R. Alexy o J. Finnis. El objetivo del presente tema consiste en analizar el conjunto de teorías que admiten, como criterio de unión, dentro de su diversidad, la necesidad de definir al Derecho a través de unos contenidos mínimos materiales, que especifican lo que, en opinión de quienes defienden estas teorías, se corresponde con la justicia. Evidentemente, la necesaria brevedad de un trabajo de estas características hará, a la postre, completamente imposible desarrollar detenidamente todas y cada una de las aportaciones realizadas en torno a este tema. De ahí que, en las siguientes páginas, tratemos de esbozar lo que son los rasgos esenciales de cada una de las distintas vertientes de este nuevo iusnaturalismo, dejando para otros momentos mayores profundizaciones.

2. El resurgir del iusnaturalismo. La obra de Radbruch

Si hay un autor que ha ejercido amplia influencia a partir de la Segunda Guerra Mundial en el campo del iusnaturalismo, ese es, sin lugar a dudas, G. Radbruch. Lo más curioso, no obstante, es que, hasta ese momento, cualquiera que hubiera estudiado su obra no dudaría en encuadrarlo en las filas del positivismo jurídico. Sin embargo, los excesos del nazismo tuvieron en su caso un efecto realmente abrumador, hasta el extremo de que hay quien habla de un primer y un segundo Radbruch. El primero sería un pensador positivista, cuyo objeto de estudio se centraría fundamentalmente en la seguridad jurídica, mientras que el segundo debería adscribirse ya en la nómina de los grandes adalides del iusnaturalismo, cuyo afán no sería otro que el de introducir el concepto de justicia en la propia definición de lo que es el Derecho.

Un estudio más detallado, no obstante, permitiría matizar un tanto una caracterización como la descrita. En realidad, la preocupación por los valores del Derecho estuvo siempre presente en la obra de RADBRUCH. Lo que ocurre es que, antes de la guerra, la idea de seguridad parecía cautivarle en mucho mayor medida que la de justicia. Pasada la contienda, no obstante, nuestro protagonista decidió que era necesario centrarse, antes que en otra cosa, en contribuir a evitar que se repitieran los errores del pasado. A este RADBRUCH corresponde la tesis de que existe un mínimo de justicia material que forma parte de todo sistema de Derecho, siendo así que, si éste no lo contiene, sus leyes no serán leyes injustas, sino, simplemente, normas que no son leyes, retomando así la tesis iusnaturalista clásica de que la ley injusta no es ley sino corrupción de ley. Ese contenido mínimo de justicia que debería hallarse presente en todo ordenamiento jurídico para ser considerado realmente como tal consistiría, básicamente, en lo siguiente: el respeto a los derechos humanos, la aceptación del Estado de Derecho, la división de poderes y la soberanía popular, esto es, la vigencia de un modelo electivo de corte democrático.

Nos encontramos, en suma, con que, de acuerdo con las tesis de RADBRUCH, toda norma jurídica, para ser válida, debería cumplir con un doble requisito. En primer lugar, uno de corte puramente formal, como su aprobación de acuerdo con las normas establecidas por el sistema jurídico, lo que permitiría salvaguardar el valor seguridad jurídica. En segundo lugar, otro de contenido estrictamente material, como su adecuación a los contenidos de justicia que acabamos de citar, requisito absolutamente esencial en cuanto que permitiría evitar que volviera a utilizarse el Derecho como forma de opresión al estilo del nacionalsocialismo. Bajo estos parámetros, la obra de RADBRUCH seguirá desarrollándose incluso después de su muerte, inspirando, entre otros, a autores tan importantes como R. ALEXY.

3. EL NEOTOMISMO COMO MOVIMIENTO. LA TEORÍA DE LO JUSTO MATERIAL DESDE LA OBRA DE SANTO TOMÁS

3.1. El resurgimiento del iusnaturalismo tomista

En el año 1879, el papa LEÓN XIII publicaba la encíclica «Aeterni Patris». En ella exhortaba a los católicos a propagar la obra de SANTO TOMÁS DE AQUINO, poniendo de relieve su solidez y sus excelencias. Con dicha declaración, el Pontífice daba un impulso definitivo a la recuperación del pensamiento del genial aquinatense, que había comenzado ya en la Italia del siglo XVIII. El fruto de su convocatoria fue la aparición de un nuevo movimiento iusfilosófico, el neotomismo, que trataría de utilizar los conceptos propios de SANTO TOMÁS DE AQUINO, provenientes, a su vez, en buena parte de ARISTÓTELES, para crear una nueva versión del Derecho Natural adecuado a la época contemporánea, y que alcanzaría un particular esplendor a lo largo de la segunda mitad del siglo XX.

Entre los autores que cabe incluir en la nómina de este neotomismo se hallarán, entre otros, algunos de la talla de J. MARITAIN, M. VILLEY, G. AMBROSETTI, S. COTTA, E. LUÑO PEÑA, etc., cuya obra sigue influenciando la de profesores que ahora mismo desarrollan esta línea de pensamiento. Evidentemente, no tendremos ahora ocasión ni espacio de hablar detenidamente de cada uno de ellos, ni de explorar las diferencias específicas que existen entre sus diferentes visiones, no siempre tan coincidentes como se suele suponer. De ahí que en las páginas siguientes tratemos, antes que nada, de exponer cuáles son las características comunes a este movimiento, con especial relación a la idea de Justicia, que es, al fin y al cabo, el objetivo esencial de este tema.

3.2. Las tesis de la filosofía jurídica neotomista: breve exposición

El punto de partida esencial de la doctrina filosófico-jurídica neotomista consiste en la aceptación de que es posible hallar el contenido del derecho natural, esto es, que existe un derecho que es previo al derecho positivo, un derecho, a su vez, justo, esto es, un sistema jurídico que supone la plasmación del ideal de justicia. En este sentido, el movimiento neotomista defiende una teoría de la justicia absolutamente material: será justo lo que ordene el derecho natural e injusto lo que atente contra él. A partir de esa creencia común, habrá diferentes versiones concretas del neotomismo en función, por ejemplo, de si un autor concreto sostiene que una ley de derecho positivo sólo es derecho si no contradice lo dispuesto en el derecho natural (versión mayoritaria) o de si prefiere aceptar la juridicidad de toda norma aprobada siguiendo los cauces formales dispuestos al efecto, si bien dejando patente que nunca será una norma justa (visión minoritaria defendida por FINNIS, que veremos a continuación). A estas dos principales vertientes, hay que añadir una tercera, que habla de leyes injustas, pero niega la posibilidad de que todo el sistema jurídico lo sea, por cuanto el derecho natural, entendido como derecho objetivo justo, se identifica con la noción misma de derecho (idea defendida, entre otros, por S. COTTA, F. ELÍAS DE TEJADA, J. MESSNER, etc.)

Tenemos, por consiguiente, un primer punto de partida desde el que construir el pensamiento neotomista: la creencia en la existencia de un derecho natural, una leyes suprapositivas que encarnan el ideal de justicia. Ahora bien, esta constatación no serviría de gran cosa si no fuera acompañada por la creencia en la posibilidad de acceder al conocimiento de ese sistema. El derecho natural, a juicio de los autores neotomistas, es susceptible de comprensión por parte del ser humano, esto es, es un orden objetivo cognoscible. La cuestión, por supuesto, radica en saber cómo es posible conocer ese sistema, cuáles son los mecanismos que nos llevan a saber qué debemos hacer. Para resolver esta cuestión, el neotomismo utilizará un concepto particularmente polémico, el de naturaleza, que da lugar a dos líneas diferentes dentro de este movimiento.

Así, y a juicio de una primera línea de autores, encabezada por VILLEY, la idea de naturaleza hace referencia al orden natural del mundo en sí. Por tanto, basta con observar el mundo para entender las leyes que objetivamente deben regirlo y que conforman el derecho justo. De acuerdo con otras vertientes del neotomismo, no obstante, la idea de naturaleza debe entenderse como sinónimo de esencia humana. Según los autores que defienden esta segunda versión, todos los seres humanos compartimos una misma naturaleza, entendiendo el significado del término como esencia común a todos los hombres. De ahí se deduce, por su parte, que, siguiendo cuáles son las inclinaciones de esa naturaleza, y no, por supuesto, sus depravaciones, podremos deducir qué es el bien, esto es, cuáles son los postulados básicos del derecho natural, de una manera estrictamente objetiva.

En conclusión, cabe decir que la característica común de todo el pensamiento neotomista no es otra que la creencia en un orden natural de valores, que cristaliza en los preceptos del derecho natural. Orden, de otra parte, perfectamente cognoscible para los seres humanos, ya sea mediante la observación de las inclinaciones de la naturaleza humana o de la naturaleza, en general. De ahí, por tanto, que las leyes positivas no puedan ser, en realidad, sino, o bien la repetición de lo establecido en el derecho natural, que es obviamente el derecho justo, o bien su desarrollo lógico. En cualquier otro caso, léase una norma jurídica que contradiga lo dispuesto en el derecho natural, no nos hallaríamos sino ante una corrupción de ley, que carecería de toda fuerza moral de obligar.

4. EL NEOTOMISMO CRÍTICO: LA OBRA DE J. FINNIS

Uno de los autores más originales de los últimos tiempos es, sin lugar a dudas, el profesor de Oxford J. FINNIS. En principio, cabría adscribirlo sin problemas dentro de la nómina de los neotomistas, pero las particularidades de su obra hacen que sea necesario tratarlo de forma independiente. Y es que, si bien es cierto que el profesor FINNIS comparte con todos los demás neotomistas un supuesto básico, como es la recuperación del pensamiento de SANTO TOMÁS DE AQUINO, también lo es que, en su caso, el punto de partida de todo su pensamiento se fundamenta en la interpretación que G. GISEZ hace de la obra del aquinatense, lo que es tanto como decir que su visión de la escolástica es completamente diferente a la que realizan todos los autores citados en los apartados anteriores.

Así por ejemplo, el iusnaturalismo de J. FINNIS, muestra considerables divergencias con el de otros autores neotomistas cuando se refiere a la interpretación del precepto tomista de que la ley injusta no es ley sino corrupción de ley. A juicio del profesor de Oxford, este aserto no pone en cuestión, ni mucho menos, la validez de las leyes injustas, que son, ciertamente, leyes, sino la obligación moral de obedecerlas. Lo que Santo Tomás quería expresar con esta sentencia, por tanto, era la negación de la existencia de un imperativo de cumplir con las normas vigentes independientemente de su contenido concreto, y no la de su validez. De ahí, por tanto, que, en su visión del iusnaturalismo, sea perfectamente posible discutir el postulado positivista de la obligación prima facie de obediencia al Derecho, pero no el de la distinción entre norma jurídica y moral, que Finnis entiende perfectamente razonable.

La principal diferencia entre estos autores y el pensamiento tomista clásico radica, no obstante, en que, a diferencia de éstos, J. Finnis, J. Boyle y G. Gisez, creen que el descubrimiento de los bienes no corresponde a la razón teórica, sino a la razón práctica. Así, a diferencia de lo que ocurría con los otros tomistas, van a negar la posibilidad de obtener preceptos morales o normas jurídicas válidas a través de la observación del ser humano. A su juicio, la idea de que existe una naturaleza común de todos los seres humanos, hecho del que cabe extraer mandatos universalmente válidos es un error que lleva necesariamente a la falacia naturalista, un error derivado de una pésima comprensión del primer principio de la razón práctica establecido en la doctrina de Santo Tomás de Aquino. Lo que esta nueva forma de tomismo, crítica con la anterior, va a interpretar del pensamiento del aquinatense es que existe una serie de bienes que son accesibles a la compresión del ser humano intuitivamente, gracias a su razón práctica. Los seres humanos aspiramos naturalmente al logro de unos bienes, y somos capaces de reconocer una serie de valores que nos conducen a ese bien, sin necesidad de recurrir a la experiencia, que sólo nos sirve para matizar o modular ese conocimiento. De este modo, la fuente de conocimiento del derecho justo será la intuición, y no la observación.

Entre los bienes que J. Finnis establece como propios del ser humano están: la vida, que incluye la salud; el conocimiento; el juego, esto es, la actividad encaminada al disfrute; lo estético, es decir, el arte; la amistad; la razonabilidad práctica o capacidad de usar la inteligencia; y la religión, o la reflexión sobre el orden último que impera en el cosmos. De estos bienes básicos, a su vez, el autor citado extraerá, mediante deducción, una serie de exigencias de la razonabilidad práctica comunes a todo hombre, que darán lugar, como tales, a los principios morales: un plan de vida coherente; preferencias no arbitrarias entre valores; preferencias no arbitrarias entre personas, lo que supone que nuestros juicios morales han de ser universalizables; cierto despego de nuestros proyectos vitales, para evitar perder nuestra autodeterminación razonable si se truncan; cierto compromiso con los propios proyectos, no obstante, que nos permita realizarlos; respeto por todo valor básico existente en cada acto, lo que implica el respeto por los derechos humanos; procurar el bien común de las comunidades propias; y seguir la propia conciencia y no hacer lo que nos dicta que no debe hacerse. Este catálogo de principios será, en último término, el eje esencial del derecho natural en la interpretación de Finnis.

Resumen

El iusnaturalismo católico, de corte muy diferente al racionalista, se hallaba ya presente, tras un intervalo de cierto adormecimiento, en la Italia del siglo XVIII. Será, no obstante, la exhortación papal del siglo siguiente la que dará comienzo a una resurrección que llegará a su momento álgido en la segunda mitad del siglo XX. Tras la II Guerra Mundial y los horrores del nacionalsocialismo, autores como RADBRUCH denunciarán los perversos efectos que había provocado la imposición del positivismo en el pensamiento filosófico-jurídico.

La consecuencia de esta denuncia fue, inevitablemente, un impulso decidido a las teorías que defendían la existencia de un Derecho Natural, previo al propio derecho positivo y al que éste habría de adaptarse. Autores como MARITAIN, VILLEY, LUÑO PEÑA, etc., surgieron en este punto como grandes actualizadores de la obra de SANTO TOMÁS DE AQUINO o, más allá, del propio Aristóteles, creando una filosofía del Derecho basada en el respeto a la persona y los derechos que la acompañan. Dichos derechos, a su vez, parten del estudio de la naturaleza, que debemos estudiar cuidadosamente para entender cuáles son las inclinaciones que han de ser protegidas normativamente.

Este movimiento neotomista, no obstante, ha cosechado grandes críticas, en los últimos tiempos, dentro de los propios seguidores del genio aquinatente. La más acentuada de todas ellas es, sin duda, la de JOHN FINNIS, quien ha planteado su propia interpretación de la obra de SANTO TOMÁS, partiendo de la base de que sólo cabe hallar los principios propios del derecho natural a través de la intuición y no de la observación, como proponen los demás neotomistas.

Lecturas útiles

Si desea ampliar, profundizar o contrastar las explicaciones de esta lección, puede encontrar ayuda en:

FINNIS, J., *Ley Natural y Derechos Naturales*, Abeledo-Perrot, Buenos Aires, 2000

KAUFMANN, A. / HASSEMER, W., *El Pensamiento Jurídico Contemporáneo*, Editorial Debate, Madrid, 1992

MASSINI-CORREAS, C. I. / BEUCHOT, M., *El iusnaturalismo actual*, Abeledo-Perrot, Buenos Aires, 1996

RADBRUCH, G., *Filosofía del Derecho*, Editorial Comares, Granada, 1999

STAMMLER, R., *Tratado de Filosofía del Derecho*, Editora Nacional, México, 1980

Ejercicio de autoevaluación

Responda a las siguientes preguntas:

1. ¿Cuál cree usted que es la diferencia entre los nuevos modelos de iusnaturalismo y el de Aristóteles?
2. ¿Cree usted que las teorías filosóficas nacionalsocialistas eran positivistas o iusnaturalistas?
3. ¿Qué opina de la crítica de Finnis a los neotomistas?
4. A su juicio, ¿consigue este nuevo iusnaturalismo salvar las taras del antiguo?

UNIDAD DIDÁCTICA III
CUESTIONES POLÉMICAS ACTUALES EN FILOSOFÍA JURÍDICA Y POLÍTICA

Objetivo general de esta Unidad Didáctica

Esta Unidad Didáctica persigue el objetivo de enfrentar a los alumnos de «Filosofía del Derecho» con varias cuestiones teóricas y prácticas que son en la actualidad centros de interés y de preocupación para los estudiosos de la filosofía social, política, ética y jurídica. Así, aborda la explicación del creciente fenómeno del multiculturalismo (*Lección 15*), entra en el examen de los procesos de mundialización y universalización de los derechos humanos (*Lección 16*), analiza el sentido y alcance de la llamada tercera generación de derechos humanos (*Lección 17*) y pasa revista a varias manifestaciones actuales de las siempre polémicas relaciones del Derecho con la Ética (*Lección 18*).

PLURICULTURALISMO Y MULTICULTURALISMO[1]
(Ana María Marcos del Cano)

Objetivo general

Con esta lección, dedicada al estudio de la problemática que el *Multiculturalismo plantea al Derecho y los sistemas políticos actuales* pretendemos que el estudiante se adentre en la tarea de pensar cuáles deben ser las categorías que regulen esta situación compleja, en la que se está configurando una sociedad diferente y, por lo tanto, quedan también cuestionados los fundamentos de los principios democráticos y jurídicos sobre los que se asienta.

Esquema de desarrollo

La idea central de la lección se desarrolla en las siguientes fases:
- en un primer momento, se expone el estado de la cuestión, esto es, cómo las nuevas coordenadas sociales están configurando sociedades diferentes,
- en un segundo momento, se exponen una serie de aclaraciones terminológicas,
- por último, se analizan las distintas propuestas de gestión de la diferencia desde los autores más relevantes y las críticas que han recibido.

---

1. ESTADO DE LA CUESTIÓN: LA FORMACIÓN DE SOCIEDADES MULTICULTURALES

La sociedad actual no se puede entender si no es teniendo en cuenta el fenómeno migratorio. El movimiento que se está dando no es ajeno a nadie, tanto desde el punto de vista social, como jurídico-institucional: creación de foros, observatorios, direcciones generales, consejerías, planes educativos de atención a la diversidad, planes estratégicos y modificaciones legislativas que tratan de hacer frente al fenómeno de la inmigración. A diferencia de años pasados, la inmigración no es algo pasajero, al estilo del *gastarbeiter* que iba a trabajar fuera y volvía con el tiempo a su país de origen. No, ahora, el inmigrante viene y se queda y trata por todos los medios de reunir a su familia en el país de destino. Es cierto, y así se ha afirmado por varios autores, que el grupo social no ha sido nunca homogéneo, sino que la diversidad cultu-

---

[1] Las explicaciones correspondientes a los números de llamada que aparecen encerrados dentro de un recuadro están recogidas en la Segunda Parte del libro (páginas 304-305).

ral ha coexistido sin mayores problemas. Siendo esto así, no es menos cierto que en la actualidad convergen factores que otorgan al momento una novedad sin precedentes. En este sentido, la globalización que pareciera, por un lado, que debería homogeneizar, está produciendo el efecto contrario y es la afirmación con más fuerza, si cabe, de las identidades nacionales y culturales. Esta globalización, como afirma S. NAÏR, engendra la mutación de pertenencias, la desregulación de las identidades nacionales, la ausencia de un paradigma de referencia colectiva. De ahí el repliegue sobre los marcadores primarios: la identidad personal, la referencia confesional, la pertenencia étnica, la identidad lingüística diferenciada, etc. La globalización tecnológica y de las comunicaciones ha posibilitado una movilidad geográfica y social, que a su vez, ha hecho resurgir problemas como el racismo, el nacionalismo, el fundamentalismo, problemas que hunden su raíz en el etnocentrismo.

La mayor movilización geográfica, económica y migratoria, así como los cambios jurídico-políticos de Europa, están llamando a la puerta del anquilosado Estado-nación moderno que no parece saber dar respuesta al problema que actualmente se presenta. Siempre se ha dicho que el Derecho va detrás de la realidad social que debe regular. En este caso es evidente, y ahí se corre el riesgo –como así ha pasado- de que las propias leyes se conviertan en ensayos, en conatos que no logren afrontar el problema desde toda su complejidad y desde su dimensión de permanencia que, sin duda, trae.

En España en concreto tenemos una reciente (pero abundante) historia legislativa en materia de inmigración. La conocida ley de extranjería de 1985, ley /1985, de 1 de julio sobre derechos y libertades de los extranjeros en España, concedía una amplia discrecionalidad a la Administración y establecía un sistema de contención en el control de flujos migratorios. Su núcleo central eran las sanciones. A partir de 1990, se prepara el camino para la reforma con un amplio consenso que se culmina, no obstante diez años después con la Ley 4/2000 de 11 de enero, sobre derechos y libertades de los extranjeros en España y su integración social. El reconocimiento de derechos (artículos 3 a 20), la proclamación de la lucha contra la discriminación (artículos 21 y 22), el ajuste de las decisiones administrativas a las exigencias del Estado de Derecho (artículos 25 y 56, por ejemplo), son su principal haber, siguiendo a J. DE LUCAS. Sin embargo, es reformada ese mismo año por la ley 8/2000 que supuso un retroceso al afrontar la regulación más como una cuestión de orden público que como una realidad de nuevos derechos que hay que configurar [1].

Sin duda, es urgente el pensar en las distintas propuestas que existen, que están surgiendo sobre cómo gestionar esta nueva realidad social y jurídica. Y la filosofía jurídica y política tienen una misión hermenéutica de claridad y comprensión. Por consiguiente, nos urge repensar la esfera pública (donde lo ético, lo político y lo jurídico se encuentran entremezclados) como condición de posibilidad de resolución de nuestros problemas actuales. Es importante, en estos momentos, sobre todo, en nuestro país, el no perdernos en querer dar soluciones inmediatas, aunque medidas evidentemente hay que tomar, sino el adentrarnos en las bases teóricas de las distintas

propuestas doctrinales, en sus consecuencias para las sociedades complejas y multiculturales de nuestro tiempo. Se ha pasado de las sociedades tradicionales a las sociedades modernas y sus instituciones; y ahora estas sociedades se están transformando
en sociedades en las que cada vez más crecen las redes globales de producción, consumo y comunicación. Y, por el otro, se da un retorno a comunidades cerradas, com-
pactas y homogéneas. La pregunta es si ante esta transformación radical, las instituciones, las leyes, las convenciones sociales y lo que, en definitiva, fundamenta el
ordenamiento jurídico-constitucional, el Estado de Derecho, presentan la capacidad
de variar y, no sólo eso, sino si están preparadas para gestionar esta modificación del
grupo social que está emergiendo en la confluencia de las distintas culturas y gentes.

El fenómeno de la inmigración hoy en nuestro ordenamiento jurídico implica un
desafío al paradigma de la universalidad de los derechos humanos. La cuestión jurídico-política sobre la inmigración se debate hoy entre la exclusión de los derechos
más básicos, el asimilacionismo y la política del reconocimiento de la diferencia; además de poner en evidencia que la esfera pública de las sociedades democráticas se
está consolidando de hecho en una serie de criterios que institucionalizan la exclusión, lo que socava el fundamento legitimador de nuestro orden jurídico-político.

Ello se debe, en parte, a que perdura la lógica del Estado-nación, tanto en la atribución de la ciudadanía como en la gestión de la esfera pública, en la que el consenso está garantizado por la homogeneidad cultural que entonces reinaba. Hoy, perdida ya esa uniformidad, y también perdida la aceptación de un papel subordinado
de ciertos colectivos a favor del grupo dominante, se reivindica no sólo la igualdad
de derechos, sino derechos que reconozcan la diferencia de determinados colectivos.

La confluencia de varios factores hacen de su análisis, una temática con muchas
bifurcaciones, todas ellas de gran interés desde la perspectiva de la filosofía jurídica
y política. En primer lugar, determinadas circunstancias fácticas, como los movimientos masivos de personas, la misma globalización, la confluencia de culturas
diversas en un mismo grupo social, la pluralidad de creencias..., han incidido en el
hecho de que cada vez más autores se sumen a analizar este fenómeno. En segundo
lugar, determinadas circunstancias teóricas, como la crítica postmoderna al paradigma universalista ilustrado, el pluralismo jurídico, la crisis de soberanía estatal, la crisis del concepto de ciudadanía, los derechos de las minorías, la universalidad de los
derechos humanos, la integración de los inmigrantes e incluso la transformación de
la propia concepción de la estructura del Derecho y de la legitimación del Estado...
provocan un interés creciente por estas cuestiones en nuestra disciplina.

Esta situación coloca a nuestro sistema jurídico-político ante el reto de ver hasta
qué punto es capaz de gestionar, de integrar la diferencia, de hacer que realmente
nuestras democracias sean inclusivas y plurales. Nos coloca, sobre todo a los juristas,
ante el desafío de pensar cómo articular los mecanismos jurídicos, de modo que esas
diferencias culturales que conforman el mosaico de estas nuevas sociedades, no
menoscaben las condiciones de calidad de vida, entendida no sólo como satisfacción

de necesidades básicas, sino también como garantía de derechos, que atraen precisamente a la inmigración. Nos sitúa en el plano de la búsqueda de la legitimidad desde el paradigma del respeto a los derechos humanos, más que en la constatación de una legalidad que constantemente estigmatiza al inmigrante.

No es mi pretensión concluir con una solución en esta compleja problemática. No hay respuestas rotundas, mas no todo es oscuridad. Como decía ADORNO *es imposible conocer las sociedades eliminando la tensión entre lo universal y lo particular, porque lo que confiere unidad a este mundo es precisamente la contradicción* 2 . Y esta es una máxima que vertebra el fondo de los debates sobre estas cuestiones, como ahora expondré.

2. ACLARACIONES TERMINOLÓGICAS

Ya el mismo título de esta lección *Pluriculturalismo y Multiculturalismo* puede inducir al lector a una confusión acerca de las realidades que describen cada uno de esos términos. No es para menos, la ambigüedad en este ámbito no es algo ajeno al propio discurso que jalona las cuestiones respecto a estas nuevas situaciones.

En principio, el *pluriculturalismo* surge más bien como término que describe los fenómenos de varias culturas dentro de una misma nación, por contraposición a la idea de nación = una cultura. Ya no vivimos en sociedades edificadas por una voluntad nacional que asociaba sus leyes y sus instituciones a una sociedad con una cultura. Este término se utiliza en fenómenos propios de las periferias de occidente donde la diversidad cultural se corresponde además con una diversidad histórica y económica, sobre todo, en América Latina.

El *multiculturalismo*, que bien podría definirse como acabamos de hacer con el *pluriculturalismo,* se diferencia, sin embargo en que se utiliza más bien en Estados Unidos, en Canadá y en Europa para referirse a la diversidad cultural asentada en una homogeneidad económica. Este término describe un hecho, un proceso, no es una opción normativa, esto es, no se puede decir que se está a favor o en contra del multiculturalismo –aunque muchos autores así se pronuncian- sino que describe una situación en la que se encuentran muchas sociedades actuales en las que existe una heterogeneidad cultural, religiosa y política creciente, provocada por muy diversos factores, como hemos visto en el epígrafe anterior. También es cierto que puede haber distintos tipos de multiculturalismo, entendido éste como diversidad en sentido amplio; podemos hablar de diversas nacionalidades, lenguas, etnias, colectivos dentro de un mismo país y eso también puede ser calificado como multiculturalismo.

Todo esto, hace de la definición de multiculturalidad una cuestión polémica y ambigua. Como consecuencia de ello, y como muy bien señala W. KYMLICKA, existen formas muy diferentes de entender el fenómeno del multiculturalismo. Así, por ejemplo, en Canadá, uno de los países pioneros en recoger en la constitución los derechos culturales de las minorías, ha interpretado oficialmente el multiculturalismo desde coordenadas étnicas, esto es, como una variante democrática de las políticas de integración donde las diferencias etnorraciales se promueven e incorporan formalmente en el orden político y social. Mientras que en Estados Unidos, el debate multiculturalista ha cuajado como una crítica a las instituciones políticas y culturales reinantes, y como un movimiento reivindicativo basado en la negación de la superioridad de la cultura occidental. Por último, en Europa el multiculturalismo se ha convertido en una parte integral del debate político, consolidándose como una ideología que proclama el reconocimiento de las aportaciones culturales recibidas de la inmigración y el derecho de los grupos étnicos minoritarios a la supervivencia. En algunos países europeos sobrevive como un lema político que reclama recursos y cuotas de influencia para estos grupos minoritarios en nombre del derecho a la autonomía cultural [3] . En el caso de España, el multiculturalismo ha sido acogido con cierto interés y con una intencionalidad política muy concreta por los nacionalistas [4].

Cada una de estas formas diversas de entender la multiculturalidad plantea sus propios retos y requiriere un trato teórico y práctico diferenciado [5]. Pero, a pesar de las diferencias existentes en ver, comprender, gestionar el multiculturalismo, se detecta la siguiente idea común: los miembros de las sociedades democráticas cada vez menos están dispuesto a diluirse simple y llanamente en los patrones culturales dominantes, y por el contrario, cada vez más están dispuestos a mantener sus múltiples adhesiones culturales y a reivindicar el reconocimiento de su diferencia. El modo de gestionar esa diferencia, las propuestas normativas que se realicen tanto en el ámbito político-jurídico como social será el reto y desafío de nuestras sociedades actuales Véamoslo más detenidamente.

3. Modelos de gestión de la multiculturalidad

El análisis de las distintas doctrinas y soluciones normativas acerca de la gestión de la diversidad cultural en la organización jurídico-política de nuestros sistemas es muy complejo pues nos lleva al debate entre liberalismo y comunitarismo y, en definitiva, al análisis de cuestiones de antropología filosófica.

Aquí la pregunta es qué relevancia y valor representa la pertenencia cultural para la configuración y reconocimiento de la propia identidad individual y, por consiguiente, para la organización social, jurídica y política la pregunta de fondo es ¿cómo (desde dónde) se configura la identidad del hombre? ¿Desde dónde surge ese yo y qué relevancia presenta lo social, —en este caso, el contexto cultural— en ese proceso? La cuestión es ¿qué función puede desempeñar la adscripción cultural sobre la identidad del sujeto? Y, por lo tanto, ¿qué relevancia adquiere en la esfera pública? Realizo estas preguntas para mostrar la complejidad y profundidad del tema y que, en este ámbito, sólo podremos esbozar algunos rasgos de las líneas de pensamiento que se han dado. En el fondo está la cuestión –importantísima en este punto– de cómo lograr la cohesión social de una sociedad cada vez más heterogénea en modos y comprensiones de vida. Este es el debate que subyace a cada una de las propuestas que, a continuación, paso a señalar y que, aún a riesgo de simplificaciones, dada por la necesidad de la clasificación, se podrían concretar en tres:

3.1. Planteamiento liberal

Desde esta posición, se concibe la esfera pública como un consenso de valores procedimentales, informados por los principios de igualdad y autonomía y definidos en los derechos individuales. En las sociedades complejas con distintas doctrinas comprensivas acerca de lo que es la vida buena, sólo hay un modo de garantizar esa pluralidad y es mantener la neutralidad de la esfera pública. El Estado no puede identificarse con una visión comprensiva del mundo, ni propugnarla. En este sentido, lo particular se deja fuera del discurso público.

En esta posición hallamos el planteamiento de RAWLS y de HABERMAS desde una perspectiva general, si bien con distintos matices. Así, en RAWLS en su *Political Liberalism* sostiene que no hay minorías con derechos distintos a los de las personas que las forman. Basta el reconocimiento de los derechos de los individuos como tales, no tiene sentido defender a unos colectivos cuando sus miembros pueden ser protegidos por un derecho dirigido a todos los individuos, formen o no parte de determinadas minorías. La agenda pública debe restringirse de antemano a las cuestiones que atañen a la «razón pública», dejando de lado las particularidades y cosmovisiones de los que van a conformar el consenso entrecruzado que legitimará las decisiones que se tomen.

En cambio, en el planteamiento de HABERMAS, si bien coincide de fondo con las ideas liberales, no se establece de antemano qué es lo público y qué es lo privado, sino que será en el desarrollo del discurso y mediante las reglas establecidas, donde los individuos rechacen o admitan determinadas cuestiones para el ámbito público por las razones que se argumenten. Así, el estado debe procurar y facilitar por tanto el acceso a determinadas culturas pero no debe inmiscuirse y menos proteger o fomentar la protección de determinadas culturas.

Esto implica que desde la sociedad civil haya más participación, que se diseñen prácticas, diálogos y espacios públicos en torno a las cuestiones normativas controvertidas, para que todos los afectados puedan participar. No presupone que se llegará a un consenso entre los distintos proyectos morales, políticos y culturales, pero aún cuando así fuera y haya que acudir a la ley para fijar los límites de la coexistencia, las sociedades en las que dichos diálogos hayan tenido lugar en la esfera pública articularán un punto de vista cívico de «mentalidad ampliada».

Esta es la solución normativa que se ofrece desde las posiciones «liberales». El Estado con el fin de paliar las desigualdades económicas, sociales y culturales que afecten a los colectivos diferenciados establece una serie medidas de promoción o protección puntuales que, en todo caso, tendrán el carácter de temporales, hasta que la causa que justificó su puesta en marcha ceda. Desde esta posición, se defiende un modelo de integración asimilacionista en cuanto a los valores constitucionales, en el sentido de que se hace una reserva de patrimonio común: el denominado por GARZÓN VALDÉS el «coto vedado» (constituido por los derechos humanos), el «patriotismo constitucional» de HABERMAS, a diferencia del «patriotismo nacionalista» de HERDER.

Sin embargo, se sostiene que la inculturación propiamente dicha –entendida como asimilación de una nueva forma de vida y pérdida de raíces- no estaría justificada. Las diferencias culturales deben acomodarse a unos mismos valores constitucionales ya que son los únicos capaces de concitar la lealtad colectiva, pero eso no implica que el inmigrante no se pueda expresar mediante sus signos de identidad cultural, siempre y cuando no vulnere los principios básicos del ordenamiento jurídico constitucional. En este sentido, el inmigrante o bien se asimila a la cultura del país de destino, o bien, en la medida que no contravenga las normas vigentes, desarrolla su propia cultura. Habría que ver en este caso hasta qué punto se puede hablar de una asimilación voluntaria y no forzosa por las condiciones precarias en las que se encuentra y desde aquí es desde donde muchos apuntan la necesidad de derechos especiales que protejan esas culturas que, si no, de otra forma, se diluirán en la sociedad de destino.

La concepción del sujeto de la que parten estos autores es la que se ha configurado desde la modernidad, el modelo kantiano, el yo desvinculado. La persona se comprende a sí misma como fuente de reivindicaciones morales válidas y en el nivel público debe ser tratada como capaz de elaborar y buscar un sentido del bien y consagrarse a una cooperación razonable. El concepto de individuo –creado desde los planteamientos de idealidad trascendental kantiana, basado en la idea de libertad e igual dignidad– es la persona, racional y autónoma, núcleo de atribución de derechos y obligaciones. La prioridad aquí es el individuo y todo está orientado al mejor aseguramiento de la libertad de los miembros del grupo. Se trata de un presupuesto normativo más que de la descripción de la persona (de carne y hueso) que luego hará el comunitarismo. En este sentido, se pone el acento en la configuración de la persona en su capacidad autónoma, en su capacidad de elegir, más que en el contexto que puede configurar esas elecciones y su propia identidad.

Así, cualquier diferencia cultural debe quedar relegada a la esfera privada, pues lo cultural no presenta una relevancia tal para ser tenida en cuenta en la configuración del espacio público. Es más, o bien se consideran como necesidades secundarias como el folklore y la gastronomía; o bien son prácticas que chocan contra el código ético jurídico vigente y, por lo tanto, son intolerables, forman la *alteridad inaceptable*. Aquí se entiende que lo básico no es tanto la especificidad cultural, cuanto el acceso a la cultura que ya se recoge entre los derechos básicos. La intervención que se propone se concreta en algunos casos en medidas de acción positiva siempre que sean temporales hasta que acabe la causa de la discriminación.

Esta posición ve en el multiculturalismo un riesgo para la democracia, pues no creen que se pueda mantener un mínimo de homogeneidad si se atiende a las diferencias culturales. Se podría decir que hoy esta posición se ha convertido en la necesidad de preservar la cultura occidental y su derecho. La posición más extremista es la de HUNTINGTON cuando alude al «choque de civilizaciones» que se produce por la incompatibilidad de las distintas culturas y ese conflicto sólo tiene una salida: optar por el modelo más valioso, el superior, el preferible.

Tras estas propuestas, como afirma J. DE LUCAS, se aloja un reduccionismo básico: el que sostiene el carácter imprescindible de la homogeneidad social como requisito para la pervivencia y estabilidad de cualquier grupo social. Es obvio que un cierto grado de homogeneidad es necesario, pero de ahí a considerar que tal homogeneidad venga dada por las características culturales media un abismo. Tratar de que así fuera, sacrificaría las diferencias, la diversidad, para lograr una unidad que aumente la capacidad de imposición del grupo. Esta posición pierde de vista la naturaleza conflictiva de la sociedad 6 en la que la diferencia debe ser tenida en cuenta, si no se quiere entrar en una regulación distante de todo realismo.

3.2. Planteamiento liberal moderado

Desde esta perspectiva, la esfera pública diseñada desde los fundamentos del liberalismo debe utilizar algún mecanismo corrector, a la hora de garantizar sus derechos a ciertos colectivos, puesto que la neutralidad del Estado es insuficiente, se requiere una actuación positiva por parte de éste. El Estado no debe limitarse a defender los derechos de los individuos, sino también los de las diversas comunidades culturales en las que éstos se integran. No puede considerarse como algo meramente privado la pertenencia de los individuos a distintas comunidades culturales. Es más, el Estado se tiene que constituir como un Estado poliétnico, como aquél que viene siendo el resultado de la inmigración individual y familiar y que genera un pluralismo cultural.

Esta tesis es defendida por el canadiense W. KYMLICKA y propugna dos límites a ese reconocimiento de los derechos diferenciados de grupo: a) la libertad interna de los miembros del grupo, esto es, que dichos derechos no coarten a los miembros del grupo en nombre de una pretendida «pureza cultural». Es lo que él denomina «restricciones internas»; b) la igualdad externa en el tratamiento dispensado a los demás grupos, esto es, el derecho de un grupo a limitar el poder político y económico ejercido sobre dicho grupo por la sociedad de la que forma parte, con el objeto de asegurar que los recursos y las instituciones de que dependa la minoría no sean vulnerables a las decisiones de la mayoría. Esto es lo que él denomina la «protección externa».

La justificación de este reconocimiento radica en que hay un déficit en su reconocimiento, por lo que se vuelve necesario ese «plus». No se trata entonces de un privilegio, sino de una necesidad. Además, existen algunos derechos que no son de la persona, sino del grupo en sí mismo como, por ejemplo, el derecho a la identidad cultural.

Las medidas concretas que propone arbitrar KYMLICKA se condensan en lo que él denomina «derechos poliétnicos específicos en función del grupo». Así, y al mismo tiempo que se establecen esfuerzos para combatir prejuicios y discriminación, reforzando las leyes antidiscriminatorias y cambiando la imagen que se da de los inmigrantes en los libros de texto, en los documentos del gobierno y en los medios de comunicación, propone que se pueden permitir determinadas modificaciones en las instituciones de la cultura dominante, como por ejemplo, determinadas exenciones por ejemplo a los judíos, a los musulmanes, a los sijs...

Esta posición parte de una concepción del «yo contextualizado», un sujeto de carne y hueso, configurado por las relaciones sociales y experiencias de sentido en las que ha nacido y se constituye. Esa concepción del yo como sujeto moral bebe de las fuentes hegelianas en las que la identidad individual se conforma desde la comunidad. Sostiene que los seres humanos no son «átomos aislados», sino que su pertenencia a un grupo cultural es un bien, un ingrediente para las opciones con sentido y para la propia autoestima, autorrespeto y autoconfianza del individuo.

El contexto cultural es necesario para la toma de decisiones individuales significativas. La protección de las culturas de determinados grupos es una exigencia del liberalismo. El reconocimiento de los derechos colectivos culturales es condición necesaria para el ejercicio de la autonomía individual. Y esto porque la cultura sólo puede garantizarse y potenciarse si se reconoce como derecho de un grupo.

3.3. Planteamiento comunitarista

Lo que reivindica esta posición, más bien moderada dentro de los planteamientos comunitaristas, es una política de la diferencia que suponga afirmar la especificidad de cada grupo con el objetivo de conseguir una democracia más inclusiva.

El representante de esta corriente es el también canadiense TAYLOR, quien afirma que lo que hasta ahora viene siendo la concepción liberal igualitaria del –liberalismo [7]– (la noción burguesa de dignidad igualitaria, la política del universalismo y el movimiento del reconocimiento de los derechos civiles), debe dar un paso más, el cambio dado por el desarrollo de la moderna noción de *identidad individual y única* que daría pie a la política de la diferencia –liberalismo [8]–. Distingue el concepto igualitario de dignidad del de identidad. Con el concepto de dignidad se buscan unos derechos universales e iguales para todos, y con el de identidad se busca el reconocimiento de unos derechos para un grupo de individuos que pertenecen todos a un grupo diferenciado. Se pone, así, el énfasis más en la singularidad que en la igualdad, partiendo de la base de que hay ya un reconocimiento universal de derechos. Además, TAYLOR considera imprescindible atender a las diferencias si queremos evitar que algunas culturas desaparezcan y con el fin de alcanzar la igualdad respecto de aquellos grupos más desfavorecidos. Aquí se opta claramente por la configuración de la identidad individual desde la alteridad, a través de las denominadas redes de interlocución, determinada por la relación dialógica con los otros. Nos convertimos en quienes somos no en soledad, sino inmersos en diversas comunidades de lenguaje y de socialización. El reconocimiento intersubjetivo de la identidad resulta clave para la autocomprensión, la autoconfianza y el autorrespeto del ser humano. La cultura es entendida en el sentido herderiano como la expresión única de la individualidad de un pueblo, de un lenguaje que la constituye, de un conjunto de prácticas discursivas constitutivas del mundo en cuyo interior el sí mismo se convierte en lo que es. Así, en la medida en que estas prácticas discursivas son esenciales para la constitución del sí mismo, los movimientos que buscan su preservación y su engrandecimiento, merecen ser reconocidos por el Estado.

La apuesta de TAYLOR es la «política del reconocimiento» que consiste en luchar por la identidad que está estrechamente ligada a la cultura, porque la identidad se forja dialógicamente en conexión con otros y ésta depende por tanto del contexto social. Ese reconocimiento es necesario para alcanzar la igualdad respecto de aquellos grupos más desfavorecidos.

4. CONTRASTE Y VALORACIÓN DE LAS PROPUESTAS

4.1. Críticas al planteamiento liberal

En este epígrafe expondremos brevemente algunas de las críticas que se han realizado a las propuestas anteriores.

En primer lugar, uno de los reproches más claros a la propuesta liberal es que tiene que hacer frente a la contradicción de basar la esfera pública en valores universales (respeto a los derechos humanos) y sostener criterios de exclusión de la ciudadanía. Existe una flagrante falta de legitimidad, por déficit en la igualdad en el reconocimiento de los derechos humanos universales. Además, esta teoría está pensada para sociedades complejas cerradas (RAWLS), esto es, en las que la inclusión es por el nacimiento y la exclusión por la defunción, modelo que sin duda, está recogido en el concepto de ciudadanía nacional, por el que sólo son ciudadanos los nacionales, configuración que actualmente es golpeada por una realidad que emerge y se impone, más allá de categorías, como son los derechos de los inmigrantes. Y, en ese sentido, no es suficiente con la garantía recogida en el catálogo de derechos individuales, porque muchos de ellos no son sujetos reconocidos por el ordenamiento jurídico.

También, por otro lado, habrá que valorar qué grado de efectividad presentan las políticas compensatorias de las desigualdades sociales, culturales y económicas que afecten a los colectivos más desfavorecidos, en qué se concretan esas acciones positivas. Por ejemplo, cuando se afirma que precisamente los inmigrantes lo que quieren al venir es la asimilación (integración cívica) en el país de destino, habría que valorar si esa opción es voluntaria o forzosa y si no constituye a veces un resultado provocado por la discriminación y estigmatización de la diferencia cultural. Aparte de que puede haber inmigrantes que no quieran asimilarse a la cultura mayoritaria.

Además al hacer hincapié en la concepción del sujeto como ser capaz de autonomía, se le achaca que esa autonomía para ser lo más real posible, como dice ARA PINILLA, debe asumir su dependencia de tres factores: conocimiento, discernimiento y autoestima. Factores que, vienen condicionados a su vez por el reconocimiento de terceros (los otros, el Estado, etc).

Por otro lado, se pone en cuestión la pretendida neutralidad, pues la configuración de la esfera pública en torno a unos valores procedimentales no significa que no exista de fondo una cultura particular; en concreto, DE LUCAS ha dicho que no es sino la culturalización de lo jurídico. Cualquier sistema jurídico presenta una cultura previa, de instituciones, prácticas, valores y esto se asume como expresión indiscutible de racionalidad, de neutralidad. De ahí la falacia del denominado *consenso por superposición* rawlsiano, porque muchos de los que llegan no tienen opción ni siquiera a reelaborarlo, ni a pronunciarse sobre él. En esta misma línea, se aduce que el diálogo, las reglas que lo rigen y los intereses que deben estar presentes no son sino un armazón que deja fuera a aquellos que por sus circunstancias precarias están fuera de la organización social. Para hablar de un proceso auténticamente dialógico, dice YOUNG, tienen que intervenir en él las personas con sus particularidades, sus sentimientos, sus puntos de vista, sus circunstancias. En ese sentido no le falta razón porque si relegamos las diferencias culturales, sociales, ideológicas, religiosas, al espacio privado, las reivindicaciones nunca llegarán a materializarse, porque simplemente no se verán; las desigualdades reales quedarán confundidas con una igualdad formal que no tendrán proyección en la realidad social y jurídica; y viviremos en una ficción jurídica que, cada vez más, se irá distanciando de esa realidad social que debe regular.

Además, esa separación tan tajante entre esfera pública y privada puede llevar a que los diferentes grupos (culturales, étnicos, confesionales...) preserven la autonomía de las personas en público, mientras que en sus prácticas privadas estos mismos grupos opriman a sus miembros y no se encuentre ninguna legitimación para intervenir por parte del Estado al hallarse fuera de su competencia. En esa línea, no parece que sea posible esa separación cuando hay demasiados choques entre los derechos más básicos de la persona y muchas de las prácticas de determinadas culturas (tales como la mutilación genital femenina, o la poligamia, o los matrimonios forzosos, o el velo...).

Por otro lado, habrá distintos grupos que esgriman reivindicaciones contradictorias por el derecho a un trato igualitario o diferencial y éstas deberán ser arbitradas en forma justa e imparcial. ¿Qué justificación hay en el Estado liberal para tratar a los miembros de un grupo (religioso, por ejemplo) en forma diferente a otros grupos? ¿Desde qué criterios se adoptarían esas decisiones?

Bien es verdad que HABERMAS no apela a una tajante separación, él afirma que entre el *etnos*, el *ethos* y el *demos* existe una impregnación básica, y, por otro lado, y a diferencia de RAWLS, la agenda pública no viene restringida inicialmente por los motivos de la «razón pública», sino que su contenido se establece también desde los diálogos y las razones entre quienes presentan intereses relevantes.

4.2. Críticas al planteamiento liberal moderado de Kymlicka

En cuanto a las críticas que se han hecho al reconocimiento de los derechos diferenciados de grupo, lo primero que surge es que los planteamientos de KYMLICKA están construidos pensando en la protección y reconocimiento de las minorías nacionales, y no pensando en la realidad de los inmigrantes, aún cuando –pudiera perfectamente pensarse– que por el desarraigo que produce el abandono de su propio hábitat, fuera indispensable el preservar las señas de identidad de esas personas, precisamente por lo decisivo que es para su autorrealización. Y aún cuando él reconoce los derechos de grupos poliétnicos en los que los incluiría.

KYMLICKA curiosamente se refiere a la inmigración como «aquellos que un día decidieron dejar su propia cultura, se desarraigaron de sí mismos y cuando vinieron ya sabían que su éxito dependía de su integración en las instituciones de la sociedad de habla inglesa». Además, dice, que la mayoría de los grupos étnicos existentes están demasiado dispersos, mezclados, asimilados e integrados, no son lo suficientemente compactos, conscientes de sí y no conservan suficientemente su cultura. E intentar recrear estas condiciones previas entre los inmigrantes recién establecidos podría coaccionar a los inmigrantes que ya habían empezado a integrarse.

A la vez, KYMLICKA mantiene que los inmigrantes pueden integrarse en la sociedad de acogida manteniendo sus señas de identidad. Parece que cae en contradicción, pero no es así, pues él parte de un concepto de cultura que denomina «societal» y en la que existen ya determinadas instituciones que abarcan todo el ámbito de la actividad humana, algo de lo que los inmigrantes carecen en el país de destino.

Su concepción de la cultura ha sido objeto de varias críticas. BENHABIB le reprocha que su definición de culturas societales es holística, monocrónica e idealista puesto que confunde estructura social con significación social. Esta mínima organización institucional que constituye su cultura societal, aboca, en primer lugar, a un reconocimiento colectivo, no individual, de tal cultura y, en segundo lugar, deja fuera otras manifestaciones culturales como señas de identidad, como podrían ser, por ejemplo, las de los inmigrantes que carecen de la mínima organización. Además, las creencias en identidades culturales totalizadoras contrapesa la carga liberal de su discurso sobre la inadmisibilidad de las restricciones internas.

Y esto es precisamente lo que algunos autores critican al planteamiento de KYMLICKA. No es lo mismo decir que la cultura es una cultura societal, esto es, que presenta ya una mínima organización institucional y con un territorio claro en el país del que estamos hablando para las propuestas multiculturales, que decir que la cultura (aún presentando esa misma u otra organización institucional y contando ya con un territorio pero en otro lugar) ha conformado mi identidad y la quiero mantener. ¿Por qué en un caso sí se respeta y en el otro no? Si al final, como dice KYMLICKA, se trata de que el contexto es importante para las elecciones significativas individuales, ¿por qué esa diferencia del perteneciente a la minoría nacional respecto al inmigrante? Su concepto de cultura societal es incapaz de sostener la distinción tan fuerte entre los derechos de las minorías nacionales y los derechos de los grupos inmigrantes. De hecho, lo que pretende es que brindando una capacitación en el idioma y luchando contra los patrones de discriminación y perjuicio, además de crear leyes especiales del Sabbat y descanso dominical y ciertos códigos de vestimenta, los derechos culturales poliétnicos deben subordinarse a su asimilación a las culturas nacionales dominantes. La pregunta que surge entonces es ¿qué fuerza tiene ahora el argumento de KYMLICKA respecto al valor de la cultura en la toma de decisiones del individuo? Se entiende desde su definición de la cultura como cultura societal, con una mínima organización institucional, como una comunidad intergeneracional que ocupa un territorio o una patria determinada y comparte un lenguaje y una historia específicas. Y es que como afirma WALDRON en las circunstancias actuales no tiene ya sentido compartimentar al género humano en «culturas»: el proyecto de individualizar culturas societales presupone que las culturas están de alguna manera aisladas y son impermeables a las influencias externas, pero lo cierto es que hoy se produce un gran número de intercambios. Las culturas se han influido tanto unas a otras que no tiene ya sentido decir dónde termina una cultura y empieza otra.

Como ha puesto de manifiesto PAREKH, el eclecticismo de KYMLICKA lo que evidencia es una falta de apreciación del verdadero valor de la diversidad cultural y de entrar en el espíritu de las sociedades multiculturales. Y desde aquí KYMLICKA establece una diferenciación de grado no justificable entre los derechos de las minorías nacionales y los de las minorías culturales, entre los que se encontrarían los inmigrantes.

También es verdad que el autor canadiense parte de un concepto de inmigración voluntaria, aunque es consciente de que, dadas las diferencias de recursos en el mundo, cada vez menos se puede hablar de inmigración voluntaria, cabría hablar más bien de «refugiados económicos».

De todos modos y aún a pesar de su reconocimiento de los derechos de grupos diferenciados, KYMLICKA no explica de forma clara cuáles deban ser las bases de la unidad social en un estado multicultural. Que al final la cuestión de la configuración de la esfera pública en estos casos no sólo tiene que determinar cómo da cabida a la diferencia, sino que tiene asegurar la finalidad de la cohesión social. KYMLICKA alude a una serie de valores compartidos como fuente de la alianza política entre varios grupos culturales, mas no resulta demasiado convincente. Él insiste en que de haber diferencias culturales, los ciudadanos se acomodarían mejor a la lealtad del Estado, desde el momento en que vean reconocidas y garantizadas sus particulares adhesiones culturales, y con eso ya se estaría fomentando tanto la cohesión como la cooperación social, a la vez que se disminuiría el riesgo de la secesión o de ghettos violentos o no integrados.

4.3. Críticas al planteamiento comunitarista de Taylor

La crítica a la política del reconocimiento, concretada en el reconocimiento de derechos colectivos, proviene sobre todo de HABERMAS, quien la rechaza haciendo hincapié en la falacia normativa que constituye desde el punto de vista jurídico, pues está convencido de que los derechos grupales, es decir, los derechos que surgen del respeto de ciertos grupos sociales en desventaja en una sociedad mayoritaria, derivan del respeto a la identidad individual. No se necesita, por tanto, que la coexistencia en igualdad de derechos de los distintos grupos étnicos y sus formas de vida cultural se asegure por medio de derechos colectivos, que llevarían a sobrecargar una teoría de los derechos cortada a la medida de las personas individuales. Por otro lado, HABERMAS no cree que la teoría de los derechos esté ciega ante las diferencias culturales, ya que las personas se convierten en individuos por medio de un proceso de socialización.

Por lo demás, comparte en buena medida las inquietudes de TAYLOR en dos aspectos. Por un lado, la gran importancia que tiene el elemento cultural en la identidad de la persona, hasta el punto de que el derecho a la propia cultura sería un derecho humano universal. Por otra parte, HABERMAS está más cerca de TAYLOR que de los liberales en el hecho de que admite mayores relaciones entre la ética y la legislación (no hay separación tajante entre derecho y moral). Reconoce que las leyes están impregnadas de la cultura y de la ética de los legisladores, aunque sigue defendiendo su idea de «patriotismo constitucional» (separación política y cultura), a la que últimamente ha añadido que es necesario relativizar de algún modo la propia forma de vida.

Es en este aspecto donde otros autores, como BENHABIB, critica también la tesis de TAYLOR, haciendo ver que, desde sus planteamientos de la protección y reconocimiento de la identidad, sin el agregado de otros presupuestos normativos, no se puede saber qué forma de vida colectiva debería ser privilegiada sobre otra. En este sentido, sería la política de la dignidad igualitaria de las personas la que otorgase a las políticas del reconocimiento su sesgo normativo. Pero, ¿y las culturas? ¿Cuál sería el principio que otorgase ese reconocimiento a las culturas? En este sentido, TAYLOR dice que las culturas sólo tienen el presupuesto de igualdad. Habrá que ver en qué medida reconocen la dignidad igualitaria de sus miembros y qué valor otorgan a su individualidad. En este sentido, no se evitan las elecciones complejas y los conflictos interculturales. De hecho, más allá del respeto a la diversidad en sí, se encuentra también la diversidad de formas en las que los miembros de estos grupos pertenecen a la comunidad política. Y así en la tesis de TAYLOR no se percibe, como pasaba con KYMLICKA, cuál es el «humus» que va a dotar de cohesión social a dicha comunidad.

Resumen

El contenido de esta lección se puede sintetizar en estos puntos:
1. Las sociedades multiculturales constituidas por una heterogeneidad cultural, religiosa, étnica, política plantean nuevos desafíos jurídicos y políticos que deben ser afrontados repensando las categorías que hasta ahora han fundamentado los ordenamientos jurídicos.
2. En Europa una de las causas claras de la multiculturalidad es el fenómeno de la inmigración, así como la interacción con el de la globalización. Ambos están conformando un espacio caleidoscópico desde el punto de vista cultural, jurídico, ético y social.
3. Diferenciar entre multiculturalismo como proceso, como hecho que se está dando, de las propuestas de gestión. El pluriculturalismo se refiere a la misma realidad de diversidad cultural, pero además en ella confluye una realidad de diversidad histórica y económica.
4. Los modelos de gestión de la multiculturalidad se construyen desde posiciones liberales y comunitaristas.
5. La posición liberal (RAWLS y HABERMAS) sostiene la neutralidad del Estado en las cuestiones culturales y religiosas, dejando al espacio privado la gestión de la diferencia.
6. La tesis de KYMLICKA (liberal moderado) añade un correctivo a la posición liberal, incluyendo en ella la posibilidad del reconocimiento de los derechos de grupos diferenciados culturalmente.
7. La tesis comunitarista (representada aquí por TAYLOR) cree que es necesario que el Estado reconozca el derecho a las diferencias, para paliar discriminaciones, estigmatizaciones, con el fin de que la igualdad sea real y la democracia sea más inclusiva.
8. Críticas a cada una de las tesis.

Lecturas útiles

Si desea ampliar, profundizar o contrastar las explicaciones de esta lección, puede encontrar ayuda en:

BECK, U., ¿Qué es la globalización?, Barcelona, editorial Paidos, 1998.

BENHABIB, S., Las reivindicaciones de la cultura. Igualdad y diversidad en la era global, Katz, Buenos Aires, 2006.

DE LUCAS, J., La extensión de los agentes del pluralismo, Conferencia en octubre de 2006 en el Think Tank de Euskadi, Vitoria-Gasteiz, 2008.

GARGARELLA, R., Las teorías de la justicia después de Rawls, Barcelona, editorial Paidos, 1999.

HABERMAS, J.; RAWLS, J., Debate sobre el liberalismo político, Barcelona, Editorial Paidos, 1998.

KYMLICKA, W., Ciudadanía Multicultural, Barcelona, Paidos, 1996.

MARCOS DEL CANO, A. M., Inmigración, multiculturalismo y derechos humanos, Madrid, UNED-Tirant lo Blanch, 2008.

MARCOS DEL CANO, A. M., «Inmigración y derecho a la propia cultura», en L. MIRAUT MARTÍN (ed), Justicia, migración y derecho, Madrid, Dykinson, 2004.

MARCOS DEL CANO, A. M., «El lenguaje, los medios de comunicación y la cuestión del velo», en - PÉREZ DE LA FUENTE, O., (coord.), Una discusión acerca de la inmigración y el proyecto intercultural, Dykinson, Madrid, 2013, cap. IV.

PÉREZ DE LA FUENTE, O., Pluralismo cultural y derechos de las minorías, Madrid, Editorial Dykinson, 2005.

TAYLOR, C., Multiculturalismo y la política del reconocimiento, México, Fondo de Cultura Económica, 1993.

Ejercicio de autoevaluación

1. ¿Qué se entiende por multiculturalismo?
2. ¿Cuáles son las causas de la configuración de las sociedades multiculturales?
3. ¿Qué propuestas surgen para gestionar jurídica y políticamente las sociedades multiculturales?
4. Mencione los caracteres principales de la propuesta liberal, así como a sus autores más representativos.
5. Explique las diferencias que propone KYMLICKA entre restricciones internas y protecciones internas.
6. ¿En qué consiste la política del reconocimiento propuesta por TAYLOR?
7. ¿Cree usted que las diferencias culturales y religiosas deben situarse y gestionarse en el espacio privado o en el espacio público? Razone su respuesta.
8. Analice los distintos medios de comunicación de un día y exponga cómo se trata el tema de la inmigración desde un punto de vista del lenguaje utilizado.

MUNDIALIZACIÓN Y UNIVERSALIZACIÓN DE LOS DERECHOS HUMANOS[1]
(Narciso Martínez Morán)

Objetivo general

Esta lección intenta ayudar a conocer cuál es el significado y sentido del fenómeno designado habitualmente con el nombre de *globalización*, así como su incidencia en los principales ámbitos en que se desarrolla la vida de los ciudadanos. Su finalidad prioritaria se cifra, no obstante, en la determinación de las repercusiones, positivas o negativas, que está teniendo en el proceso de universalización o 'mundialización' de los derechos humanos.

Esquema de desarrollo

La compleja problemática que presenta en nuestros días el fenómeno de la globalización será analizada de acuerdo con el siguiente esquema:
1. ¿Por qué surge el fenómeno de la globalización? Factores que contribuyen a su nacimiento.
2. ¿Mundialización o globalización? Diferentes ámbitos en que se manifiesta.
3. Efectos de la globalización.
4. Relaciones entre globalización y derechos humanos.

---

1. SIGNIFICADO Y SENTIDO DE LA «GLOBALIZACIÓN»

La tendencia de los hombres a expandir, imponer e intercambiar sus conocimientos y formas de vida no es un fenómeno nuevo. Ya desde los viajes de Marco Polo en el siglo XIII, en el mundo se han producido sucesivos movimientos, con ciertas características comunes a lo que hoy llamamos *globalización*, de modo que algunos sitúan el inicio de ésta en el siglo XVI, cuando el proceso de descubrimiento y conquista de nuevas tierras condujo a la expansión del colonialismo ⬚1.

---

[1] Las explicaciones correspondientes a los números de llamada que aparecen encerrados dentro de un recuadro están recogidas en la Segunda Parte del libro (páginas 305-307).

1.1. Una precisión semántica: ¿«globalización» o «mundialización»?

Ciertamente, en el idioma castellano, cuando se hace referencia al conjunto de los seres vivos (en especial los humanos) y de las cosas que existen en el planeta tierra, suele utilizarse el término *mundo* y no la palabra *globo* (reservada más bien para designar al propio planeta). En esa medida, parecería razonable identificar el tema del epígrafe 1 con el término «mundialización», tal como se hace normalmente en los países francófonos.

Sin embargo, lo que ha venido ocurriendo es que la práctica anglosajona ha tenido entre nosotros mucho mayor aceptación que la francesa y que la fidelidad a la corrección semántica castellana, de modo que, al igual que ocurre en la mayoría de las otras lenguas, el término «*globalización*» se ha impuesto también en nuestro ámbito cultural.

Este dato puede ser una razón suficiente para que, dentro del contexto de esta lección, hayamos preferido utilizar la palabra «globalización» en lugar de la voz «mundialización». Pero será útil no olvidar que la realidad que vamos a analizar a continuación puede ser designada con cualquiera de esos dos términos.

1.2. Origen de la actual globalización

Al final del siglo XIX el mundo ya se había globalizado en gran medida. La bajada de los costos del transporte había causado una gran expansión del comercio y, ya en 1913, la relación entre el comercio y el producto mundial había alcanzado un alto nivel, que no volvería a registrarse hasta 1970. Por otra parte, la expansión del comercio fue acompañada de corrientes de capital y migratorias sin precedentes, dirigidas hacia América.

A su vez, tras las dos guerras mundiales comenzó una nueva ola de globalización, caracterizada, en primer lugar, por nuevas bajadas de los costos del transporte que se redujeron a la mitad en el período 1940-1960 y, en segundo lugar, por la expansión de las empresas multinacionales modernas, preparadas para superar las barreras que para el comercio podría suponer el idioma, o las políticas comerciales nacionales, y también caracterizada por el aumento sin precedentes del producto y de los niveles de vida.

Más recientemente, la globalización se ha visto impulsada por la creciente y extraordinaria facilidad de las comunicaciones y de la información que, desde 1970, han reducido drásticamente el costo real de los intercambios. Nadie duda hoy que, gracias al progreso de las comunicaciones, se ha incrementado el comercio así como la rapidez e inmediatez de las transacciones comerciales entre empresas que están separadas por miles de kilómetros, lo que nos permite avanzar cada día más hacia una economía mundialmente integrada.

Sin embargo, aunque la actual *globalización* pueda parecernos de la misma naturaleza que la de épocas anteriores, *es manifiestamente diferente en su magnitud*. Se ha experimentado un cambio cualitativo tan importante que nos encontramos ante un hecho nuevo. En los últimos años *la globalización se presenta como un fenómeno de moda, debido fundamentalmente a los profundos cambios que se han producido, como consecuencia de la revolución tecnológica, en el ámbito del transporte, de las comunicaciones, del almacenamiento y transmisión de datos por las redes de internet, así como la internacionalización de la economía, de la política y de la defensa.*

1.3. ¿Qué es realmente la globalización?

El fenómeno al que llamamos actualmente «globalización» tiene múltiples y muy variadas connotaciones. Como primera respuesta al interrogante planteado, Á. JARILLO define la globalización como *el nombre dado al proceso dentro del cual las sociedades están incrementando mutuamente las relaciones de toda clase con el resultado de un mundo interconectado y la progresiva difuminación de las fronteras del Estado-nación*. Esta primera aproximación al concepto le lleva a concebir la globalización como *un proceso dinámico y policéntrico*.

Ciertamente, cuando hoy hablamos de globalización, estamos refiriéndonos al proceso de *superación de las fronteras nacionales, no sólo en el ámbito económico, sino también en el político, el social, el cultural y el científico, así como en el de las modernas comunicaciones y la defensa*. Pero, aunque el fenómeno de la globalización se manifiesta en la supresión de fronteras, traspasando los límites de los Estados nacionales, *afecta también a la economía, a las relaciones con otras personas y Estados, a las ideas políticas, a la cultura, etc.* Por ello cabe afirmar que estamos hablando de una realidad pluridimensional a cuya expansión ha contribuido de forma decisiva el desarrollo científico y tecnológico, así como el papel preponderante que, en el mundo actual, han adquirido la informática y las comunicaciones.

No obstante, hemos de dejar claro que la *globalización* es un fenómeno único, por lo que no podemos hablar de múltiples y diferentes globalizaciones, sino de *un modelo de pensamiento y una forma de concebir el mundo, la sociedad, la producción y distribución de bienes y las relaciones entre las naciones, que se conoce como neoliberalismo y constituye el paradigma económico de nuestro tiempo.* Es cierto, sin embargo, que, dentro de un mismo movimiento globalizador, actúan al mismo tiempo diferentes procesos que están influenciados mutuamente. La suma de todos estos procesos paralelos sería lo que da significado y contenido a un concepto más amplio conocido generalmente como **«globalización»**. En palabras de Á. JARILLO, la globalización, en su conjunto, debe entenderse, como un *«proceso de procesos»*.

2. Los diferentes ámbitos en que se manifiesta

Una de las principales características que presenta la *globalización*, si contemplamos su contenido, es su notable diversidad. Según los diferentes ámbitos o campos de la actividad humana, individual o colectiva, en que se manifieste el proceso globalizador, podemos decir que estamos ante un aspecto diferente de la globalización La globalización es política, tecnológica y cultural, además de económica. Por ello, sin perder de vista su interdependencia, podemos hablar de: a) globalización económica; b) globalización tecnológica; c) globalización de las comunicaciones y de la cultura; d) globalización institucional; e) globalización de la defensa;.

2.1. La globalización económica

Uno de los principales elementos de la globalización es el componente económico. En efecto, la interdependencia de las economías nacionales y el incremento de las operaciones económicas transnacionales son las dos manifestaciones más importantes de la globalización económica, las cuales, a su vez, están difuminando las tradicionales fronteras entre lo internacional y lo nacional. Actualmente el proceso de globalización económica y comercial es un proceso global que afecta a todos los componentes de cualquier economía, tales como los flujos de capital, las transacciones financieras, la producción de materias primas, el intercambio de productos y mano de obra, etc.

Desde el punto de vista económico, la globalización se caracteriza por el dominio del mundo por un grupo de empresas e instituciones financieras o grandes corporaciones que han incrementado su capacidad para dispersar geográficamente los procesos productivos y la distribución de bienes y que promueven privatizaciones en todos los circuitos de acumulación del capital, incluida el área de la salud y la educación. Y una de las consecuencias más inmediatas y palpables de la globalización económica se proyecta sobre el funcionamiento del comercio y de los mercados financieros, en los que los intereses de las multinacionales y las grandes corporaciones priman, incluso por encima de los intereses de la población, imponiendo un modelo económico y de desarrollo que controla al mundo y subordina la vida social a los intereses privados [2].

2.2. La globalización tecnológica

En los procesos de liberalización y globalización de la economía durante las últimas décadas ha ejercido un papel destacado la revolución o expansión tecnológica (la tecnología industrial, la electrónica, las comunicaciones, la biotecnología, la genética...).

No cabe duda de que el desarrollo industrial y tecnológico de nuestro tiempo puede entenderse como una consecuencia de la globalización económica, pero, al mismo tiempo, se comporta como un medio o instrumento al servicio de la misma. Por ello ambas perspectivas de la globalización deben entenderse como dos procesos paralelos que se implican mutuamente, pues, siendo cierto que las nuevas tecnologías constituyen un factor importante de creación de riqueza, no lo es menos que también ellas requieren grandes esfuerzos económicos en investigación y desarrollo [I+D] para que dichas tecnologías sigan perfeccionándose y no se conviertan en obsoletas [3].

2.3. La globalización de las comunicaciones y de la cultura

La revolución tecnológica, especialmente la referida a la informática, internet, y los avances de las comunicaciones y el transporte han hecho posible la transmisión rápida y la mundialización de los conocimientos y de la cultura, creando lo que, desde la década de los noventa, conocemos habitualmente como la «*sociedad de la información*». Se ha producido, pues, un intenso proceso de globalización en el ámbito de las comunicaciones.

Puede afirmarse que las nuevas tecnologías han posibilitado el viejo sueño de todo comunicador: lograr en tiempo real la transmisión de los mensajes y contenidos, sin ningún tipo de limitación geográfica. Es evidente también la influencia de los nuevos sistemas de comunicación y transporte sobre los procesos productivos y de mercado hasta el punto de que el papel tradicional de informar y educar está siendo transformado en otros como *influenciar* o, más aún, *vender*.

Por influencia de los medios de comunicación, el conocimiento y la cultura tienden a convertirse en patrimonio universal. Cada vez es más fácil intercambiar e incluso apropiarse de la información, pues los controles escapan a la velocidad y libertad con que aquella circula a través de internet.

2.4. La globalización institucional

Recientemente la humanidad ha entrado en un proceso irreversible en el que la capacidad de influencia de los Estados tradicionales ha sido superada por la de multitud de empresas, organizaciones e instituciones transnacionales que han dado lugar a la denominada *globalización institucional*.

En efecto, junto a las tradicionales organizaciones internacionales integradas por Estados, han surgido otras que han dado lugar a nuevas formas estatutarias: movimientos sociales de ámbito mundial, empresas multinacionales, agencias y asociaciones de compañías internacionales como el FMI (Fondo Monetario Internacional), el Banco Mundial, la Organización Mundial del Comercio o el G.8.

Todos estos Organismos e Instituciones forman parte de la sociedad global y sobrepasan los límites del Estado tradicional, con mucha más fuerza e influencia para imponer sus criterios y decisiones que los propios Estados. Estos modelos de organización de algún modo están haciendo realidad la afirmación de que vivimos, para bien o para mal, en un *«mundo sin fronteras»* en el que ni las economías, ni las culturas, ni las comunicaciones nacionales tienen ya valor, si no es en el marco de la interacción con el resto del mundo. Es a este fenómeno al que se llama *globalización institucional.*

2.5. La globalización de la defensa

La globalización ha extendido también su influencia al campo de la seguridad y de la defensa. Ya a finales del siglo XX se manifestó una fuerte tendencia hacia la búsqueda de una seguridad globalizada, especialmente bajo la influencia de los Estados Unidos. Pero es a raíz de los atentados del 11 de septiembre de 2001 cuando se acentúa la búsqueda de una seguridad globalizada, en la que los Estados Unidos, una vez más, asumen un papel preponderante. La Organización del Tratado del Atlántico Norte (OTAN) es un buen ejemplo de ello.

3. LOS EFECTOS DE LA GLOBALIZACIÓN

3.1. En la organización productiva y comercial

Es evidente que uno de los campos en que han influido con mayor amplitud e intensidad los procesos de globalización es el de la producción y distribución de los bienes de consumo, afectando también de manera directa a las condiciones de prestación del trabajo por parte de los asalariados.

1. Sobre la producción

Actualmente lo que era antes competitivo en un mercado regional o nacional no resulta serlo ya en el mercado globalizado. Al mismo tiempo, la producción de materias primas pierde progresivamente importancia frente a la manipulación de bienes y servicios, con predominio del capital simbólico como fuerza motriz del sistema. Y, así, las grandes empresas multinacionales organizadas a escala global terminan eliminando del sistema de producción a los pequeños y medianos empresarios locales cuyos productos serán ya incapaces de competir con los que ellas producen a nivel mundial.

2. Sobre el comercio

Las actividades comerciales, que se encontraban en manos de una gran mayoría de pequeños o medianos comerciantes de todos los países, se ven afectadas, cuando no sustituidas o eliminadas, por la aparición de grandes cadenas comerciales e hipermercados, que surgen como consecuencia de inversiones internacionales o de agrupaciones internas que se forman para absorber los mercados. Así los 'comercios de barrio', como las pequeñas fábricas familiares, se ven abocados al cierre definitivo de sus puertas, con el consiguiente despido de sus trabajadores [4].

3. Sobre el trabajo

La globalización afecta también a los trabajadores en sus condiciones laborales, en sus salarios y en su salud. En el mundo globalizado la revolución tecnológica generada por la automatización y robotización de los procesos productivos ha hecho posible la disminución progresiva de la mano de obra humana y, cuando se necesita, se busca en paraísos laborales en los que se pagan salarios ridículos [5]. Por otra parte, la globalización obliga a muchísimas personas a desplazarse y, casi siempre, son los pueblos del sur, los menos desarrollados, los más necesitados, los que sufren las consecuencias negativas de tales desplazamientos.

4. Sobre la deuda externa

La globalización ha generado uno de los problemas más importantes de la economía mundial de nuestro tiempo: el problema de *la deuda externa*, es decir, del dinero que los países del sur deben a los bancos, a los países del norte y a las instituciones financieras, como consecuencia de los préstamos que recibieron en el pasado y a los que no pueden hacer frente en la actualidad [6].

Es, pues, evidente que, si bien con la globalización se ha generado muchísima riqueza en el mundo, lo que es bueno, no todos se benefician de ella por igual. Se benefician más las grandes multinacionales que acaparan mayores riquezas, al tiempo que crece en el mundo la pobreza de los trabajadores, el desempleo y la sobreexplotación.

3.2. En la organización y funciones del tradicional Estado-nación

En los procesos de globalización, la soberanía del Estado-nación se ve erosionada y su capacidad para tomar decisiones autónomas queda disminuida, lo que genera la pérdida paulatina del control del Estado sobre la economía, la cultura y la política nacional. ¿Significa, pues, la globalización el fin de la soberanía del Estado?

No daremos una respuesta simplista, pero sí es cierto que, al menos en el ámbito económico y financiero, con la globalización, la tradicional soberanía de los Estados está siendo absorbida por los agentes transnacionales [7], siendo ellos, y no los Estados, quienes adoptan las decisiones importantes. Las nuevas instituciones internacionales «reguladoras» del mercado global, dirigidas por los países de mayor desarrollo, imponen su legislación y sus sistemas de sanciones al resto de los países, hasta el punto de que las decisiones que se toman adquieren un alcance global. Las multinacionales tienen cada vez más poder, por lo que la soberanía de los Estados se hace vulnerable a los deseos de las multinacionales [8].

Esto produce, entre otros efectos, la *quiebra de las políticas asistenciales del Estado-nación*. Muchos países han dedicado buena parte de su energía a desmontar los viejos modelos de desarrollo que se basaban en la acción del *«Estado Asistencial»*. Ahora lo prioritario es su reestructuración y modernización con estrategias neoliberales como la desburocratización, la privatización y la descentralización, provocando la quiebra de lo que hemos venido conociendo como *Estado del Bienestar*. (Ver la lección 8).

Dado que la globalización es el fruto del pensamiento neoliberal capitalista de corte democrático que, en la actualidad, preside el gobierno de la mayor parte de los países occidentales, parecería obvio que con ella se acabara extendiendo por todo el mundo el modelo de democracia occidental, lo que sería altamente positivo desde el punto de vista de los derechos políticos. Pero democracia y globalización no van unidas necesariamente [9]. Por otra parte, aunque, por efecto de la globalización, se hayan incrementado los países que adoptan la democracia como sistema político, es evidente que la calidad de muchas democracias es bastante deficiente [10].

Capítulo aparte merecerían las *repercusiones de la globalización sobre el Derecho*. Diremos solamente que, con ella, los Derechos nacionales sufren un desconcierto importante, arrastrados por las nuevas necesidades de la globalización económica, cultural y mediática y surge un Derecho transnacional que, a su vez, hace pensar en tribunales globales. Ello implica que el ejercicio de la ciudadanía, los deberes y derechos de las personas, tengan un escenario más allá de lo nacional [11].

Lo cierto es que algo ha cambiado en el ámbito de la soberanía del Estado. Por ello es necesario afrontar –yo diría repensar- un debate acerca de las ideas tradicionales sobre la soberanía de los Estados.

3.3. En el ámbito cultural

La llamada revolución de la información ha traído como consecuencia la mundialización de la cultura y la expansión del conocimiento. En la actualidad, a través de los medios de comunicación, existe la posibilidad de un fácil acceso al conocimiento de todas las culturas. Pero unas se imponen con mayor facilidad sobre las otras porque, junto a la facilidad del conocimiento de culturas ajenas, con la globalización se produce, además, una pérdida de identidad cultural. La noción de «*cultura global*» está generalmente asociada con la difusión de los valores y estilo de vida de los países desarrollados de occidente. La posibilidad de los países infradesarrollados de globalizar su cultura no es tan evidente; las autopistas de la información pueden ser de doble vía, pero el tráfico es más intenso en una dirección que en otra, pues la cultura global es una mercancía y los países pobres, más que productores son consumidores. En los tiempos actuales, estar fuera de las redes de comunicación es estar literalmente condenados al silencio, es vivir en un mundo donde las asimetrías entre conectados y desconectados marcan una brecha casi insalvable.

En efecto, en esta era de la globalización, el papel de los medios de comunicación y particularmente de la televisión es fundamental, hasta tal punto que para muchos millones de televidentes no hay otra realidad que la que presenta la televisión. Con el proceso globalizador tenemos la posibilidad de información en tiempo real, observamos los fenómenos sociales, los problemas ambientales, las guerras, los actos de terrorismo, en el momento mismo en que suceden. La televisión decide en cada momento lo que es importante y lo que no lo es; impone sus criterios y censuras, lo que es verdad y lo que es mentira. Más aún, nuestras necesidades han llegado a ser las que nos crean los medios de comunicación. Es la alienación por los medios. Los medios de comunicación difunden mensajes y promueven estilos de vida, basados en el consumismo que traen consigo también una cierta homogeneización de las culturas y de las costumbres, imitación de patrones de comportamiento como el consumo y el consumismo desmesurado está creando expectativas de vida no acordes con la realidad y abocando a la cultura del «*úselo y tírelo*» con el consiguiente deterioro medioambiental.

4. La globalización y la universalización de los Derechos Humanos

Los cambios estructurales producidos por la globalización repercuten de manera decisiva sobre el ejercicio de los derechos humanos. Éstos, aunque son reconocidos y ensalzados en casi todos los países del mundo gracias a la expansión global de un discurso político complaciente, son también, paradójicamente, marginados o violados en la mayor parte del planeta mediante prácticas que se reproducen en forma mimética. Así que la universalización del reconimiento va acompañada casi siempre por una creciente mundialización del incumplimiento.

4.1. La globalización de las agresiones a los derechos civiles

Como consecuencia de la globalización, aparecen grandes mafias internacionales del crimen, o de grupos terroristas que actúan en el ámbito internacional, redes del comercio de la droga, tráfico de personas a nivel transnacional... Se trata de nuevas formas de conculcar derechos humanos tan esenciales como el derecho a la vida, a la integridad física y moral, a la libertad y a la dignidad humana, e incluso la paz.

Es evidente también que la aparición de las nuevas tecnologías de la comunicación ha creado nuevas formas de atentar contra los derechos humanos, como la invasión en la esfera de la vida privada de las personas, conculcando el derecho a la intimidad, y el tráfico de imágenes que atenta contra valores esenciales y la dignidad de muchos seres humanos [12]. Por estas razones se reclaman nuevos derechos con garantías globales.

4.2. La ineficaz globalización de los derechos políticos

Ciertamente, la globalización se apoya en una ideología política de corte neoliberal democrático. Pero paradójicamente la democracia no se desarrolla al unísono con la globalización por lo que cabe afirmar que ésta no siempre lleva consigo la instauración y el respeto a los derechos políticos de corte democrático. En efecto, muchos países adoptan una apariencia de democracia impuesta por los «invasores de su economía». Pero de poco les sirven los derechos políticos formales a quienes carecen de libertad y viven en la miseria, pues, mientras no estén satisfechas las necesidades primarias de la vida de los individuos, es difícil pensar en los derechos políticos [13].

4.3. El efecto perverso de la globalización sobre el disfrute de los derechos sociales

Con frecuencia, la globalización económica y cultural ha supuesto un retroceso en la aplicación práctica de los derechos sociales, lo que supone una tremenda decepción, dadas las expectativas que se habían generado. En muchos países, con el sistema actual de globalización económica, la libertad de mercado se ha impuesto sobre la libertad real de los ciudadanos, lo que, en la práctica, ha legitimado la explotación de los seres humanos y de la naturaleza, incrementando las diferencias entre países ricos y pobres.

Sin duda, la progresiva quiebra del Estado Social de Derecho está produciendo una pérdida paulatina, o, al menos, una ralentización, del progresivo desarrollo de los derechos económicos, sociales y culturales: el trabajo, los salarios, la salud, las prestaciones sociales, el medio ambiente se están resintiendo de forma considerable. Es cierto que la globalización produce riqueza, pero ¿para quién? La mayor parte de los beneficios suelen ser para las multinacionales. ¿Y a costa de quién? A costa de la explotación de los trabajadores y de los pueblos más pobres [14].

La aparición de una herramienta como internet contribuye al desarrollo y difusión de la cultura en todos los pueblos. Pero la mayor parte de los países subdesarrollados tienen pocas posibilidades de acceder a la red, por lo que, lejos de estrecharse, se han ampliado las desigualdades entre unos y otros países. Más aún, como consecuencia de las desigualdades de acceso a la propiedad de los medios, cada vez más una cultura dominante se impone sobre las demás, lo que implica otra forma de imperialismo cultural de occidente, siendo así que el auténtico respeto a los derechos culturales implica siempre el respeto de las diferencias, es decir, la *globalización* de la interculturalidad [15].

4.4. ¿Hacia la globalización de la protección de los derechos humanos?

Y, si los diferentes procesos de globalización han creado nuevos frentes de agresión a los derechos humanos, ¿por qué no asumir la globalización de la defensa y garantía de los mismos? En mi opinión, deben tomarse *medidas «globalizadas»* [16] para la defensa real de los derechos humanos. En un mundo globalizado, la creciente internacionalización de las organizaciones delictivas hace necesario un concierto entre los diferentes Estados, de manera que se pueda trazar un marco conjunto lo suficientemente eficaz para afrontar la defensa de los derechos humanos. Hoy muchas garantías sólo pueden ofrecerse en un marco supraestatal de carácter global.

Cuanto venimos diciendo pone de manifiesto una realidad insoslayable: ya no es posible garantizar los derechos humanos de los ciudadanos exclusivamente a través de los mecanismos de protección de los que les dota el Estado al que pertenecen. Las nuevas realidades nos imponen actuaciones concertadas en un ámbito supranacional, para lo cual hemos de dotarnos, en primer lugar, de un sistema de normas supranacionales que sea capaz de articular adecuadamente una protección integral de los derechos humanos y, en segundo lugar, es indispensable la creación de unos órganos capaces de velar por el cumplimiento de dichos acuerdos, de tal forma que todos los Estados firmantes deban después responsabilizarse de su actuación al respecto.

Es cierto que existen ya Declaraciones, Convenios y Pactos de ámbito internacional que van en esta dirección [17], pero la mayoría son anteriores al fenómeno globalizador, por lo que deben ser adaptados a las nuevas circunstancias o deben crearse otros que contemplen la nueva realidad. Existen también órganos encargados de velar por el cumplimiento de los acuerdos internacionales en materia de protección de los derechos humanos: la propia *Carta Fundacional de las Naciones Unidas* preveía en su artículo 92 la creación de un Tribunal Internacional de Justicia [18]. Debemos recordar que, tanto el *Pacto Internacional de Derechos Civiles y Políticos* como el *Pacto Internacional de Derechos Económicos, Sociales y Culturales*, establecieron sendos Comités para el seguimiento de la aplicación práctica de dichos acuerdos [19].

Más recientemente, el 17 de julio de 1998 se aprobó la creación de la Corte Penal Internacional que está ya funcionando de forma efectiva, pero su protección no se extiende a todos los derechos humanos [20]. No obstante, pese a las limitaciones de la misma, es obvio que se ha abierto un camino esperanzador en lo que se refiere a la protección de los derechos humanos en el ámbito supranacional, aunque sigue siendo necesaria una legislación internacional global y Tribunales con competencia mundial, para responder a los nuevos retos jurídicos, políticos y sociales que plantea la moderna globalización en el ámbito de los derechos humanos.

Resumen

1. Aunque la globalización no es un hecho nuevo, en los últimos años se ha convertido en un fenómeno de moda que afecta a toda la actividad humana.
2. Entendemos por globalización el proceso por el que las diferentes sociedades del mundo están incrementando mutuamente sus relaciones con el resultado de un mundo interconectado y la desaparición de fronteras, así como el debilitamiento de la soberanía del Estado-nación.
3. La globalización se manifiesta en todos los ámbitos de la actividad humana, dando lugar a la globalización económica, tecnológica, cultural, institucional y de la defensa.
4. La globalización deja sentir sus efectos en todos los ámbitos de la actividad social: a) en el ámbito de la producción y el comercio las empresas multinacionales terminan eliminando a las pequeñas empresas y comercios locales que no son competitivos; b) en el ámbito de la organización y funcionamiento del Estado, los organismos y las empresas supraestatales están absorbiendo la soberanía nacional y el correspondiente control sobre la economía, la cultura y la política social; c) en el ámbito cultural, el progresivo perfeccionamiento de los medios de comunicación ha ampliado en forma exponencial la posibilidad de acceder a la educación y enriquecimiento cultural, pero siguen existiendo culturas que, al tener más medios y posibilidades de desarrollo, termina colonizando a las demás.
5. Los cambios estructurales producidos por la globalización han repercutido de manera decisiva sobre los derechos humanos. En primer lugar, se ha extendido el conocimiento de los derechos humanos, fruto del cual se amplía su reconocimiento, así como la cultura de la exigencia de los mismos. Y, al mismo tiempo, se ha creado la necesidad de nuevas formulaciones de derechos, así como de nuevas exigencias de garantía y tribunales internacionales («globales») que garanticen los derechos humanos, tanto civiles y políticos como económicos, sociales y culturales, frente a los nuevos ataques y violaciones que provienen de las modernas tecnologías científicas, mediáticas, médicas, etc., y que son consecuencia inmediata de una cultura cada vez más globalizada.

Lecturas útiles

Si desea ampliar, profundizar o contrastar las explicaciones de esta lección, puede encontrar ayuda en:

FARIÑAS DULCE, M. J., *Globalización, ciudadanía y Derechos Humanos*, Dykinson, Madrid, 2000.

HABERMAS, J., *Tiempo de transiciones,* Trotta, Madrid, 2004.

JARILLO ALDEANUEVA, Á., «*Globalización: Concepto y papel del Estado*», Boletín de la Facultad de Derecho, nº 18, UNED, Madrid, 2001.

MARÍ SAEZ, V. M., *Globalización, nuevas tecnologías y comunicación,* Ediciones de la Torre, Madrid, 1999.

MARTÍNEZ MORÁN, N., «*Globalización, antiglobalización y movimientos pacifistas*», en «Jornadas sobre Geopolítica y Geoestrategia», Universidad Nacional de Educación a Distancia, Centro Asociado de Ceuta, 2005, pgs. 129-168.

MIR, O., *Globalización, Estado y Derecho. Las transformaciones recientes del Derecho administrativo,* Civitas, Madrid, 2004.

SASSEN, S., *¿Perdiendo el Control? La soberanía en la era de la globalización,* Ediciones Bellaterra, Barcelona, 2001.

SINGER, P. *Un solo mundo. La ética de la globalización,* Paidós Ibérica, Barcelona, 2003.

VANDANA SHIVA, HOMI K. BHABHA, K. ANTHONY APPIAH. *La globalización de los derechos humanos,* Letras de Crítica, Barcelona, 2003.

Ejercicio de autoevaluación

1. ¿Qué se entiende por globalización o mundialización?
2. ¿En qué momento se inició la globalización económica?
3. ¿En qué ámbitos y cómo se manifiesta en cada uno de ellos la globalización?
4. ¿Qué aportaciones positivas pueden encontrarse en la globalización?
5. ¿Cuáles son las consecuencias negativas de la globalización?
6. Analiza brevemente los efectos de la globalización sobre la organización productiva.
7. ¿Qué efectos produce la globalización sobre el Estado-nación?
8. Analiza los efectos de la globalización sobre la cultura.
9. ¿Es positiva o negativa la globalización para garantizar los derechos humanos? Razona la respuesta.

LOS LLAMADOS DERECHOS HUMANOS DE TERCERA GENERACIÓN[1]
(Narciso Martínez Morán)

Objetivo general

Esta lección se propone analizar las razones que avalan la pretension de hablar de una tercera generación de derechos humanos, así como el examen de algunos de los que son señalados por varios autores como integrantes de esa presunta generación nueva.

Esquema de desarrollo

En el desarrollo de la presente lección seguiremos el siguiente esquema:
- Partiendo de la existencia de diferentes generaciones de derechos humanos, analizaremos las razones por las que podría afirmarse el inicio de una tercera generación, así como las objeciones que podrían oponerse al mismo;
- Examinaremos a continuación los caracteres de los presuntos derechos de tercera generación y su diferente tipología;
- Finalmente, realizaremos un breve análisis específico de los derechos más característicos.

---

1. ¿UNA NUEVA GENERACIÓN DE DERECHOS HUMANOS?

En las últimas décadas del siglo XX surgieron numerosas voces que consideraban insuficientes los derechos hasta entonces reconocidos para la defensa del individuo [1] y reclamaban el reconocimiento formal de nuevos derechos que garantizaran la cobertura de algunas necesidades o derechos considerados colectivos. Se asistía así a la aparición de un movimiento proclive a la aceptación de la idea de que es necesario hablar ya de una nueva generación de derechos [2]: la calificada por muchos como «*tercera generación de derechos humanos*», generación que se habría venido gestando precisamente en la etapa de vigencia del llamado «Estado Constitucional».

---

[1] Las explicaciones correspondientes a los números de llamada que aparecen encerrados dentro de un recuadro están recogidas en la Segunda Parte del libro (páginas 307-311).

1.1. Las razones que avalan el reconocimiento formal de nuevos derechos

La necesidad del reconocimiento de una nueva generación de derechos surge de la concurrencia de un amplio número de circunstancias coyunturales vinculadas a los avances científicos y tecnológicos y a las nuevas transformaciones históricas del modo de vida de los individuos y de los pueblos.

Entre esas circunstancias, destacan las siguientes: el *desarrollo e incidencia de las nuevas tecnologías*; la *transformación del modelo clásico de Estado*; la *crisis del Estado del Bienestar con la consiguiente crisis de los derechos sociales*; el *fracaso de las garantías de los derechos de segunda generación*; la *explosión del movimiento descolonizador* y la *persistencia de algunas desigualdades tradicionales*.

Y todas estas circunstancias colocan a los hombres en un nuevo contexto vital en el que surgen constantemente nuevas posibilidades y dificultades nuevas para la realización de su propia dignidad y libertad. Se hace necesario, en consecuencia, avanzar por el camino del reconocimiento de unos derechos nuevos que sean capaces de satisfacer las nuevas necesidades y aspiraciones vitales de los ciudadanos.

1.2. ¿Cuáles serían los derechos humanos de la tercera generación?

Con la expresión *derechos humanos de tercera generación* nos referimos a una serie heterogénea de derechos cuya configuración doctrinal va avanzando lentamente y cuya reivindicación política va adquiriendo una fuerza relevante como consecuencia de las diversas circunstancias concurrentes a las que nos hemos referido en el epígrafe anterior. Algunos han sido invocados con ocasión de las guerras de emancipación de los pueblos colonizados por Europa y América. Otros plantean reivindicaciones de protección y garantía frente a los riesgos que surgen de la aplicación de las nuevas tecnologías al transporte, a la industria armamentista, a las comunicaciones, a la medicina, a la reproducción, etc. [3]. Y hay otros que responden a reivindicaciones referidas a viejas necesidades que todavía permanecen y que son ahora objeto de nuevos planteamientos.

Así pues, los derechos de tercera generación pueden ser agrupados en los siguientes tres grandes bloques:

1. Los derechos de los pueblos

Como el derecho de autodeterminación, el derecho al control de sus recursos naturales, el derecho de disfrute de su patrimonio histórico y cultural, el derecho al desarrollo económico, social y cultural, el derecho a la paz y el derecho a un medio ambiente saludable.

2. Los derechos derivados de las nuevas tecnologías

Así, en el ámbito de la comunicación cabría señalar el derecho de la libertad informática, el derecho de autodeterminación informativa, el derecho de propiedad intelectual y los derechos relativos a la intimidad y al honor. A su vez, en el ámbito de las investigaciones biomédicas podrían ser incluidos el derecho a la identidad personal, el derecho a la conservación del patrimonio genético, el derecho a la individualización o diferenciación y el derecho a la privacidad del propio historial clínico.

3. Los derechos de las dos primeras generaciones reclamados ahora desde perspectivas nuevas

Por ejemplo, el derecho de integridad física y psíquica, el derecho al libre desarrollo de la personalidad, el derecho a la protección de la salud, el derecho a la calidad de vida y los llamados «derechos de los grupos sociales» (derechos de los niños, de las mujeres, de los emigrantes, de los mayores, de los pacientes, etc.).

La importancia de los nuevos ámbitos de protección de estos antiguos derechos sigue creciendo, espoleada por la aparición constante de nuevos fenómenos, como el actual proceso de globalización y transnacionalización de la economía, el comercio, las comunicaciones, la investigación y la cultura, que reclaman urgentemente nuevas formas de protección de la dignidad humana.

1.3. ¿Puede hablarse realmente de una nueva generación de derechos humanos?

Hay muchos autores que entienden que los derechos humanos invocados como testimonio de existencia de una tercera generación no son en realidad derechos nuevos sino simples formas nuevas de manifestarse los derechos de la primera o de la segunda generación, como consecuencia de la aparición de nuevos medios de agresión a los derechos de siempre [4].

Lo cierto es, sin embargo, que las reivindicaciones de los derechos humanos se presentan hoy con rasgos inequívocamente novedosos, al polarizarse en temas tales como el derecho a la paz, la tutela del medio ambiente y calidad de vida, el derecho a la autodeterminación y desarrollo de los pueblos, la defensa del patrimonio común de la humanidad, los derechos de los consumidores, los derechos en la esfera de la biotecnología y respeto a la dignidad humana en la manipulación genética o el derecho a la libertad y a la intimidad en el ámbito de la informática. Son estas nuevas situaciones, retos y necesidades los que están abriendo paso con intensidad creciente a la convicción de que nos hallamos ya ante una *tercera generación de derechos humanos* que es notoriamente diferente de las dos anteriores. En este sentido, los derechos y libertades de tercera generación se presentan precisamente como respuestas del todo nuevas a la degradación que aqueja a los derechos fundamentales tradicionales ante determinados usos de las nuevas tecnologías.

En consecuencia, con las pertinentes matizaciones y reservas, no parece haber ningún inconveniente serio para aceptar una opción que está más arraigada cada día y admitir la existencia de la llamada *«tercera generación de derechos humanos»*. No puede ignorarse que en las últimas décadas se ha producido un cambio radical y profundo, puesto que la revolución tecnológica ha redimensionado las relaciones entre el hombre y la naturaleza, así como las relaciones del hombre con los demás hombres y con el contexto o marco cultural en el que se desarrolla su convivencia. Y todas estas mutaciones están transformando inevitablemente las exigencias de defensa de la dignidad y la libertad humanas, por lo que han de transformarse también el tipo, el número y la función de los derechos fundamentales de las personas.

2. Caracterización de los Derechos de Tercera Generación

La tarea de precisar los caracteres o rasgos diferenciadores de los derechos humanos de tercera generación es necesaria, pero es también difícil, dada la heterogeneidad e indefinición de los derechos y la diversidad de tipologías de los mismos. Así que vamos a realizar esa tarea teniendo a la vista estos dos condicionamientos de partida y limitándonos, en consecuencia, al examen de algunas de las muchas características que podrían ser señaladas.

1. Ambigüedad terminológica

Los derechos que se incluyen en la tercera generación adolecen de una importante ambigüedad terminológica que provoca cierta confusión, pues las múltiples y diferentes denominaciones utilizadas expresan matices diversos que alcanzan a diferentes familias de derechos, en función del contenido, del sujeto titular, de las formas de garantía, o del momento en que se desarrollan. Así ocurre, por ejemplo, con varios nombres que son utilizados con frecuencia, como *«derechos de tercera generación»*, *«nuevos derechos»*, *«derechos de solidaridad»*, *«derechos de los pueblos»*, *«derechos colectivos»*, *«derechos de la sociedad global»* o *«derechos de la era tecnológica»*.

2. Heterogeneidad en razón del contenido

Normalmente se incluyen en la tercera generación derechos de contenido muy diferente, tal como ha quedado patente en el epígrafe 1.2 de esta misma lección. Así, en este grupo se engloban, no sólo los derechos de solidaridad, sino también varios derechos «in fieri» y derechos antiguos que se reivindican hoy desde ópticas y perspectiva nuevas.

3. Fundamentación en el valor solidaridad

Suele afirmarse en forma generalizada que los derechos de la primera generación plasman el valor de la libertad y los de la segunda el valor de la igualdad, mientras que los de la tercera encuentran su fundamento en las exigencias del valor solidaridad, en cuanto que tienen una incidencia en la vida de la colectividad a escala universal y precisan, por tanto, para su realización, una serie de esfuerzos y cooperaciones a nivel planetario presididos por el principio de solidaridad. Eso parece cierto. Ahora bien, no es menos cierto que la solidaridad también está presente en los derechos de segunda generación, por lo que no constituiría una nota diferencial exclusiva de los derechos de tercera generación.

4. Titularidad colectiva

A diferencia de lo que se pensaba mayoritariamente en relación con los derechos humanos de primera y segunda generación, hoy se entiende que los de la tercera generación tienen también casi siempre como *sujeto activo* a entes colectivos, incluidas las generaciones futuras.

5. Internacionalización de la protección

En la actualidad se piensa que el *sujeto obligado* a garantizar el ejercicio de la mayoría de los derechos de tercera generación ya no es sólo el Estado, sino que la defensa de esos derechos está encomendada también de manera muy especial a instituciones y órganos de las organizaciones internacionales [5].De modo que una de las características más relevantes de esos derechos viene determinada por el desplazamiento que se está produciendo de las garantías desde las instancias internas de los Estados hacia instancias supranacionales, capaces de enjuiciar incluso a los Estados particulares de las violaciones a los derechos de las colectividades y de los pueblos.

Hoy los derechos humanos han adquirido una dimensión planetaria por lo que la exigencia de garantías globales se ha convertido en un clamor. Podríamos, por tanto, afirmar que se está produciendo un tránsito desde la protección estatal de los derechos humanos hasta la protección internacional y desde la protección uniforme hasta formas múltiples de protección. Pero, en este terreno, queda aun un largo camino por recorrer.

3. Tipología de los derechos de tercera generación

El desarrollo pormenorizado del análisis conceptual de todos estos derechos, de sus implicaciones, de su significación y situación actual daría lugar sin duda a un amplio tratado. Así pues, ante la imposibilidad de afrontar esa tarea, analizaremos solamente y en forma breve, a título de ejemplo, algunos de los derechos que pueden considerarse más significativos por la importancia que parecen tener para la satisfacción de las aspiraciones propias de los hombres de este tiempo.

3.1. El derecho a la paz

Frente a quienes consideran que la guerra es consustancial al ser humano, nosotros defendemos que la paz es una de las aspiraciones más anheladas por todos los seres humanos. Tal vez porque la realidad y crueldad de la guerra pone en evidencia que nada que sirva para destruir a la humanidad puede pertenecer a la esencia humana [6].

Esta aspiración irresistible de los seres humanos a vivir en paz como una de sus primeras necesidades se ha hecho más patente que nunca en nuestro tiempo, ante el temor de que el vertiginoso desarrollo de la industria bélica produzca una hecatombe mundial capaz de destruir nuestro planeta y convertirlo en un inmenso cementerio. En efecto, la paz ha llegado a ser considerada en nuestros días un derecho irrenunciable que afecta a la dignidad de todos los seres humanos, pues nada hay tan indigno como la destrucción de la humanidad por efecto de la guerra. Dicho en otras palabras, hoy se considera que la paz es un derecho que, aunque no se incluía en el catálogo de derechos humanos de las primeras Declaraciones, en las más recientes se proclama como un derecho fundamental. Tanto es así que en la conciencia cívica de todos los pueblos ha surgido con fuerza una ideología, denominada pacifismo, que, aunque novedosa, tiene ya sus raíces históricas en la Escolástica española, especialmente en Vitoria y Las Casas.

El derecho a la paz significa en primer lugar la ausencia de guerra y el desarme para evitarla [7]. Sin embargo, la paz no se agota en la mera ausencia de guerra. Existe además una dimensión positiva [8] desde la que el derecho a la paz significa la posibilidad de vivir en libertad, el fomento de la igualdad sin discriminación, la justicia, la solidaridad y el desarrollo, tanto en el ámbito individual como colectivo, de la vida humana, a nivel nacional e internacional.

La construcción de la paz en el ámbito internacional fue la primera finalidad que inspiró el nacimiento de las Naciones Unidas [9]. Tras las dramáticas tensiones generadas por la Primera Guerra Mundial y el deseo de evitar otra nueva guerra al finalizar la Segunda, la paz adquiere la dimensión de un valor fundamental para toda la humanidad. Pero es ya al final del siglo XX (12 de noviembre de 1984) cuando la

Asamblea General de la ONU aprueba explícitamente una «*Declaración del Derecho de los Pueblos a la Paz*», en la que, no sólo se proclama el derecho a la paz de todos los pueblos del planeta, sino que se establece la obligación que pesa sobre todos los Estados de contribuir a preservarla.

Para conseguir la paz no es suficiente la prohibición de la guerra. Es necesario promover la no violencia, crear una cultura de la paz [10].

3.2. El derecho a un medio ambiente saludable

Una de las cuestiones que más honda preocupación ha suscitado en las últimas décadas es precisamente el deterioro y degradación del medio ambiental, pues pone en peligro el hábitat y hasta la propia supervivencia de los seres humanos. Buenos ejemplos de ello los encontramos en la contaminación atmosférica, los ensayos y el uso de la tecnología nuclear, el incremento de los residuos tóxicos, el expolio de las fuentes de energía y los recursos naturales, el progresivo calentamiento de la atmósfera, producido por el efecto invernadero, la destrucción de la capa de ozono y de los bosques con la consiguiente desaparición de la flora y la fauna, la desertización de la Tierra, etc. Todo ello supone –como afirma PÉREZ LUÑO- «el temor de que la humanidad pueda estar abocada al suicidio colectivo, pues un progreso técnico irresponsable ha desencadenado las fuerzas de la naturaleza y no se halla en condiciones de controlarlas».

Estos problemas no existían y la mayoría de ellos eran imprevisibles hace tan solo sesenta años, circunstancia por la que la *Declaración Universal de Derechos Humanos* no incluyó derechos que nos protegieran de tales peligros. En nuestros días es imperiosa la necesidad de tomar medidas para detener y erradicar el deterioro del medio que la naturaleza nos brinda para seguir viviendo nosotros y las generaciones futuras en un medio y condiciones de vida saludables. Por ello se han incrementado las voces que reclaman el derecho fundamental a un medio ambiente saludable, derecho que algunos autores identifican con el derecho a la calidad de vida [11].

Ya el art. 12.2.b del *Pacto Internacional de Derechos Económicos Sociales y Culturales* de 1966 se refiere al mejoramiento del medio ambiente. Pero es la «*Declaración de la Conferencia de las Naciones Unidas sobre Medio Ambiente y Desarrollo Humano*», llamada «Declaración de Estocolmo», de 16 de junio de 1972, la primera que reconoce el derecho al medio ambiente [12]. Posteriormente, el derecho al medio ambiente ha sido reconocido en otros muchos documentos jurídicos [13]. Sin embargo, ante la imprevisión y falta de sanciones aplicables a aquellos países que incumplieran lo dispuesto en la *Declaración de Río*, el 11 de diciembre de 1997 se firmó el *Convenio Marco de las Naciones Unidas sobre el Cambio Climático*, conocido por el *Protocolo de Kioto*, el cual, como es sabido, no fue ratificado por Estados Unidos, por cuya razón los resultados han sido escasos, por no decir nulos [14].

Lo cierto es que los seres humanos, para vivir una vida digna, una vida de calidad, necesitan disfrutar de un entorno natural en el que el uso racional y equilibrado de los recursos naturales haga posible su desarrollo, pues es indiscutible que la calidad de la vida humana depende decisivamente del medio que nos rodea. Por ello se justifica la exigencia de la titularidad y la protección de un nuevo derecho: *el derecho a un medio ambiente sano* que destaca en el amplio paraguas de los también llamados «derechos ecológicos» [15].

3.3. El derecho de los pueblos al desarrollo

El concepto de desarrollo suele enfocarse desde consideraciones exclusivamente económicas. Tal visión es, sin embargo, excesivamente simplista, pues el desarrollo debe plantearse desde perspectivas omnicomprensivas de la persona humana y, por extensión, de los pueblos. Si queremos referirnos al desarrollo integral de la persona como individuo y como miembro partícipe de una colectividad, de un pueblo, debe extenderse su concepto a todos los ámbitos de la vida humana, desde el aspecto físico-biológico al psicológico, racional, cultural, sociopolítico y económico, tanto en la vida individual de los seres humanos como en su vida colectiva.

Por tanto, cuando aquí hablamos del derecho al desarrollo nos referimos a un derecho de tercera generación enmarcado en el grupo de los llamados derechos de los pueblos, pues entendemos que la perspectiva del desarrollo individual puede alcanzar su realización efectiva con el reconocimiento, ejercicio y garantía de los derechos de primera y segunda generación. Debemos advertir, no obstante, que, desde esta perspectiva, el concepto de desarrollo va más allá de lo puramente material y económico, pues debe ser considerado, como iremos viendo, desde su relación con otros derechos [16]. El verdadero desarrollo no puede consistir en una simple acumulación de riquezas o en la mayor disponibilidad de los bienes y servicios, si esto se obtiene a costa del subdesarrollo de muchos y sin la debida consideración de la dimensión social, cultural y espiritual del ser humano.

Ya en la *Carta* fundacional de la ONU está presente la idea del derecho al desarrollo al afirmar en su Preámbulo la decisión de «*promover el progreso social y (a) elevar el nivel de vida*» de todos los pueblos [17]. Pero la primera referencia expresa a este derecho la encontramos en la *Declaración contra la Discriminación Racial*, promulgada el 27 de noviembre de 1978 por la Conferencia General de la *Organización de las Naciones Unidas para la Educación, la Ciencia y la Cultura* (UNESCO), que en su artículo 3º se refiere al «*derecho al desarrollo completo de todo ser humano y de todo grupo humano*» [18].

Sin embargo, el documento más importante al respecto se produjo el 4 de diciembre de 1986, cuando la Asamblea General de las Naciones Unidas, mediante la Resolución 41/128 adoptó la *Declaración sobre el Derecho al Desarrollo*, de la que se extraen las siguientes conclusiones: 1ª) el desarrollo constituye una prioridad absoluta en el mundo actual; 2ª) la paz, el desarme y la seguridad son elementos esenciales para la realización del desarrollo; 3ª) el derecho al desarrollo es un derecho humano inalienable que implica también la plena realización del derecho de los pueblos a la libre determinación; 4ª) para lograr el desarrollo de todos los pueblos debe erradicarse la guerra, el hambre, la explotación y saqueo, la enfermedad, la ignorancia; 5ª) la implantación de este derecho debe realizarse en el marco de la cooperación y solidaridad internacional así como del respeto a todos los derechos humanos; 6ª) los Estados deben adoptar todas las medidas necesarias que garanticen el derecho al desarrollo, entre cuyas medidas sobresale la garantía de la igualdad de oportunidades [19].

Pero ninguno de los textos citados tiene fuerza jurídica capaz de obligar a los Estados a comprometerse y llevar a cabo cuanto en ellos se estipula para hacer posible el desarrollo de todos los pueblos. Por esta razón podríamos afirmar que, en la actualidad, son las Organizaciones Internacionales, las Congregaciones religiosas y misioneras, las ONGs y la sociedad civil las que más están contribuyendo al desarrollo de los pueblos más necesitados, actuando de conciencia crítica de la miseria e indignidad en que viven muchos pueblos de nuestro mundo.

3.4. Los derechos derivados de las nuevas tecnologías

Si por algo puede caracterizarse la sociedad de nuestro tiempo es precisamente por el vertiginoso avance, fruto de las modernas investigaciones y de las nuevas tecnologías, especialmente en el ámbito de la informática y de las ciencias biomédicas. A poco que nos fijemos en la transformación que estos avances han supuesto, observaremos que la existencia humana se ve sometida a nuevas formas de atentados a su vida, a su integridad, a su dignidad, a su intimidad, es decir, a sus libertades y derechos más esenciales y sagrados. Ante estas nuevas vías de agresión a los derechos humanos, en formas no previsibles hace tan solo unas décadas, se ha generado en la doctrina la invocación a nuevas formas de defensa de los mismos o, si se prefiere, se han generado nuevos derechos, entre los que podemos destacar los siguientes:

1. Los que afectan al ámbito de la biomedicina y biotecnología:

En la actualidad, se da gran importancia a la búsqueda de respuestas a los conflictos que pueden surgir entre los derechos humanos ante los avances de la biotecnología en temas como la reproducción asistida, la clonación o los nuevos horizontes de las terapias génicas [20].

Ante toda esta problemática del ámbito de la biomedicina y la biotecnología modernas, se reclaman en la actualidad nuevos derechos como el derecho al patrimonio genético, el derecho a la identidad personal, el derecho a la individualidad y diferenciación (prohibición de la clonación), el derecho a la autonomía personal, el derecho a la intimidad (del patrimonio genético, de los datos clínicos personales, de los tratamientos clínicos y farmacológicos, de las historias clínicas), el derecho a la información (incluyendo el derecho a no ser informado) o, incluso, el derecho a la muerte [21].

Sin duda, las nuevas tecnologías aplicadas a la medicina exigen la respuesta de nuevos planteamientos de los derechos humanos, aunque es obvio que este no es momento de afrontar un análisis pormenorizado de las implicaciones de cada uno de los nuevos derechos [22].

2. Los de libertad informática

El desarrollo tecnológico de la sociedad informatizada ha aportado a la humanidad avances y progresos indiscutibles, pero, al mismo tiempo, ha generado nuevas y diferentes formas de agresión a nuestros derechos y libertades [23]. Por ello cabe afirmar, sin lugar a equivocarnos, que, como consecuencia de las modernas tecnologías informáticas, la vida humana, tanto individual como social, está permanentemente controlada y expuesta al riesgo de que dichos datos se utilicen, contra nuestra voluntad y de manera fraudulenta, para fines ajenos al legítimo archivo de los mismos, atentando contra la libertad y la intimidad de las personas. De ahí que, como ha proclamado el profesor PÉREZ LUÑO, en una sociedad invadida por el poder de la información se hace cada vez más necesario «establecer garantías que tutelen a los ciudadanos frente a la eventual erosión y asalto tecnológico de sus derechos y libertades».

Consecuentemente, desde la década de los ochenta se viene gestando el reconocimiento y la apelación a determinados derechos tendentes a garantizar el respeto a los seres humanos en todos aquellos ámbitos susceptibles de ser ilegítimamente agredidos o invadidos por la informática desde diferentes formulaciones. Por este motivo la mayoría de los Estados han establecido leyes que protejan a los ciudadanos de las agresiones a sus derechos [24]: el derecho a la libertad informática y a la facultad de autodeterminación en la esfera informática, el derecho a la intimidad frente a la informática, el derecho a la libertad de expresión mediante la informática, el derecho al honor, los derechos de la infancia agredidos por los pederastas informáticos, etc., etc.

Resumen

Cuanto hemos expuesto en esta lección puede resumirse en los siguientes puntos:

1. Existe un consenso de que estamos asistiendo al nacimiento y consolidación de una *tercera generación de derechos humanos*, originada por diferentes causas: la explosión del movimiento descolonizador, la transformación de la vida humana como consecuencia de la revolución tecnológica, la pérdida de poder, soberanía y control del Estado moderno sobre gran parte de la actividad social, la crisis del Estado del bienestar y el fracaso de las garantías de los derechos tradicionales.

2. Existen muchas reticencias para admitir una nueva generación de derechos humanos, pues algunos pensamos que en realidad son manifestaciones nuevas, adaptadas a las necesidades históricas, de los tradicionales derechos civiles, políticos, económicos, sociales y culturales.

3. Se trata de derechos de difícil caracterización debido a la ambigüedad terminológica y a la heterogeneidad de su contenido. Quizá sus notas más destacadas sean la de atribuirse su titularidad más a los colectivos y a los pueblos que a los individuos particulares y la necesidad de instrumentos de garantía y tutela de carácter internacional, capaces de perseguir las agresiones de los derechos de una forma global a escala planetaria.

4. Entre los derechos de tercera generación más significativos resaltan en primer lugar el grupo de los llamados derechos de los pueblos. Entre ellos cabe citar el derecho de autodeterminación de los pueblos, el derecho a la paz, el derecho a un medio ambiente sano y a la calidad de vida, el derecho de los pueblos al desarrollo y al progreso económico, social y cultural, etc. En segundo lugar destacan los derechos derivados de las nuevas tecnologías. Dentro de este ámbito nos fijamos en dos bloques diferentes: a) *los que afectan al ámbito de la biomedicina y la biotecnología*, tales como derecho al patrimonio genético, derecho a la intimidad personal, derecho a la integridad física, psíquica y moral, derecho a la propiedad de los datos médicos personales, etc.; b) *los relativos al ámbito de la comunicación*, como el derecho de autodeterminación informática, el derecho a la intimidad y al honor frente a las agresiones de la informática, el derecho de propiedad intelectual de los datos que circulan por internet, etc.

5. Cabría además hablar de otros derechos tradicionales, denominados derechos de los grupos, que, ante el fracaso de su protección, se reclaman con fuerza en la actualidad como si de nuevos derechos se tratara. Por ejemplo, los llamados derechos de las mujeres, derechos de los inmigrantes, derechos de los niños, derechos de los mayores, derechos de los consumidores, derechos de los pacientes, etc.

Lecturas útiles

Si desea ampliar, profundizar o contrastar las explicaciones de esta lección, puede encontrar ayuda en:

ARA PINILLA, I., *Las transformaciones de los derechos humanos,* Tecnos, Madrid, 1990.

CASSESE, A., *Los derechos humanos en el mundo contemporáneo,* Ariel, Barcelona 1993.

DE MIGUEL BERIAÍN, I. *«Los derechos humanos de solidaridad»* en Introducción al Estudio de los Derechos Humanos, B. DE CASTRO CID (coord.), Editorial Universitas, Madrid, 2003, pgs. 209-324.

MARTÍNEZ MORÁN, N., *«Guerra y paz en el umbral del tercer milenio»* en Jornadas sobre Resolución de Conflictos Internacionales, UNED, Centro Asociado de Ceuta, 2005, pgs.127-158.

PÉREZ LUÑO, A. E. *La Tercera Generación de Derechos Humanos,* Editorial Aranzadi, Navarra, 2006; *«Ciberciudadaní@ o ciudadaní@..com»,* Gedisa, Barcelona, 2005.

RODRÍGUEZ PALOP, M. E., *La nueva generación de los derechos humanos. Origen y justificación,* Dykinson, Madrid, 2002.

VASAK, K., *Pour les droits de l´homme de la troisième génération,* Institut International des Droits de l´Homme, Strasbourg, 1979.

Ejercicio de autoevaluación

1. Existen algunas razones por las que surgen los llamados derechos de tercera generación ¿Cuáles son las principales? Explícalas.
2. ¿Existen realmente derechos de tercera generación diferentes de los derechos de primera y segunda generación? Razona la respuesta.
3. ¿Cuáles son los rasgos diferenciales de los llamados derechos de tercera generación?
4. ¿A qué derechos nos referimos cuando hablamos de derechos de tercera generación?
5. Explica brevemente qué sentido tiene hablar del derecho a la paz.
6. ¿Por qué es importante en la actualidad el derecho a la calidad de vida?
7. ¿Tienen los pueblos derecho al desarrollo? ¿Por qué y en qué sentido?
8. ¿Qué derechos están en juego en el ámbito de las nuevas tecnologías biomédicas?
9. ¿Cuáles son las violaciones más importantes de los derechos humanos que provienen de las nuevas tecnologías de la información? Analícelas brevemente.
10. ¿Deberían, a su juicio, reformarse las clásicas declaraciones de derechos humanos para incluir nuevos derechos? ¿Qué nuevos derechos incluiría usted?

DERECHO Y ÉTICA: CUESTIONES ACTUALES[1]
(Ana María Marcos del Cano)

Objetivo general

Con esta lección, dedicada al estudio de *Derecho y ética: cuestiones actuales* pretendemos que el estudiante se plantee algunos de los múltiples aspectos en los que confluyen las relaciones entre el Derecho y la ética en relación con los avances científicos que se producen en el ámbito de la biomedicina y que suponen un preguntarse sobre su licitud o ilicitud jurídica. Ello nos conduce necesariamente a la reflexión ética, pues en este campo existen enormes puntos de confluencia entre ambos campos del saber. Una lección, que es lo que se dedica en el programa de Filosofía del Derecho a estos temas, es insuficiente para tratar toda la complejidad de esta temática. No obstante, y con el fin de ceñirnos al tiempo y espacio disponible, nos centraremos en el análisis de las cuestiones más relevantes: a) la imbricación entre el Derecho y la Ética y b) la caracterización general de la Bioética y c) la configuración del Bioderecho.

Esquema de desarrollo

La idea central de la lección se desarrolla en tres fases:
- En un primer momento, se expone la necesidad de una reflexión ética en el ámbito jurídico;
- Posteriormente, nos centraremos en el estudio de la Bioética;
- Por ultimo, analizaremos la configuración del Bioderecho y la normativa internacional más importante.

---

1. DERECHO Y ÉTICA: NECESARIA INTERRELACIÓN

La interacción que se produce entre el Derecho y la ética es manifiesta ahora y en cualquier ordenamiento jurídico que analicemos. No en vano la reflexión acerca de su influencia o no, de si el Derecho debe plasmar los dictados de la moral (la social u otra concreta) ha jalonado la historia de la Filosofía del Derecho, aun cuando KANT parece que dejó nítidamente diferenciados sus ámbitos de competencia.

---

[1] Las explicaciones correspondientes a los números de llamada que aparecen encerrados dentro de un recuadro están recogidas en la Segunda Parte del libro (página 311).

Actualmente, la reflexión se hace necesaria de nuevo. Y digo de nuevo porque a estas alturas ya, para un casi «graduado» en Derecho son evidentes las múltiples conexiones entre el Derecho y la ética, máxime cuando, sobre todo, en dos ámbitos (el del avance de las ciencias de la medicina y el creciente pluralismo cultural, social y religioso) los dilemas acerca de cómo el Derecho debe regular ciertas situaciones ya se han visto en otras materias (Derecho Civil, Penal, Eclesiástico...).

Y es que los hombres siempre se han planteado la pregunta acerca de la legitimidad de las normas a las que deben sujetar su conducta: «¿qué debo hacer?». Ya desde los orígenes mismos de la Filosofía, en Grecia, se discutía sobre la obediencia a las leyes; paradigmáticos son, a este respecto, los casos de Sócrates y Antígona. Pero esa idéntica preocupación de los hombres, que aparece y desaparece en forma recurrente a lo largo de los siglos, ha conducido hasta principios valorativos que difieren mucho entre sí, en función de la variación de los contextos histórico-cronológicos o histórico-culturales en que han sido formulados.

Hay, pues, una preocupación que se plasma en la pregunta por el Derecho justo, que ha tenido una presencia ininterrumpida a lo largo de la historia y hay también una permanente disparidad de respuestas, como se ha visto en lecciones anteriores. Y este dato, esta doble constatación, pone de manifiesto la gran dificultad de encontrar una solución definitiva, así como el profundo condicionamiento de todas las que se han dado y, consecuentemente, el carácter relativo de su validez.

Esta situación llevó en su momento a que la legitimidad de la Teoría del Derecho justo fuera negada por la Ciencia jurídica y su correspondiente Filosofía del Derecho, en la primera mitad del siglo pasado. Hoy, sin embargo, el problema se replantea de nuevo por todas partes. Y, así, a pesar de las numerosas críticas que siguen formulándose a esta parte de la Filosofía del Derecho, puede afirmarse que son mayoría los que estiman posible y necesaria una reflexión acerca de los valores jurídicos o la moralidad del Derecho, como afirman Peces Barba, De Castro, Pérez Luño, entre otros.

En efecto, si se exceptúan las actitudes extremas del positivismo aferradas a las tesis de que la formulación de juicios de valor no puede ser objeto de una reflexión racional con sentido, la gran mayoría de los autores piensa que es posible y que es incluso necesario este tipo de reflexión dentro del ámbito de la Filosofía del Derecho.

Esta nueva situación resulta lógica si se tiene en cuenta que la exigencia de una teoría del deber ser jurídico viene dada por el mismo Derecho que, situado en el plano de la actividad práctica, exige siempre la existencia de un criterio de valoración. En este sentido se expresan algunos filósofos del Derecho cuando afirman que la función preponderante de la Filosofía del Derecho es la de la crítica y que la reflexión sobre el Derecho justo supone abrirse al mundo de la legitimidad y de los valores. De este modo, la Filosofía del Derecho se constituye sobre todo, como teoría del conocimiento de los valores, aun con el riesgo de especulación metafísica y de subjetividad ideológica que este ámbito implica. Como señaló Nino, autores contemporáneos que son representantes del positivismo, como Hart, Bobbio, Carrió, Raz, no defendieron posiciones escépticas en materia ética al exponer su posición positivista. Aun quienes son efectivamente escépticos, como KELSEN, ROSS, ALCHOURRÓN y BULY-GIN no es cierto que sean indiferentes al origen y contenido de los sistemas jurídicos ni que legitimen cualquier configuración del poder político·

Lo fundamental será que esa Teoría del Derecho Justo se constituya como investigación sobre los principios ético-jurídicos que contienen en sí mismos la virtualidad de actuar como paradigmas de justicia determinantes de la configuración del Derecho positivo. Que la reflexión sobre estos principios sea designada con el nombre de «Derecho Natural», de «Axiología Jurídica», de «Estimativa Jurídica», de «Teoría de la Justicia», o cualquier otro, es algo radicalmente secundario. Lo importante es que tales principios tengan cierta trascendencia en relación con los derechos históricos sobre los que actúan como ideas modélicas. Lo importante es que el Derecho positivo no se constituya en un dato definitivo e indiscutible, sino que, en cuanto producto de unas voluntades que actúan dentro de contextos histórico-sociales variables, cuyo grado de racionalidad es siempre cuestionable, pueda y deba ser sometido constantemente a juicios de corrección, precisamente para ser rescatado del proceso de deshumanización a que le somete a menudo la irracionalidad de las estructuras y procesos sociales.

Así pues, una de las tareas prioritarias en este campo será el análisis de los principios informadores que en esta época concreta nuestra han ser asumidos por los ordenamientos jurídicos positivos para poder alcanzar las cotas mínimas de justicia que le son exigibles. Pero no puede limitarse a determinar cuáles son esos principios, sino que habrá de ocuparse de precisar las consecuencias prácticas que la aplicación de tales principios trae consigo. Esto implica el enfrentarse inexcusablemente con las discusiones críticas de las respectivas soluciones de las distintas doctrinas éticas, tanto dentro de un análisis sistemático, como desde la perspectiva histórico-comparativa. Por otro lado, y con carácter previo, deberá tratar la cuestión de las bases de fiabilidad de los juicios de deber-ser. Este objetivo habrá de perseguirse dentro del marco general de una fundamentación crítica de las posibilidades cognoscitivas de la razón práctica y en directa discusión con las doctrinas procedentes del campo de la filosofía general y de la filosofía ética, preguntándose por la justificación lógica de los enunciados éticos.

No es objeto de estudio en esta lección –ya lo ha sido anteriormente– cuál es la posible configuración de una Teoría del derecho justo, sí lo es sin embargo, dejar de manifiesto esta interacción entre el Derecho y la ética, a la que de nuevo nos llevan las cuestiones que surgen de la investigación biomédica.

2. BIOÉTICA Y DERECHO: LA CONFIGURACIÓN DEL BIODERECHO

Los nuevos avances en el campo de la biomedicina llevan al jurista a plantearse la pregunta sobre el cómo regular jurídicamente estas situaciones en las que están en liza valores ético-jurídicos fundamentales. La pregunta por qué hacer cuando existen bienes jurídicos encontrados exige una reflexión acerca de las condiciones y garantías de esa protección y, en qué casos y situaciones, pueden ceder ante otros más relevantes.

En una sociedad pluralista en la que conviven distintas concepciones acerca del bien, la resolución de los problemas bioéticos se encuentra con la dificultad preliminar de decidir los criterios con arreglo a los que debemos tomar las decisiones. Es evidente que las cuestiones bioéticas provocan discusiones vivísimas. Parece que esta problemática encuentre su lugar en la dimensión más emocional del ser humano, suscitando de ese modo entusiasmos incontenibles en algunos y angustias profundas en otros, con lo que se está obstaculizando en cualquiera de los casos cualquier tentativa de aproximación racional (o, si se quiere, estrictamente teórica) a estos temas. El gran reto es reflexionar si es posible encontrar y bajo qué presupuestos fundantes una norma capaz de responder a cada una de las situaciones concretas.

Veamos a continuación muy brevemente cuál es el origen y caracterización general de la Bioética, para pasar después al análisis de cómo se configura el Bioderecho.

2.1. Bioética: caracterización general

El término «Bioética» es compuesto y une dos realidades y conceptos: la vida (*bios*) y la ética (*ethos*). Estos son conceptos, de siempre, perennes. Lo primero que llama la atención es precisamente el término en sí mismo. Si la ética tiene como función principal regular toda conducta humana, ¿por qué merece un término distinto el tratamiento por parte de la misma de las cuestiones relacionadas con las ciencias de la vida? ¿No sirve simplemente la referencia a la ética para enmarcar en ella los problemas que actualmente se inscriben dentro de la Bioética? ¿Por qué surge ahora la Bioética como algo novedoso [1]?

El término es realmente nuevo, en el sentido de reciente. Aparece hacia los años 70 y se debe a un profesor de oncología de la Universidad de Wisconsin, VAN RENNSSELAER POTTER, quien lo sugirió como plataforma para responder desde la ética a los nuevos retos planteados por los avances científicos en el campo de la biología y la medicina. POTTER consideraba la nueva disciplina como una ciencia que busca mejorar el ecosistema entendido como criterio de referencia en la determinación de los valores morales. Su orientación era, fundamentalmente, ecológica.

En el 73, se habla ya de una «disciplina» nueva que, en 1978 ve aparecer su primera enciclopedia con 4 volúmenes y más de 1800 páginas, la *Encyclopedia of Bioethics*. En esos primeros años se crean multitud de centros, organismos e institutos dedicados al estudio de los problemas de la vida, la medicina y la salud (en Estados Unidos, Canadá, Italia, España,...).

En cuanto al contenido (su objeto), es posible también afirmar su novedad aunque matizadamente. Los problemas que afronta la Bioética son nuevos en parte, porque algunos de ellos ya han sido tratados anteriormente. Sobre todo no es nueva la exigencia de una valoración propiamente moral de los problemas derivados de la Medicina (pensemos, por ejemplo, que es el objeto de la deontología médica o la ética médica, cuyo principio básico es el Juramento de Hipócrates). Pero la Bioética es más amplia que la ética médica. Y lo más acertado, será decir que incluye determinadas situaciones pero que no está cerrada, esto es, su contenido irá aumentando a medida que se sucedan nuevos cambios tecnológicos y científicos. La novedad radicaría fundamentalmente en que la Bioética supone un intento de conseguir un enfoque secular, interdisciplinar, prospectivo, global y sistemático de todas las cuestiones éticas que conciernen a la investigación sobre el ser humano y, en especial, a la biología y a la medicina.

Las definiciones que de ella se han dado son muy variadas y, en cierto modo, reflejan la variedad de enfoques y concepciones. La que ha llegado a ser pacífica en la doctrina es la que recoge precisamente la *Encyclopedia of Bioethics* de REICH que dice que la Bioética es el «*Estudio sistemático de la conducta humana en el campo de las ciencias de la vida y del cuidado de la salud, en cuanto que esta conducta es examinada a la luz de los valores y principios morales y de forma sistemática*»

El objeto de estudio es, pues, la conducta humana en los ámbitos de las ciencias de la vida y los cuidados de la salud. Y su método consiste en el estudio de ese objeto a la luz de los valores y principios morales y de forma sistemática. Si bien es necesario hacer una matización que es generalmente compartida y es que la Bioética tendrá que construirse desde la ética en diálogo permanente con otros ámbitos del saber como la Medicina, el Derecho, la Política o la Biología...

A modo ejemplificativo, se podría decir que las situaciones de las que se ocupa son las siguientes:

– Intervención en el ámbito de la reproducción humana: control de natalidad, aborto, inseminación artificial y sus variantes, fecundación in Vitro, donación de embriones, selección de sexo, congelación de embriones, clonación reproductiva y terapéutica...

– Intervenciones en el patrimonio genético: manipulación del ADN, exámenes genéticos predictivos, terapias génicas germinales, incidencia sobre la selección natural,...

– Relación médico-paciente: principio de consentimiento informado, confidencialidad, intimidad ...

– Intervenciones sobre el envejecimiento y la muerte: eutanasia, alzheimer, encarnizamiento terapéutico, instrucciones previas, cuidados paliativos, ...

– Intervenciones médicas y de investigación en general en el cuerpo humano: intervenciones quirúrgicas, cambio de sexo, donación de órganos y tejidos, experimentación e investigación científica, ...

Estos hechos presentan repercusiones éticas, jurídicas y sociales de gran envergadura, lo que implica que toda reflexión acerca de cómo actuar, hasta dónde, en qué condiciones, debe ser realizada con gran seriedad desde los ámbitos del saber implicados. La pregunta por qué hacer en estas situaciones, impensables hace muy pocos años, ha hecho que la rama de la ética que hasta ahora se incluía en lo que era la ética médica se haya constituido en la denominada Bioética, ética aplicada. Conviene advertir de inmediato algo y es que la bioética, al igual que sucede con otras éticas aplicadas, no asume como propia únicamente una de las propuestas éticas hoy vigentes (utilitarismo, comunitarismo, liberalismo político, ...), sino que toma de cada una de ellas los elementos que necesita para llevar adelante su labor.

Desde los años 70 en los que surgió en EEUU, la Bioética se ha fundamentado en el denominado *modelo de los principios*. Instituido por Beauchamp y Childress en el famoso *Informe Belmont* (1978), los principios de *beneficencia, autonomía, justicia* y *no-maleficencia* han sido la guía de la toma de decisiones en el ámbito de la bioética. Estos principios son aquellos criterios generales que sirven como base para justificar muchos de los preceptos éticos y valoraciones particulares de las acciones humanas.

El principio de *beneficencia* implica no causar ningún daño y maximizar los beneficios posibles y disminuir los posibles daños. Ha estado ligado desde siempre al paternalismo. Éste se ha dado desde tiempos muy remotos tanto en la vida familiar, como en la política, la religiosa y la médica. Es más, desde la perspectiva jurídico-política, la evolución de las estructuras sociopolíticas de los países occidentales en estos últimos siglos ha sido la del paternalismo a la justicia social. El Estado del antiguo régimen era claramente paternalista: «todo para el pueblo, pero sin el pueblo». Frente a él se hicieron las revoluciones democráticas y después las sociales. El Estado de justicia social es de algún modo la antítesis del antiguo Estado paternalista. Desde el punto de vista de las relaciones familiares el paternalismo reproduce las relaciones humanas de acuerdo con los esquemas propios de la vieja sociedad patriarcal.

En el ámbito médico, este principio obliga al profesional de la salud a poner el máximo empeño en atender al paciente y a hacer cuanto pueda para mejorar la salud, de la forma que aquél considere más adecuada. Gafo afirma que es un principio ético básico que se aplica primariamente a los pacientes, aunque también a los otros que pueden beneficiarse (la humanidad, las generaciones futuras) de un avance médico particular. No hay que olvidar que este es el principio por excelencia de la profesión médica. No en vano es en el que se han fundamentado los códigos médicos desde el Juramento de Hipócrates.

El Informe Belmont define este principio como la obligación de beneficiar o hacer el bien, mas no en el sentido de caridad.

El principio de *autonomía* ha tenido una tradición jurídica fundamentalmente. Los médicos han tenido una gran sensibilidad siempre para la percepción del principio de beneficencia, pero han permanecido ajenos al de autonomía. Este principio implica que todos los individuos deben ser tratados como agentes autónomos y que todas las personas cuya autonomía está disminuida tienen derecho a la protección. Actualmente, pareciera que, así como en el campo de la Filosofía y el Derecho la autonomía se configuraba como la reivindicación de los derechos por parte del individuo frente al poder superior (religioso, estatal, social...) en el ámbito de la Medicina y más concretamente en las relaciones médico-paciente, la autonomía representa un autoafirmarse del enfermo frente al poder (en muchos casos desorbitado) del médico. La autonomía supone el reconocimiento del actuar autorresponsable, de que cada ser humano tiene el derecho a determinar su propio destino vital y personal, con el respeto a sus propias valoraciones y a su visión del mundo. La proclamación y el respeto de la autonomía individual determinan, pues, en definitiva, que siendo valiosa la libre elección individual de planes de vida y la adopción de ideales de excelencia humana, el Estado (y el resto de los individuos) no debe interferir con esa elección o adopción, limitándose a diseñar instituciones que faciliten la persecución individual de esos planes de vida y la satisfacción de los ideales de virtud que cada uno sustente e impidiendo la interferencia mutua en el curso de tal persecución. La autonomía exige, por tanto, el reconocimiento de la libre decisión individual sobre los propios intereses siempre que no afecte a los intereses de un tercero, o exige el respeto a la posibilidad de adopción por los sujetos de decisiones racionales no constreñidas. En esa medida, puede ser entendida como libertad individual para decidir sobre la propia vida, para dictarse normas a sí mismo, para materializar planes de vida, puesto que, según KANT, «la voluntad de un ser racional debe considerarse como legisladora». O, como se ha señalado también, la autonomía moral representa «la esencial función de la conciencia valorativa ante cualquier norma y cualquier modelo de conducta y de —esfuerzo de liberación frente a interferencias o presiones alienantes y de manipulaciones cosificadoras».

El principio de *justicia* tiene que ver con lo que es debido a las personas, con aquello que de alguna manera les corresponde o les pertenece. Cuando a una persona le corresponden beneficios o cargas en la comunidad, estamos ante la cuestión de la justicia. Lo que más nos interesa es el concepto de justicia distributiva, que se refiere en sentido amplio, a la distribución equitativa de los derechos, beneficios y responsabilidades o cargas en la sociedad. Su espacio es amplísimo y toca entre otras cosas, a las leyes fiscales, a la distribución de recursos para las diversas necesidades sociales (educación, sanidad, defensa, etc.) y a la distribución de oportunidades en la sociedad. Los problemas de distribución surgen porque los bienes son escasos y las necesidades son múltiples.

Sin entrar ahora a la discusión sobre los límites que su aplicación tiene en los casos concretos y su posible jerarquización, estos principios se han constituido en la base del modelo bioético anglosajón y se están aplicando también en Europa, si bien con matices y con nuevas propuestas de fundamentación de la bioética. Unas, alejadas de la consideración de los principios como guías de actuación, desde lo que se denomina el *modelo de la experiencia,* a saber, desde el sujeto y su estructura motivacional (la bioética de la *virtud*), desde la argumentación racional en los casos concretos y diversidad de contextos (la bioética *discursiva*), desde la referencia a las relaciones interpersonales y las responsabilidades que de ahí se derivan (bioética del *cuidado*). Las otras, reelaborando el modelo bioético de los principios, desde Kant, en el sentido de que sólo un principio formal puede pretender ser criterio regulador. En este último sentido, se dice que es necesario afirmar un principio ético absoluto, cual es el de la dignidad humana, en el que cada hombre en cuanto persona debe ser tratado como fin y nunca como medio y que ese debe ser el principio e imperativo de nuestra conciencia moral. La problemática de la bioética se concentra más bien en un segundo nivel, cual es, el de interpretar cómo se respeta ese principio en cada una de las situaciones que hemos citado *at supra*. En ese sentido, habría dos momentos en el proceso constructivo de la decisión: uno, referido a los principios y un segundo a la experiencia, es lo que se ha denominado «principialismo responsable». Lo que sí es evidente es que, cualquiera que sea el modelo bioético que adoptemos /o que construyamos/, el tema de la dignidad es crucial y no puede ser banalizado. Es esencial en este ámbito resignificar este valor desde las coordenadas éticas y biomédicas actuales y ésta será una de las labores fundamentales de la construcción de la Bioética hoy.

2.2. Bioderecho: su configuración

El Derecho necesita dar respuesta a los dilemas planteados por la Bioética y con ello nos adentramos en un nuevo ámbito, la configuración del denominado Bioderecho. Esta aproximación es necesaria si se quiere proveer al legislador (que parece inexcusablemente llamado a pronunciarse sobre estos temas) de la capacidad de orientarse objetivamente. ¿Qué debe hacer el Derecho? ¿Cómo debe legislar en situaciones en las que se ponen en juego valores básicos del ser humano? El Derecho no puede quedarse en una mera disquisición teórica, sino que debe plasmar en una norma de carácter general una solución.

El Bioderecho consiste en el saber que estudia la incidencia del fenómeno bioético en el Derecho. Como consecuencia de ello, incluiría el estudio:

a) de la búsqueda del paradigma del derecho capaz de normar estas situaciones de un modo acorde con las exigencias de dichos fenómenos. De ahí que dentro del Bioderecho nos encontremos con los problemas más acuciantes de la ciencia del Derecho como las relaciones entre Derecho y Moral, la axiología jurídica, la ontología jurídica, las funciones del Derecho, las lagunas jurídicas, la interpretación jurídica, la técnica jurídica...;

b) de la legislación (Biolegislación) y la jurisprudencia (Biojurisprudencia) en los casos referentes a los problemas que se plantean en las ciencias de la vida.

En la primera cuestión es donde se ofrecen las mayores dificultades y, por ende, las mayores carencias doctrinales. Aunque, es evidente que si se quiere someter a crítica (bien de *lege data,* como de *lege ferenda*) las leyes bioéticas se tendrá que partir desde una confrontación con los valores jurídicos dentro de un contexto plural como es el actual. La actitud del legislador, a pesar de que la realidad social nos apremia, es lenta. ¿Por qué? Hay dos tendencias: la de reconducir la valoración de la «nueva situación» a la interpretación de las normas ya existentes (en general más restringida) y la de crear nuevas normas jurídicas (en general más permisiva). En esta dualidad se debate y para decidirse deberá realizar una labor previa de política legislativa sobre los valores éticos y jurídicos implicados en cada caso. Además, será necesario utilizar una técnica legislativa concreta con el fin de preservar los valores fundamentales y, a la vez, permitir una flexibilidad dado el avance tan rápido que se produce en este ámbito.

Por lo que se refiere a los valores ético-jurídicos, el marco del Bioderecho se construye teniendo como telón de fondo el respeto a los derechos humanos. Ahora bien, la interpretación que se haga de los valores que protegen dichos derechos va a determinar las decisiones que se tomen en los casos concretos. Veamos a continuación algunos de ellos, a modo de ejemplo.

Por lo que se refiere a la *vida humana,* será necesario delimitar su significado, alcance o sentido en cuanto valor directivo del Derecho. Esta cuestión lejos de ser pacífica presenta una dificultad extrema cuando nos acercamos a la literatura sobre el tema y observamos lo numerosas y dispares que son las definiciones que se han dado. La cuestión se debe dilucidar es qué es lo que define la vida humana, respecto a las demás vidas existentes. ¿Qué es lo específico de la misma? ¿Es lo que de creación natural hay en ella o es su capacidad de razonar y de tener sentimientos morales? Esa capacidad, ¿deber ser real (actual) o basta con que sea potencial o ya haya existido? ¿Se puede decir que existe vida humana cuando ya no hay posibilidad de recuperar esas capacidades? Las ideas se polarizan en dos frentes:

1. por un lado, los que creen que la vida es valiosa como creación natural (*vida biológica*). Para estos autores la vida humana se define por su pertenencia a la especie *homo sapiens*. Habrá vida humana cuando se cumpla con los correspondientes presupuestos biofisiológicos, cualquiera que sea el estado, condición y capacidad de prestación del tipo que sea de su titular. ¿Qué realidades comprendería la vida humana? La vida corporal, la orgánica (organizada y viviente) y la racional (espiritual, anímica o intelectual). De esto se deduce que se consideran vidas humanas tanto la vida en estado de coma profundo como la vida menos consciente, a pesar de que carezcan de alguna de las realidades reseñadas anteriormente.

2. y los que opinan que la vida humana es importante principalmente como autocreación personal y cultural (*vida biográfica*). Estos autores señalan que la vida humana no se identifica con el ser humano sin más, sino con aquel ser que manifieste determinados caracteres o capacidades de consciencia o comportamentales (como la percepción, la racionalidad o la volición). Se rechaza desde estas posiciones tanto el biologismo (idolatría de la vida) como el especismo (forma de racismo). Los estudio-

sos del tema tratan de encontrar un criterio empírico o natural con el que distinguir la vida humana de todas las demás formas de vida, que sea diferente al de su pertenencia a una especie. Estos criterios podrían fijarse en los siguientes, por ejemplo, «capacidad de tener intereses o deseos, autoconciencia»; «indicadores de humanidad –función neocortical, comunicación, autocontrol, sentido del tiempo, sentido del futuro, capacidad de relación, curiosidad, racionalidad...–,; autonomía, sujeto moral activo; la capacidad de sentir, de probar placer y dolor. Sólo se puede hablar de vida humana en sentido pleno cuando el organismo viviente presente ciertas cualidades, o sea, la autoconsciencia y la racionalidad. Así, se llega a la conclusión de que aquellas vidas que carezcan de dicha racionalidad y autoconsciencia no podrán incluirse en la categoría de vidas humanas y, por lo tanto, no serían susceptibles de protección.

La *autonomía* individual, como afirmábamos antes, determina que siendo valiosa la libre elección individual de planes de vida y la adopción de ideales de excelencia humana, el Estado (y el resto de los individuos) no debe interferir con esa elección o adopción, limitándose a diseñar instituciones que faciliten la persecución individual de esos planes de vida y la satisfacción de los ideales de virtud que cada uno susten te e impidiendo la interferencia mutua en el curso de tal persecución. Como decía Kant, «la voluntad de un ser racional debe considerarse como legisladora». La autonomía así entendida expresa la capacidad del individuo para configurar su vida del modo que él crea conveniente atendiendo a sus planes, a su escala de valores y a las circunstancias en las que esa vida se desarrolle. No obstante, no se considera ilimitada, sino que se han señalado algunos límites, como, por ejemplo, la «racionalidad» o los intereses de terceros o el principio del daño a terceros.

La *dignidad humana*, como hemos visto es uno de los pilares que sustenta la construcción de la Bioética y también del Bioderecho, rasgo inherente al ser humano y lo que le diferencia de cualquier otro ser humano, es imprescindible dotar de contenido a este valor en lo que se refiere a las cuestiones bioéticas. Vaya por delante que se hace difícil concretar las situaciones o experiencias que contradicen la esencia de la dignidad. En este sentido, cobran valor las palabras de K. Larenz cuando afirmaba que «determinar en particular qué comportamientos lesionan la dignidad de otro es algo que sólo puede esclarecerse en un constante proceso de concreción y, por tanto, con una dimensión temporal». Parece que el reconocimiento de la dignidad humana implica dos consecuencias inmediatas: en primer lugar, la *superioridad* de los hombres frente a los demás seres u objetos de la naturaleza; en segundo lugar, la colocación de todos los hombres en una posición de estricta *igualdad esencial*. Por eso, ninguno podrá ser objeto de discriminación, ni utilizado como instrumento para el logro de fines que le son ajenos, por muy valiosos que éstos sean.

En el ámbito jurídico se utiliza como idea básica central. Incide en la aplicación de las normas jurídicas (art. 10.1 CE) y, muy específicamente, en la interpretación y aplicación de los derechos humanos. La dignidad es el fundamento último que se esgrime en la defensa de los derechos humanos, derechos que existen no por reconocimiento de ningún legislador, sino por el hecho de que el ser humano es un ser digno.

El *bien común* constituye una instancia de legitimidad y de justicia. Desechamos en principio cualquier similitud del bien común con el totalitarismo o el colectivismo. El bienestar de la sociedad se consigue a través del bien de cada uno de los individuos que forman esa sociedad. Sería, pues, un sustrato valorativo común, vigente en una determinada sociedad, mutable por tanto, en función de las circunstancias de la sociedad, de las tradiciones históricas de la misma. Estaría integrado por los intereses sociales colectivos que en un momento dado podrían entrar en colisión con un bien individual y ahí habría que hacer un estudio *ad hoc* para ver cuál prevalece.

El análisis de estos valores y el respeto a los derechos humanos tendrán que guiar la labor del legislador a la hora de regular las nuevas situaciones que surjan en el contexto de la Bioética. A la vez, y como decíamos anteriormente, la técnica legislativa será de gran importancia. En este sentido, dos cuestiones serán claves: por un lado, el respeto al pluralismo que impera en todos los órdenes de la sociedad para garantizar la integración de todos los colectivos y garantizar el consenso en la toma de decisiones; por el otro, la interdisciplinariedad de las situaciones que es necesario regular, lo que implicará la puesta en práctica de los principios de la democracia deliberativa: presencia de todos los interesados, escucha de todos, argumentación, respeto y tolerancia y carácter provisional de las soluciones adoptadas.

La regulación jurídica ha de ser prudente y sobria, elástica y abierta y, a ser posible, que tenga en cuenta los informes de los Comités Nacionales de Bioética –cuando los haya–. Además, en este tipo de normas es importante la inclusión de una cláusula derogatoria o de revisión y utilización de normas complementarias para la regulación de aspectos concretos. Y procurar también que la regulación no sea meramente prohibitiva, sino que establezca condiciones y garantías para preservar el bien del individuo y el progreso de la ciencia y de la sociedad.

Por otro lado, habrá de establecerse regulaciones que traten de armonizar las distintas legislaciones en los demás países, para evitar paraísos bioéticos y/o biotecnológicos. Así se ha hecho con el Convenio Europeo de Derechos Humanos y Biomedicina del Consejo de Europa, con rango de norma vinculante para los países firmantes, entre ellos España y también con la reciente Declaración Internacional de Bioética de la UNESCO. En este sentido, y sobre todo el Convenio de Oviedo, así llamado el Convenio de Derechos Humanos y Biomedicina porque se firmó el 4 de abril de 1997 en esta ciudad, ha logrado consagrar por primera vez a nivel internacional normas sobre biomedicina con carácter vinculante. Este convenio está pensado como un documento marco que se completa a lo largo de los años con protocolos adicionales sobre temas específicos, por ejemplo, el de la clonación reproductiva en 1998 fue uno de los más relevantes. Es cierto que se trata de una serie de principios comunes, de mínimos flexibles, pero que se enmarcan en el respeto a los derechos humanos y permiten que normas aprobadas por un Estado no sean violadas con sólo cruzar la frontera. El principio clave de interpretación de todo el documento es la dignidad humana y así se establece en su Preámbulo: *«actos que podrían poner en peligro la dignidad humana por un uso impropio de la biología y medicina»* y en el artículo 1º señala como objeto del Convenio: *«proteger al ser humano en su dignidad e identidad, garantizando a toda persona, sin discriminación, el respeto de su integridad y de sus otros derechos y libertades fundamentales en relación con las aplicaciones de la biología y la medicina».*

La importancia de este instrumento radica en que establece una serie de principios básicos sobre los que hay consenso y deja para un debate ulterior la búsqueda de soluciones específicas para temas más debatidos (eutanasia, aborto, etc.). De no haber sido por esta estrategia este documento no se hubiera aprobado. Y es importante que exista, pues más allá de lo genérico que puede resultar, es un primer paso en la búsqueda de un consenso internacional en el ámbito de la Bioética, fijando eso sí un marco mínimo con el fin de evitar los atentados más graves a la dignidad y derechos de las personas.

Resumen

El contenido de esta lección se puede sintetizar en estos puntos:
1. La relación de interrelación que existe entre el Derecho y la ética, lo que ha dado origen en el ámbito del conocimiento jurídico a la denominada Teoría del Derecho Justo, o Axiología Jurídica, que implica que toda reflexión jurídica lleva implícita la pregunta por el deber ser de las normas, por su justicia, por su legitimidad.
2. La Bioética es un claro ejemplo de interacción entre la ética y el Derecho, por los valores y bienes fundamentales que se encuentran en conflicto en muchas de las situaciones que provocan los nuevos avances en el ámbito de la Medicina y la Biología.
3. La Bioética es el*»estudio sistemático de la conducta humana en el campo de las ciencias de la vida y del cuidado de la salud, en cuanto que esta conducta es examinada a la luz de los valores y principios morales y de forma sistemática».*
4. El fundamento de la Bioética ha sido básicamente desde los *principios* – principialismo: beneficencia, autonomía, justicia y no-maleficencia.
5. Actualmente dichos principios han sido objeto de crítica desde la Bioética de la experiencia y desde el denominado «principialismo responsable» que conjuga los principios formales, la deontología con la finalidad.
6. El Bioderecho es el saber que estudia la incidencia del fenómeno bioético en el Derecho.
7. El Bioderecho implica el análisis de los valores fundamentales que deben guiar toda legislación bioética, a la vez que establece pautas de técnica legislativa para regular hechos y situaciones tan cambiantes.
8. El horizonte que debe encuadrar la labor del legislador es, en general, el respeto a los derechos humanos y, en particular, la resignificación de la dignidad humana, la vida humana, la autonomía y el bien común en las situaciones concretas de la Bioética.
9. La primera norma internacional de carácter vinculante en el ámbito de la Bioética y del Bioderecho es el Convenio Europeo de Derechos Humanos y Biomedicina, aprobado el 4 de abril de 1997 en Oviedo y ha entrado en vigor en España el 1 de enero de 2000.

Lecturas útiles

Si desea ampliar o profundizar las explicaciones de esta lección, puede encontrar ayuda en:

ANSUÁTEGUI ROIG, F. J. (coord.), *Problemas de la eutanasia,* Madrid, Universidad Carlos III de Madrid-Dykinson, 1999.

CORTINA, A., *Etica mínima. Introducción a la filosofía práctica,* 2ª ed., Madrid, Tecnos, 1989. Prólogo de J. L. ARANGUREN.

DE CASTRO CID, B., «Biotecnología y derechos humanos: Presente y futuro» en *Biotecnología, derecho y dignidad humana,* Granada, Comares, 2003

GAFO, J., *10 Palabras clave en Bioética,* Pamplona, Verbo Divino (ed.), 1993.

GRACIA, D., *Fundamentos de Bioética,* Madrid, Eudema, Universidad, 1989.

JUNQUERA DE ESTÉFANI, R., *Algunas cuestiones de bioética y su regulación jurídica,* Grupo Nacional de Editores, Sevilla, 2004.

MARCOS DEL CANO, A. M., *Bioética, filosofía y derecho,* Centro Asociado de la UNED de Melilla, Melilla, 2004.

MARCOS DEL CANO, A. M., A.M., *Bioética y Derechos Humanos,* Madrid, UNED, 2011.

ROMEO CASABONA, C. M., *El Derecho y la Bioética ante los límites de la vida humana,* Madrid, Editorial Centro de Estudios Ramón Areces, 1995.

Direcciones de Internet de Bioética: http://cerezo.pntic.mec.es/~jlacaden/PtransgU.html; www.fcs.es/; www.iscm.edu/; http://www.diariomedico.com/; http://www.bioetica.org/; http://www.nih.gov/sigs/bioethics/; http://www.medynet.com/elmedico/; http://www.ugr.es/~eianez/Biotecnologia/clonetica.htm; http://www.BIOETICA.NET/; http://www.ub.es/fildt/bioetica.htm; http://www.pcb.ub.es/mod_es/sec_01/doc001.htm

Ejercicio de autoevaluación

1. ¿Qué ámbito del conocimiento jurídico tiene por objeto el análisis de la legitimidad de las normas jurídicas?

2. ¿Por qué, cree usted, que es indispensable la pregunta por la ética en el ámbito jurídico? Razone sus respuesta.

3. ¿Cómo definiría la Bioética? ¿Realmente es una novedad?

4. ¿Cuáles son los principios que hasta ahora han fundamentado la Bioética, sobre todo, la anglosajona?

5. Mencione otros modelos de fundamentación de la Bioética.

6. ¿Cómo definiría el Bioderecho? ¿Cuál sería su función?

7. Si fuese legislador y tuviese que afrontar la regulación jurídica de la eutanasia, ¿qué principios o criterios analizaría?

GLOSARIO SELECTIVO

Objetivo general

Por principio, este catálogo de términos tiene carácter restrictivo, pues se propone acoger solamente aquellas palabras que, siendo utilizadas en alguna parte del presente libro, no vienen directamente explicadas en los diccionarios usuales de la lengua española. No obstante, incluye asimismo ocasionalmente algunos términos que sí vienen recogidos en tales diccionarios. Eso ocurrirá cuando a esos términos se le ha asignado en este libro un significado parcialmente diferente del que le suele ser atribuido en el uso normal.

Por otra parte, han sido incorporadas también al catálogo algunas expresiones que (sin perjuicio de que los términos que las integran vengan recogidos casi siempre en los diccionarios al uso) tienen en el contexto un significado cuya peculiaridad exige algún tipo de aclaración.

Con todo, el glosario que se ofrece sigue siendo considerablemente limitado. Y esto implica que los lectores de las explicaciones desarrolladas a lo largo del libro podrán tropezar con palabras o expresiones cuyo significado preciso no alcanzan a ver y que, sin embargo, no han sido recogidas en el presente catálogo. En ese caso, tendrán que recurrir a las tradicionales fuentes primarias de información: los diccionarios de la lengua.

clarificador/a: que pretende ordenar y despejar las dudas que ensombrecen la comprensión de una situación o tema

clausurante: capaz de producir el cierre de algo

clonación: creación o reproducción de seres y objetos idénticos a un determinado patrón

Cognitivismo: actitud defensora de la posibilidad de lograr un conocimiento racionalmente fundado de una materia o problema (p. e., los valores y normas éticas)

cognitivista: defensor/a del «cognitivismo»

comportamental: relacionado/a con la posibilidad de actuar

comprender: captar el sentido o significado de algo

comprensivo/a: que contiene o abarca

Comunitarismo: doctrina que propugna la primacía de los valores de pertenencia al grupo sobre los específicamente individuales

comunitarista: partidario del «comunitarismo»

conceptualista-formalista: partidario/a de construir la representación conceptual de las cosas con elementos puramente formales

consecuencialismo: doctrina que considera que la 'bondad' de sus efectos debe ser el criterio supremo para medir la bondad ética de las conductas y de las normas que las rigen

consensual: que tiene su base de legitimidad en el acuerdo de quienes participan en el diálogo

«constitucionalismo material» = tendencia proclive a dotar a las disposiciones constitucionales de carácter jurídico directamente normativo

contractualismo: doctrina política que atribuye el origen de la sociedad y del Estado a una especie de acuerdo alcanzado por los individuos para superar su situación de «estado de naturaleza»

contractualista: que profesa el «contractualismo»

convencionalismo: tendencia a confiar la solución de las dudas o problemas al concierto de las diferentes voluntades y puntos de vista

cosificador/a: que reduce a la condición de cosa algo que no lo es

cuasifilosófico/a: muy próximo/a a la peculiar perspectiva de los análisis filosóficos

D

declarativo/a: que sólo tiene el papel de proclamar la existencia previa de algo

deductivismo: actitud defensora de la excelencia del conocimiento logrado por el procedimiento lógico que establece una afirmación particular mediante derivación desde otra universal

demiúrgico: dotado de poder creador (como los *demiurgos* del neoplatonismo)

desburocratización: eliminación de las trabas de rigidez, formalismos y papeleo que han acompañado tradicionalmente a la gestión de los organismos públicos

«**Derecho natural**»: conjunto de principios y preceptos cuya validez procede de su pertenencia al orden racional que rige la naturaleza

«**derechos negativos**»: los que exigen la inhibición o no ingerencia en los ámbitos de libre decisión personal de su titular

«**derechos positivos**»: aquellos cuya satisfacción requiere la intervención activa del Estado

descriptivismo: doctrina que sostiene que la descripción de los hechos es el único camino para lograr un conocimiento fiable de los mismos

dialógico/a: realizado/a mediante la discusión o diálogo

diferencial: que sirve para poner de manifiesto la diferencia que hay entre varias cosas

dilucidable: que admite o exige ser sometido a contraste y aclaración

discurso: serie de palabras y enunciados que emplea quien quiere manifestar a otros lo que piensa o siente

discursivo/a: realizado mediante razonamiento

disidente: que está en desacuerdo con un determinado planteamiento o argumentación

«**doctrina constitucionalista**»: conjunto de ideas, puntos de vista y conocimientos a que ha dado lugar el estudio teórico de la Constitución

«**Dogmática jurídica**»: estudio científico del Derecho positivo que trata de determinar el contenido directivo de sus normas

dogmático-sistemático/a: relativo/a al estudio científico que se desarrolla atendiendo sobre todo a principios doctrinales de sistematización

dominancia: poder asentado en alguna posición de dominio

doxa (*término griego*): opinión

E

eidético/a: relativo/a a la esencia o idea fundamental

empírico/a: basado/a en la experiencia

empirismo: doctrina según la que todo conocimiento procede de la experiencia (externa o interna)

empirista: partidario del «empirismo»

enconado/a: mantenido/a con insistencia y alto grado de agresividad

«**ente-de-realidad**»: lo que tiene existencia real

«**ente-de-razón**»: lo que sólo existe en el entendimiento

«**ente lógico**»: aquel cuya exitencia se limita a ser un elemento estructural del razonamiento

episteme: conocimiento realizado en forma sistemática

epistémico/a: que tiene relación con la «episteme» o conocimiento científico

epistemofilia: tendencia a investigar la problemática epistemológica

epistemológico/a: perteneciente al conocimiento científico

epistemológico-metodológico/a: que afecta a la metodología científica

epistemólogo: estudioso de la posibilidad y formas del conocimiento

«escepticismo axiológico»: doctrina que niega la posibilidad de lograr un conocimiento racional de los valores

«Escolástica tomista»: sistema de pensamiento contenido en las obras de santo Tomás de Aquino y de sus discípulos y seguidores

escolástico/a: propio/a del modo de hacer filosofía que surgió en las «escuelas» (conventuales, abaciales o catedralicias) de la Edad Media

«Escuela de Salamanca»: grupo de estudiosos que enseñaron teología, moral y derecho en la Universidad salmantina a lo largo del siglo XVI

esencialidad: rasgo distintivo de la esencia o naturaleza de una cosa

esencialista: que se ocupa del núcleo esencial de los temas y problemas

especismo: doctrina que toma los rasgos diferenciales de la especie «homo sapiens» como criterio definidor de lo que ha de ser considerado como vida humana en sentido propio

«estado de naturaleza»: situación y forma en que vivían los hombres antes de organizarse socialmente

estatalismo: actitud que proclama la supremacía incondicional del Estado frente a los individuos o los grupos sociales

estigmatización: imposición de una marca o señal que coloca al que la recibe en situación de fragilidad y dependencia moral

«Ética normativa»: disciplina que trata de descubrir los principios y reglas que establecen qué conductas son moralmente buenas y cuáles no

ético-jurídico/a: perteneciente a la ética jurídica

extrajurídico/a: que está fuera del campo de acción del Derecho

F

fáctico/a: que se basa en los hechos

fáctico-sistemático/a: que estudia sistemáticamente la dimensión fáctica

factualismo: actitud que propugna la primacía de lo fáctico

«filiación axiológica material»: pertenencia a la doctrina que afirma que los valores contienen en sí mismos directrices concretas de actuación

filosófico-jurídico/a: perteneciente al campo de la filosofía del Derecho

filoiusnaturalista: afín a la doctrina iusnaturalista

«fisicalismo epistemológico»: teoría que pretende aplicar el postulado de que todo conocimiento científico tiene que desarrollarse siguiendo la metodología de las ciencias físicas

fisicalista: defensor/a del «fisicalismo epistemológico»

físico-biológico/a: correspondiente al equipamiento fisiológico de los seres vivos

físico-natural: propio/a de las realidades físicas en su estado natural

formalismo: actitud doctrinal que reduce la corrección del razonamiento, de las normas o de las valoraciones a la corrección de la forma en que han sido elaborados, con independencia de sus contenidos materiales

«formalismo hermenéutico»: tendencia a pensar que la correcta comprensión de un texto queda asegurada si son utilizados los procedimientos y herramientas de interpretación adecuados

fundamentador/a: que proporciona las bases capaces de sostener la estabilidad de algo

fundante: que motiva y da apoyatura dialéctica

G

gadameriano/a: procedente o seguidor/a de H. G. Gadamer

génico/a: que pertenece a los genes

globalización: proceso de uniformización *(ver)* mundial que sobrepasa las fronteras estatales o nacionales

globalizado: que está bajo los efectos de la «globalización»

globalizador: que produce la «globalización»

Glosadores *(los)* = estudiosos del Derecho de los siglos XI a XIII que elaboraron sus explicaciones y escritos aplicando la técnica de la «glosa»

gnoseológico/a: relativo/a a la teoría general del conocimiento

H

habermasiano/a: procedente o seguidor/a de J. Habermas

hegeliano/a: procedente o seguidor/a de G. W. F. Hegel

herderiano/a: procedente o seguidor/a de J. G. von Herder

Hermenéutica *(la)*: disciplina que estudia los métodos aplicables a la interpretación

hiperrealista: apegado/a a la realidad con actitud extremista

historicista: que atribuye mucho valor a la dimensión histórica de las cosas

histórico-comparativo/a: que contrasta los rasgos de una o varias realidades a lo largo de su desarrollo histórico

histórico-cronológico: centrado en la secuencia temporal de la aparición y cambio de los hechos

histórico-cultural: que se ocupa de las implicaciones y condicionamientos culturales que han afectado a una realidad a lo largo de su historia

histórico-genético/a: atento/a al progreso histórico del nacimiento y desarrollo del fenómeno
histórico-jurídico/a: referido/a a la evolución de algo en su dimensión jurídica
hobbesiano/a: procedente o seguidor/a de T. Hobbes
holístico/a: que da más valor al conjunto que a cada una de las partes que lo integran
homogeneización: acción o proceso orientado/a a la eliminación de las diferencias.
«humanismo jurídico»: doctrina que propugna que el Derecho debe estar siempre al servicio de los individuos en cuanto personas
«humus» *(térm. latino)*: sustrato que propicia el nacimiento y desarrollo

I

idealidad: reino de las representaciones mentales
ilocutorio/a: que afecta a la finalidad comunicativa o 'intención' de los actos de habla
Ilustrados *(los)*: pensadores pertenecientes o afines a ese movimiento intelectual que se desarrolló en Europa durante los siglos XVII-XVIII y que ha pasado a la historia con el nombre de *Ilustración*
imperativismo: tendencia que propugna que el núcleo definitorio de las normas es una orden o mandato
impronta: huella o marca que ha quedado grabada
inclusivo/a: que propicia la integración de algo que es o parece ajeno
«individualismo político»: doctrina que sitúa el ideal de toda organización política en la promoción de las iniciativas privadas de los ciudadanos
inductivismo: doctrina que propugna un desarrollo del conocimiento que arranque de las observaciones o experiencias particulares y avance hacia la formulación de juicios o leyes de validez universal
«in fieri» *(expr. latina)*: en proceso de realización
influenciar *(= influir)*: causar influencia
informatizado/a: organizado/a conforme a los métodos y técnicas que hacen posible el tratamiento automático de datos por medio de ordenadores
infradesarrollado/a: (sinónimo de «subdesarrollado/a»)
inhibicionista: partidario de que (p. e., el Estado) se abstenga de intervenir
inocular: introducir en un ser una sustancia que le es extraña
institucionalizar: dar carácter institucional
intercultural: que sucede o se da entre varias culturas
interculturalidad: característica de los fenómenos o situaciones que se producen cuando entran en relación varias culturas
interdisciplinariedad: rasgo de las situaciones en que se ven implicadas varias disciplinas
«intervencionismo económico»: actitud que propugna la participación y control del

Estado en el desarrollo de la actividad de la sociedad

iusfilosófico/a: perteneciente al campo de la filosofía del Derecho

iusnaturalismo: actitud o corriente de pensamiento propicia a la doctrina que afirma la existencia del derecho natural

iuspositivista: que niega la existencia de cualquier otro Derecho distinto del «positivo»

iuspublicista: especialista en el estudio del Derecho Público

J

juridicidad: rasgo diferencial de lo que es jurídico en sentido estricto

jurídico-institucional: que implica o afecta a las instituciones jurídicas

jurídico-político/a: referido/a conjuntamente al Derecho y a la organización política

jurico-positivo/a: perteneciente al ámbito del Derecho que ha sido establecido por los gobernantes

«justicia distributiva»: principio jurídico de reparto de las cargas y bienes públicos entre los miembros de la sociedad

justinianeo/a: procedente del emperador Justiniano

K

kantiano/a: procedente o seguidor/a de I. Kant

kelseniano/a: procedente o seguidor/a de H. Kelsen

L

legalismo: actitud que propugna la primacía y aplicación estricta de las leyes (frente a cualquier otra fuente del Derecho)

«legalismo formalista»: «legalismo» que sitúa la legitimidad de las leyes en la corrección de la forma en que han sido elaboradas, con independencia de la calificación ético-jurídica *(ver)* que merezcan sus contenidos dispositivos

legalista-estatista: partidario/a de reducir el Derecho a las leyes creadas por el Estado

legislador/a: [en sentido amplio] sujeto que 'hace' o impone las leyes

legitimado/a: respaldado/a por una instancia justificadora (por ejemplo, una ley)

«ley científica»: fórmula en que se explicita el modo constante e invariable en que se realiza el proceso causal de los fenómenos naturales

«Ley natural»: [equivalente a «Derecho natural» *(ver)*]

Liberalismo: doctrina política favorable a la iniciativa individual y contraria a la intervención estatal en la vida social, económica y cultural

liberalización: adaptación a los principios y formas de actuación del «liberalismo» *(ver)*

«*loci* legales»: estándares o puntos de referencia contenidos en las leyes

«lógica deductiva formal»: parte de la lógica que estudia la corrección de la forma en que se realiza la inferencia deductiva de una afirmación verdadera particular a partir de otra más general

«lógica material»: parte de la lógica que se ocupa del estudio del contenido de la argumentación, tratando de contrastar la verdad o falsedad de los términos y proposiciones utilizados

lógico-deductivo/a: conformado/a según las reglas lógicas de la deducción

lógico-discursivo/a: que atañe a las reglas lógicas que pueden (o deben) ser aplicadas en los procesos de construcción de un «discurso» *(ver)*

lógico-mecánico/a: basado/a en la aplicación directa de la derivación lógica contenida en una estructura silogística simple

lógico-sistemático/a: propio/a de la sistematización lógica del discurso (científico o filosófico)

M

matematizante: que pretende aplicar los principios y método de la ciencia matemática

maximización: proceso mediante el que se logra alcanzar el máximo rendimiento posible

mecanicismo: tendencia que postula la aplicación del modelo de análisis mecánico al estudio de todas las cuestiones filosóficas o científicas

metacientífico/a: que sobrepasa los límites del conocimiento científico

metodológico/a: relativo/a al modo o forma (método) de hacer algo

migratorio/a: relacionado con el desplazamientos de los seres humanos desde unos países a otros por motivos de supervivencia o mejora de la calidad de vida

modo-de-ser: [equivalente a] naturaleza, esencia

«monismo epistemológico»: actitud favorable a la doctrina de que sólo existe un tipo de conocimiento genuinamente científico

«monismo ético»: actitud proclive a aplicar el principio de unidad excluyente en los procesos de fijación del código ético aplicable en cada sociedad

monocrónico/a: aplicable a un solo lapso de tiempo

monológico/a: realizado/a sin mediación de contraste con otras opiniones

motivacional: que se refiere a las razones o motivos que mueven al sujeto a actuar en un determinado sentido

multicultural: afectado/a por la concurrencia de muchas culturas diferentes

multiculturalidad: rasgo característico de las situaciones en que se da una presencia simultánea de varias culturas

multiculturalismo: doctrina que postula la aceptación y regularización institucional de la multiplicidad de culturas dentro de una misma sociedad

multinacional: que incluye o está presente en varias naciones

N

neocapitalista: partidario de la nueva forma de capitalismo que cuajó tras la segunda guerra mundial y que se caracteriza por su intento de corrección der los excesos del capitalismo con medidas intervencionistas que promuevan el bienestar social

neocontractualismo: línea doctrinal que ha sido desarrollada por J. Rawls y J. Habermas en la segunda mitad del siglo XX y que replantea desde una nueva perspectiva epistemológica *(ver)* el argumento central del contractualismo clásico

neokantismo: movimiento filosófico europeo del siglo XIX que intentó restablecer la teoría del conocimiento que Kant había sistematizado en su «Crítica de la razón pura»

neoliberal: afín a la nueva doctrina liberal que comenzó a implantarse después de 1945 en apoyo del Estado del bienestar con los nuevos postulados de redistribución de la riqueza y del intervencionismo estatal

«neutralidad axiológica»: rasgo de la situación que se produce cuando algo (p. e., el Derecho) se abstiene de tomar partido por uno u otro valor

neutralismo: inclinación a no apoyar a ninguno de los contendientes de un conflicto

normalización: regularización mediante normas

normatividad: capacidad de servir de norma

normatividad *(la)*: (el) conjunto de normas

normativismo: tendencia a entender que el elemento diferencial de un determinado código de conducta (p. e., el Derecho) es la norma

normativista: partidario/a de la definición del Derecho como norma

normativizado/a: regularizado/a mediante normas

O

«objetivismo axiológico»: corriente doctrinal que afirma la existencia de valores que tienen una existencia independiente de la opinión y voluntad de los hombres

objetivista: partidario de atribuir la primacía a los aspectos o características que presenta realmente una cosa

omnicomprensivo/a: que lo abarca todo

ontofilia: predilección por el conocimiento centrado en la problemática ontológica

«ontología jurídica»: teoría que se ocupa en la investigación sobre el modo de ser y existir del Derecho

ontológico/a: que atañe o afecta al *ser* de las cosas

organigrama: esquema de organización o clasificación de una materia o tarea

originante: que produce el nacimiento de algo

P

partitocracia: sistema de gobierno en el que el poder político real está en manos de los partidos

«pensamieno ilustrado»: movimiento intelectual de los siglos XVII y XVIII cuya preocupación central era el logro de una explicación plenamente racional del mundo y de los fundamentos de la sociedad

«percepción sensorial»: conocimiento que se adquiere a través de los sentidos

planetario/a: que existe o se hace en todo el mundo

pluralismo: tendencia a legitimar la existencia de diferentes doctrinas u opiniones

«pluralismo epistemológico»: actitud favorable a la tesis de que existen varios tipos igualmente legítimos de conocimiento científico

«pluralismo jurídico»: actitud que reconoce la variedad de tipos y fuentes del Derecho vigente en una sociedad

pluralista: partidario del pluralismo *(ver)*

pluridimensional: que contiene muchas dimensiones o aspectos

«pluridimensionalismo ontológico»: actitud que proclama la existencia en los seres de varias dimensiones o elementos estructurales

policéntrico/a: que tiene muchas bases (centros) de sustentación y desarrollo

poliétnico/a: capaz de adaptarse a las diversas etnias que conviven en una misma sociedad

positivación: acto mediante el que algo (p. e., el Derecho) adquiere existencia real en un determinado punto del espacio y del tiempo

positivizado/a: que ha pasado por el proceso de «positivación»

«positivismo jurídico»: doctrina defendida por los «iuspositivistas» *(ver)*

postmoderno [*posmoderno*]: propio del movimiento filosófico y cultural del siglo XX que se ha enfrentado a la corriente racionalista iniciada en la era moderna

«Pragmática universal» *(la)*: parte de la filosofía que se ocupa de identificar y reconstruir las condiciones o presupuestos universales que hacen de la comunicación un instrumento capaz de conducir al consenso

praxis *(térm. griego)*: actividad centrada en la realización efectiva de una tarea

precomprensión: visión previa que tiene el sujeto cuando intenta responder a la pregunta por el 'verdadero' sentido de un determinado hecho o realidad

predicamento: la fama, aceptación y respeto que ha logrado alguien o algo

pregunta-problema: interrogante relativo a un tema cuya explicación no está clara y es objeto de discusión

prescriptividad: capacidad de imponerse como orden o mandato que debe ser cumplido

principialismo: paradigma de actuación moralmente correcta cuya fuerza deontológica se apoya en una estructura básica de principios

principialista: afín a la doctrina que considera que el código bioético debe organizarse en torno a principios

procedimental: ajustado/a a las exigencias del procedimiento de referencia

procedimentalismo: corriente de pensamiento que pone la clave exclusiva de la corrección y acierto de una actividad en el uso adecuado de los instrumentos y procesos preestablecidos para su realización

procedimentalista: partidario/a del «procedimentalismo»

proposicional: propio/a de los enunciados destinados a explicar o demostrar algo

prudencial: conforme con las exigencias de la prudencia

R

racional-formalista: ajustado/a a las exigencias del modelo de razonamiento que hace depender su corrección de la fidelidad a la forma en que debe ser desarrollado

racionalidad: capacidad o carácter que tienen los seres dotados de razón y las obras que ellos realizan

«racionalidad jurídica no formal»: conformidad con las exigencias de contenido que el análisis racional proyecta sobre la regulación jurídica

«racionalidad retórica»: adecuación del discurso a los requisitos de las reglas lógicas que guían su desarrollo

ralentización: disminución del ritmo o velocidad con que se desarrolla un proceso

rawlsiano/a: procedente o seguidor/a de J. Rawls

razón práctica: facultad discursiva aplicada a la solución de los problemas que surgen en el ámbito del comportamiento

redimensionar: colocar dentro de una nueva dimensión o perspectiva

reductivo/a: que aminora el espacio, volumen o alcance de algo

repristinar: poner de actualidad algo antiguo

reproductivo/a: que tiene capacidad de engendrar u originar nuevas realidades

retórico/a: relativo/a al arte del buen decir para convencer (p. e., en «argumentación retórica»)

revisionista: partidario/a de someter algo a nuevo examen para enmendar o corregir

robotización: introducción de máquinas o procesos que realizan actividades productivas de forma automatizada *(ver)*

S

saber *(el)*: conjunto de conocimientos relativos a una determinada materia

sedicente: que se califica a sí mismo como...

selectivo-valorativo/a: que cumple la función de elegir basándose en valoraciones

sensista-empirista: perteneciente a la doctrina que profesa la creencia de que todo el conocimiento proviene de las experiencias adquiridas a través de los sentidos externos

ser-cómo: modo de existir

sistema jurídico. conjunto autosuficiente de normas jurídicas que están vigentes en una sociedad políticamente organizada

«sistema legal»: conjunto de disposiciones legales que están unidas por una relación de interdependencia que las constituye en unidad estructural o funcional

sistematismo: tendencia a configurar o explicar la realidad como si fuera una unidad estática y/o dinámica

sistematizante: capaz de convertir algo en unidad sistemática

sistémico/a: correspondiente a la totalidad o sistema

«situación comunicativa ideal»: estado de cosas en que es posible que los hablantes expongan su parecer en posición de plena libertad e igualdad de oportunidades para argumentarlo

sobreexplotación: aprovechamiento intensivo y desmesurado de los recursos naturales

«sociedad cerrada»: grupo de individuos que está políticamente organizado conforme a principios y reglas que dificultan la libertad de pensamiento, el pluralismo, la participación política y el desarrollo de la crítica racional

societal: propio/a de un grupo de individuos constituidos en sociedad

socio-cultural: relativo/a al estado cultural de un grupo social

sociologista: afín o partidario/a del enfoque y metodología propios de la sociología

sociopolítico/a: relativo a la organización social y política en que viven los hombres

solipsista: que solamente es útil o tiene validez para el sujeto que actúa

suprapositivo/a: que está por encima de lo que existe en un determinado punto espaciotemporal

sustantivo/a: que tiene un contenido sustancial o consistente en sí mismo

T

técnico-positivista: propio/a del enfoque técnico que ha dado el positivismo a los procesos de aplicación del Derecho

teórico-doctrinal: relativa/o a los análisis teóricos desarrollados por los estudiosos de un tema

tipológico/a = referido/a a la clasificación por diferentes tipos o clases

«Tópica jurídica»: doctrina que propone aplicar al análisis científico y práctico del Derecho la metodología específica de la argumentación sobre problemas

totalizador/a: tendente al dominio de la totalidad

transnacional: que tiene un alcance que sobrepasa los límites establecidos por las fronteras nacionales

transnacionalización: configuración que elimina la vinculación y dependencia nacional

transpositivismo: actitud favorable a la superación de los postulados típicos de la doctrina que afirma la primacía epistemológica de las realidades positivas

trascendental: situado/a más allá de los límites de la experiencia

U

uniformización: aplicación de un patrón común a varias realidades diferentes

universalizable: capaz de ser aplicado/a a un conjunto ilimitado de seres

universalista: propenso/a a extender algo a un número ilimitado de destinatarios

V

valiosidad: (equivalente a *valor*) cualidad que tienen las cosas que son consideradas valiosas

voluntarista: partidario/a de la doctrina que ve a la voluntad como el supremo principio de acción

Y

yusnaturalismo: equivalente a «iusnaturalismo» *(ver)*

yusnaturalista: equivalente a «iusnaturalista» *(ver)*

SEGUNDA PARTE
NOTAS CON ACLARACIONES COMPLEMENTARIAS

Esta «Segunda Parte» del libro recoge aquellas «notas» de aclaración y/o ampliación del texto-base de la «Primera Parte» que cada autor ha considerado de interés para una sólida formación de los alumnos. La inclusión de tales notas tiene, pues, la finalidad de ofrecer a los estudiantes la posibilidad de profundizar y contrastar con sentido crítico los conocimientos básicos adquiridos en la lectura-estudio del texto principal. Por eso las aclaraciones reproducen a menudo referencias, informaciones y comentarios que parecen desbordar los límites de exigencia que corresponden al aprendizaje fundamental de la asignatura.

Así pues, quienes decidan aprovechar la oportunidad que les ofrece el minucioso contenido de esta parte del libro necesitan realizar un permanente ejercicio de autogestión educativa. Tendrán que mantener, en consecuencia, una permanente actitud selectiva frente a los datos que proporcionan las «notas», a fin de distinguir los que consideran importantes para el reforzamiento de su proceso formativo personal de aquellos otros que les ofrecen una menor utilidad para ese objetivo.

Notas a la Lección 1

[1] En este sentido, no puede obviarse el hecho de que, dentro del idioma español, entre la voz «saber» (en su acepción verbal) y la voz «conocer» median importantes diferencias de matiz. Así, mientras que la primera tiene un alcance más amplio y elástico, alude a un conocimiento más completo y profundo (p. e., en la expresión «Juan sabe ruso») y puede realizarse tanto en la dimensión teórica como en la práctica, la segunda, en cambio, alude a un conocimiento superficial e incompleto (p. e., en la expresión «Juan conoce el ruso») y tiene dimensión preferentemente teórica. De modo que son términos lo suficientemente diferenciados desde el punto de vista conceptual como para que, con relativa frecuencia, sólo pueda ser considerada correcta la utilización de uno de ellos. Por ejemplo, no podrían ser consideradas correctas las expresiones «Juan sabe [por conoce] Zamora» o «Juan conoce [por sabe] arreglar la avería de su coche». Y tampoco podrían serlo enunciados como «*conoce* mucha física», «*sé* bien a esa familia», «no *conoce* qué hacer» o «no *sabemos* ese país». (Ver, a este respecto, el *Diccionario de uso del Español*, de MARÍA MOLINER [2ª edición, Gredos, Madrid, 1998, A-H, p. 729]. Y, para comprobar los significados homologables de los términos «saber» y «conocer», ver el *Diccionario de la Lengua Española*, de la REAL ACADEMIA ESPAÑOLA [22ª edición, 2001, pp. 2001 y 627, respectivamente]).

[2] Esta ambigüedad o bivalencia, impuesta por el propio enunciado del epígrafe de la lección y ciertamente no deseable, no debe ser considerada, con todo, como un obstáculo insuperable, ya que los dos significados tienen una solera común, de tal modo que la mayoría de las explicaciones que se dan en relación con cada uno puede ser aplicada también al otro, al menos parcialmente.

[3] Y, así, cuando se afirma que ««el saber» filosófico se ocupa de encontrar la explicación última de todo lo existente», el término es tomado en su acepción de actividad. En cambio, cuando se dice que ««el saber» filosófico de la Edad Media incluía la gnoseología, la metafísica y la ética», se da al término el sentido de resultado o producto de la actividad de filosofar.

En cuanto actividad, «el saber» podría ser definido como el conjunto de actuaciones intelectuales que persiguen el objetivo de dar una explicación coherente del modo de ser y comportarse de las realidades que se constituyen en objeto suyo de análisis. *En cuanto producto o resultado* de esa actividad, el «saber» sería el conjunto de creaciones de doctrina técnica, artística, científica, filosófica, teológica, etc., en que han terminado plasmándose (en una determinada época o a lo largo de toda la historia) los esfuerzos del saber como actividad. Y en ambos casos la expresión «el saber» puede referirse, o bien al conjunto total (de actos o de resultados), o bien a un conjunto parcial (también de actos o de resultados). Por ejemplo, en el enunciado «la evolución del *saber* a lo largo de la historia» [= primer supuesto] o en el enunciado «el proceso de sistematización del *saber* jurídico» [= segundo supuesto].

[4] Por ejemplo, «gnoseología», «epistemología», «teoría del conocimiento» o «crítica del conocimiento».

Como es sobradamente conocido, los filósofos griegos analizaron ya la problemática del saber desde la perspectiva de dos términos sólo parcialmente coincidentes: *gnosis* (conocimiento), *episteme* (conocimiento fundado [ciencia]). Sin embargo, fue la edad moderna la que elevó esos problemas a la categoría de tema central de la filosofía (recuérdense los nombres de DESCARTES, MALEBRANCHE, LEIBNIZ, LOCKE, BERKELEY O HUME). Y, a partir de KANT, el análisis de los referidos problemas dio origen al desarrollo de una investigación filosófica específica configurada como 'teoría del conocimiento', desencadenando una tendencia filosófica que algunos autores (por ejemplo, J. FERRATER MORA) no han dudado en calificar con el significativo nombre de «epistemofilia» (frente a la «ontofilia» de los griegos y de muchos autores medievales).

[5] Este parece ser un hecho inmediatamente cierto para cada uno, aunque sea también al mismo tiempo un fenómeno oscuro, problemático y discutido. Esto sucede sobre todo en el ámbito de la reflexión sobre el origen o fundamento del conocimiento, tal como demuestra la

presencia de las diversas explicaciones que se han sucedido a lo largo de los siglos (idealismo platónico, intelectualismo escolástico, racionalismo cartesiano, innatismo, sensismo/empirismo, realismo, idealismo moderno, emotivismo, positivismo empirista, etc.).

6 Aunque no pocos especialistas hayan insistido en que el «saber» (o conocer) no es una actividad en sentido propio, sigue siendo razonable acogerse a la práctica generalizada de caracterizarlo y definirlo como tal

7 Los filósofos discrepan sobre la importancia que ha de ser atribuida a cada uno de estos dos elementos. Así, mientras que los adeptos del realismo proclaman la primacía del objeto, los secuaces del idealismo atribuyen el protagonismo al sujeto.

8 Entre las señas de identidad de la posmodernidad figura sin duda la sustitución del protagonismo de la «verdad» por la primacía de la «interpretación», es decir, el deslizamiento desde el criterio de la racionalidad objetiva hasta el de la racionalidad subjetiva, con la consiguiente victoria de un relativismo gnoseológico que pretende consagrar la creencia de que todos los puntos de vista gozan de idéntica compatibilidad hermenéutica, siendo también, en consecuencia, igualmente defendibles y aplicables en la práctica. Sin embargo, estos esfuerzos por entronizar el paradigma «interpretación» en lugar del paradigma «verdad» están siendo parcialmente neutralizados de nuevo en varios frentes. Por ejemplo, en el regresivo de los diferentes fundamentalismos excluyentes que defienden una única verdad ética, política o teocrático-cultural.

9 Como ha subrayado S. Rábade Romeo (*Verdad, conocimiento y ser*, Editorial Gredos, Madrid, 1965, p. 118), «Pocas teorías han contado con más adeptos a través de la historia de la filosofía para explicar el conocimiento que la que, en términos generales, defiende que conocer consiste en una semejanza o asimilación entre lo que se conoce y el que conoce. Limitándonos a las dos principales corrientes explicativas del conocimiento por asimilación, tenemos que hablar del aristotelismo y de Kant», sin perjuicio de que el gran filósofo de Könisberg se colocara en el extremo opuesto a la posición aristotélica en lo que se refiere al protagonismo que en el conocimiento corresponde al sujeto y al objeto. De todas maneras, hay que tener en cuenta que ya en el pensamiento griego clásico estuvieron presentes dos diferentes concepciones de la verdad: la que la pone en las cosas mismas y la que la pone en el juicio sobre las cosas. Según la primera (Parménides, Heráclito), la verdad (entendida como verdad *óntica*) radicaba en el desvelamiento o automanifestación de los elementos o principios de que estaban constituidos los seres; era, pues, algo así como la autorrevelación del ser o, con otras palabras, el propio ser poniéndose de manifiesto. Por el contrario, tras el vuelco impulsado por Anaxágoras en la concepción del logos [que, de ser considerado algo inmanente a los entes, pasó a ser visto como entendimiento o razón del hombre que conoce] se desarrolló una segunda concepción para la que la verdad (entendida ya como verdad gnoseológica) consistía en la correcta captación del ser de las realidades (Protágoras), es decir, en la adecuación del entendimiento humano al genuino ser (= *idea, esencia*) de esas realidades (Platón, Aristóteles). [Véase, por ejemplo, el análisis realizado por S. Rábade Romeo, en *Verdad, conocimiento y ser*, cit., pp. 15-26)]

10 «Desde los primeros maestros de la Universidad de París la definición tradicional de la verdad se ha expresado como la *adaequatio rei et intellectus*, pudiendo ser la cosa la que se adecua al entendimiento, y en ese caso tenemos la llamada *verdad ontológica*, o el entendimiento el que se adecua a la cosa, con lo que tenemos la verdad del conocimiento, llamada muchas veces no muy exactamente *verdad lógica*» (S. Rábade Romeo, *Verdad, conocimiento y ser*, cit., p. 162). Parece demostrado, por otra parte, que esa definición de la verdad tiene antecedentes en Avicena (*Metafísica*) y Averroes (*Destructio destructionum*), pero que la expresión en esos términos canónicos no se encuentra hasta Guillermo de Auxerre y Felipe de Grève.

11 La *alteridad* es un rasgo esencial del conocimiento humano. No hablamos de conocer, si no contamos de alguna manera con dos realidades distintas: la realidad que es conocida (en cuanto «objeto» del conocimiento) y la realidad que conoce (en cuanto «sujeto» cognoscente).

Por eso, la duplicidad de elementos ha sido coincidentemente aceptada por la práctica totalidad de las teorías del conocimiento, a condición de que por «objeto» no se entienda más que aquello que está de alguna manera frente al sujeto que conoce, con independencia de que la distinción sujeto-objeto presuponga la existencia de una realidad objetiva previa al acto de conocer o entienda más bien que el «objeto» al que se 'enfrenta' el sujeto surge precisamente como tal objeto en el acto mismo de conocer.

12 En consecuencia, se está optando asimismo por el carácter predominantemente descriptivo del conocimiento, frente a su posible carácter 'constructivo'. Algunos autores [p. e., J. L. AUSTIN o G. RYLE] han rechazado, sin embargo, las interpretaciones intelectualistas y racionalistas tradicionales del conocimiento, negando, en consecuencia, su carácter descriptivo y reafirmando el predominio de su sentido ejecutivo y pragmático. Pero esta tesis, aceptable sin duda en relación con los enunciados lingüísticos en los que es formalizado el conocimiento, parece tener muy pocas posibilidades de defensa cuando es aplicada al conocimiento mismo.

13 Por eso, al abordar la explicación de los distintos «planos» del saber surge inevitablemente la duda de si no hubiera sido preferible hablar de *tipos* o *formas* (de conocimiento). En efecto, dado que, en principio, afirmar la existencia de una única forma o tipo de saber en el que existen diferentes grados, niveles o planos no es lo mismo que pronunciarse a favor de la tesis que propugna la presencia de distintas formas o especies, podría ser aconsejable sustituir la mención de los «planos» por la referencia a los «tipos» o «formas» del saber. Así pues, al seguir la explicación de los distintos «planos del saber», conviene no perder de vista la precedente matización.

Lo importante, en cualquier caso, será tener siempre presente que existen objetos cognoscibles profundamente dispares, cuya aprehensión exige al sujeto cognoscente una aproximación cognoscitiva diferenciada y que cada objeto puede ser examinado, a su vez, dentro de perspectivas muy dispares. Así, parece claro, por ejemplo, que sobre el 'objeto' Derecho pueden desarrollarse, cuando menos, tres grandes tipos diferentes de «saber»: el que intenta explicar *lo que es* el Derecho (cuestión ontológica), el que se interroga sobre los *posibles tipos de conocimiento* que admite esa realidad (cuestión gnoseológica) y el que se preocupa de decidir cuál es el *mejor camino* que puede seguir cada uno de esos tipos de conocimiento para llegar a la más acabada 'posesión' gnoseológica de esa realidad (cuestión metodológica).

14 Así, por ejemplo, la de los seres o fenómenos naturales físicos, la de los fenómenos naturales psíquicos o mentales, la de los entes metafísicos, lógicos o culturales, la de las realidades y fenómenos religiosos, etc.

15 Pueden y deben ser mencionadas, a título de ejemplo, la contraposición platónica del verdadero saber (*episteme*) y el simple saber de opinión (*doxa*), la distinción aristotélica entre el saber teórico [cuyo objeto es la verdad], el saber práctico [cuyo objeto es la acción encaminada a un fin] y el saber poiético (o productivo) [cuyo objeto es la elaboración de productos objetivados] o la división estoica del saber en lógica, física y ética. Asimismo, la sistematización realizada por HUGO DE SAN VÍCTOR en el siglo XII, al dividir el saber (o filosofía) en ciencia teórica (que comprendía la teología, la matemática y la física, por un lado, y la aritmética, la música, la geometría y la astronomía, por otro), ciencia práctica (la ética), ciencia mecánica (comprensiva de las artes mecánicas) y lógica (subdividida en gramática y ciencia disertiva, que comprende la dialéctica y la retórica). También la clasificación que hizo F. BACON en el siglo XVII de las ciencias por referencia a las facultades humanas que promovían su desarrollo: memoria (historia, sagrada, civil o natural), razón (teología natural, ciencia de la naturaleza [metafísica y física] y ciencia del hombre [lógica, ética y ciencia de la sociedad]) y fantasía (poesía). Igualmente el replanteamiento de C. S. PEIRCE, en el siglo XIX, con su vuelta a la concepción clásica y su intento de reconducir todas las ciencias a dos grupos básicos: teóricas y prácticas (ciencias de descubrimiento [matemáticas (matemática de la lógica, matemática de las series discretas y matemática de lo continuo y pseudocontinuo), filosofía (fenomenología, ciencia normativa [estética, ética y lógica] y metafísica [ontología, metafísica religiosa y metafísica

física] e idioscopia (ciencias físicas [física general, física clasificatoria y física descriptiva] y ciencias psíquicas [psicología –física nomológica-, etnología –física clasificatoria- e historia –física descriptiva-). Además, los más recientes puntos de vista de M. Scheler [*Las formas del saber y la sociedad*, 1926], (según el que hay tres grandes tipo o clases de saber –el técnico, el culto y el religioso– y tres grados de conocimiento –el inductivo, el a priori y el metafísico–), de J. Maritain [*Los grados del saber. Distinguir para unir*, 1932] (quien gradúa el saber por referencia a los tres grados de abstracción en que se desarrolla), de M. Bunge [*Epistemología*, 1985] (para quien la posibilidad de encontrar tipos diversos de conocimiento es considerablemente elástica, proyectándose, por ejemplo, en el conocimiento técnico, el tecnológico, el artístico, el moral, el científico, el filosófico, etc.) o de G. Bueno [*¿Qué es filosofía? El lugar de la filosofía en la educación*, 1995] (quien ha escrito que en nuestra época el conjunto del saber está constituido por el saber político, el saber científico y el saber religioso).

[16] Hay conocimiento directo cuando puede afirmarse, por ejemplo, 'conozco a Juan, ya que tengo trato diario con él'. Hay, por el contrario, conocimiento indirecto cuando se expresa a través de enunciados del tipo 'he llegado a conocer las grandes habilidades estratégicas de Napoleón a través de los libros de historia'. Habitualmente, cuando se habla de un conocimiento directo se emplea el verbo «conocer» ('conozco a Juan'), mientras que cuando quiere hacerse manifestación de un conocimiento indirecto suele recurrirse al verbo «saber» ('sé que Juan estuvo en Guantánamo' [p. e., porque él me lo ha contado]).

[17] Puede entenderse perfectamente que el conocimiento empírico y el conocimiento racional no son dos *modos* o tipos del saber, sino dos *momentos* o fases de ese saber, como ya entendió la antigüedad, al caracterizar al conocimiento de experiencia (*empiría*) y al conocimiento racional discursivo (*eideia*), no como dos tipos contrapuestos de conocimiento, sino más bien como dos formas complementarias de acceder al conocimiento de la realidad.

[18] Partiendo de esta combinación, podrían afirmarse los siguientes tipos o niveles de conocimiento: el experiencial sensorial directo [basado en la captación sensorial directa], el experiencial sensorial indirecto [basado en la captación sensorial indirecta] el experiencial psicológico directo [basado en la vivencia psicológica personal] (p. e., Dios me ha revelado que...), el experiencial psicológico indirecto [basado en la vivencia psicológica participada] (p. e., Dios ha revelado a los profetas que...), el lógico-racional inductivo [sintético o de derivación lógica ascendente] el lógico-racional deductivo [analítico o de derivación lógica descendente] y el lógico-emocional intuitivo [basado en el asentimiento emotivo].

[19] Este saber, no sólo se deja llevar por una actitud de realismo ingenuo según el cual el verdadero ser de la realidad coincide con la percepción que se tiene de ella, sino que suele ser bastante sensible a toda clase de pre-juicios. Por otra parte, se desarrolla casi siempre fuera de cualquier cauce metodológico de sistematización o sigue una metodología muy rudimentaria, de modo que es escasamente generalizable.

[20] El saber científico 'estudia' de forma rigurosa y metódica la realidad que se constituye en su objeto, con el fin de llegar a averiguar cuál es su estructura entitativa y cuáles son los dinamismos o leyes que guían los procesos evolutivos de su existencia (probablemente, para facilitar el control de esos procesos).

[21] El saber filosófico consiste en un conocimiento estricto y riguroso de reflexión que pretende dar una explicación incluyente y [omni]comprensiva del mundo y de los demás conocimientos sobre las realidades particulares de éste.

[22] Al intentar explicar muy someramente en qué consiste el saber, se dejó sentada ya la tesis de que el conocimiento es constitutivamente bipolar, de modo que no puede darse sin la presencia simultánea de la realidad cognoscible (=objeto) y del agente que conoce (=sujeto). Y se explicó asimismo que, tanto la realidad cognoscible (no sólo en cuanto realidad que tiene una existencia propia, sino también en cuanto que es objeto de conocimiento) como la actividad cognoscitiva que realiza el sujeto, existen y se manifiestan de múltiples maneras, por lo que la confluencia de ambos elementos puede dar lugar al nacimiento de una gran variedad

de formas de realización del saber. Se vio también cómo algunos autores afirman la existencia de varios tipos o formas de saber y de diferentes grados o niveles de conocimiento. Pero no es fácil encontrar testimonios autorizados sobre la existencia de los *planos* «ontológico» y «epistemológico» dentro del saber (aunque sí, obviamente, múltiples referencias a los 'planos' o ámbitos del «ser» y del «conocer»). Por otra parte, no debe pasarse por alto el dato de que el «saber» y su problemática constituyen precisamente el objeto o contenido propio de la reflexión epistemológica [o gnoseológica] (es decir, del presunto «plano epistemológico»), por lo que la pretensión de introducir la existencia de un plano epistemológico dentro del propio ámbito epistemológico del saber puede incurrir en una palmaria incoherencia sistemática.

23 No hay acuerdo entre los estudiosos sobre el significado que debe atribuirse a los términos «gnoseológico» y «epistemológico». Como ha constatado G. Bueno [*Teoría del cierre categorial*, Pentalfa Ediciones, Oviedo, 1992, pp. 329-330], mientras que unos prefieren reservar la voz «gnoseológico» para designar todo lo que tiene que ver con las teorías del conocimiento y la voz «epistemológico» para identificar a todo aquello que tiene que ver con las teorías de la ciencia, otros (entre los que se encuentra él mismo) optan por la solución contraria. Y otros se decantan por considerar que ambos términos son plenamente intercambiables.

Sobre la epistemología ha escrito M. Bunge (*Epistemología*, 1985, p. 14): «Hasta hace medio siglo la epistemología era sólo un capítulo de la teoría del conocimiento o gnoseología. Aún no se habían advertido los problemas semánticos, ontológicos, axiológicos, éticos y de otro tipo que se presentan tanto en el curso de la investigación científica como en el de la reflexión metacientífica. Predominaban problemas tales como el de la naturaleza y alcance del conocimiento científico por oposición al vulgar, el de la clasificación de las ciencias, y el de la posibilidad de edificar la ciencia inductivamente a partir de observaciones». Ahora bien –afirma Bunge [*ob. cit.*, pp. 22-26]-, ha de ocuparse de otros muchos tipos de problemas que plantea el desarrollo de las ciencias, como lógicos, semánticos, gnoseológicos, metodológicos, ontológicos, axiológicos, éticos o estéticos, de modo que el árbol de la epistemología se bifurca en otras tantas ramas especiales, dando lugar a la formación de numerosas epistemologías regionales.

24 En sus inicios, el saber que terminó llamándose más tarde «filosofía» se preocupó ante todo de descubrir y poseer racionalmente el ser de las realidades mundanales, para poder explicarlas; sólo de forma derivada reflexionó sobre la veracidad del conocimiento en que eran aprehendidas mentalmente esas realidades, lo que le llevó de forma inevitable hasta la reflexión sobre las leyes del pensar correcto (es decir, hasta la preocupación lógica). Por eso ha podido afirmarse más tarde que, en la fase inicial de la filosofía y a lo largo de varios siglos más, la preocupación ontológica condicionó totalmente la reflexión epistemológica.

25 Obviamente, esta opción no se interfiere con el complejo debate sobre la relación entre el ser de la realidad y el conocimiento (e, incluso, el lenguaje a través del que es expresado ese conocimiento). Debate importante sin duda porque, en efecto, resulta difícil saber si lo que «es» algo [suponiendo que eso exista con independencia de cualquier cognoscente] puede ser conocido [ver, por ejemplo, Kant]. En todo caso, lo que sí ocurrirá en forma inevitable es que el sujeto cognoscente sólo puede ver lo que eso es a través de su propio conocimiento. Consecuentemente, el sujeto sólo puede afirmar y comunicar «su» concepto, es decir, lo que para él es ese «algo». Sin embargo, lo afirma y lo comunica como lo que ese algo es en sí mismo.

Por tanto, ha de plantarse el problema de la correspondencia (¿por qué no la «adaequatio» de los clásicos?) entre el conocimiento y la 'cosa en sí': ¿es el ser del objeto el que determina el conocimiento? ¿es el conocimiento el que determina (al definirlo) el ser del objeto? Y ha de abordarse asimismo la tarea de proyectar algo de luz sobre otros dos puntos oscuros. Por un lado, el de la posibilidad de confusión entre los modos de existir la realidad [el ser], los modos de conocer esa realidad [el conocimiento], las reglas de corrección del conocimiento [lógica] y las teorías sobre la estructura y consistencia del conocimiento [gnoseología / epistemología].

Por otro, el de la posibilidad de distinción entre el 'plano' del conocimiento como resultado [o producto del conocimiento-actividad] y el 'plano' del discurso lingüístico mediante el que se formalizan y, en su caso, se transmiten los contenidos (o productos) del conocimiento. Y todo ello sin perjuicio de que haya que pensar inicialmente que, salvo que ese discurso sea entendido como el propio vehículo expresivo ('especie' sensible, 'especie' inteligible, etc.) de la correspondiente captación cognoscitiva, resulta muy difícil asumir pacíficamente la tesis de la total identidad entre ambos.

Notas a la Lección 2

[1] Hay, en efecto, varias manifestaciones del saber que casi nadie se atrevería a calificar de científicas. Por ejemplo, todas las que se producen en el ámbito del llamado «saber vulgar» (u ordinario), ya sea teórico (como el que se tiene sobre los fenómenos atmosféricos, el crecimiento de las plantas, la reproducción de los animales, el comportamiento de los hombres, etc.), ya sea práctico (como el que se tiene sobre los cultivos, sobre las técnicas de impermeabilización, sobre el modo de fabricar instrumentos de barro o madera, etc.). Pero también las que han venido siendo designadas tradicionalmente con el nombre de «filosofía» (aunque la distinción-separación entre la 'ciencia' y la 'filosofía' no siempre ha sido admitida en forma pacífica ni en la antigüedad [recuérdese la doctrina de PLATÓN y ARISTÓTELES], ni en la edad moderna [recuérdese la dificultad de separar 'lo científico' de 'lo filosófico' en los escritos de DESCARTES o LEIBNIZ] ni en la edad contemporánea [recuérdese la doctrina de COMTE]). No debe olvidarse, sin embargo, que, como ha subrayado G. BUENO en varios escritos (ad exemplum, *¿Qué es la ciencia? La respuesta de la teoría del cierre categorial. Ciencia y Filosofía*, Pentalfa, Oviedo, 1995, pp. 12-16) el término «ciencia» tiene cuatro acepciones, dentro de una «serie que se extendería desde los escalones más humildes, lindantes con el saber artesanal (la 'ciencia del zapatero'), hasta los más sublimes (la 'ciencia divina': ciencia de simple inteligencia, ciencia de visión)». Así, «ciencia es, ante todo, en español, la ciencia como *saber hacer* (un hacer que es común al *facere* y al *agere*): incluye técnicas y actividad prudencial; es, no sólo ciencia del zapatero, sino también la ciencia militar». «En segundo lugar, ciencia significa 'sistema de proposiciones derivadas de principios' (ésta es la acepción de ciencia que traduce la *episteme* de los *Segundos analíticos* aristotélicos)». «En tercer lugar, 'ciencia', en español, denota, ante todo, por antonomasia, la *ciencia moderna*, en cuanto se contradistingue precisamente de la Teología y aun de la Filosofía: es la ciencia unas veces llamada empírica, otras veces matemática, otras veces positiva, y su sentido está ejercitado institucionalmente en las llamadas 'Facultades de Ciencias' (clásicas): Matemáticas, Físicas, Naturales». Pero, se ha terminado incluyendo también en la categoría 'Facultades de Ciencias' a los estudios de pedagogía, de economía, de política, de información, etc., surgiendo así una cuarta acepción que, a pesar de ser claramente ideológica, ha logrado una amplia circulación.

[2] En efecto, teniendo en cuenta que la configuración y desarrollo de la ciencia han sido resultado de procesos constitutivamente históricos, parece que no debería ofrecerse ninguna caracterización de la misma sin pasarla previamente por el filtro de su propia evolución a través de las conceptuaciones que se han sucedido en las diferentes fases evolutivas de la teoría del conocimiento.

[3] Esta opción es, obviamente, discutible, puesto que se han hecho muchas otras lecturas del devenir histórico de la ciencia. Así, M. BUNGE [*La ciencia, su método y su filosofía*, Siglo XX, Buenos Aires, 1971], dentro de una óptica sistemática, ha distinguido dos grandes bloques: el de las ciencias formales (lógica y matemática) y el de las ciencias materiales (divididas, a su vez, en «ciencias naturales» y «ciencias humanas»). Por su parte y en la misma línea sistemática de análisis, C. LÉVI-STRAUS [*Criterios científicos en las disciplinas sociales y humanas*, Cuadernos Teorema, Valencia, 1978] contraponía las «ciencias exactas» a las disciplinas –que no

ciencias- «sociales y humanas». Y G. Bueno [*Teoría del cierre categorial. Volumen 1. Introducción general. Siete enfoques en el estudio de la ciencia*, Pentalfa Ediciones, Oviedo, 1992] se ha decantado por un sistema de cuatro tipos de conocimiento científico, «que corresponden a las cuatro alternativas de conexión entre materia y forma capaces de comprender una definición de la verdad científica». En cada uno de esos tipos la verdad «brota»: a) de la materia [«gnoseologías descripcionistas»]; b) de la forma [«gnoseologías teoreticistas»]; c) de la yuxtaposición de ambas [«teorías adecuacionistas»]; d) de contextos en que ha desaparecido la distinción materia-forma [«teorías circularcistas»]». En todo caso, deberá tenerse siempre en cuenta que las distintas maneras de entender y definir la ciencia están estrechamente vinculadas a las diferentes doctrinas sobre el fundamento [u origen] y la forma del conocimiento.

4 Este conocimiento es fiable porque es capaz de captar el tipo o figura [la «idea» de Platón o la «esencia» de Aristóteles] de las cosas en los rasgos fundamentales que caracterizan ese tipo o modo-de-ser propio, y no en sus rasgos apariencciales engañosos. La «idea» o la «esencia» (por ejemplo, del árbol-olivo) no es el simple contenido de un acto mental, sino la propia realidad profunda de ese árbol (y de todos los demás que son igualmente olivos) que hace que tenga que ser considerado como un auténtico olivo y no, por ejemplo, como un sauce o un castaño.

5 Ese conocimiento es el conocimiento de las últimas causas de los seres, es decir, el conocimiento que traspasa los límites de lo físico (meta-físico), llegando incluso al conocimiento de la causa de las causas, motor inmóvil o Dios (teología). El conocimiento metafísico es, pues, el paradigma del conocimiento verdadero, de suerte que todas las otras formas del conocimiento (filosofía natural o física, zoología –biología-, psicología, política, economía o ética) son 'científicas' en la medida en que contribuyen a descubrir el verdadero ser de las realidades mundanales.

Esta visión platónico-aristotélica del conocimiento 'científico' se mantuvo en su núcleo central hasta el siglo XIV, a través de una línea zigzagueante que oscilaba entre el platonismo y el aristotelismo y que fue sostenida por numerosos autores, sin que influyera sustancialmente la adscripción de credo religioso. Así, en la Baja Edad Media, cuando el cultivo de la filosofía alcanzó un grado de intensidad y brillantez desconocido hasta entonces, la acción convergente de filósofos musulmanes (p. e., Avicena o Averroes), judíos (p. e., Maimónides) y cristianos (p. e., Hugo de San Víctor, Alberto Magno o Tomás de Aquino) fue decisiva para el desarrollo sistemático de la concepción aristotélica de la ciencia.

6 Es bastante habitual que se haga coincidir la fecha de nacimiento de la ciencia propiamente dicha con el momento en que comenzó a desarrollarse la ciencia experimental, en tiempos de Galileo. Sin embargo, la configuración de la ciencia como ciencia empírica en sentido estricto no culminó hasta tres siglos después. Durante bastante tiempo dominó todavía el modelo racional de la Escolástica, aunque depurado de casi todas sus múltiples adherencias teológicas y dogmáticas.

En efecto, los primeros grandes pensadores del mundo moderno se asentaron en la creencia de que la razón era la verdadera fuente del conocimiento científico, de modo que la perfección de la ciencia dependía sobre todo de lo que la razón humana testificara que era cierto clara y distintamente (Descartes, Spinoza, Leibniz), sin necesidad de apelar a la revelación, al dogma o a las autoridades filosóficas y teológicas. Pero este racionalismo moderno, aunque impulsó el desarrollo de las ciencias 'formales' (como la matemática abstracta), apenas contribuyó al reforzamiento de la ciencia experimental propiamente dicha. El despegue definitivo de ésta se debió sobre todo a la consolidación del enfoque empirista, estructurado en torno al postulado de que la observación directa a través de los sentidos era la única fuente fiable de la información científica. Una línea de pensamiento que había sido propiciada ya, entre otros, por R. Bacon [s. XIII], por G. de Ockam [s. XIV] o por F. Bacon [s. XVI], y que llegó a su plena maduración con J. Locke [s. XVII], G. Berkeley [s. XVIII] y D. Hume [s. XVIII], a través de sucesivas revisiones y depuraciones del papel asignado a los sentidos en la génesis del conocimiento científico.

[7] Para tener experiencia de un objeto científico cualquiera es necesario diferenciarlo de todos los demás; ahora bien, eso no puede lograrse sin la ayuda de ciertas reglas racionales del entendimiento, (como algunas de las leyes del espacio, del tiempo o de la causalidad) que han de ser 'a priori' respecto de la experiencia sensible. Según KANT (s. XVIII), iniciador del *criticismo*, «ninguno de nuestros conocimientos precede a la experiencia y todos comienzan en ella». La historia de las ciencias físicas demuestra «que la razón sólo descubre lo que ella ha producido según sus propios planes» y que «se presenta ante la naturaleza, por decirlo así, llevando en una mano sus principios –que son los únicos que pueden convertir en leyes fenómenos entre sí acordes- y en la otra las experiencias que por esos principios ha establecido» (*Crítica de la razón pura*, Losada, Buenos Aires, 1967, pp. 147 y 130, respectivamente). El filósofo de Könisberg entendió, sin embargo, que las reglas 'a priori' relativas al espacio eran los principios de la geometría de EUCLIDES, siendo, a su vez, los formulados por NEWTON las reglas 'a priori' relativas al tiempo y la causalidad. Pero las investigaciones llevadas a cabo por los científicos posteriores a él permitieron descubrir la capacidad explicativa de otros sistemas distintos del euclidiano y del newtoniano, por lo que quedó abierta de nuevo la gran cuestión de decidir objetivamente cómo ha de escoger el científico los presupuestos necesarios para llevar a cabo sus investigaciones. En esa línea, algunos científicos convencionalistas (como J. H. POINCARÉ o H. VAIHINGER –s. XX-) han llegado a la conclusión de que el punto de partida de las investigaciones científicas está, no en principios absolutamente simples conocidos con certeza, sino en principios conocidos solamente con cierto grado de certidumbre.

[8] El conocimiento científico arranca de la incertidumbre, de la duda sobre el camino que debe seguirse para encontrar la solución más adecuada a un determinado problema. Después, avanza por la formulación sucesiva de sugerencias de solución (es decir, soluciones hipotéticas). Éstas deberán ser enfrentadas al contraste de los factores que condicionan el problema y de la claridad exigible a las previsiones o sugerencias de solución. Finalmente, se propondrá una última sugerencia de solución, en forma de hipótesis susceptible de aplicación, que deberá ser probada de modo que pueda determinarse si es o no eficaz para la solución del problema que motivó la investigación. De todos modos, la concepción pragmatista de la ciencia (articulada, por ejemplo, por C. S. PEIRCE –s. XIX-, W. JAMES –s. XIX- o J. DEWEY –s. XX-) reconoce que, pese a que toda investigación científica se inicia propiamente en una incertidumbre, parte siempre también de algún presupuesto o factor *a priori* que es aceptado como un punto de partida provisionalmente firme, aunque ese presupuesto tendrá que ser objeto de selección (porque cada problema tiene y requiere un presupuesto diferente) y de posterior comprobación.

[9] Esta caracterización de la ciencia ha quedado desautorizada al negarse la posibilidad de distinguir claramente el lenguaje teórico (teoría) del observacional (hechos), al ponerse en duda la distinción entre el contexto de descubrimiento y el contexto de justificación y, en fin, al rechazar la tesis básica de que la ciencia se reduce al análisis del lenguaje (por ejemplo, T. S. KUHN o I. LAKATOS).

[10] De ahí que cualquier intento de caracterización deba adoptar inexcusablemente algunas cautelas metodológicas básicas. Por ejemplo: * reconocer que la ciencia ha sido entendida de muy diferentes maneras en los diferentes períodos históricos; * neutralizar la tendencia a analizar los problemas generales de la ciencia desde la perspectiva de lo que se piensa hoy que es ciencia; * ser consciente del carácter parcialmente 'ideológico' de cualquier concepto de ciencia; * asumir, en última instancia, la conclusión de que será prácticamente imposible formular un concepto cuya justificación no sea convencional.

[11] Ese salto constituyó una verdadera revolución polar. En efecto, en la gnoseología platónica el verdadero saber (*sofía*), el saber científico, era el que tenía conocimiento de la cosa-en-sí (idea) de los distintos seres. En cambio, el que sólo tenía conocimiento de los fenómenos o manifestaciones directamente perceptibles de esos seres era un saber meramente aproximativo (*doxa*), un saber sometido a la inestabilidad de la opinión. Las transformaciones producidas en el ámbito de las teorías gnoseológicas hicieron posible, sin embargo, que, en un deter-

minado momento, se impusiera la convicción inversa: el auténtico conocimiento, el conocimiento genuinamente científico, es aquel que tiene la capacidad de dar cumplida cuenta de la dimensión fenoménica de la realidad, en cuanto que es directamente verificable en el 'comportamiento' efectivo de esa realidad. En cambio, el conocimiento de la cosa-en-sí (*noumenon*) proporciona solamente un saber inseguro, puesto que, al no ser empíricamente contrastable, está sometido al azar de las inestables actitudes y preferencias subjetivas.

12 De ahí que se haya afirmado (p. e., M. BUNGE, *La investigación científica*, Ariel, Barcelona, 1969, p. 45) que la investigación científica se define por su capacidad de llegar a la formulación de diagnósticos (o leyes) generales que permitan prever la línea que muy probablemente seguirá la acción e interacción de un número relativamente amplio de entes.

13 Los términos en que se han desarrollado en la segunda mitad del año 2012 los debates sobre el llamado «bosón de Higgs» confirman sobradamente esta percepción

14 Como los neokantianos de la escuela de Baden (p. e., H. RICKERT y W. WINDELBAND) y otros grandes pensadores posteriores (p. e., W. DILTHEY o M. WEBER). La distinción introducida por éstos entre las 'ciencias de la naturaleza' y las 'ciencias del espíritu' y la respectiva caracterización de las mismas han de ser consideradas sin duda suficientes para mantener la conclusión de que el conocimiento científico no es en ningún caso rehén de las primeras, sino que se realiza también en los dominios de las segundas.

15 En efecto, en su diálogo *Teeteto*, PLATÓN argumentó ampliamente la tesis de que la percepción sensible no es una forma de conocimiento verdadero porque los sentidos favorecen las ilusiones y el engaño. Y, en una línea paralela, el escéptico CARNÉADES [160 a. X.] intentó demostrar varios siglos más tarde con ejemplos –la cuerda que parece ser una serpiente o la imagen quebrada de un palo recto sumergido en el agua– que los sentidos no garantizan el descubrimiento de la verdad. Asimismo DESCARTES [*Discurso del método* –1637–] proclamó sistemáticamente la desconfianza hacia el conocimiento sensible, desarrollando la tesis de que la razón es la única facultad humana que permite conocer y que al conocimiento verdadero sólo puede llegarse mediante el método deductivo).

16 Para evaluar adecuadamente esta polémica, conviene tener presente que el término «ciencia jurídica» puede ser utilizado en dos sentidos diferentes: uno abierto y otro cerrado. En su *sentido abierto*, la expresión «ciencia jurídica» es equivalente a la locución 'conocimiento científico del Derecho'. Designa, por tanto, todas las posibles manifestaciones de ese conocimiento. Por ejemplo, la Historia del Derecho, la Sociología Jurídica, la Teoría General del Derecho, la Psicología Jurídica, la Antropología Jurídica o la Lógica Jurídica. En cambio, en su *sentido cerrado* (o restrictivo), la expresión «ciencia jurídica» ha sido y es utilizada con frecuencia como equivalente a la tradicional «ciencia dogmática del Derecho» (o «Jurisprudencia» –con mayúscula–), designando solamente el conjunto de saberes sistemáticos que se ocupan del contenido normativo de los diferentes sectores de los ordenamientos jurídicos estatales (civil, mercantil, penal, constitucional, administrativo, procesal, laboral, etc.)

Pues bien, la negación de la «ciencia jurídica» está estrechamente vinculada a este 'sentido cerrado' de la expresión, de modo que lo que se ha negado en realidad no ha sido la posibilidad o imposibilidad general del conocimiento científico del Derecho, sino la posibilidad de reconocer el carácter de *científico* a ese peculiar saber que es designado habitualmente con el nombre «Dogmática jurídica» (o con el de «Ciencia dogmática del Derecho» y también, con cierta frecuencia y de forma evidentemente equívoca, con el identificador genérico de «ciencia del Derecho»).

17 Aunque es comprensible que KIRCHMANN tomara como base de su argumentación el concepto de ciencia predominante en la época, resulta difícil justificar que lo hiciera de una forma tan simplista, unilateral y dogmática. Claro que, si no hubiera sido por esa ingenua convicción dogmática, no hubiera podido establecer sin ruborizarse la tesis de que el Derecho, a diferencia de los objetos de las ciencias naturales (como las estrellas, las plantas y los animales), no admite constituirse en objeto del conocimiento científico, ya que, al ser una creación

particular y esencialmente mudable de cada pueblo en cada época, él mismo cambia y se transforma constantemente en su núcleo central (las leyes jurídicas). Fue sin duda este grave error de percepción el que le llevó a pronunciar su archiconocido slogan de que «bastan tres palabras del legislador para convertir a bibliotecas enteras en papel borrador».

Como se ve fácilmente, el alegato central de Kirchmann —y de otros varios autores que, tras él, han negado el carácter científico del conocimiento 'dogmático' del Derecho— se asienta sobre un vicio de origen: la elección de una determinada concepción histórica del conocimiento científico como concepto excluyente de ciencia (y la consiguiente expulsión de su campo de cualquier tipo de conocimiento que no tenga los caracteres establecidos por esa concepción). Traducida a forma silogística, esta tesis quedaría expresada del siguiente modo: sólo las ciencias físico-naturales son verdaderas ciencias; ahora bien, la Jurisprudencia no es una ciencia físico-natural; luego no es una verdadera ciencia. Pero, como resulta evidente, este silogismo es radicalmente falaz, ya que su enunciado básico es falso.

[18] En esa línea, algunos autores (como E. Ehrlich —a principios del siglo XX— o F. Jerusalem —a mediados del mismo siglo—) han concluido que la única ciencia jurídica propiamente dicha es la Sociología del Derecho, ya que sólo ella investiga los hechos sociales que están en la base del Derecho, sin preocuparse directamente (como hace por contra la Dogmática jurídica) de las consecuencias que sus investigaciones pueden tener para la legislación o para la práctica judicial.

Este argumento de los sociólogos contra la dimensión práctica de la Dogmática jurídica ha sido retomado por algunos estudios de finales del pasado siglo para cuestionar también su carácter científico y para inclinarse hacia su caracterización como técnica social, trucada de elementos políticos y morales, cuya finalidad se cifra esencialmente en «suministrar criterios para la aplicación del Derecho vigente y para el cambio del Derecho en las diversas instancias en que éste tiene lugar». Así lo ha afirmado, por ejemplo, el profesor M. Atienza («Sobre la jurisprudencia como técnica social. Respuesta a Roberto J. Vernengo», *Doxa*, 3 (1986), p. 305), terciando en las opiniones mantenidas al respecto por otros autores coetáneos, como A. Aarnio, E. Pattaro, A. Jori o R. J. Vernengo.

Ahora bien, frente a —y contra- este planteamiento, había desarrollado ya H. Kelsen, con admirable rigor lógico, su «Teoría pura del Derecho», sin duda uno de los más grandiosos intentos de fundamentación positivista de la 'ciencia' del Derecho como *ciencia* en el siglo XX.

[19] En efecto, tales estudios * han originado múltiples construcciones de gran densidad teórica a lo largo de los dos últimos milenios, * han sido sometidos a constantes controles sistemáticos de coherencia, * han contribuido muy positivamente a la comprensión de los problemas de la teoría General del Derecho y * han sido socialmente eficientes, por cuanto han avivado la búsqueda de la forma más justa de resolver los conflictos de convivencia de los grupos humanos políticamente organizados

[20] Sin olvidar, por lo demás, que ésta es, a su vez, un cuerpo complejo de ramas científicas (ciencia del Derecho civil, ciencia del Derecho penal, ciencia del Derecho laboral, etc.) que han alcanzado un grado de peculiaridad lo suficientemente consistente como para ser reconocidas ya como genuinas ciencias jurídicas particulares

[21] Desde el punto de vista de su evolución histórica, la configuración de la ciencia jurídica ha sido resultado de un largo proceso en el que han ido desapareciendo unos modelos o paradigmas para ser sustituidos por otros nuevos que, a veces, parecían ser del todo opuestos a los anteriores. Sin embargo, es dudoso que ese proceso haya de ser necesariamente interpretado con la clave revolucionaria auspiciada por T. S. Kuhn para la comprensión de las transformaciones generales de la ciencia. Parece más bien que los incesantes cambios de orientación de la ciencia jurídica no han sido fruto de procesos de ruptura o revolución, sino de reforma o evolución [innovación]. En cualquier caso, lo que resulta difícilmente objetable es la afirmación de que esos cambios han seguido un ritmo relativamente constante de carácter progresivo (en el sentido descriptivo del término) que ha avanzado desde el nivel de simplicidad

metodológica propio de los momentos iniciales hasta la actual diversificación y complejidad de los estudios especializados sobre los diferentes sectores de los ordenamientos jurídicos estatales.

[22] En este epígrafe será abordado solamente el examen de los cinco primeros, ya que la «dogmática conceptualista del XIX» (modelo 6) y los «movimientos antiformalistas del XX» (modelo 7) serán objeto de análisis en las Lecciones III y IV.

[23] Los estudiosos suelen situar este período entre el siglo VIII a. C. y el siglo VI d. C., distinguiendo en él cuatro etapas: la arcaica (siglos VIII-II a. C.), la preclásica (siglo II a. C. a siglo I d. C), la clásica (siglos I-III d. C.) y la postclásica (siglos III-VI d. C.). Aunque, como es obvio, cada una de estas etapas presenta unas notas diferenciales específicas, aquí se toman los caracteres de la etapa clásica como rasgos distintivos de este tipo o modelo de ciencia jurídica.

[24] El identificador «Escuela de los Glosadores» (o Escuela de Bolonia) designa con propiedad a los jurisconsultos boloñeses que elaboraron sus explicaciones y escritos desde el siglo XI hasta la segunda mitad del XIII. Esto no obstante, ha de reconocerse que las notas o aclaraciones escritas en los ejemplares de la compilación legal de que se servían los juristas (es decir, las «glosas») constituían ya una práctica multisecular que se remontaba, al menos, al siglo VII.

[25] Entre ellos, la brevedad de su presencia (siglos XV-XVI) y la parcial coincidencia (sobre todo desde el punto de vista cronológico) con la fase-modelo de los comentaristas, con la consiguiente dificultad de precisar las diferencias que los separan. Pero también la reducida amplitud de los trabajos estrictamente jurídicos que fueron elaborados conforme a los presupuestos y postulados humanistas.

[26] El título dado por B. Spinoza en 1677 a su *Etica more geométrico demonstrata* es sin duda suficientemente sintomático.

[27] Así, por ejemplo, H. Grocio (*De iure belli ac pacis libri tres* –1613-, I, 12), S. Pufendorf (*De iure naturae et gentium* –1672-, I.I.2), J. Locke (*Ensayo sobre el entendimiento humano* –1690-, IV.III.18), G. W. Leibniz (*Nuevo tratado sobre el entendimiento humano* –1704-), C. Thomasius (*Fundamenta iuris naturae et gentium* –1718-) o C. Wolff (*Institutiones iuris naturae et gentium* –1752-.

Esta visión, agriamente denostada a finales del siglo XVIII y, sobre todo, a principios del XIX, no quedó reducida al ámbito del iusnaturalismo racionalista, sino que se prolongó a lo largo del siglo XIX, como muestran los ejemplos de F. K. Von Savigny (*De la vocación de nuestro tiempo para la legislación y la jurisprudencia*, 1814), P. Laband (*Derecho Público*, 1852), R. Von Ihering (*El espíritu del Derecho romano en las diversas fases de su desarrollo*, 1858), J. Austin (quien afirmó expresamente que «el Derecho es el objeto de una ciencia abstracta»: *Lectures on Jurisprudence of the Positive Law*, 1861-1863), T. E. Holland (con su tesis de que «la jurisprudencia es una ciencia formal o analítica»: *The Elements of Jurisprudence*, 1880) o B. Windscheid (*Derecho de Pandectas*, 1886).

Notas a la Lección 3

[1] Como advirtió H. L. H. Hart (*El concepto de derecho*, Abeledo-Perrot, Buenos Aires, 1977, p. 21), la expresión «positivismo jurídico» no tiene un significado unívoco, sino que es utilizada para designar posiciones doctrinales que defienden tesis muy dispares.

[2] Se sigue esta estrategia en aras de la brevedad, pero, sobre todo, por exigencia del uión establecido previamente por quienes han hecho el programa de la asignatura para la Uned

[3] *Il positivismo guridico*, G. Giapichelli Editore, Torino, edic. de 1996, pp. 15 y 117. Se ha convertido también en clásica la definición que diera U. Scarpelli [*Qué es el positivismo jurídico*, Cajica, Puebla (México), 2001, pp. 91 y 207] al caracterizar al positivismo jurídico como la concepción que explica el Derecho como un sistema coercible, coherente y completo de normas que son identificadas como tales con independencia de su conformidad con las

exigencias de la moralidad. (Esta definición tiene, sin embargo, el inconveniente de incluir como rasgo básico la independencia del Derecho respecto de la moralidad, elemento que ha dado lugar a profundas discrepancias entre las diferentes teorías jurídicas positivistas).

[4] N. BOBBIO, *Il positivismo giuridico,* cit., p. 21

[5] He analizado ya en otro lugar *(Nuevas lecciones de Teoría del Derecho,* Edit. Universitas. Madrid, 2002, pp. 496-498) con cierta amplitud los caracteres, el mensaje doctrinal y la contribución de estos tres importantes movimientos doctrinales al desarrollo del ideario jurídico positivista de la primera fase

[6] Por eso, ha de hacerse en primer lugar la advertencia de que no es un reflejo del positivismo filosófico y de que, en consecuencia, no es procedente perfilar su caracterización a partir de las notas diferenciales de éste. Es frecuente, no obstante, que quienes abordan la tarea de fijar los caracteres diferenciales del positivismo jurídico establezcan algún tipo de dependencia derivativa de éste respecto del llamado tradicionalmente «positivismo filosófico». Pero ese punto de partida carece de justificación y resulta engañoso (al menos en cuanto se refiere a la fase inicial del positivismo jurídico), por dos motivos fundamentales. En primer lugar, porque el inicio de dicha fase precedió en más de cincuenta años al momento en que el filósofo generalmente reconocido como padre del positivismo filosófico (A. COMTE) estampó su rúbrica en la correspondiente partida de nacimiento. En segundo lugar, porque el positivismo jurídico inicial fue tributario del idealismo ontológico y epistemológico del racionalismo, mientras que el positivismo filosófico se comprometió desde el principio con el factualismo empirista, tanto en el plano ontológico como en el epistemológico y metodológico. (En las fases posteriores de su desarrollo se dio, sin embargo, una constante y, a veces, intensa ósmosis entre ambos tipos de positivismo –como se verá más adelante–).

[7] Teniendo en cuenta que en el seno del paradigma comprensivo del positivismo jurídico ha convivido un gran número de sensibilidades diferentes, resulta obvio que la única vía fiable para llegar a entender plenamente su sentido y alcance sería el seguimiento de cada una de las distintas manifestaciones registradas en el curso de su secuencia histórico-genética. Esta metodología resultaría, sin embargo, tan compleja y premiosa, que termina siendo obligado acogerse a una caracterización de tipo conceptualista y sintético que tome como criterio diferenciador la suma de sus rasgos típicos más acusados. Por eso, aquí se sigue finalmente ese camino.

[8] La selección de rasgos coincide parcialmente con la realizada por otros autores, en especial con la de N. BOBBIO *(Il positivismo giuridico,* cit., pp. 129-132). Por otra parte, ha de tenerse en cuenta que tales rasgos derivan de las cuatro tesis consideradas habitualmente en la actualidad como núcleo definitorio del positivismo jurídico: la tesis de las fuentes sociales, la tesis del cientismo episternológico, la tesis de la descripción y la tesis de la separación Derecho-Moral.

[9] Para muchos positivistas, este monismo ético es un simple remedo de los postulados iusnaturalistas, de modo que podría darse por buena para el positivismo legalista la acusación de 'pseudoiusnaturalismo' que A. ROSS hizo a KELSEN.

[10] Por ejemplo, los españoles R. HERNÁNDEZ MARÍN *(Historia de la filosofía del Derecho contemporánea,* Tecnos, Madrid, 1986, pp. 269-271) o J. J. MORESO («Ciencia jurídica y dualismo metodológico», *AFD,* Nueva Época, VII (1990), pp. 300-301)

[11] Entre las que deberían ser recordadas sin duda las siguientes: la historicista (p. e., de SAVIGNY), la exegética (p. e., de BUGNET o BLONDEAU), la analítico-utilitarista (p. e., de AUSTIN), la racionalista-conceptualista (p. e., de PUCHTA o el primer IHERING), la histórico-naturalista (p. e., del segundo IHERING), la legalista (p. e., de WINDSCHEID), la psicologista (p. e., de BIERLING o PETRAZYCKI), la normativista (p. e., de KELSEN), la antiformalista (p. e., de HECK o GÉNY), la sociologista (p. e., de EHRLICH o DUGUIT), la institucionalista (p. e., de HAURIOU o N. MACCORMICK), la empirista-naturalista (p. e., de OLIVECRONA o ROSS) y la neopositivista (p. e., de HART o BOBBIO). Más recientemente, se han introducido nuevos matices, de modo que es habitual ya dis-

tinguir un positivismo jurídico «blando» o «incluyente» (p. e., de HART, COLEMAN o WALUCHOW), otro «excluyente» (p. e., de RAZ), otro «presuntivo» (p. e., de SCHAUER), otro «convencionalista» o «positivo» (p. e., de MOORE), otro «negativo», etc.

12 *Historia del Derecho Privado de la Edad Moderna*, Aguilar, Madrid, 1957, pp. 378-379 y 490-491

13 *Il positivismo giuridico*, cit., pp. 132 y 246

14 Glosando la idea de BOBBIO, A. E. PÉREZ LUÑO («Introducción» a *Juristas Universales*. 4. *Juristas del s. XX*, [R. DOMINGO, ed.], Marcial Pons, Madrid-Barcelona, 2004, p. 36) ha desarrollado una explicación muy precisa de los tres tipos o proyecciones. Puede ser, por otra parte, útil recordar que el positivismo epistemológico ha tenido su manifestación más aguda en la filosofía analítica y el positivismo lógico [o «neopositivismo»]. El positivismo jurídico ontológico cristalizó de manera paradigmática en el normativismo, brillantemente representado por la «teoría pura del Derecho» de KELSEN. El positivismo jurídico ideológico se ha plasmado en la sumisión dogmática e incondicional a las leyes del Estado y en la consiguiente obligatoriedad absoluta de todo Derecho positivo.

15 *Metodología de la Ciencia del Derecho*, Ariel, Barcelona-Caracas-México, 1980, pp. 52 y 59, respectivamente. Pero LARENZ puntualiza que, a pesar de sus evidentes diferencias, todas concuerdan en entender el Derecho exclusivamente como «Derecho positivo», rechazando como acientífica cualquier consideración de principios jurídicos 'suprapositivos'

16 La primera incluiría la mayor parte de las manifestaciones históricas del positivismo jurídico y se caracterizaría por la aceptación del discurso racional como primordial instrumento del conocimiento jurídico. La segunda englobaría, en cambio, solamente al sociologismo, al realismo escandinavo y al neopositivismo, caracterizándose por subordinar el conocimiento del Derecho a los métodos y técnicas exquisitamente empíricos. En esta línea minimalista, R. SHINER (*Norm and Nature. The Movements of Legal Thought*, Clarendon Press, Oxford, 1992, pp. 39-40 y 97-99) ha dividido el positivismo jurídico en dos tipos básicos: el simple (p. e., el de J. AUSTIN) y el sofisticado (p. e., el de H. L. H. HART)

17 La escueta información que ofrece esta explicación puede completarse con la más amplia que contienen las páginas 356-358 de mi libro *Manual de Teoría del Derecho (Unidades Didácticas)* [2ª edic., Editorial Universitas, Madrid, 2007]

18 Dado que el Derecho es un hecho histórico y social, la ciencia jurídica ha de limitarse a desarrollar explicaciones descriptivas de sus concretas manifestaciones históricas

19 Fiel al *pathos* de J. AUSTIN y de los autores de la escuela francesa de la exégesis, el positivismo jurídico decimonónico terminó identificando el Derecho con la ley establecida e impuesta por el legislador estatal. Consecuentemente, asignó también a la ciencia jurídica la exclusiva misión de aclarar y comentar esa ley, desvelando la voluntad o intención de quien la había hecho, pero sin intentar interpretarla fuera de sus términos

20 En cuya virtud, el concepto del Derecho se fija atendiendo exclusivamente a la regularidad de los procesos y las formas mediante los que son creadas y aplicadas las leyes, con independencia de su materia o contenido regulativo y de los fines a los que esas leyes se orientan en cada caso

21 La idea de sistema en la ciencia jurídica (legado recibido por el positivismo jurídico de la doctrina racionalista del Derecho natural y de la filosofía del idealismo alemán) supone la existencia de un vínculo profundo que mantiene la unidad lógica de las diferentes categorías y elementos conceptuales que permiten descubrir la adecuada representación teórica del ordenamiento jurídico. En consecuencia, a esa unidad se llega, con el auxilio de la lógica formal, a través de la elaboración constructiva de conceptos abstractos escalonados en los que queda ordenadamente sintetizada la variada multiplicidad de normas legales. La función de la ciencia radica, por tanto, en analizar las diferentes categorías jurídicas para delimitarlas lógicamente, distinguiéndolas de conceptos afines, numerando sus diferentes manifestaciones o determinando las relaciones lógicas que existen entre ellas

22 Es la tentación del 'solipsismo' que, según A. E. PÉREZ LUÑO, («Introducción» a *Juristas Universales. 4. Juristas del s. XX*, cit., pp. 43-44), fue uno de los impulsos básicos que la ciencia jurídica decimonónica heredó de los defensores de la independencia del Derecho frente a la Moral (como KANT), frente a la Economía (como SMITH) y frente a la Política (como SAVIGNY). Consecuenternente, el punto de vista ético, político o económico no debía interesar al jurista en cuanto tal, como proclamara WINDSCHEID y remachara paradigmáticamente KELSEN cien años después. Y eso porque, siendo el Derecho un sistema de reglas dotado de autonomía, coherencia y plenitud, la ciencia jurídica ni necesita ni puede ocuparse de realidades situadas fuera de su ámbito estricto (so pena de ser víctima de impureza o contaminación)

23 Fueron varios autores alemanes (como K. M. BERGBOHM, A. MERKEL y E. R. BIERLING) los que, siguiendo la línea auspiciada por los ingleses J. BENTHAM y J. AUSTIN, propusieron a finales del siglo XIX la sustitución de la tradicional filosofía jurídica por una nueva, de corte netamente científico, que debería llevar el nombre de «teoría general del Derecho»

24 Como se sabe, la propia ciencia histórica, en su estricto significado de historia crítica (por contraposición a la tradicional historia narrativa o pragmática), no nació, según todos los indicios, hasta el siglo XVIII.

25 Esta Historia del Derecho, aunque ha tenido que utilizar de forma ineludible los métodos de la investigación estrictamente histórica, se ha desarrollado dentro del ámbito de la ciencia jurídica y ha sido fiel a los postulados fundamentales de esta ciencia

26 En sentido propio, la Sociología del Derecho inició su desarrollo a comienzos del siglo XX, gracias a la obra de varios autores que, como E. DURKHEIM, M. WEBER, E. EHRLICH o G. GURVITCH, han pasado a ser ya clásicos. Pero esa evidente juventud no le ha impedido alcanzar un intenso desarrollo, tanto en una primera fase de orientación predominantemente teórica, como en su etapa de impostación decididamente empírica

27 Como se recordará, los estudios comparativos de las leyes han acompañado al intento de conocimiento del propio Derecho, no sólo desde el momento en que BENTHAM y AUSTIN propusieron la orientación comparatista de 'su' *Jurisprudencia general* (o expositiva), sino desde los lejanos tiempos en que CRITIAS o ARISTÓTELES dieron prestigio a la costumbre de realizar el estudio de contraste de las constituciones de las diferentes organizaciones políticas conocidas

Notas a la Lección 4

1 Para llegar a comprender el significado y la importancia sistemática de «la crisis del positivismo jurídico» (objeto de estudio de esta lección), es conveniente no perder de vista que las situaciones de crisis son inherentes a todas las creaciones humanas, en la medida en que es propio del hombre comprometerse en la construcción, destrucción y reconstrucción de las soluciones que se ve impulsado a inventar con el fin de satisfacer sus propias necesidades físicas o psicológicas de todo orden.

2 Ver el detalle en el apartado 4.1 de esta misma lección

3 Ciertamente, se ha dado una larga secuencia histórica de enfoques tenidos por positivistas, pero no podrá eludirse la pregunta de si todos esos enfoques han sido o no realmente positivistas. Y no podrá eludirse tampoco, en consecuencia, la pregunta acerca de por qué unos u otros han de ser considerados o no como positivistas. (Es decir, no podrá eludirse el interrogante sobre qué es o no-es el positivismo jurídico).

4 Así, parece claro, por ejemplo, que en una de las últimas fases de crisis del positivismo jurídico influyó notablemente la reacción de muchos juristas teóricos y prácticos frente a la situación creada por algunos regímenes políticos (como el nacional-socialista alemán) en los años que precedieron y acompañaron a la segunda guerra mundial del siglo XX. En efecto, ante los crímenes de lesa humanidad cometidos por el régimen nazi, fueron muchos los que (con

razón o sin ella) responsabilizaron al positivismo jurídico de haber propiciado, con su negación del fundamento moral del Derecho positivo, las múltiples perversiones jurídicas llevadas a cabo en Alemania. Resultó bastante fácil, en consecuencia, la aceptación del diagnóstico formulado por el iusfilósofo G. RADBRUCH (muy afín originalmente a varios postulados básicos de la doctrina positivista) en el sentido de que el positivismo jurídico, con su tesis de que ante todo hay que cumplir las leyes, había dejado indefensos a los juristas alemanes frente a la legislación arbitraria e injusta del régimen nazi.

[5] En este último aspecto, como es bien sabido, la teoría política de la modernidad se estructuró inicialmente en torno al ideario de los derechos naturales del individuo, ideario que contribuyó generosamente a la configuración profunda del primer modelo de Estado de Derecho: el Estado liberal. Sin embargo, ese ideal de los derechos subjetivos individuales comenzó muy pronto a ser neutralizado por el protagonismo atribuido a las leyes que establecían los representantes de la soberanía nacional. Y, así, frente a la convicción inicial de que la fuente de legitimación de las leyes estaba en su propia capacidad para asegurar la defensa de los derechos individuales, se extendió la creencia de que era la ley la que proporcionaba un fundamento suficiente a la existencia de tales derechos. De modo que llegó a imponerse en el ámbito de la doctrina jurídica un legalismo de corte nominalista en cuya virtud la plena realidad del Derecho quedó concentrada en las normas, mientras que los derechos subjetivos pasaron a ser entendidos como meros reflejos de éstas.

[6] Hecho que abrió paso a la doctrina del Estado constitucional de Derecho, es decir, a una teoría jurídica que desplazó a la ley ordinaria de su tradicional primacía en la jerarquía de fuentes del Derecho positivo para cedérsela a los textos constitucionales.

[7] En efecto, la constatación de que éste, tanto en su nacimiento como en todos los sucesivos momentos de su existencia, es y se realiza de forma simultánea e inescindible como fenómeno históricamente circunstanciado, como instrumento de control manipulado por los poderes político-sociales y por los intereses económicos, como sistema de normas coactivamente vinculantes, como mecanismo de conservación o de cambio y como vehículo expresivo de valoraciones, ha sido suficiente para poner en entredicho las metodologías propiciadas por el cómodo dogmatismo normativo y legalista decimonónico.

[8] Es difícil, en consecuencia, asumir pacíficamente las tesis que sitúan el principio y el fin de esa crisis en la quiebra del monismo metodológico. Esa quiebra fue sin duda importante, pero no excluye el merecido protagonismo de otros varios factores entre los que han de ser inexcusablemente mencionados el fracaso del racionalismo legalista, la falacia del formalismo epistemológico y ético, la unilateralidad del factualismo normativista, la inadecuación del estatalismo nacionalista, la evidente parcialidad del método histórico-dogmático y la insuficiencia del modelo silogístico de interpretación.

[9] La actitud monista (en cuanto exclusión de la diversidad) puede infectar cualquier ámbito del pensamiento. Así, resulta posible constatar la presencia de un monismo filosófico-metafísico (el que afirma la existencia de una «sustancia» única –participada por todos los seres individuales), un monismo naturalista (el que recluye todo lo real en el ámbito de la naturaleza según es entendida y explicada por las ciencias 'naturales'), un monismo epistemológico (el que sostiene que sólo hay un conocimiento capaz de proporcionar seguridad –o verdad- plena [filosófico, científico, racional, empírico, sensorial, intencional, etc.]), un monismo metodológico (el que propugna la tesis de que sólo hay una manera fiable de conocer la realidad (deducción, inducción, intuición, experimentación, formalización lógica...), un monismo ético (el que admite un solo criterio de bondad), un monismo jurídico (el que confina al Derecho en una única dimensión existencial), etc.

[10] Según el 'segundo' JHERING, «la vida no existe a causa de los conceptos, sino que los conceptos existen a causa de la vida; no ha de suceder lo que la lógica postula, sino lo que exige la vida, el tráfico, el sentimiento jurídico». Y para HECK, los preceptos legales, no sólo están dirigidos a delimitar intereses, sino que son «resultantes de los intereses de orientación

material, nacional, religiosa y ética, que se contraponen unos a otros y luchan por su reconocimiento». En consecuencia, el postulado metódico fundamental es «conocer, con exactitud histórica, los intereses reales que han ocasionado la ley, y tener en cuenta los intereses conocidos para la resolución del caso».

[11] La tesis medular de esta corriente es la afirmación de que el Derecho no es una pura realidad lógica, sino un instrumento de la vida social que está al servicio de la realización de los fines humanos. Consecuentemente, la labor del legislador, del jurista teórico y del juez no puede circunscribirse a los procesos meramente lógicos, sino que debe contener un conocimiento tal de las realidades sociales que sirva como base a la formulación de normas generales e individuales inspiradas en los criterios de justicia. Por otra parte, ha de ser rechazado el principio de la separación tajante entre los momentos de creación y aplicación del Derecho, ya que también los encargados de la aplicación tienen que desarrollar casi siempre actividades innovadoras y creativas.

[12] Este movimiento tomó como bandera la doble tesis de que los juristas (especialmente los jueces) han de buscar la interpretación de las leyes mediante una libre investigación científica y de que ésta ha de tomar en consideración los valores y elementos fácticos que, al haber intervenido en la creación de esas leyes, se van a ver afectados por su aplicación.

[13] Según este autor, el papel de la ciencia jurídica se reduce a describir las normas, en cuanto formas puras de normatividad, y las relaciones sociales que ellas establecen. Pero debe abstenerse de entrar en el examen de los contenidos de dichas normas, así como de cualquier relación de las mismas con cualesquiera hechos sociales o jurídicos (sello de la pureza metódica).

[14] Las diferencias entre la versión norteamericana y la versión escandinava del realismo jurídico son profundas. Sin embargo, ambas sostienen la tesis fundamental de que el Derecho consiste propiamente en las conductas efectivas de los jueces, los funcionarios y los ciudadanos, es decir, en simples fenómenos sociales que han de ser analizados como cualquier otra entidad perteneciente al mundo natural de las relaciones causales.

[15] Este enfoque tiene la voluntad inicial de ser fiel a los postulados epistemológicos sentados por L. WITTGENSTEIN en su *Tractatus logico-philosophicus*. De ahí que se guíen por la pretensión de lograr que el conocimiento del Derecho se ajuste a las exigencias de la filosofía analítica: depuración de los conceptos y categorías jurídicas de cualquier sentido metafísico y cribado del lenguaje jurídico con el fin de mantenerlo al margen de cualquier adherencia, oscuridad o ambigüedad.

[16] Conforme a la visión de L. DUGUIT y M. HAURIOU, el genuino creador del Derecho no es el Estado sino la sociedad, ya que su elemento esencial no es la norma sino el orden institucional, es decir, la organización estable de los entes sociales que se constituyen en torno a la prosecución de fines sociales. El Derecho es, pues, en primer lugar, organización y orden social; las normas estatales que regulan las relaciones entre los individuos y las que éstos mantienen con el Estado surgen como complemento de esa realidad primaria. A su vez, según O. WEINBERGER o N. MACCORMICK, la interpretación de las normas jurídicas desde parámetros institucionales es una garantía de la seguridad jurídica de los ordenamientos, ya que las decisiones judiciales sobrepasan los condicionamientos de los casos particulares para dar entrada a los valores generalizados e institucionalizados en la práctica social, posibilitando así la adecuación de las decisiones judiciales a consecuencias socialmente deseables y racionalmente fundadas.

Notas a la Lección 5

[1] Por eso, el rechazo del logicismo y la denuncia de la constante presencia de lagunas e incoherencias en el seno de los ordenamientos aparecieron casi siempre unidos en los escritos

de los inconformistas, según testimonian los ejemplos paradigmáticos del «movimiento del derecho libre» o de la «jurisprudencia sociológica».

2 Por ejemplo, la final aceptación pacífica, por parte de la doctrina, de un dato que había venido negándose de forma insistente pero que hasta H. KELSEN había terminado reconociendo como obvio en su *Teoría General de las Normas*: la producción de las normas jurídicas, tanto generales como particulares, suele estar mediatizada por los principios de la moral, de la política y de las costumbres, de modo que, incluso cuando esos principios no han sido incorporados todavía a una norma general vigente que sea aplicable al caso concreto, la sentencia sobre éste puede estar influenciada por ellos. O la crítica, por parte de H. L. H. HART, a la «norma fundamental» kelseniana por ser una categoría puramente mental, proponiendo su sustitución por la «regla de reconocimiento», de carácter mediadamente empírico (ésta no es un mero presupuesto lógico-trascendental, sino que su existencia se revela en la vida jurídica ordinaria, puesto que los funcionarios y los ciudadanos aceptan la validez de las normas jurídicas que rigen su sociedad). O la adhesión del mismo HART a la idea de que, en efecto, el Derecho no puede ser explicado en términos puramente formales, sino que debe ser tomada en cuenta también su vinculación de dependencia con unos determinados condicionamientos y necesidades empíricos entre los que destacan las condiciones existenciales de los individuos humanos y de las sociedades (como el egoísmo, la vulnerabilidad, las diferentes capacidades, la limitación de recursos, etc.). O, finalmente, su inclinación hacia el hoy famoso 'positivismo blando', a raíz de la polémica con R. DWORKIN sobre la presencia de principios morales en los procesos de aplicación/creación judicial del Derecho.

3 Ha sido asimismo decisivo el reconocimiento de la importancia que, para las teorías del ordenamiento y de la interpretación jurídica, tiene el papel estelar asignado actualmente a la Constitución, tanto en los procesos de elaboración de las leyes como en los de su aplicación jurisdiccional. Sobre todo, a partir del momento en que se produjo el tránsito del control de constitucionalidad formal al control de constitucionalidad material. A este respecto, la transformación de la ciencia jurídica ha sido generosamente propiciada por el nuevo dogma de la filosofía política de que el reconocimiento y protección de los derechos y libertades de los ciudadanos constituyen la clave de bóveda del Estado de Derecho y la base del Derecho mismo.

4 Visión que identificaba la realidad del fenómeno jurídico con el conjunto de normas legales establecidas e impuestas por el Estado, dejando todo lo demás (principios informadores, factores condicionantes, cumplimiento o incumplimiento, interpretación, aplicación judicial, etc.) fuera del círculo sagrado de 'lo que es Derecho' en sentido propio.

5 Pues, como observaran C. PERELMAN y L. OLBRECHTS-TYTECA, puesto que el Derecho se expresa mediante un lenguaje natural que carece de univocidad y que genera, en consecuencia, conflictos de intereses y problemas de interpretación, no puede ser tratado como si tuviera ya perfectamente definidos con carácter previo todos los signos y reglas de formación y deducción de proposiciones.

6 Culminando los trabajos de otros muchos estudiosos, el eximio profesor L. RECASÉNS SICHES realizó a finales del pasado siglo un exhaustivo y enciclopédico rastreo de las numerosas aportaciones, individuales o colectivas, que habían propiciado el abandono del culto a la lógica formal y a la concepción mecanicista de la actividad judicial y que, por contra, habían enriquecido la apuesta por la lógica razonable y por la aceptación del carácter creativo de la interpretación jurisdiccional. Los resultados de las investigaciones llevadas a cabo durante varios años sobre el tema aparecieron publicados en dos amplias monografías: *Experiencia jurídica, naturaleza de la cosa y Lógica «razonable»* (FCE-UNAM, México, 1971) y, sobre todo, *Nueva filosofía de la interpretación del Derecho* (2ª edición, Editorial Porrúa, México, 1973).

7 La línea dialéctica de la tópica y la retórica tiene una larga tradición. Iniciada probablemente por los sofistas, secundada por SÓCRATES y PLATÓN y profundizada por ARISTÓTELES, fue magistralmente desarrollada por CICERÓN y otros grandes juristas romanos, siendo seguida también, aunque con vacilante entusiasmo y fidelidad, por muchos filósofos y juristas hasta la edad

moderna. Después cayó en desuso, cediendo su puesto al discurso racional teórico. Pero, a mediados del siglo XX, comenzaron a oírse de nuevo algunas voces que reivindicaban la importancia del razonamiento aporético para la solución de los problemas prácticos de la vida.

[8] *Tópica y jurisprudencia*, trad. de L. Díez-Picazo, Taurus, Madrid, 1964, pp. 49 y 50, respectivamente

[9] En el ámbito de la actual filosofía del Derecho española, el profesor F. Puy ha dedicado también muchos años, esfuerzos e ilusión al desarrollo de una compleja tópica jurídica que está aun en vías de puntualización y afinamiento. En mi opinión, el principal reto de tan meritoria empresa reside en la actualidad en marcar adecuadamente las diferencias del nuevo enfoque con la vieja dialéctica retórica de los escolásticos.

[10] Un buen camino para entender en forma adecuada el mensaje de esta orientación es probablemente la identificación del objetivo que orientó los planteamientos de sus promotores. Deberá tenerse en cuenta, por tanto, que el impulso que aguijoneó su prolongada entrega a la investigación que dio lugar a la publicación de la *La nouvelle rhétorique* en 1958 fue precisamente el propósito de lograr la superación del dominio imperialista del razonamiento formal, la recuperación de la Retórica clásica y el desarrollo de una teoría de la «lógica de los juicios de valor» que había sido descartada de plano por el neopositivismo.

[11] Si se piensa con Perelman y Olbrechts-Tyteca que la racionalidad de la elección viene determinada por el grado de aceptación del correspondiente auditorio, se admitirá también que lo primero que necesita conseguir cualquier orador es que su planteamiento sintonice (al menos negativamente) con las convicciones y actitudes de ese auditorio. Ahora bien, para lograrlo tendrá que adaptar su discurso al marco de posibilidades que le ofrece de partida el conjunto de creencias y valores asumidos por el auditorio, ya que sólo así podrá conjurar el riesgo de bloqueo de sus posteriores intentos de persuasión. Esta vía le permitirá llegar a conclusiones plausibles (es decir, razonables) para el auditorio que, a fin de cuentas, va actuar como supremo juez de la racionalidad de su discurso.

[12] Según A. Aarnio, al ser del todo imposible la derivación lógico-deductiva de las proposiciones interpretativas relativas a las normas jurídicas, la justificación de esas proposiciones no puede hacerse en referencia al criterio de verdad, sino que será preciso recurrir al criterio de la coherencia suficiente. Ahora bien, ésta habrá de medirse, a su vez, en relación con el conjunto de los materiales interpretativos, en cuanto que constituyen una totalidad dotada de coherencia. Y, en último término, esa coherencia quedará acreditada cuando, mediante una argumentación racional de carácter persuasivo, se consiga el consenso del auditorio formado por la correspondiente comunidad jurídica. De modo que, por ser aceptables, serán finalmente racionales aquellas interpretaciones que mejor sintonicen con las actitudes y valores mayoritarios de esa comunidad. En todo caso, ha reconocido que la interpretación no puede orientarse a la búsqueda de la única respuesta correcta (pues no existe), sino al logro de un consenso mayoritario, ya que ésta es de hecho la mejor alternativa desde el punto de vista operativo. (Ver, por ejemplo, su breve estudio «La tesis de la única respuesta correcta y el principio regulativo del razonamiento jurídico», en *Doxa*, 8 [1990]).

[13] R. Alexy ha llamado la atención sobre el hecho de que la pretensión de corrección es un elemento que forma siempre parte del concepto del Derecho, de tal modo que, si se prescinde de ella, resultará imposible lograr una comprensión adecuada de cualquier ordenamiento jurídico. Y las decisiones jurídicas no son en ningún caso ajenas a esa pretensión, por lo que necesitan encontrar siempre su propia justificación racional, tanto desde el punto de vista interno (el de la estructura lógica del razonamiento) como desde el punto de vista externo (el de la selección de los elementos instrumentales de ese razonamiento). Por eso es necesario construir una teoría de la argumentación jurídica que, mediante el respeto a las reglas y formas de la argumentación, sea capaz de garantizar un mínimo de corrección, sin perjuicio de reconocer al mismo tiempo la inseguridad del resultado, puesto que, al no darse nunca todas las condiciones ideales del discurso, no cabe en ningún caso el descubrimiento de una única respuesta

correcta. En efecto, la vaguedad con que se expresan a veces las normas generales, la impre-cisión de las reglas de la metodología jurídica o la propia dificultad de prever todos los aspectos relevantes de los casos concretos hacen que su aplicación a éstos abra la posibilidad de arbitrar soluciones dispares. Y, entonces, surge con especial fuerza la necesidad de que el proceso judicial y la ciencia jurídica se abran a una argumentación capaz de establecer la justificación racional de las decisiones en relación con el conjunto de normas vigentes en el respectivo sistema.

14 Por todos, *Experiencia jurídica, naturaleza de la cosa y Lógica «razonable»*, FCE-UNAM, México, 1971

15 Se ha escrito con razón que «la investigación gadameriana se puede entender como una enérgica reacción contra la actual «crisis de la razón» y contra las diversas formas de irra-cionalismo»: L. E. Santiago Guervós, «Filosofía práctica y Hermenéutica. El significado filosó-fico-práctico de la hermenéutica de H.-G. Gadamer», Estudios Filosóficos, 128 (1996), [Institu-to Superior de Filosofía, Valladolid], p. 19

16 El punto de vista hermenéutico no niega la existencia independiente de los objetos; lo que niega es que esos objetos existan como objetos noéticos 'puros', es decir, como realidades cognoscibles plenamente constituidas antes de que el sujeto cognoscente se ocupe de ellas.

17 «El *derecho concreto* es el «producto» de un proceso de la realización y del desarrollo hermenéuticos de sentido. Así pues, no es posible en absoluto que se dé un «carácter correc-tamente objetivo» del derecho fuera del mismo procedimiento de investigación del derecho. El juez que cree que toma sus criterios de decisión tan sólo de la ley es víctima de un fatal enga-ño, pues (inconscientemente) entonces permanece dependiente de sí mismo. Tan sólo el juez que sepa que su persona se coimplica en el fallo que emite puede ser verdaderamente inde-pendiente»: A. Kaufmann, «Panorámica histórica de los problemas de la filosofía del Derecho», en el libro colectivo *El pensamiento jurídico contemporáneo* [A. Kaufmann / W. Hassemer / G. Robles, edits.], Editorial Debate, Madrid, 1992, p. 128

18 Y, en consecuencia, han de ser asimismo conscientes de que la interpretación, aunque es también siempre en parte una estricta aclaración del sentido de unos determinados textos, no es una simple traducción lingüística ni una mera interpretación literaria. Es más bien una especie de actividad teatral en la que cada intérprete recrea constantemente, no sólo la actua-ción del personaje que interpreta, sino también el significado de los propios textos que recita.

19 Ese carácter contextual de la interpretación jurídica, no sólo obliga a aceptar que lo individual ha de ser comprendido desde el todo y el todo desde lo individual, según la regla de la antigua retórica asumida por la hermenéutica moderna, sino que incluye también la exi-gencia de reconocer su connatural dependencia de la tradición cultural en la que se inscribe el acto de interpretación, como ha destacado H. G. Gadamer (*Verdad y método. Fundamentos de una hermenéutica filosófica*, Ediciones Sígueme, Salamanca, 1977, p. 360). De ahí, que la conciencia formada hermenéuticamente tenga que ser histórica y hacer conscientes los propios pre-juicios que guían el intento de comprensión del intérprete.

A este respecto, las doctrinas hermenéuticas suelen invocar la importancia que correspon-de al hecho de que los jueces, al resolver, tengan siempre una previa concepción jurídica glo-bal y un instrumental conceptual y metodológico previamente adquirido. De modo que han de realizar, con ese bagaje previo, su interpretación de las diferentes normas y hechos que pue-den ser considerados relevantes para la solución correcta del litigio que le ha sido planteado. Es cierto que tienen la posibilidad de aceptar plenamente, aceptar sólo en parte o rechazar de plano cualquier tendencia o doctrina preexistente. Sin embargo, no es menos cierto que care-cen de la opción de realizar su trabajo sin haber tenido experiencia o conocimiento previo de alguna concepción o teoría jurídica

20 Al igual que la de Kant, a quien siguen los autores que las han desarrollado, estas doc-trinas son *racionalistas* (o cognitivistas), oponiéndose, por tanto, a las diversas formas de irra-cionalismo para las que nuestros juicios morales son mera expresión de sentimientos o emo-

ciones. Sostienen asimismo, frente a los distintos tipos de relativismo moral, la capacidad de la razón humana para determinar, de forma intersubjetivamente válida, qué es lo bueno y lo malo, lo justo y lo injusto. Son también *deontológicas*, en la medida en que hacen depender la bondad o rectitud moral de las acciones, no de su utilidad como medio para alcanzar algún bien fundamental (como la perfección del sujeto, su felicidad o el bienestar general), sino de su ajustamiento a un principio o criterio de rectitud. Por eso, su tarea consiste en discutir y poner en claro cuál es el procedimiento adecuado para llegar a descubrir el criterio que permite discernir qué normas o qué acciones son moralmente buenas y cuáles no (si bien queda fuera de su competencia la tarea de determinar si esta o la otra acción es o no buena para el punto de vista moral). Un criterio al que se llega por un proceso interactivo de los distintos puntos de vista, a través de un diálogo desarrollado en una «situación ideal de habla» (en la que participan todos los interesados con la garantía de que todos van a tener la posibilidad de hacer las alegaciones que consideren pertinentes, de disponer de toda la información necesaria y a debatir en términos de estricta igualdad) que permite llegar al consenso racional. Así, los juicios de moralidad podrán ser considerados como suficientemente fundados cuando cuenten con la posibilidad de ser aceptados por todos los participantes en un discurso práctico.

21 Puede tener sin duda interés la sorna con que G. BUENO (*¿Qué es la ciencia? La respuesta de la teoría del cierre categorial. Ciencia y Filosofía*, Pentalfa, Oviedo, 1995, pp. 39-40) se ha referido a las éticas discursivas: «Está muy extendida, en nuestros días –Habermas, Rawls, Appel–, una idea pacifista (no violenta) que podría considerarse como propia de la fase del «capitalismo triunfante» que tiende a identificar la racionalidad con el diálogo (verbal o escrito, telefónico o telemático) entre los individuos o grupos enfrentados, considerando, por tanto, como «irracional), toda conducta no verbal (sea gestual, sea manual), que incluya algún tipo de manipulación violenta. Se instituye así una idea de racionalidad metafísica que resulta estar muy cercana de la racionalidad que se atribuye a la de las sociedades angélicas. Pero la racionalidad efectiva es la racionalidad humana, propia de los sujetos corpóreos, dotados no sólo de laringe o de oído, sino de manos, de conducta operatoria, una conducta que implica la intervención de los músculos estriados; pero es totalmente gratuita la pretensión de reducir la razón a la laringe (si no ya a la «mente»): si me encuentro delante de un individuo en el mismo momento en el que se dispone a asestar una puñalada a un tercero, lo «racional» no será dirigirle una interpelación filosófica sobre la naturaleza del homicidio, sobre su ética o su estética, sino dar un empujón violento al agresor a fin de desviar su puñal de la trayectoria iniciada y que suponemos fatal de no ser interrumpida».

Notas a la Lección 6

1 Es la postura mantenida por N. BOBBIO al comienzo del primer capítulo de su obra *Teoría General del Derecho,* cuando opta por una concepción normativista del fenómeno jurídico frente a las concepciones institucionalista o intersubjetivista (*Teoría General del Derecho,* Santa Fé de Bogotá, Temis, 1997, pp. 3-19).

2 A. CORTINA, «El vigor de los valores morales para la convivencia» (http://www.buenastareas.com/ensayos/El-Vigor-De-Los-Valores-Morales/3754455.html, consultada el 3 de abril de 2013).

3 Ibidem.

4 Es la denominación que da a esta corriente el profesor A. SÁNCHEZ DE LA TORRE en su artículo «Los valores del Derecho», *Anuario de Filosofía del derecho,* 1967-1968, tomo XIII, pp. 161-172.

5 Es la postura defendida en su día por el profesor RECASÉNS SICHES.

6 A. SÁNCHEZ DE LA TORRE, «Los valores del...», o. c., p. 162.

[7] Parte de dos tesis: *la teoría consensual de la verdad* de JÜRGEN HABERMAS y la *filosofía de las necesidades radicales* de AGNES HELLER.

[8] Podemos considerar que esta postura es también la mantenida por el Profesor PÉREZ LUÑO cuando define los valores como *criterios intelectuales en base a los que juzgamos las conductas y los objetos.*

[9] Es el caso de WROBLEWSKI citado más arriba.

[10] Es lo que el profesor PÉREZ LUÑO denomina *la norma jurídica como regularidad de comportamientos* (ver *Teoría del Derecho. Una concepción de la experiencia jurídica,* Madrid, Tecnos, 1997, pp. 174-175).

Notas a la Lección 7

[1] El profesor PECES-BARBA fue uno de los llamados «padres-redactores» de la Constitución Española de 1978.

[2] Es la definición de los valores mantenida por el profesor Pérez Luño.

[3] Ver: A. E. PÉREZ-LUÑO, *Derechos Humanos, Estado de Derecho y Constitución,* Madrid, Tecnos, 2003, pp. 288-289.

[4] Ibídem.

[5] Ver lo que decíamos en la lección 6 sobre la función de los valores.

[6] Ver: G. PECES-BARBA MARTÍNEZ, «Los valores superiores», *Anuario de Filosofía del derecho,* tomo IV, 1987, pp. 374-388. Ver también de este mismo autor *Los valores superiores,* Madrid, Tecnos, 1986.

[7] Es la postura mantenida por el profesor PÉREZ LUÑO (op. cit., p. 293).

[8] Ibídem, p. 541.

[9] Ver A. OLLERO TASSARA, «La Constitución: entre el normativismo y la axiología», *Anuario de Filosofía del Derecho,* Tomo IV, 1987, pp.389-402.

[10] Ibídem.

[11] Ver: A. E. PÉREZ LUÑO (op. cit., pp. 536-542).

[12] Ver: J. AYLLÓN, «Los valores o principios inspiradores» en B. DE CASTRO, *Introducción al estudio de los Derechos Humanos,* Madrid, Universitas, 2003, pp. 147-166.

[13] Ver: A. E. PÉREZ LUÑO, op. cit., pp. 65-108; y en el mismo sentido N. MARTÍNEZ MORÁN, «Diferentes niveles de reconocimiento y protección estatal de los Derechos Humanos» en B. DE CASTRO, *Introducción al estudio de los Derechos Humanos,* Madrid, Universitas, 2003, pp. 186-193.

[14] Ver: F. FERNÁNDEZ SEGADO, *La Jurisdicción Constitucional en España,* Madrid, Dykinson, 1984, pp. 29-33 y 47-49.

[15] Es la concepción defendida por KELSEN.

[16] Ver: M. AHUMADA RUIZ, *La Jurisdicción Constitucional en Europa,* Pamplona, Aranzadi, 2005, pp. 48-49.

[17] Ibídem, pp. 49-62.

[18] Ibídem, p. 54.

Notas a la Lección 8

[1] Quizá la formulación más expresiva de lo que es el Estado absoluto sea la conocida expresión de Luis XIV: «El Estado soy yo», o aquella otra en la que se expresa que la ley es *«id quod principi placuit»* (lo que quiere el príncipe). Sin embargo es HOBBES quien con mayor amplitud y precisión expone esta teoría política en su obra *El Leviatán,* en la que defiende el absolutismo político como fruto de su visión pesimista del estado de naturaleza. Según esta

concepción, en el Estado Absoluto la autoridad del que gobierna –no necesariamente la monarquía– es total y absoluta, de suerte que en todo momento puede tomar las medidas necesarias para mantener el orden, la paz y la seguridad. Para ello, al constituir el Estado por medio del pacto, todos los individuos se despojan de su libertad y del derecho a disponer de sí mismos cediéndolos al Estado que nace, concentrándose todo el poder en la misma autoridad, que legisla y hace cumplir las leyes, sin que exista la más mínima separación de poderes.

2 Locke será el autor más citado por los revolucionarios franceses y norteamericanos, precisamente porque, a partir de estas premisas, se puede comprender el sustrato del contenido político del credo liberal y sus proclamas de sufragio popular, gobierno representativo y libertad de culto y pensamiento en base a derechos individuales anteriores a la formación de todo gobierno.

3 Es obvio que el modelo de Estado concebido por Locke y todos los pensadores liberales se aleja radicalmente de la concepción hobbesiana del mismo. Mientras que en la concepción absolutista de Hobbes el Estado controla a los individuos, pues los hombres a través del pacto entregan y trasladan la titularidad del poder al gobernante, quien podría ejercerlo de forma absoluta como propio, en el pensamiento liberal solo se confiere al gobernante un mandato para el ejercicio temporal del poder pero no su titularidad, la cual permanece siempre en el pueblo, quien controla al propio Estado.

4 Fruto del pensamiento liberal y la consiguiente plasmación de sus principios en el Estado liberal fueron las primeras declaraciones de derechos humanos: La Declaración de Derechos del buen Pueblo de Virginia (1776) y la Declaración de Derechos del Hombre y del Ciudadano (1789). Ambas formaron parte de las primeras Constituciones, la de los Estados Unidos de América y la francesa de 1791 respectivamente

5 Geográficamente podríamos situarlo en Alemania, aunque estuvo influenciado por los acontecimientos de la Gran Depresión económica que se inició en 1929 y se prolongó durante una década. Sin embargo las fuentes precursoras de este cambio trascendental pueden encontrarse en Europa casi medio siglo antes, pues los orígenes del Estado del Bienenestar se sitúan en la Alemania del conde Otto von Bismarck (1815-1898) quien, después de apasionadas polémicas, urgió a que se mitigaran las más flagrantes crueldades del capitalismo. En 1884 y en 1887 adoptó un conjunto de leyes que otorgaban una protección elemental bajo la forma de seguros en previsión de accidentes, enfermedades, ancianidad e invalidez. Poco después se adoptaron disposiciones similares en Austria y Hungría y en algunos otros países europeos. Veinticinco años más tarde, en 1911, en Inglaterra, bajo el patrocinio de Lloyd George, Ministro de Hacienda de Gran Bretaña se adoptaron leyes mediante las cuales se implantaron los seguros oficiales de enfermedad y de invalidez y posteriormente de desempleo. Ya con anterioridad se había promulgado una ley que establecía pensiones de ancianidad sin aportaciones de los particulares.

6 El Estado social, después de la Segunda Guerra Mundial, es el producto de las corrientes de la época, se adopta en Alemania y en Italia y posteriormente va implantándose en Inglaterra y en los Estados Unidos, desde donde se extiende a todo el mundo.

7 Afirma E. Díaz que «lo característico del estado social de derecho es, sin duda alguna, el propósito de compatibilizar en un mismo sistema dos elementos: uno el capitalismo como forma de producción y otro, la consecución de un bienestar general. La creencia en la posibilidad de semejante compatibilidad constituye precisamente el elemento psicológico, y al mismo tiempo ideológico, que sirve de base al neocapitalismo típico del *Welfare State*. Neocapitalismo orientado hacia el bienestar, o bienestar logrado en el neocapitalismo, constituye en efecto el componente real de los sistemas actuales que como Alemania, Estados Unidos, Francia, Inglaterra, Italia, etc., pueden ser encuadrados con diversidad de matices, en la fórmula del Estado Social de Derecho».

8 La satisfacción de las demandas sociales propias del Estado del Bienestar, característica del Estado Social de Derecho, hizo que tanto el poder ejecutivo como diferentes órganos de

la Administración asumieran con frecuencia las competencias legislativas, suplantando al Parlamento, dictando multitud de medidas, resoluciones y providencias administrativas amparadas unas veces en razones de urgencia y otras en la eficacia. Con ello quedaban gravemente erosionados tanto el principio de legalidad como el principio de reserva de ley y desaparecía la tradicional división de poderes entre el legislativo y el ejecutivo.

9 En el Parlamento, con frecuencia, los partidos dejan de representar a la comunidad que los votó para actuar sólo en nombre del partido, pasando de esta forma a defender los intereses del partido antes que los de la sociedad. Los partidos políticos se ven abocados a una espiral de promesas que una vez en el gobierno no pueden satisfacer.

10 Recordemos que el tránsito del Estado Liberal al Estado Social supuso un notable cambio al producirse una presencia abusiva de los órganos de la Administración en diferentes ámbitos de la sociedad civil.

11 En efecto, en algunos ámbitos de la doctrina constitucionalista, especialmente en Alemania e Italia, se produce una acusada tendencia a reemplazar el concepto de Estado de Derecho por el de Estado Constitucional dando sentido y significado al nuevo estado de cosas y ajustándose más exactamente a las nuevas realidades económicas, jurídicas políticas y sociales de los sistemas democráticos actuales. Entre los autores alemanes que utilizan la nueva terminología cabe citar entre otros a P. HÄBERLE, M. KRIELE, C. SCHMITT, K. LOEWENSTEIN. Entre los autores italianos se encuentran A. BALDASSARRE, S. RODOTÀ y G. ZAGREBELSKY.

Por cuanto se refiere a la doctrina española hay autores que han utilizado indistintamente las expresiones *Estado de Derecho* y *Estado Constitucional* como AGUIAR DE LUQUE y SÁNCHEZ FERRIZ. Otros, en cambio, como RUBIO LLORENTE o PEÑA FREIRE recogen el nuevo significado que la doctrina alemana e italiana confiere al término Estado Constitucional como modelo diferente al mero Estado de Derecho. Diferencia que, por primera vez, se hace patente en el breve ensayo del profesor GARCÍA PELAYO «*Estado legal y Estado constitucional de Derecho*», escrito en 1991.

12 La Constitución española, por ejemplo, proclama en su artículo 9.1 que «los ciudadanos y los poderes públicos están sujetos a la constitución y al resto del ordenamiento jurídico». Queda patente que el principio de legalidad expresado en este artículo se hace en términos de constitucionalidad al prescribir taxativamente la sujeción, en primer lugar, a la Constitución. Esta primacía de la Constitución ha sido invocada por nuestro Tribunal Constitucional en varias ocasiones afirmando categóricamente que la Constitución es nuestra «norma suprema y no una mera declaración programática». También el TC declara la supremacía de la Constitución frente a la ley y la actividad del legislador afirmando que «la voluntad y racionalidad del poder constituyente objetivadas en la Constitución no solo fundan en su origen, sino que fundamentan permanentemente el orden jurídico estatal y suponen un límite a la potestad del legislador». Ello implica, como también reconoce el TC en otras sentencias que el carácter de norma suprema de la Constitución imposibilita el mantenimiento de situaciones jurídicas que sean incompatibles con los mandatos y principios constitucionales.

13 Hay que advertir que para los Estados constitucionales actuales, cuando nos referimos a la «reserva de constitución», junto con la Constitución incluimos una serie de leyes (o superleyes) que, por exigir mayorías parlamentarias reforzadas para su aprobación, aunque formalmente sean leyes, materialmente se integran en el bloque de la Constitución, dado que en ellas se desarrollan cuestiones fundamentales para todos los ciudadanos. Un buen ejemplo de ello lo encontramos en la Constitución española que reserva a las *leyes orgánicas,* entre otras cuestiones, el desarrollo de los derechos fundamentales o la aprobación de los Estatutos de Autonomía.

Notas a la Lección 9

1 En primer lugar VITORIA y LAS CASAS, con su defensa de los indios, sentaron las bases doctrinales para el reconocimiento de la igual dignidad de todos los hombres, como primer

paso para la concepción de la universalización de los derechos humanos. A la misma tarea contribuyeron, sin duda alguna, otros pensadores españoles como Vázquez de Menchaca, Francisco Suárez y Gabriel Vázquez, entre otros.

2 Ver la lección 17 que está dedicada íntegramente a la explicación de los derechos de tercera generación.

3 La cuestión de la naturaleza no por difícil es innecesaria. El tema tiene una relevancia especial y de primer orden en la filosofía jurídica actual y así es abordado por todos los autores cualquiera que sea la postura doctrinal que cada uno adopte en cuanto al concepto, fundamento y contenido de los mismos.

4 «A nuestro juicio –dice-, la teoría de los derechos fundamentales constituye hoy acaso la expresión más generalizada de la posición iusnaturalista. Queremos decir con ello que, en la actualidad, quienes profesan el iusnaturalismo, encuentran en tales derechos una adecuada manifestación de sus tesis al concebir los mismos como facultades del sujeto asentadas no en la norma positiva sino en un ordenamiento superior que es lo que les presta su universalidad y su intangibilidad frente al poder; de manera que la invocación de aquellos con tal fundamento representa una afirmación implícita de un orden suprapositivo. Incluso se aprecia cómo ciertos autores, que se resisten a proclamarse abiertamente iusnaturalistas, acogen de buen grado esta teoría de los derechos humanos quizá por encontrar en ella el cauce de manifestación de un soterrado y no expresado iusnaturalismo».

5 En la filosofía jurídica española actual mantienen esta postura, entre otros, F. Laporta, A. Ruiz Miguel y E. Fernández. «Con el término «derechos morales» –afirma este último– pretendo describir la síntesis entre los derechos humanos entendidos como exigencias éticas o valores y los derechos humanos entendidos paralelamente como derechos».

6 Con el carácter de universalidad se quiere resaltar que todos los derechos calificables de *«humanos»* son poseídos por todos los seres humanos (hombres y mujeres) de todos los tiempos, de todas las etnias y de todas las latitudes, por la razón de que todos los seres humanos son iguales por naturaleza. No existen diferentes tipos de naturaleza humana a los que correspondan derechos también diversos. *No debemos olvidar «nunca» que los derechos humanos son de «todos»*, sin excepción. Podríamos afirmar, en consecuencia, que *todos los seres humanos poseen una igualdad jurídica básica*, en cuanto que todos son poseedores de los *derechos naturales,* como fundamento de cualquier otro derecho sobrevenido y que no pueden quedar al arbitrio de los legisladores o gobernantes de turno.

7 Baste recordar la declaración de Virginia en la que se afirma que *«todos los hombres son por naturaleza igualmente libres e independientes y tienen ciertos derechos innatos...».* Y en el párrafo segundo de la Declaración de Independencia de los Estados Unidos se lee que *«todos los hombres son creados iguales...».* El artículo primero de la Declaración Francesa de Derechos del Hombre y del Ciudadano de 1789 reconoce que *«todos los seres humanos nacen y permanecen libres e iguales en derechos».* La Declaración Universal de Derechos Humanos de la ONU de 1948, en su artículo primero, afirma que *«todos los seres humanos nacen libres e iguales en dignidad y en derechos...».* El mensaje de todas estas Declaraciones, y en especial el de la Declaración *Universal* de Derechos Humanos, fue muy claro: los derechos humanos debían ser universalmente respetados. Adviértase la inserción del término *«universal»* en la propia denominación de la Declaración.

8 En efecto, los derechos humanos son a la vez permanentes e históricos. El ser humano en cuanto tal tiene siempre un marco de necesidades idénticas a todos los seres humanos: la vida, la libertad, la dignidad, pero, dado que cada individuo vive en épocas históricas diferentes, en lugares geográficos con condiciones de vida dispares, en culturas que se manifiestan de muy diferentes modos y con exigencias y necesidades diversas, en los seres humanos las exigencias de vida se manifiestan en cada lugar o en cada momento histórico de muy diversa manera. Por ese motivo pueden darse derechos humanos a la vez, permanentes e históricos sin que exista contradicción pues los derechos humanos son manifestaciones históricas de las mis-

mas necesidades humanas adaptadas al tiempo, lugar y cultura en que las exigencias se manifiestan

9 Es conveniente recordar que una cosa es la «*posesión de un derecho*» (todos los hombres poseen, son titulares, de unos derechos naturales), y otra muy distinta la «*posibilidad de su ejercicio*». Existen a veces circunstancias personales, o fuerzas externas, ajenas al propio individuo, unas veces de carácter físico-cósmico, otras de carácter social o económico e incluso de carácter político, que imposibilitan el ejercicio de un derecho. Pero ello no impide la titularidad de tal derecho. Esta es la razón que nos permite afirmar que *todos los seres humanos son poseedores, son titulares de todos los derechos humanos fundamentales, aunque no todos pueden ejercitar todos sus derechos en cualquier situación*

10 Es cierto que Peces-Barba dice que los derechos humanos deben ser considerados como valores o paradigmas de un derecho futuro y como derecho positivo en una sociedad determinada. Pero su planteamiento, si lo contemplamos desde los derechos fundamentales, es en definitiva una versión estrictamente legalista de los derechos subjetivos (los derechos fundamentales serían derechos subjetivos emanados de las normas positivizadas). Si los contemplamos como derechos humanos no positivizados concebidos como valores sirven de fundamento al derecho positivo pero no resuelve el problema del concepto y la naturaleza de los mismos

11 Recuérdense la revolución inglesa de 1688; la norteamericana de 1776, de la que surgió la Declaración de Derechos del Buen Pueblo de Virginia y terminó con la independencia de los Estados Unidos; la francesa de 1789 de la que surgió la Declaración de Derechos del Hombre y del Ciudadano; las latinoamericanas en torno a 1815; el período revolucionario de los trabajadores europeos de 1848, que, una vez conquistados los derechos civiles y políticos, impulsaron la revolución del proletariado para conseguir los derechos económicos y sociales; la lucha contra el fascismo iniciada en 1939 y terminada en 1945, consecuencia de la cual surgió la Declaración Universal de Derechos Humanos; y otras revoluciones latinoamericanas más recientes frente a las dictaduras para recuperar las libertades. Lo que quiere decir que el proceso revolucionario por la conquista de los derechos humanos, iniciado en el siglo XVII y XVIII, aún no ha terminado.

12 El papel que desempeñan las exigencias de derechos humanos fue fundamental. Baste recordar la Declaración de Derechos del Buen Pueblo de Virginia. La revolución liberal americana no hubiera podido darse sin la convicción de que todos los pueblos nacen igualmente libres y que tienen los mismos derechos. Recuérdese también la Declaración de Derechos del Hombre y del Ciudadano.

Notas a la Lección 11

1 J. Rawls (1921-2002) ha sido uno de los filósofos más importantes y el más sobresaliente pensador político de los Estados Unidos en el último siglo. Más aún, en mi opinión, debe considerarse también como uno de los pensadores más destacados de la filosofía moral y política de la segunda mitad del siglo XX, a nivel mundial. Sus aportaciones en este campo del pensamiento alcanzaron un gran prestigio tras la publicación, en 1971, de su obra más emblemática, «*La teoría de la justicia*», siendo objeto de especial atención, no sólo por parte de los filósofos, sino también por la de muchos economistas, politólogos, sociólogos y teólogos. No obstante, en esta lección la analizaremos únicamente desde la perspectiva específica de la filosofía del Derecho.

2 El intuicionismo defendía el poder de la intuición moral para determinar la prioridad de los principios individuales de justicia. Aunque Rawls no comparte el intuicionismo moral, en algún momento echa mano de la intuición para el reconocimiento de los principios; por ello no es tan beligerante contra él como lo es contra el utilitarismo.

3 Para llegar al «*equilibrio reflexivo*» entiende RAWLS que hay dos conjuntos de criterios morales que operan en el procedimiento de elección de los principios. El primero representa las limitaciones, incluidas en la posición original, que de hecho aceptamos cuando discutimos sobre la justicia. El segundo representa nuestras intuiciones o juicios morales sobre qué es justo una vez que estos juicios han alcanzado una condición que el autor llama «*equilibrio reflexivo*». Sólo cuando, después de largos procesos de compromiso y ajuste, los dos conjuntos independientes de criterios morales producen un resultado común, tenemos razones para pensar que disponemos de los principios adecuados de justicia.

4 En su obra *Liberalismo político* encuentra una respuesta positiva al pluralismo político que plantea este interrogante. La cuestión que se plantea es el modo en que en una sociedad democrática bien ordenada de la justicia como equidad puede establecer y preservar la unidad y la estabilidad, dado el pluralismo razonable que la caracteriza. «Con objeto –dice- de entender cómo puede una sociedad bien ordenada mantener su unidad y su estabilidad, introducimos otra idea básica del liberalismo político como acompañante de la idea de una concepción política de la justicia, a saber: la idea de un «*consenso entrecruzado*» de doctrinas comprensivas razonables. En tal consenso, las doctrinas razonables aceptan la concepción política; y la estabilidad es posible cuando las doctrinas partícipes en el consenso son abrazadas por los ciudadanos políticamente activos de la sociedad y las exigencias de la justicia no entran en un conflicto excesivo con los intereses esenciales de los ciudadanos, intereses formados y estimulados por sus organizaciones sociales».

5 Las libertades básicas a que RAWLS se refiere son las siguientes: *a) Las libertades fundamentales: libertad de pensamiento y de conciencia; libertad de expresión y de reunión*. Estas libertades constituyen el trasfondo institucional necesario para el desarrollo y el pleno e informado ejercicio de las dos facultades morales (capacidad para comprender el sentido de la justicia y capacidad para comprender el amplio abanico de las concepciones del bien); *b) Libertad de movimiento y de libre elección de ocupación de entre diversas*: Éstas nos permiten aspirar a diversos objetivos, y hacen efectiva una decisión de revisarlas o cambiarlas, si así lo deseamos; *c) Las bases sociales del autorrespeto*: la libertad personal que es la libertad frente a la opresión psicológica, a la agresión física y a la integridad personal. Se trata de aquellos aspectos de las instituciones básicas que resultan normalmente esenciales para que los ciudadanos puedan tener un vivo sentido de su propio valor como personas y sean capaces de desarrollar y ejercer sus facultades morales, así como de promover sus metas y sus objetivos confiando en sí mismos; *d) Poderes y prerrogativas asociados a cargos y posiciones de responsabilidad*: Estas libertades son la libertad política que consiste en el derecho a votar y a ejercer cargos públicos. Estos bienes o libertades se refieren a las varias capacidades sociales y de autogobierno del individuo; *e) Ingresos y riqueza*, entendidos en un sentido amplio, como medios de uso universal polivalente (que tienen un valor de cambio): por ejemplo el derecho a la propiedad. Los ingresos y la riqueza son necesarios para alcanzar, directa o indirectamente un gran número de objetivos, sean los que sean.

Notas a la Lección 15

1 De hecho se ha modificado el título del apartado 1 del artículo 3 como sigue: «Derechos de los extranjeros e interpretación de las normas», en lugar de «Igualdad con los españoles e interpretación de las normas».

2 Véase T. ADORNO, *Epistemología y ciencias sociales*, Frónesis, Universitat de Valencia, Madrid, 2001, pp. 23 y 28.

3 Para una idea más amplia del multiculturalismo europeo, cf. E. LAMO DE ESPINOSA, *Fronteras culturales*, en: E. LAMO DE ESPINOSA (ed.), *Culturas, Estados, ciudadanos: una aproximación*

al multiculturalismo en Europa, Alianza, Madrid 1995; O. Pérez de la Fuente (coord.), *Una discusión sobre inmigración y proyecto intercultural,* Dykinson, Madrid, 2013.

[4] A este respecto se puede ver R. Jáuregui, *Convivencia multinacional,* en A. Cortina y J. Conill, *Educar en la ciudadanía,* Institució Alfons el Magnànim, Valencia 2001, 85–102; en él, además de analizar las causas del nacionalismo, se hace una crítica a éste, ya que según Jáuregui al interior de las comunidades nacionalista existe una diversidad que el nacionalismo no reconoce por lo que se produce un intento asimilacionista y uniformista en clave nacionalista.

[5] Para F. Requejo la multiculturalidad resulta ser un concepto confuso en términos descriptivos y poco operativo en términos explicativos y normativos, por lo que lleva a algunos autores a rechazar su uso. Cf. F. Requejo, *Pluralismo, democracia y federalismo. Una revisión de la ciudadanía democrática en Estados plurinacionales*: Revista Internacional de Filosofía Política, 7 (1996) 94.

[6] Diría más, pierde de vista la naturaleza conflictiva y heterogénea del individuo mismo que no puede quedar reducido a una única perspectiva cuando nos acercamos a la pregunta de «¿quien soy yo?», algo que tan claramente ha mostrado la hermenéutica.

[7] Esta nomenclatura (liberalismo 1 y 2) fue ideada por Walzer en su contestación al ensayo de Taylor, *Multiculturalismo y la política del reconocimiento,* en M. Walzer, «Contestación al ensayo Multiculturalismo y la política del reconocimiento» en CH. Taylor, *Multiculturalismo y la política del reconocimiento,* México, Fondo de Cultura Económica, 1993.

[8] Para Walzer, con las denominaciones de liberalismo 1 y 2, la propuesta de Taylor aun siendo muy aceptable para él, se encuadra en la teoría liberal, no en la comunitarista. Esto da idea del límite a veces difuso de las fronteras entre algunas propuestas comunitaristas y algunas propuestas liberales próximas. Sin embargo el grueso de la doctrina encuadra, pese a la inestimable opinión de M. Walzer, a Taylor en las corrientes comunitaristas. Véase T. Campbell, *La justicia. Los principales debates contemporáneos,* Barcelona, Gedisa, 2002; en R. Gargarella, *Las teorías de la justicia después de Rawls,* Barcelona, Paidos, 1999; CH. Kukathas/ PH. Pettit, *La Teoría de la justicia de John Rawls y sus críticos,* Madrid, Tecnos, 1990; W. Kymlicka, *Ciudadanía ...,* 1996; R. Soriano, *Interculturalismo,* Córdoba, Almuzara, 2004; A. M. Marcos del Cano, «Inmigración y derecho a la propia cultura», en L. Miraut Martín (ed), *Justicia, migración y derecho,* Madrid, Dykinson, 2004.

Notas a la Lección 16

[1] Ni siquiera la globalización económica es un fenómeno totalmente nuevo, puesto que ya fue descrito por Marx y Engels en 1848, cuando previeron la mundialización del capitalismo, señalando que una de sus características básicas consistía en la conversión de la dignidad personal en un simple valor de cambio, al sustituir numerosas libertades y derechos por la única e inhumana libertad del comercio.

[2] La fuerza de la globalización económica, fruto del actual sistema capitalista, es descrita por Soros, como si del Leviatán se tratara, como un imperio casi invisible que no aspira a conquistar países sino mercados, no pretende anexionar territorios, sino el control del capital y de las riquezas, y haciendo que la mayoría de sus súbditos estén sometidos a él casi sin percibirlo.

[3] Ciertamente los avances tecnológicos de las últimas décadas han producido una verdadera revolución en los campos de la investigación, la producción, la prestación de servicios, la educación, las comunicaciones y las relaciones personales. El conocimiento y el dominio de las nuevas tecnologías constituyen el factor determinante que permite a los países hacerse con las ventajas competitivas, tanto de los procesos de producción y de distribución comercial como de la división actual del trabajo.

[4] Dicho en otras palabras: millones de medianos y pequeños productores y comerciantes, que producían y comercializaban para mercados locales, regionales y nacionales, han teni-

do que sufrir cómo éstos han sido engullidos, teniendo que abandonar la producción ante la imposibilidad de ser competitivos.

5 Algunos países hacen del empobrecimiento de la población un *arma* de competencia, de manera que los salarios bajos son una de las estrategias que han pasado a llamarse el «*dumping*» laboral. Permiten salarios bajos y sobreexplotación laboral de hombres, mujeres y niños para atraer las fábricas o que éstas no sean desmanteladas y llevadas a paraísos laborales más favorables para el capital y la especulación.

6 Esta deuda comenzó a generarse en los años setenta –exactamente cuando comienza el actual proceso globalizador- y ha ido incrementándose exponencialmente en los últimos años hasta tal punto que cerca de 150 países tienen que disponer del 50% de sus presupuestos nacionales para cancelar tal deuda, con la particularidad de que la mitad de ese monto va destinado, no a amortización del capital, sino al pago de intereses.

7 Con la globalización los Estados nacionales siguen asumiendo la inmensa tarea de manejar múltiples temas económicos, sociales y políticos para los cuales no existen instituciones eficaces a nivel mundial, pero cada vez disponen de menos instrumentos y márgenes para hacerlo.

8 En la actualidad, la influencia de cualquier Estado particular dentro del orden político global, está fuertemente condicionada por el nivel de su riqueza y por la conexión entre ésta y el poder militar. Por ello los Estados poco desarrollados, al ser los más débiles económica y militarmente, son los más afectados.

9 La globalización no ha producido un único tipo de capitalismo liberal. En muchos países se combina la economía de mercado con una forma de política propia, no democrática. El ejemplo más claro es China que conserva una estructura política de partido único fundamentado en la política comunista, mientras que propicia una creciente incorporación al sistema de mercado propio del capitalismo neoliberal en el marco de un mundo globalizado. A su vez, naciones como Argelia, Arabia Saudita y algunos países de América Latina son buenas muestras de que democracia y globalización no necesariamente van unidas.

10 Muchos de los países de América Latina o del Este de Europa, e incluso algunos africanos que han adoptado modelos democráticos no han sido capaces de liberarse de taras tan peligrosas como la corrupción, el nepotismo o la ausencia de un sistema judicial independiente efectivo.

11 Un buen ejemplo de ello es el nacimiento y consolidación de agrupaciones de Estados con legislaciones y decisiones comunes como la Unión Europea y Organizaciones Internacionales como el Fondo Monetario Internacional y la Organización Mundial del Comercio.

12 En efecto, a través de internet es fácil acceder a una serie de datos pertenecientes a la vida privada de las personas, cuyos datos pueden ser divulgados con facilidad cometiéndose un grave atentado contra el derecho a la intimidad. Al mismo tiempo hay quienes se dedican a volcar en la red información que ofende gravemente valores esenciales para muchos seres humanos. Un ejemplo escalofriante lo encontramos en la pederastia a través de internet, o de la telefonía móvil, más grave, si cabe, por cuanto es un atentado contra el derecho al honor, a la intimidad y la dignidad de los más indefensos: los niños.

13 En este sentido se pregunta A. Sen qué es lo primero y más importante ¿erradicar la pobreza y el sufrimiento o garantizar los derechos humanos y las libertades políticas que de poco sirven a los pobres? Todavía existen muchos países –demasiados- que viven bajo la opresión de sus gobernantes, lejos de la posibilidad del ejercicio en libertad de los derechos políticos. Si la globalización quiere ser coherente en todos los ámbitos de la sociedad mundial la implantación de la democracia debería ser correlativa con las libertades, por lo que todos los países del mundo deberían unirse para exigir la democracia y el ejercicio de los derechos democráticos de todos los pueblos. Pero esto requiere la erradicación del hambre y la incorporación a las sociedades de condiciones sociales de vida humanamente dignas, ya que la democracia es un componente necesario pero no suficiente para el desarrollo social, que necesita ir acompañado de derechos sociales que garanticen calidad de vida.

[14] Ciertamente el mercado laboral ofrece posibilidades de trabajo en muchos países del tercer mundo, pero en algunos lugares las condiciones de trabajo rozan las de los tiempos de la esclavitud. Todo ello por no entrar en la problemática del trabajo infantil, o la explotación de la mujer..., o la inmoralidad que suponen tantos y tantos experimentos médico-farmacéuticos con poblaciones enfermas o pobres del Tercer Mundo, a quienes se prometen beneficios que nunca llegan ni se comparten. En definitiva, a costa de la pobreza de muchos pueblos.

[15] Y, si nos fijamos en el medio ambiente, advertiremos que los fallos en la protección ecológica de un país acarrean gravísimas consecuencias para todos los habitantes de la tierra, conculcando los derechos de todos los ciudadanos del mundo. (Recordemos el desastre de Chernóbil o el implacable y ya tristemente célebre *efecto invernadero*).

[16] Frente a la mundialización de los atentados a los derechos humanos es imprescindible también una mundialización de la legislación, de las garantías y de los Tribunales. Sin duda la globalización (la industrialización, las grandes fábricas y empresas multinacionales de producción) ha traído consigo un incremento del deterioro del medio ambiente y del espacio universal que requiere también una globalización de la protección, es decir, una protección internacional, a veces costosa, que las multinacionales y los países más industrializados, especialmente Estados Unidos, se niegan a asumir, no estando dispuestos a reducir sus ingresos para mejorar el sistema ecológico. Recordemos lo que sucede con las emisiones contaminantes a la atmósfera que tantos males están acarreando para la humanidad y la respuesta negativa de algunos Estados de los más industrializados, –entre ellos Estados Unidos– al Protocolo de Kyoto. Y poco se ha avanzado tras la cumbre de Tokio de 2008.

[17] Citemos la Declaración Universal de Derechos Humanos de 1948, el Pacto Internacional de Derechos Civiles y Políticos y el Pacto Internacional de Derechos Económicos, Sociales y Culturales de 1966.

[18] Pero éste, que constituye el principal órgano judicial de la ONU, se ha limitado a resolver los conflictos que los Estados le sometan, de acuerdo con el derecho internacional vigente por lo que puede decirse que las competencias de dicho Tribunal en materia de Derechos Humanos son más bien escasas, por no decir nulas, frete a quienes vulneren la Declaración Universal de Derechos Humanos.

[19] Su labor no ha sido todo lo eficiente que hubiéramos deseado Son instrumentos creados hace ya más de cuarenta años por lo que no están adaptados a las nuevas necesidades. Por ello estamos convencidos de que es necesaria y urgente la creación de nuevos Tribunales con competencia a nivel mundial, adaptados a las nuevas situaciones de violación de Derechos Humanos generadas por la globalización.

[20] La Corte tendrá competencias sólo para perseguir algunos de los atentados más graves contra los Derechos Humanos, como el genocidio, los crímenes de lesa humanidad, los crímenes de guerra o el crimen de agresión. Por otra parte algunos países como Estados Unidos no la han ratificado por lo que la jurisdicción de la Corte Penal internacional no les alcanza

Notas a la Lección 17

[1] Pudiera pensarse que la historia de los derechos humanos termina con el importante logro de la *Declaración Universal de Derechos Humanos* en 1948 o, en todo caso, con la firma en 1966 del *Pacto Internacional de Derechos Económicos, Sociales y Culturales* y del *Pacto Internacional de Derechos Civiles y Políticos*. Sin embargo, los acontecimientos históricos, los avances científicos y tecnológicos y las transformaciones políticas de los sesenta años transcurridos desde la aprobación de la *Declaración Universal* parecen avalar la tesis de que la lucha por el reconocimiento y garantías de los derechos humanos aún no ha terminado. Al contrario, muchos e importantes teóricos vienen denunciando que, en las últimas décadas, se ha producido un importante anacronismo en el enunciado de los derechos de la Declaración Universal,

resaltando importantes lagunas de algunos derechos fundamentales que hoy necesitan de una protección que era impensable e imprevisible en 1948.

[2] La división de los derechos humanos en tres generaciones fue realizada por primera vez por K. Vasak en 1979 y cada una se asocia a uno de los grandes valores proclamados en la Revolución Francesa: libertad, igualdad, fraternidad. (Sobre las generaciones de derechos humanos, véase la lección 9 de este mismo libro).

[3] La mayoría de estas necesidades no fueron tomadas en consideración por los textos anteriores a 1966, pero sí por otros posteriores, como la *Declaración sobre el Derecho al Desarrollo*, adoptada por la ONU, y la *Carta Africana de los Derechos Humanos y de los Pueblos*, adoptada por la OUA, ambas de 1986. Hay, sin embargo, otras muchas reivindicaciones que no están aún consolidadas, ni reconocidas, ni formuladas expresamente como tales derechos.

[4] Personalmente abrigo serias dudas de que podamos afirmar que nos encontramos ante una nueva categoría de derechos humanos y que éstos no puedan encuadrarse, o bien dentro de los tradicionales derechos de libertad, o bien dentro de los derechos económicos, sociales y culturales; es decir, dentro de la primera o de la segunda generación de derechos. En este sentido se pronuncian otros muchos autores. «Cabe la sospecha en efecto –afirma, por ejemplo, el profesor Delgado Pinto-, de que asistimos a una extensión indebida de los Derechos Humanos que en ocasiones deviene una categoría ideológico-política, respetable en ciertos ámbitos de la actividad social pero inservible para la teoría jurídica por falta de perfiles definidos».

[5] Podemos afirmar que la titularidad individual de los derechos de primera generación comenzó a ser corregida por las formas de titularidad colectiva reconocida a los grupos sociales y económicos cuyo protagonismo señala el advenimiento de los derechos de segunda generación. Pero es la tercera generación de derechos la que ha ampliado a escala planetaria el reconocimiento de la titularidad colectiva.

[6] No me refiero solamente a la paz interior individual de la que todo hombre debe disfrutar para desarrollarse integralmente como persona, sino a la paz externa y colectiva, a la paz de la sociedad, necesaria para vivir dignamente y para el desarrollo y prosperidad de los pueblos. Así se demuestra en la teoría política de los filósofos racionalistas de la ilustración con su formulación del pacto social para abandonar la guerra y la inseguridad del estado de naturaleza, garantizando la seguridad y posibilitando en definitiva la vida en paz.

[7] Desde esta perspectiva, la prohibición del recurso a la guerra se expresa con claridad en el artículo 2. 4 de la *Carta de las Naciones Unidas*, en el Preámbulo de la *Convención Europea de Derechos Humanos* y en art. 13.5 de la *Convención Americana de Derechos Humanos*.

[8] No basta la contención de la guerra o de la violencia física para certificar que se vive en paz, para verificar que el derecho a la paz está garantizado, porque la verdadera paz exige la existencia de unas condiciones de vida dignas que pasan necesariamente por el establecimiento previo y efectivo de otros derechos como el de la libertad y la justicia. Es en este sentido en el que I. De Miguel afirma que el derecho a la paz es un *derecho de síntesis*.

[9] Ya en el Preámbulo de la *Carta* fundacional de las Naciones Unidas se afirma: «*nosotros los pueblos de las Naciones Unidas resueltos a preservar a las generaciones venideras del flagelo de la guerra que dos veces durante nuestra vida ha infligido a la humanidad sufrimientos indescriptibles (...), a practicar la tolerancia y a vivir en paz(...), a unir nuestras fuerzas para el mantenimiento de la paz y la seguridad internacionales (...)*».

[10] Este es el sentido que tiene la «*Declaración sobre la Cultura de la Paz*» de la Asamblea General de las Naciones Unidas, de 15 de enero de 1998, desarrollada posteriormente por la Declaración y el Programa de acción sobre una Cultura de la Paz, adoptada el 13 de septiembre de 1999. La Resolución 52/15 de 20 de noviembre de 1997 proclamó el año 2000 como el «*Año Internacional de la Cultura de la Paz*». Y la Resolución 53/27, de 10 de noviembre de 1998, otorgó al período 2001-2010 la denominación de «*Década Internacional para la Cultura de la Paz y no violencia para los Niños del Mundo*». Y, fuera del marco de las Naciones Uni-

das, debe ser citada por su importancia la «*Carta Africana de Derechos Humanos y de los Pueblos*», de 1979, cuyo artículo 23.1 proclama con toda claridad que «todos los pueblos tienen el derecho a la paz y a la seguridad nacional e internacional». Junto a ella, conviene resaltar también la «*Resolución* 128 (VI), adoptada el 27 de abril de 1979, de la Conferencia General de la *Organización para la Prohibición de Armas Nucleares en América Latina*» (OPANAL).

[11] Cuando se habla de la calidad de vida hay quienes la reducen al denominado derecho al medio ambiente. En mi opinión, sin embargo en la expresión calidad de vida debe incluirse un catálogo más amplio de derechos que surgen como consecuencia de las nuevas necesidades de desarrollo a que aspiran los seres humanos de nuestro tiempo. Me refiero al ocio o tiempo libre también cómo no al derecho a una calidad de vida medioambiental que se refleja de manera especial, aunque no exclusiva, en el denominado derecho a un medioambiente saludable.

[12] En el primer principio se afirma que «el hombre tiene el derecho fundamental a la libertad, a la igualdad y al disfrute de condiciones de vida adecuadas en un medio de calidad que le permita llevar una vida digna y gozar del bienestar y tiene la solemne obligación de proteger y mejorar el medio para las generaciones presentes y futuras».

[13] Cabe citar entre ellos el *Protocolo de Montreal*, de 16 de septiembre de 1987, relativo a las *Sustancias que Agotan la Capa de Ozono;* el art. 24 de la *Carta Africana de los Derechos del Hombre y de los Pueblos* y la *Declaración*, de 12 de Agosto de 1992, elaborada en el marco de la II Conferencia Mundial de las Naciones Unidas *sobre Medio Ambiente y Desarrollo*, celebrada en Río de Janeiro entre el 3 y el 14 de junio de 1992. En su principio número tres afirma que el derecho al desarrollo ha de ejercerse en forma tal que responda equitativamente a las necesidades de desarrollo y ambientales de las generaciones presentes y futuras.

[14] Recientemente, del 3 al 15 de diciembre de 2007, se ha celebrado la Conferencia de Bali sobre Cambio Climático. Después de muchas dificultades se llegó finalmente a un acuerdo de consenso que abre el camino para negociar un Nuevo Pacto Mundial sobre el Cambio Climático, más ambicioso que el de Kioto, a partir de 2012

[15] Este derecho tiene mucho más calado del que a primera vista parece, pues es cierto que las generaciones presentes de seres humanos tenemos derecho a una calidad de vida y a la satisfacción de un cúmulo de necesidades para lo cual nos servimos de cuanto nos aporta la naturaleza a la que de algún modo tenemos que explotar. Pero no es menos cierto que, al mismo tiempo que debe satisfacerse el derecho a la calidad de vida y al progreso mediante la satisfacción y colmación de una serie de necesidades económicas y sociales que nos permitan una vida ordenada y digna, que posibiliten nuestro progreso y perfeccionamiento constante como personas, debemos tener en cuenta que dicha satisfacción es incompatible con el saqueo y sobreexplotación de la naturaleza en aras de respetar y posibilitar la satisfacción de las necesidades y derechos de las generaciones futuras. No sería justificable un hiperdesarrollo que hipoteque o imposibilite el disfrute de los bienes de la naturaleza y los derechos de las generaciones futuras. Por ello se apela al derecho al desarrollo utilizando los recursos necesarios pero con el respeto suficiente para que el desarrollo sea sostenible y haga posible también que las generaciones futuras puedan disfrutar de los mismos derechos. La explotación de los recursos naturales debe cuidar y respetar en todo caso el equilibrio entre desarrollo y medio cambiante.

[16] El primer documento amplio en relación con el derecho al desarrollo es, sin duda, la Encíclica «*Populorum Progressio*» del Papa Pablo VI, escrita en 1967. Toda la Encíclica constituye un programa de acción concreta a favor del desarrollo integral del hombre y del desarrollo solidario de la humanidad, partiendo del principio de que la contribución al desarrollo de los pueblos subdesarrollados es un deber de justicia y de solidaridad de los países que viven en la opulencia. Veinte años más tarde, Juan Pablo II escribió la Encíclica «*Sollicitudo Rei Socialis*», profundizando más aún sobre el derecho al desarrollo e insistiendo en la idea de que es una responsabilidad y un deber moral de todos, especialmente de los gobernantes, el erradicar el subdesarrollo.

17 Aunque en el momento de promulgarse la *Declaración Universal de Derechos Humanos* no existía un concepto claro e independiente del derecho al desarrollo, los artículos 22, 25 y 28 se refieren claramente a aspectos que contienen el germen de lo que más tarde se consolidaría como derecho al desarrollo. Lo mismo cabe afirmar de los Pactos Internacionales de Derechos Civiles y Políticos y de Derechos Económicos, Sociales y Culturales de 1966.

18 Un año más tarde la propia Asamblea General, en el artículo 8 de su Resolución 34/46 de 23 de noviembre de 1979, determinó que «el *Derecho al Desarrollo es un Derecho Humano*» lo cual sería ratificado por la Resolución 36/133 del 14 de diciembre de 1981.

19 La Declaración y Programa de Acción que se aprobó en la Conferencia Mundial de Derechos Humanos el 23 de Junio de 1993, celebrada en la ciudad de Viena, vino a ratificar todo lo expuesto anteriormente. En relación con el derecho al desarrollo, podemos citar más recientemente la Conferencia Internacional de las Naciones Unidas sobre la Financiación para el Desarrollo, celebrada en México entre el 18 y el 22 de marzo de 2002. Del 26 de agosto al cuatro de septiembre de ese mismo año, organizada también en el marco de las Naciones Unidas, tuvo lugar en Sudáfrica la Cumbre Mundial sobre el Desarrollo Sostenible.

20 Una de las cuestiones que deben abordarse es el papel de la dignidad humana en el nuevo marco de las investigaciones médicas y la biotecnología. ¿Existen límites éticos y/o jurídicos a las investigaciones científico-médicas y sus aplicaciones biotecnológicas? ¿Qué papel desempeñan los derechos humanos en el ámbito de la reproducción asistida? ¿Pueden utilizarse embriones humanos para las investigaciones médicas? Y ¿qué decir del destino de los embriones congelados? Si se trata de embriones, ¿cómo debe calificarse su destrucción? Otro de los problemas planteados es el condicionamiento ético de las terapias génicas: la manipulación genética, la clonación, la selección de sexo, la investigación con células humanas ¿Existe un derecho al patrimonio genético? ¿Viola derechos de los trabajadores la implantación obligatoria de pruebas genéticas? ¿Qué derecho tienen los países pobres al acceso de los avances biotecnológicos y los productos farmacéuticos? Y no menos importantes son los problemas éticos y jurídicos que plantean las nuevas tecnologías aplicadas a enfermos terminales, como la prolongación tecnológica de la vida humana.

21 Hay quienes hablan del derecho a la muerte, o el derecho a morir con dignidad. Yo prefiero hablar del derecho a vivir dignamente hasta el momento de la muerte, pues toda muerte «*per se*» es indigna, en cuanto que la máxima indignidad del ser humano es su propia destrucción, su desaparición. Por otro lado, la muerte no es vida, es un instante efímero y, hasta que llega ese instante, el ser humano vive. Se trata, pues, de que él viva su vida con dignidad hasta que llegue la muerte. Más aún, me parece un contrasentido hablar de dos derechos contrapuestos: atribuir al ser humano el derecho a la vida y su opuesto, el derecho a la muerte, que supone la desaparición o destrucción del primero.

22 Actualmente ya existe un amplio catálogo de declaraciones y tratados que intentan aportar soluciones a los nuevos problemas desde la perspectiva de los derechos humanos. Me limitaré a citar los documentos más importantes: el *Convenio para la Protección de los Derechos Humanos y la Dignidad del ser humano con respecto a las aplicaciones de la Biología y la Medicina* aprobado en Oviedo por el Consejo de Europa el 4 de abril de 1997 (conocido habitualmente por el Convenio de Asturias) y tres declaraciones aprobadas por la UNESCO: la *Declaración Universal sobre el Genoma Humano* –de 11 de noviembre de 1997–, la *Declaración Internacional sobre los datos genéticos humanos* –de 16 de octubre de 2000– y la *Declaración Universal sobre Bioética y Derechos Humanos* –de 19 de octubre de 2005–.

23 En efecto, en las sociedades más desarrolladas, y cada vez más en las poco desarrolladas, la existencia de los seres humanos tanto individual como colectivamente está permanentemente sometida al control informático sin que apenas nos demos cuenta: nuestros documentos de identificación se expiden y se archivan mediante sistemas electrónicos e informáticos. Lo mismo sucede con nuestras tarjetas de crédito. En la mayoría de las operaciones bancarias y comerciales no vemos el dinero, el cual circula a través de transacciones informáticas.

Nuestros datos fiscales están informatizados en las oficinas de la hacienda pública. Las reservas de billetes de avión, tren o autobús, e incluso las entradas del cine o del teatro, se realizan a través de internet. Nuestras historias clínicas están informatizadas y los datos médicos figuran en las nuevas tarjetas sanitarias. Las recetas médicas se expiden y se controlan por sistemas informáticos. Nuestros datos electorales, domicilio y datos profesionales están informatizados en algún lugar de forma que todos figuramos en multitud de archivos o bancos de datos utilizables para diversos fines sanitarios, fiscales, comerciales, electorales o policiales.

24 En España, por ejemplo, está en vigor la *Ley Orgánica 15/1999 de Protección de Datos de Carácter Personal*. A su vez en varias autonomías se han dictado leyes en el mismo sentido y Agencias de Protección de Datos para proteger a los ciudadanos de las intromisiones informáticas en los ámbitos de las competencias autonómicas.

Nota a la Lección 18

1 Véase el interesante artículo de A. MARCOS, «La Bioética como sentido común», en *Cuadernos de Bioética*, XXIV, 2013, 2ª, en http://www.aebioetica.org/revistas/2013/24/81/155.pdf

TERCERA PARTE
ORIENTACIONES PARA LA REALIZACIÓN DE LA PRUEBA PRÁCTICA DEL EXAMEN

El contenido de esta «Parte» del manual responde a la exigencia, actualmente vigente en los países integrados en el EEES, de que el proceso de formación de los estudiantes del Grado en Derecho no siga estando circunscrita al esfuerzo personal de estudio y de superación de exámenes de materias específicas, sino que se desarrolle también como una progresiva ampliación integradora de conocimientos teóricos y prácticos, destrezas cognitivas y competencias que faciliten la participación activa en los correspondientes campos de especialización profesional. Ese contenido busca, pues, el enriquecimiento de los conocimientos científicos de carácter teórico mediante la adquisición de las habilidades que pueden fortalecer la preparación de los estudiantes para actuar en sociedad de forma responsablemente autónoma.

No debe olvidarse que el protagonismo que corresponde a los estudiantes en su propio proyecto formativo les exige el esfuerzo de cultivar con intensa dedicación todos los aspectos que condicionan directa o indirectamente el desarrollo equilibrado de su futura personalidad profesional.

EL ENFOQUE DE LA PREPARACIÓN PRÁCTICA
(Benito de Castro Cid)

1. FINALIDAD E IMPORTANCIA DE LA PRUEBA PRÁCTICA:

Siguiendo la orientación propiciada por el *Espacio Europeo de Educación Superior* (EEES), la reglamentación que aplican actualmente muchas universidades a la organización del control de los resultados de aprendizaje de sus estudiantes incluye la realización de *pruebas prácticas* específicas. Resulta, por tanto, necesario incorporar a los libros de texto de las diferentes asignaturas una sección especial en la que sean analizados y explicados en forma sumaria el sentido, la función y el contenido de dichas pruebas. Ahora bien, no será fácil llevar cumplidamente a cabo esta tarea si no se toma cuenta de los principios que inspiran el nuevo sistema educativo que ha ido implantándose en casi todos los países del continente europeo a partir de la conocida «Declaración de Bolonia» de 1999.

Como es sobradamente conocido, entre las preocupaciones básicas del «proyecto Bolonia» figuraba en lugar destacado la pretensión de conseguir que el primer ciclo de los estudios de la enseñanza universitaria contribuya de forma eficiente a la capacitación de los estudiantes para su inmediata incorporación al ámbito laboral europeo con una cualificación profesional apropiada. De ahí que las políticas educativas de los países integrados en el EEES orienten actualmente el proceso formativo de los estudiantes de Grado hacia las necesidades profesionales de la respectiva sociedad. Y de ahí también que en los correspondientes planes de estudios prime la puesta en valor de la adquisición de *habilidades* y *destrezas* profesionales como complemento inescindible de la obligada adquisición de *conocimientos* científicos de carácter teórico.

Por otra parte, estos nuevos planes de estudios deberán colocar asimismo en el centro preferente de sus objetivos la adquisición de *competencias* por parte de los estudiantes, es decir, la preparación para actuar en sociedad de forma responsablemente autónoma. En este sentido, no puede olvidarse que el protagonismo que corresponde a los estudiantes en su propio proyecto formativo les exige el esfuerzo de cultivar con pasión todos los aspectos que condicionan directa o indirectamente el desarrollo equilibrado de su futura personalidad profesional. Por ejemplo:

- el conocimiento y valoración reflexiva de las realidades del mundo contemporáneo, de sus antecedentes históricos y de los principales factores que han determinado su evolución;
- la perspicacia para conocer y aplicar los métodos más adecuados para identificar los problemas en los diversos campos del conocimiento y de la experiencia;
- la capacidad de emitir dictámenes acertados sobre el valor que ha de atribuirse a los diferentes elementos implicados en las situaciones de conflicto;
- el ejercicio del espíritu crítico ante las noticias y mensajes con que los diferentes medios sociales de información y propaganda intentan apropiarse de su voluntad;
- el fortalecimiento del espíritu de iniciativa, la confianza en sí mismo y la capacidad para planificar, asumir responsabilidades y tomar decisiones;
- la habilidad de proponer soluciones que sean asumibles por los contendientes o por los órganos de decisión ;
- la consolidación de una madurez personal y social que les permita intervenir de forma eficiente y justa en los asuntos de la vida privada y de la organización pública;
- el conocimiento y aprecio de las normas de convivencia, aprendiendo a obrar de acuerdo con ellas y a someterlas a crítica cuando proceda.

Ante este nuevo horizonte, los estudios de la Licenciatura en Derecho que han estado vigentes en España hasta el año 2010, han tenido que enfrentarse inexorablemente a una amplia y profunda transformación. Y esa transformación ha afectado, no sólo a su duración (ahora de cuatro años), sino también a la importancia curricular de las diferentes asignaturas y, sobre todo, a la sustitución de las metodologías docentes tradicionales por otras en que priman los principios de «aprendizaje permanente», de «evaluación continua» y de «enseñanza práctica». Ahora el proceso de formación de los estudiantes del Grado en Derecho no puede seguir estando reducido al esfuerzo personal de estudio y a la superación de exámenes de materias diferentes, sino que debe desarrollarse como una progresiva ampliación integradora de conocimientos teóricos y prácticos, destrezas cognitivas y competencias que faciliten la participación activa en los correspondientes campos de especialización profesional.

Hoy los estudiantes de Derecho han de preocuparse, no sólo de acumular conocimientos teóricos sobre las materias propias de cada disciplina, sino también de comprender la contribución de los mismos al pleno desarrollo de su personalidad cívica, de asimilarlos con sentido crítico, de reflexionar sobre su utilidad social, de valorar su fiabilidad teórica y práctica y de ponderar sus posibilidades de contribuir a la solución de los problemas y necesidades de la vida colectiva. Y ahí es donde radica el protagonismo atribuido a las *pruebas prácticas* por las actuales estrategias de control del nivel formativo que han alcanzado esos estudiantes en el proceso de aprendizaje.

La misión que estas pruebas tienen en la actual organización académica de los estudios universitarios se cifra, pues, fundamentalmente en ofrecer a los estudiantes la posibilidad de poner de manifiesto ante sus profesores que han logrado ya un progreso adecuado en el dominio de los otros dos elementos formativos que son una parte esencial de los actuales sistemas educativos pero que no suelen tener acogida en las pruebas teóricas: de un lado, las habilidades y destrezas requeridas para un ejercicio profesional decoroso; de otro, el contraste crítico de las actitudes y capacidades de valoración que pueden contribuir al ejercicio socialmente responsable de los roles para los que habilita la posesión del título de graduado en Derecho. De modo que es obligado reconocer la considerable importancia que tiene la prueba práctica para evaluar el nivel de madurez educativa alcanzado por los alumnos de Filosofía del Derecho a lo largo del curso.

Pues bien, esta circunstancia parece implicar la necesidad de destinar una parte del considerable esfuerzo formativo que realizan los estudiantes durante el curso al adiestramiento en la aplicación de los conocimientos teóricos a la solución de los problemas que plantea la vida real, tanto dentro del marco del análisis doctrinal como en el ámbito del tratamiento práctico. Un adiestramiento en el que debería dedicarse especial atención a la adquisición de experiencia en la realización de *tareas* tales como:

- distinguir los diferentes aspectos relevantes de una doctrina, una situación o un caso;
- ordenar y clasificar sistemáticamente las soluciones de que se tiene noticia;
- comparar dichas soluciones, detectando las coincidencias y diferencias que hay en ellas;
- analizar críticamente las doctrinas y planteamientos ajenos, poniendo de relieve sus correspondientes puntos fuertes y débiles;
- calcular los efectos que produciría la aplicación de las diferentes soluciones posibles;
- desarrollar la capacidad de argumentación de defensa o de ataque;
- formular alegatos de reafirmación o de refutación de una doctrina, una creencia, una regulación legal, una determinada interpretación jurídica, una resolución judicial o administrativa, etc. ;
- aventurarse a formular propuestas personales diferenciadas (no necesariamente originales);
- (y cualquier otro ejercicio similar de anticipación a los requerimientos que pueden formar parte del examen correspondiente a la prueba práctica).

2. Orientaciones básicas para una correcta realización de la prueba:

1. Delimitación de los objetivos

No es necesario insistir en la idea de que la principal aportación que la sociedad espera de los estudiantes de las Facultades jurídicas al buen funcionamiento de la organización social es que adquieran unos conocimientos jurídicos especializados que les permitan participar de forma eficiente en la realización de los objetivos sociales que todo Derecho persigue. Es decir, que sean capaces de colaborar activamente en la solución de los grandes problemas que tiene nuestra sociedad actual: el aseguramiento del orden y la justicia de las relaciones sociales, la prevención y neutralización de los abusos, la protección equitativa de los intereses enfrentados, el apaciguamiento de los conflictos, la satisfacción equitativa de las necesidades primarias, la igual libertad en el ejercicio de los derechos, etc.

Este reto implica la necesidad de que quienes aspiran a la graduación vayan adquiriendo a lo largo de sus estudios las diferentes habilidades y destrezas que les permitirán enfrentarse con éxito a los retos que el habitual desarrollo de la vida jurídica plantea a los profesionales del Derecho. Procede, por tanto, que los estudiantes se ejerciten hoy en la adquisición y dominio de las destrezas que les pueden ayudar mañana a una adecuada solución de los problemas de convivencia y organización social que todos tendrán que afrontar inevitablemente en el futuro. Muy especialmente, aquellos graduados que logren trabajar en alguna de las actividades características de las «profesiones jurídicas *propias*»; pero también los que hayan de hacerlo en las «*impropias*» o secundarias.

Para lograr este importante objetivo didáctico, podrían seguirse sin duda varios itinerarios dispares, de modo que los dos que han sido elegidos finalmente aquí tienen sólo el valor de ejemplaridad que les corresponde. Pero cuentan con la ventaja de su utilidad como líneas de ensayo para conseguir soltura en el recurso a algunas estrategias de refuerzo de la formación práctica...

En efecto, parece demostrado que, tanto la realización de análisis crítico-valorativos de textos, como los simulacros de solución de «casos», contribuyen generosamente al entrenamiento en la resolución de problemas jurídicos reales, aspecto este que, no sólo centrará las inquietudes de todos los profesionales del Derecho (sean legisladores o sean jueces, notarios, registradores, abogados, etc.), sino que preocupará también sobremanera a la mayoría de los ciudadanos. Será razonable, en consecuencia, que los alumnos de «Filosofía del Derecho» dediquen parte de su tiempo de estudio al adiestramiento en la ponderación de los principios y valores jurídicos implicados en una determinada doctrina o situación de hecho, así como en dictaminar cuál es la solución que debería darse al «caso» siguiendo las exigencias de la justicia y los derechos humanos.

El primer objetivo será alcanzado a través del entrenamiento en el desarrollo de comentarios temáticos (es decir, de sentido teórico-doctrinal) sobre los textos previamente seleccionados. La segunda finalidad se conseguirá mediante la ejercitación en la habilidad de identificar en forma correcta los datos de hecho y las referencias normativas que son relevantes en cada problema o situación litigiosa para formular una solución jurídica que tenga garantías de legalidad, razonabilidad y justicia.

Será bueno, en todo caso, que los alumnos no pierdan en ningún momento de vista la peculiar funcionalidad didáctica de cada uno de los caminos o métodos que han sido elegidos para cubrir el importante flanco de su formación práctica.

2. Selección del procedimiento

Resulta patente que la forma de realizar los ejercicios de cualquier prueba práctica de «Filosofía del Derecho» ofrece una gama muy amplia de posibilidades, dado que los problemas teóricos y prácticos que se plantean en el Derecho tienen casi siempre numerosos elementos diferenciales que permiten llegar a soluciones dispares o, incluso, contrapuestas. Es cierto que habrá algunas respuestas que carecerán probablemente de la suficiente solidez doctrinal y de la necesaria consistencia lógica, debiendo ser valoradas, por tanto, negativamente desde el punto de vista académico. Pero otras muchas reunirán todas o la mayoría de las cualidades exigibles a un ejercicio de ese tipo, debiendo ser valoradas en consecuencia de forma positiva.

Los alumnos deberán tener, pues, claras estas dos ideas básicas. En primer lugar, que tienen una total capacidad de iniciativa para enfocar la solución de los distintos problemas teóricos o prácticos que les plantee el desarrollo de la prueba. En segundo lugar, que, conforme a sus fines, condicionamientos y exigencias de carácter académico, esta prueba no busca el acierto en las soluciones. Lo que en ella importa es que los alumnos pongan de manifiesto su capacidad para enjuiciar de forma comprensiva las situaciones y los problemas jurídicos, aportando alguna propuesta razonada de resolución. En la realización de la prueba deberán prestar, por tanto, especial atención a los aspectos en que suele manifestarse esa capacidad (aspectos que han sido indicados ya al final del precedente epígrafe general 1).

En consecuencia, si en las respuestas hay una presencia destacada de esos aspectos, la prueba tendrá un nivel de calidad más que suficiente, con independencia de que los análisis realizados y la solución propuesta coincidan con los que haría el profesor o cualquier otro profesional experto. Eso es lo que intentan poner de manifiesto los distintos enfoques que se han dado a las dos respuestas que se ofrecen para cada uno de los dos ejemplos simulados de prueba que se ofrecerán a continuación.

Podrá observarse con facilidad, en efecto, que esos enfoques son notablemente divergentes (e, incluso, aparentemente contradictorios) en el fondo o en la forma. Pero todos han intentado cumplir el requisito esencial exigible para ser considerados mínimamente correctos: mostrar que se tiene conocimientos y madurez de juicio suficiente para una valoración crítica de distintos puntos de vista, así como para proponer y argumentar una solución personal.

Es evidente, sin embargo, que la forma en que puede avanzarse hacia la conquista de los objetivos correspondientes a cada una de los modelos perfilados en el precedente apartado ofrece opciones bastante dispares. No otra cosa pretende poner de manifiesto la variedad de soluciones o respuestas que, a modo de sugerencias orientadoras, se dan a cada una de las tareas indicadas en los ejemplos que van a ser desarrollados en el siguiente apartado.

3. Ejemplos de solución y posibles ejercicios de ensayo

1. Para la modalidad «comentario de texto»

Dentro de esta modalidad, la muestra de ejemplos y ejercicios de ensayo pretende contribuir a que los estudiantes fortalezcan algunas capacidades teóricas de análisis y diagnóstico, tales como:
- identificar el tema o problema al que se refiere prioritariamente el texto;
- señalar cuál es la «filiación» doctrinal del mensaje contenido en el mismo (p. e., cognitivismo, no-cognitivismo, positivismo, iusnaturalismo, teoría de los valores, teoría de la justicia, etc.);
- situar (histórica y sistemáticamente) ese mensaje dentro del marco general de los planteamientos y doctrinas relevantes que han sido desarrollados en relación con el tema o problema central de que trata;
- ensayar una breve valoración de la solidez y coherencia lógica que (dentro del panorama doctrinal general y a juicio del alumno) tiene la opinión expuesta en el texto;
- aportar algunas razones y/o argumentos con que podrían reforzar un hipotético discurso favorable o contrario a la tesis propugnada en el texto de referencia.

1. Ejemplos-modelo:

EJEMPLO Nº 1

A-Texto:

«Los estudiosos de la ética y de las culturas humanas muy comúnmente asumen que las culturas manifiestan preferencias, motivaciones y valoraciones tan amplias y caóticas en su variedad que no puede decirse que haya valores o principios que sean evidentes para los seres humanos, puesto que ningún valor o principio práctico es reconocido en todos los tiempos y lugares. Mas aquellos filósofos que recientemente han buscado poner a prueba esta asunción, mediante el examen de la literatura antropológica (incluyendo las indagaciones generales similares realizadas por antropólogos profesionales), han encontrado con impactante unanimidad que esta asunción es injustificada».

Lo que ha ocurrido realmente es que todas las sociedades humanas se han preocupado siempre de regular la disponibilidad de los bienes que consideran básicos, como la vida, el proceso de procreación, la actividad sexual (incesto, violación, promiscuidad desenfrenada...), el núcleo familiar, la búsqueda de la verdad, la cooperación, la amistad, el culto a los muertos o la relación con la divinidad (religión).

[J. FINNIS, *Ley natural y derechos naturales* (1980), traducción de C. Orrego, Abeledo Perrot, Buenos Aires, 2000, p. 115]

B-Tareas:

1ª *Delimitar el problema teórico a que se refiere J. FINNIS en el texto transcrito*

2ª *Señalar algunas de las respuestas que han ofrecido los estudiosos para resolver ese problema*

3ª *Formular en forma breve (no más de 15 líneas) una argumentación contraria a la posibilidad de conocer racionalmente el contenido directivo de los valores.*

C-Comentario:

A la tarea 1ª: (**opción α**) Se refiere al debate sobre la universalidad de los valores éticos;

(**opción β**) Se refiere al debate sobre la posibilidad de lograr un conocimiento objetivo de los valores éticos;

A la tarea 2ª: (**opción α**) Han existido dos respuestas básicas: la que propugna la validez universal de los valores ético-jurídicos y la que afirma que la fuerza directiva de estos valores sólo alcanza a las culturas y grupos sociales en los que han sido aceptados;

(**opción β**) Según unos, no es posible conocer racionalmente el contenido directivo de los valores. Otros opinan, en cambio, que cabe la posibilidad de llegar a descubrirlo de manera gradual e indirecta. Y, a su vez, algunos sostienen que se puede acceder al conocimiento de ese contenido de forma directa e inmediata.

A la tarea 3ª: (**opción α**) Hoy se acepta ya de forma generalizada la doctrina del carácter constitutivamente histórico, cultural y dinámico de los valores. Ahora bien, quien asuma esta tesis será radicalmente incoherente si sostiene al mismo tiempo que hay unos valores dotados de validez universal cuyo contenido directivo puede ser determinado por los hombres en forma racional. En efecto, dado que los valores ético-jurídicos varían constantemente en función del tiempo y del espacio y, sobre todo, en función de las necesidades, convicciones y creencias del correspondiente grupo social, será imposible desarrollar una sistematización de su contenido a la que haya de atribuirse una validez racional fuerte. Esta es precisamente la tesis filosófica de fondo que han propugnado con permanente fidelidad las concepciones escéptica y relativista.

(opción β) Las afirmaciones acerca de lo que es conforme o contrario a un determinado valor (por ejemplo, la justicia), es decir, los juicios de valor, no son científicamente demostrables, ya que no existe ninguna conexión lógica necesaria que imponga su aceptación. Esos juicios quedan, pues, recluidos en el ámbito de las vivencias emotivas personales. Así que (según han puesto de relieve algunos autores, como A. Ross), cuando alguien sostiene que cierta norma o cierto conjunto de normas son injustos «no indica ninguna cualidad discernible» en esas normas. Lo único que hace es manifestar una actitud emotiva de disconformidad con tales normas. De modo que quien afirma, por ejemplo, «estoy en contra de esta ley porque es injusta» lo que debería hacer más bien es decir esto otro: «esta ley es injusta porque yo estoy en contra de ella».

EJEMPLO N° 2

A-Texto:

«El concepto positivista de ciencia sólo admite, con excepción de la Lógica y de la Matemática, aquellas ciencias que se sirven de los métodos de las Ciencias naturales, es decir, de una investigación causal basada en la observación, experimentación y colección de hechos. Es completamente claro que no se contentan con estos métodos, no sólo la Ciencia del Derecho, sino tampoco las denominadas Ciencias del espíritu, como, por ejemplo, la Lingüística, la Historia del Arte, de la Filosofía y de la Literatura, y mucho menos la Filosofía y la Teología. Si todas estas ciencias no han de quedar excluidas del círculo de las ciencias reconocidas, entonces el mismo concepto positivista de ciencia precisa una crítica»

[K. LARENZ, *Metodología de la Ciencia del Derecho* (1960), traducción de M. Rodríguez Molinero, Editorial Ariel, Barcelona, 1994, p. 113]

B-Tareas:

1ª Aclarar cuál es la posición que adoptó el profesor LARENZ en el debate sobre la cientificidad de la llamada «ciencia jurídica»

2ª Señalar alguna posición doctrinal que haya defendido o defienda una postura contraria

3ª Razonar en forma breve (no más de 15 líneas) por qué la postura adoptada por LARENZ es la más razonable.

C-Comentario:

A la tarea 1ª: (**opción α**) LARENZ se adhirió a la tesis de muchos otros autores (como DILTHEY, WINDELBAND o RICKERT) que propugnaron la diversidad tipológica del conocimiento científico y afirmaron el carácter estrictamente científico de la *Jurisprudencia*

(**opción β**) Se opuso nítidamente al concepto positivista de ciencia

A la tarea 2ª: (**opción α**) La que defendió KIRCHMANN a mediados del siglo XIX

(**opción β**) La que ha venido sosteniendo de forma constante el «fisicalismo epistemológico»

A la tarea 3ª: (**opción α**) Parece obligado pensar que no es razonable negar el estatuto de ciencia a esa ingente obra de sistematización que, a lo largo de más de dos milenios, han llevado a cabo los juristas con sus propios análisis y reflexiones sobre las leyes que regían en cada época y lugar las relaciones humanas dentro de las diversas organizaciones sociales.

Sobre todo, teniendo en cuenta estas dos constataciones complementarias. Primera: que ha existido casi siempre un reconocimiento social mayoritario del carácter genuinamente científico de esos análisis y reflexiones. Segunda: que las elaboraciones sistemáticas llevadas a cabo por los juristas han tenido tradicionalmente un empaque, seriedad y respetabilidad académica iguales o mayores que los reivindicados en exclusividad por las ciencias físicas o naturales a partir de un momento histórico bastante tardío

(**opción β**) Como varios autores de comienzos del siglo XX se encargaron de demostrar, la reducción monista propugnada por los seguidores del fisicalismo epistemológico se asienta sobre dos prejuicios erróneos. En primer lugar, el dogma de que sólo es verdaderamente científico el conocimiento de las realidades que pueden ser explicadas desde la ley de la causalidad física. En segundo lugar, el axioma de que sólo es científico el conocimiento de lo general, mientras que lo individual o singular queda siempre fuera del radio de acción de la consideración científica propiamente dicha. Por consiguiente, hay que llegar a la conclusión de que la negación del carácter científico de las 'ciencias' no-físico/naturales (identificables como «ciencias del espíritu» o «culturales» –caso del Derecho-) sólo puede sostenerse a condición de dar un golpe de estado epistemológico para convertir en única verdad de referencia a los dos crasos errores anteriormente señalados.

2. Posibles ejercicios de ensayo:

Comentario 1

A-Texto:

«La vida humana es de tal naturaleza que no sólo cuenta con una evolución, sino también con fenómenos fundamentales que se repiten siempre: hay una tópica de las situaciones, cosa que desconoce el historicismo. Es posible describir el contenido de los valores morales tomando en cuenta esas situaciones típicas –sin duda que a costa de no agotar el contenido en cuestión-, consiguiendo así una imagen esencial que rebasa la situación individual. De este modo puedo, por ejemplo, determinar el concepto de justicia, al menos en su núcleo» [H. COING, *Fundamentos de Filosofía del Derecho* (1950), traducción de J. M. Mauri, Editorial Ariel, Barcelona-Caracas-México, 1976, p. 124]

B-Tareas:
1ª *Formular una respuesta a la pregunta de si es o no posible tener un conocimiento racional de los valores jurídicos;*
2ª *Dar alguna razón que avale la plausibilidad de la respuesta dada en la tarea precedente;*
3ª *Desarrollar en menos de 15 líneas un comentario sobre el debate teórico que está detrás del texto de COING.*

C-Comentario:
(desarrollar)

Comentario 2

A-Texto:

«Una persona que sostiene que cierta regla o conjunto de reglas –por ejemplo, un sistema impositivo, es injusto no indica ninguna cualidad discernible en las reglas. No da ninguna razón para su actitud; simplemente se limita a darle una expresión emocional. Dicha persona dice: «Estoy en contra de esta regla porque es injusta». Lo que debiera decir es: «Esta regla es injusta porque estoy en contra de ella»./. Invocar la justicia es como dar un golpe sobre la mesa: una expresión emocional que hace de la propia exigencia un postulado absoluto».

[A. Ross, *Sobre el derecho y la justicia* (1958), 4ª edic., traducción de G. R. Carrió, Editorial Universitaria de Buenos Aires, 1977, p. 267]

B-Tareas:

1ª *Precisar en qué corriente epistemológica se inscribe la tesis de Ross;*

2ª *Dara alguna razón que aconseje rechazar esa tesis;*

3ª *Desarrollar en menos de 15 líneas un comentario sobre el debate teórico que está detrás del texto de A. Ross.*

C-Comentario:

(desarrollar)

Comentario 3

A-Texto:

«Tanto en su sentido gramatical como en su origen cronológico, resulta claro que la voz «Bioderecho» está formada por síntesis, esto es, por agregación de las voces «Bioética» y «Derecho», o si se quiere, por ampliación de la primera con la segunda. La voz más antigua, en todo caso, es Bioética».

[G. Figueroa Yanez, «Bioderecho», *Enciclopedia de Bioderecho y Bioética* (C. M. Romeo Casabona, dir.), Editorial Comares, Granada, 2011, Tomo I, p. 146]

B-Tareas:

1ª *Señalar de forma aproximada la fecha en que los estudiosos empezaron a utilizar el término «Bioderecho»;*

2ª *Explicar cuál es la 'materia' u objeto propio de la correspondiente disciplina;*

3ª *Desarrollar en menos de 15 líneas un comentario sobre el debate teórico que está detrás del texto de G. Figueroa*

C-Comentario:

(desarrollar)

Comentario 4

A-Texto:

«La diferencia entre principios jurídicos y normas jurídicas es una distinción lógica. Ambos conjuntos de estándares apuntan a decisiones particulares referentes a la obligación jurídica en determinadas circunstancias, pero difieren en el carácter de la orientación que dan. Las normas son aplicables a la manera disyuntiva. Si los hechos que estipula una norma están dados, entonces o bien la norma es válida, en cuyo caso la respuesta que da debe ser aceptada, o bien no lo es, y entonces no aporta nada a la decisión».

[R. DWORKIN, *Los derechos en serio*, traducción de M. Guastavino, Editorial Ariel, Barcelona, 1984, p. 75]

B-Tareas:

1ª *Delimitar el papel que ha desempeñado el jurista R. DWORKIN en la consolidación de la contraposición doctrinal entre las normas y los principios jurídicos;*

2ª *Proponer una respuesta razonada y breve para la pregunta de si la distinción entre principios y reglas tiene alguna utilidad práctica en la actividad jurisdiccional;*

3ª *Desarrollar en menos de 15 líneas un comentario sobre el debate teórico que está detrás del texto de R. DWORKIN.*

C-Comentario:

(desarrollar)

Comentario 5

A-Texto:

La defensa liberal de ciertos derechos inviolables «denota falta de visión, un engaño de la autosuficiencia que les impide ver que el individuo libre, que detenta los derechos, sólo puede asumir esta identidad gracias a su relación con una civilización liberal desarrollada; que es un absurdo situar a este individuo en el estado de naturaleza en el cual nunca podría alcanzar la identidad y por tanto nunca podría crear por contrato una sociedad que lo respete. Más bien, el individuo libre que se afirma como tal ya tiene una obligación de completar, de restaurar o de mantener la sociedad dentro de la cual es posible alcanzar esta identidad».

[C. TAYLOR, «Atomism», *Philosophical Papers*, 2 (1985), p. 210]

B-Tareas:

1ª *Aclarar en qué doctrina jurídico-política se inscribe el planteamiento recogido en el texto;*

2ª *Precisar dónde ponía el liberalismo clásico el origen de los actualmente llamados «derechos humanos»;*

3ª *Desarrollar en menos de 15 líneas un comentario sobre el debate teórico que está detrás del texto de C. TAYLOR.*

C-Comentario:
(desarrollar)

Comentario 6

A-Texto:

La filosofía jurídico-política de J. LOCKE se asienta en la hipótesis del estado de naturaleza, caracterizándolo como una situación de paz y ayuda mutua en la que se encuentran los individuos antes de tomar la decisión de organizar la vida social «con la única intención de cada uno de las mejoras de su preservación particular y de su libertad y bienes». Así pues, los derechos naturales, incluido el de propiedad, son anteriores a la sociedad y la existencia del poder civil y la propia sociedad procede del libre acuerdo de los individuos, que, al unirse en sociedad, delegan en ella su poder natural de autodefensa.

B-Tareas:

1ª *Aclarar cuál es la relación (si la hay) entre J. LOCKE y el proceso de formación de la idea liberal del Estado de Derecho;*

2ª *Delimitar la importancia que atribuía el liberalismo clásico a los derechos naturales en el diseño estructural del Estado de Derecho;*

3ª *Desarrollar en menos de 15 líneas un comentario sobre alguno de los debates teóricos sobre los que puede proyectarse el texto de J. LOCKE.*

C-Comentario:
(desarrollar)

Comentario 7

A-Texto:

«Llamamos ciencias jurídicas a las ciencias que tienen al derecho por objeto, pero, entre ellas, ciencias jurídicas en sentido estricto sólo a aquella ciencia que elabora el derecho por medio de un método específicamente jurídico. Esta ciencia del derecho propiamente tal, dogmática y sistemática, puede definirse como la *ciencia que se ocupa del sentido objetivo de una ordenación jurídica positiva;* con lo cual se caracteriza perfectamente su particular situación frente a las otras ciencias del derecho».

[G.RADBRUCH, *Filosofía del Derecho* (1914), 4ª edic., Editorial de Derecho Privado, Madrid, 1959, p. 145]

B-Tareas:

1ª *Exponer en forma sintética alguna alegación válida para respaldar la tesis de que la reserva del nombre «ciencia jurídica» para designar a la llamada «Dogmática jurídica» carece de suficiente fundamento teórico;*

2ª Concretar algún motivo que pudiera justificar la negación del carácter verdaderamente científico de la «Dogmática jurídica»;

3ª Desarrollar en menos de 15 líneas un comentario sobre el debate teórico al
que se refiere la doctrina expuesta por G.RADBRUCH en este texto.

C-Comentario:

(desarrollar)

Comentario 8

A-Texto:

Contra el carácter descriptivo del positivismo jurídico se alega «la necesidad de
que el teórico realice y tenga en cuenta el tipo de razonamientos propios de la llamada racionalidad práctica, es decir, aquellos que tienen que ver con cómo se debe
actuar (cómo uno debe comportarse respecto de los demás, si hay un deber de obedecer las normas, qué es bueno para las personas, etc.). De esta manera, tanto la pretensión de realizar una teoría descriptiva del derecho como la persistencia en la dico-
tomía entre el ser y el debe son, por tanto, imposibles».

[R. M. JIMÉNEZ CANO, *Una metateoría del positivismo jurídico*, Marcial Pons,
Madrid, 2008, p. 114]

B-Tareas:

1ª Citar dos corrientes doctrinales que hayan contribuido al llamado «retorno a
la racionalidad práctica»;

2ª Señalar algún aspecto en el que las sugerencias de la hermenéutica jurídica
hayan influido de forma considerable en la superación de la metodología propugnada por el iuspositivismo clásico;

3ª Desarrollar en menos de 15 líneas un comentario sobre el debate teórico que
está detrás del texto de R. M. JIMÉNEZ

C-Comentario:

(desarrollar)

Comentario 9

A-Texto:

«La pretensión de corrección que se plantea en los discursos jurídicos se distingue
claramente de la del discurso práctico general. No se pretende que el enunciado jurídico normativo afirmado, propuesto o dictado como sentencia sea sin más racional,
sino sólo que en el contexto de un ordenamiento jurídico vigente pueda ser racionalmente fundamentado».

[R. Alexy, *Teoría de la argumentación jurídica. La teoría del discurso racional como teoría de la fundamentación jurídica* (1978), traducción de M. Atienza e I. Espejo, C. E. C., Madrid, 1989, p. 208]

B-Tareas:

1ª *Precisar el papel que la teoría de la argumentación jurídica atribuye a la lógica deductiva formal en los procesos de interpretación y aplicación del Derecho;*

2ª *Enumerar algunas actuaciones lógico-discursivas que son consideradas importantes por los promotores de la teoría de la argumentación jurídica;*

3ª *Desarrollar en menos de 15 líneas un comentario sobre las principales aportaciones de las teorías de la argumentación jurídica a la superación de la metodología iuspositivista.*

C-Comentario:

(desarrollar)

Comentario 10

A-Texto:

«Es impresionante la coincidencia del pensamiento sobre la idea formal de la justicia a lo largo de veinticinco siglos de la historia de la Filosofía. Claro es que cada una de esas definiciones, a pesar de su radical semejanza, tiene en cada uno de los respectivos sistemas un especial alcance y peculiares consecuencias. Pero, a pesar de tales diferencias de matiz, todos esos pensamientos sobre la justicia concuerdan en afirmar que ésta entraña en algún modo una igualdad, una proporcionalidad, una armonía».

[L. Recaséns Siches, *Tratado general de Filosofía del Derecho*, 3ª edic., Editorial Porrúa, México, 1965, p. 488]

B-Tareas:

1ª (basándose en este texto) *Emitir opinión acerca de la adscripción epistemológica de su autor: ¿cognitivista o escéptico?;*

2ª *Dilucidar si el positivismo acepta o no la existencia de valores jurídicos dotados de una validez independiente de la voluntad de los legisladores;*

3ª *Desarrollar en menos de 15 líneas un comentario sobre la variación histórico-cultural de las exigencias de la justicia.*

C-Comentario:

(desarrollar)

2. Para la modalidad «resolución de caso»

El conjunto de ejemplos y ejercicios de ensayo que ofrece esta modalidad se orienta al desarrollo en los estudiantes del sentido de orientación jurídica práctica, así como de habilidades dialécticas de la argumentación tan básicas como:

- determinar cuál es el tipo ético-jurídico en el que encaja el núcleo problemático del caso;
- localizar las 'instancias' ético-jurídicas (valores, principios, normas, doctrinas, consideraciones de congruencia...) que deberán ser tenidas en cuenta para llegar a una solución coherente, razonable y justa;
- delimitar el protagonismo que corresponde a cada una de esas 'instancias' en el proceso de solución;
- formular una propuesta de solución jurídicamente razonada y fundamentada.

1. Ejemplos-modelo:

EJEMPLO Nº 1

A-Hechos:

ACX, alumno del primer curso del grado en Derecho en una universidad de Madrid, asistió el 21/05/2013 a la conferencia que impartía un determinado profesor de su Facultad sobre los «principios generales del Derecho». El conferenciante dedicó gran parte de su discurso a contrastar en forma minuciosa la doctrina desarrollada por R. DWORKIN y J. WROBLEWSKI en relación con los problemas de caracterización de las reglas y los principios jurídicos. Como la conferencia le había dejado sin ver claramente qué era eso de «los principios» y «las reglas», ACX fue en busca de su amigo JPC, estudiante del último curso del grado en la misma Facultad, y le pidió que le aclarara el problema en pocas palabras. Pero JPC se salió por la tangente, alegando que él tenía también un monumental cacao mental, ya que el profesor de filosofía del Derecho apenas se había detenido en ese problema.

B-Tareas:

1ª *Sugerir qué podría hacerse para ayudar a ACX a aclarar sus ideas;*
2ª *Indicar alguna razón de peso para sostener que la distinción entre las reglas y los principios jurídicos es importante;*
3ª *Señalar dos rasgos que permitan afirmar que los principios y las reglas son realidades jurídicas netamente diferentes (o dos que apoyen el punto de vista de que no hay entre ellos diferencias sustanciales).*

C-Solución:

A la tarea 1ª: (**opción α**) Le sugeriría que leyera con atención la explicación que los autores citados han dado en sus escritos;

(**opción β**) Le remitiría a la exposición que se hace en la lección 6 de este *Manual de Filosofía del Derecho*;

A la tarea 2ª: (**opción α**) Es frecuente que las resoluciones de los jueces busquen su apoyo último en los principios, sobre todo cuando tropiezan con lagunas legales o cuando se encuentran ante alguno de los llamados «casos difíciles»;

(**opción β**) Hay normas jurídicas (reglas) que ceden ante los principios o que terminan incluso siendo declaradas no-válidas (es decir, no-Derecho) por contravenir exigencias esenciales de los principios;

A la tarea 3ª: (**opción α**) Los **principios** pueden ser aplicados de forma complementaria *(rasgo 1)* y, aunque se contradigan, pueden llegar a ser aplicados simultáneamente, ponderando su importancia relativa *(rasgo 2)*, mientras que las **reglas** han de ser aplicadas en forma disyuntiva *(rasgo 1)* y, cuando son antinómicas, excluyen su aplicación simultánea *(rasgo 2)*;

(**opción β**) Principios y reglas son parte integrante del sistema de estándares de conducta de las respectivas sociedades *(rasgo 1)*. Asimismo, los principios y las reglas coinciden en originar obligaciones de actuación que son jurídicamente exigibles *(rasgo 2)*.

EJEMPLO Nº 2

A- Hechos:

Según el prestigioso especialista español A. E. PÉREZ LUÑO, «resulta evidente que no todo derecho humano es un derecho fundamental, mientras no haya sido reconocido por un ordenamiento jurídico positivo; pero, a la inversa, no es posible admitir un derecho fundamental que no consista en la positivación de un derecho humano. Los derechos fundamentales no son categorías normativas abiertas a cualquier contenido, sino concreciones necesarias de los derechos humanos en cuanto instancias axiológicas previas y legitimadoras del Estado» [*Derechos Humanos, Estado de Derecho y Constitución*, 8ª edición, Tecnos, Madrid, 2003, p 556].

Otros autores entienden, sin embargo, que no todos los *derechos fundamentales* son al mismo tiempo derechos que deben serle reconocidos a los ciudadanos por el simple hecho de ser hombres. Afirman también, en consecuencia, que, por exigencias de una estricta higiene semántica, en la categoría científica «derechos fundamentales» han de ser incluidos todos los derechos reconocidos en la ley básica o fundamental de cualquier ordenamiento jurídico, sean o no también «derechos humanos» en sentido propio.

B-Tareas:

1ª Indicar cuál es la realidad que, en su opinión, debería ser designada en exclusiva con el nombre «derechos humanos»;

2ª Exponer alguna consideración que pueda oponerse a la tesis del profesor PÉREZ LUÑO;

3ª Desarrollar una breve argumentación personal para defender la opción de utilizar indistintamente las expresiones «derechos fundamentales» y «derechos humanos».

C-Solución:

A la tarea 1ª: (**opción α**) Los derechos que tienen su raíz y fundamento en la dignidad personal de los seres humanos;

(**opción β**) Los derechos que han sido reconocidos como tales en las declaraciones y convenios internacionales.

A la tarea 2ª: (**opción α**) El concepto «derechos fundamentales» es una categoría doctrinal (alemana e italiana, sobre todo) que designa los derechos reconocidos a los ciudadanos de un determinado Estado por su/s ley/es fundamental/es. Y es evidente que no todos esos derechos son comunes a todos los Hombres.

(**opción β**) La identificación de los «derechos humanos» con los «derechos fundamentales» implica la reducción de los primeros a simples concesiones del legislador constituyente de turno (eliminando así la suprema capacidad directiva que les es propia).

A la tarea 3ª: (**opción α**) Según admiten generalmente los estudiosos, esa realidad que en nuestros días es designada con la palabra «derechos humanos» ha sido entendida a lo largo de la historia de maneras bastante diferentes. En consecuencia, ha sido identificada también con nombres dispares, tales como «derechos naturales», «derechos del hombre», «derechos públicos subjetivos», «libertades públicas» o «derechos fundamentales ». Pues bien, este hecho puede considerarse como legitimación suficiente de la decisión de utilizar indistintamente las expresiones de referencia. Sin perjuicio, obviamente, de matizar que el devenir histórico de las concepciones políticas y jurídicas ha atribuido a tales expresiones connotaciones semánticas que no sólo no han sido siempre coincidentes, sino que incluso han llegado a registrar en ocasiones una considerable divergencia;

(**opción β**) En el actual discurso doctrinal sobre los derechos básicos del individuo se ha extendido ya la práctica de emplear de forma indistinta los nombres «derechos humanos» y «derechos fundamentales» para referirse a los derechos que corresponden a los ciudadanos por el simple hecho de ser hombres. Parece, en consecuencia, que, tratándose, como es el caso, de una cuestión de elección del nombre con que ha de ser designada una determinada realidad, es el aval de los propios usuarios del lenguaje el que debe decidir el debate. Y, dado que la tendencia más actual se inclina por el uso indistinto de los términos en liza, resulta razonable acomodarse a esta línea de actuación. Al menos de momento y a salvo de que la doctrina especializada vuelva a hacer suyo de nuevo el punto de vista de la paradigmática *Declaración de los derechos del hombre y del ciudadano*, que fue aprobada por los revolucionarios franceses en 1789.

2. *Posibles ejercicios de ensayo:*

Caso 1

A- Hechos:

Hay algunas doctrinas que propugnan la tesis de que los «derechos humanos» son en principio simples referencias ideales de carácter moral que se convierten en *derechos* propiamente dichos en el momento en que tales ideales son recogidos en el contenido normativo de las disposiciones positivas de algún ordenamiento jurídico. Se objeta, sin embargo, a esta explicación el efecto de despojar a los derechos humanos de su propia eficacia como exigencias que no pueden ser eludidas por las regulaciones jurídicas positivas, eficacia pretendida por sus promotores históricos y reconocida mayoritariamente por los actuales estudiosos del tema.

B-Tareas:

Contrastar los apoyos teóricos y prácticos que respaldan a cada una de las opiniones y sistematizar una breve argumentación para demostrar que la segunda opinión es más razonable que la primera.

C-Solución:

(formular dictamen)

Caso 2

A- Hechos:

En su explicación del «saber» o conocimiento humano, algunos autores han entendido que existen en él dos planos diferentes: el ontológico y el epistemológico. Parece, sin embargo, que esta división es profundamente imprecisa, ya que todo el conocimiento humano pertenece por definición al «plano epistemológico». Lo único que cabría señalar, por tanto, a ese respecto, sería la existencia de dos zonas del ser-objeto (es decir, ontológicas) del conocimiento sobre las que es posible aplicar la actividad epistémica (es decir, el «saber»): los-entes-de-realidad y los entes-de-razón.

B-Tareas:

Buscar el apoyo filosófico de cada una de las posturas y formular un alegato razonado en defensa de una u otra.

C-Solución:

(formular dictamen)

Caso 3

A- Hechos:

Según han señalado algunos autores, el artículo 1 [*recordar su contenido*] de la Constitución española de 1978 identifica como «valores» lo que realmente son «principios» jurídicos cuya función esencial consiste en actuar como suprema referencia o criterio orientador de los procesos de creación y aplicación del Derecho. ¿Son en verdad principios?

B-Tareas:

Tras decidir cuáles son los caracteres diferenciales de los «valores» y los «principios» jurídicos que deberían ser tenidos en cuenta para la solución de la discrepancia, exponer en forma razonada la solución que se propone.

C-Solución:

(formular dictamen)

Caso 4

A- Hechos:

A lo largo del siglo XX se agudizaron las disputas en torno a la pregunta-problema de si es o no posible defender mediante argumentación racional las afirmaciones relativas a lo que ha de considerarse justo o injusto en la conducta de los individuos o en la organización de las relaciones sociales.

B-Tareas:

Evaluar las repercusiones que pueden tener tales disputas en alguno de los problemas importantes a que ha de enfrentarse en la actualidad la filosofía jurídica y política, pasando después a construir un breve dictamen personal sobre la fundamentación que puede darse a la respuesta afirmativa.

C-Solución:

(formular dictamen)

Caso 5

A- Hechos:

Se ha afirmado que la teoría de la Justicia que ha construido J. RAWLS renuncia a pronunciarse sobre la bondad o maldad de las actuaciones y planes de vida elegidos por los ciudadanos, limitándose a analizar las condiciones en que deben ser establecidos los principios conducentes a una organización social equitativamente justa. Podrían, no obstante, surgir dudas acerca de la corrección de este diagnóstico.

B-Tareas:

Señalar cuáles son los elementos fundamentales de la doctrina de RAWLS sobre la Justicia que pueden dar pie a su conceptuación como «procedimentalista» y «neocontratualista».

C-Solución:

(formular dictamen)

Caso 6

A- Hechos:

«La justicia absoluta es un ideal irracional. Por indispensable que pueda ser a la voluntad y a la acción, escapa al conocimiento racional, y la ciencia del derecho solo puede explorar el dominio del derecho positivo. Cuanto menos nos empeñamos en separar netamente el derecho de la justicia, en mayor grado mostramos indulgencia con respecto al deseo del legislador de que el derecho sea considerado como justo y más cedemos a la tendencia ideológica que caracteriza la doctrina clásica y conservadora del derecho natural. Esta doctrina no busca tanto conocer el derecho en vigor como justificarlo y transfigurarlo, destacando que emana de un orden natural, divino o racional; por lo tanto absolutamente justo y equitativo».

[H. KELSEN, *Teoría pura del derecho. Introducción a la ciencia del derecho* (1953), traducción de M. Nilve, 3ª edic., Eudeba, Buenos Aires, 1963, pp. 62-63]

B-Tareas:

Detectar el problema filosófico-jurídico al que se enfrenta el autor del texto, precisar la corriente doctrinal a que, conforme al tenor en que está escrito, se adscribe, y construir una argumentación para la defensa de la tesis de KELSEN

C-Solución:

(formular dictamen)

Caso 7

A- Hechos:

La teoría de la Justicia de J. HABERMAS no se apoya en la existencia de unos principios sustantivos que permiten establecer *lo que es* (o no) justo en una situación determinada; se ocupa solamente de delimitar las reglas que hacen posible que, en el seno de las sociedades históricas, se llegue racionalmente a acuerdos sobre lo que debe ser considerado justo.

B-Tareas:

Dilucidar en forma motivada si el mencionado autor es o no partidario del cognitivismo ético y del procedimentalistmo epistemológico.

C-Solución:

(formular dictamen)

Caso 8

A- Hechos:

Conforme a la doctrina hermenéutica, resulta prácticamente imposible pensar que existen los hechos jurídicos o las normas aplicables como realidades cuya existencia es independiente de la percepción valorativa que el intérprete tiene de ellos. Por otra parte, esa percepción dependerá en buena medida del marco de pre-comprensión en que está situado el intérprete en virtud de su pertenencia a una determinada tradición o contexto cultural. Así que parece inevitable llegar a la conclusión de que no existe en ningún caso eso que viene llamándose tradicionalmente «derecho objetivo».

B-Tareas:

Pronunciarse de forma motivada sobre: a) si las afirmaciones recogidas en el texto son o no un reflejo fiel de la doctrina de la hermenéutica jurídica, y b) si esta doctri-

na es o no compatible con los postulados básicos de la neutralidad judicial y de la seguridad jurídica.

C-Solución:

(formular dictamen)

Caso 9

A- Hechos:

Algunos autores han advertido que el reconocimiento a los inmigrantes de un derecho fuerte a la propia cultura, no sólo podría entrar en colisión con las exigencias básicas de la unidad y cohesión cultural del grupo de acogida, sino que podría chocar también con el principio de universalidad de los derechos humanos. No parece quedar, por tanto, más remedio que plantearse en serio la pregunta sobre la necesidad de entender que el disfrute del derecho que tienen los inmigrantes a la propia cultura debe estar sometido a las limitaciones exigidas por la conservación y desarrollo de la cultura colectiva del grupo social de acogida.

B-Tareas:

Aclarar cuáles son los parámetros de ponderación que el juez debería utilizar para resolver la demanda de un inmigrante legalizado que reclama el reconocimiento del derecho a rapar el cabello de su mujer cuando ésta haya paseado por la calle sin cubrirse la cabeza con un velo.

C-Solución:

(formular dictamen)

Caso 10

A- Hechos:

En 1847 el jurista J. VON KIRCHMAN afirmó que la llamada «ciencia jurídica» no era verdadera ciencia, tal como quedaba demostrado por el hecho de que un simple cambio legislativo provocaba la pérdida de valor de bibliotecas enteras de tratados jurídicos.

B-Tareas:

Indicar cuál es el concepto de ciencia del que partía la afirmación del señor KIRCHMAN, y qué razones podrían ser alegadas para desautorizar su opinión

C-Solución:

(formular dictamen)